法学案例系列教材

刑法分则案例教材

XINGFA FENZE ANLI
JIAOCAI

郑泽善 主 编

陈国坤 赵桂玉 副主编

南开大学出版社

天津

图书在版编目(CIP)数据

刑法分则案例教材 / 郑泽善主编；陈国坤，赵桂玉
副主编.—天津：南开大学出版社，2023.1
法学案例系列教材
ISBN 978-7-310-06277-5

Ⅰ.①刑… Ⅱ.①郑… ②陈… ③赵… Ⅲ.①刑法—
分则—案例—中国—高等学校—教材 Ⅳ.①D924.305

中国版本图书馆 CIP 数据核字(2022)第 006281 号

刑法分则案例教材
XINGFA FENZE ANLI JIAOCAI

———————————————————————

南开大学出版社出版发行
出版人：陈　敬
地址：天津市南开区卫津路 94 号　　邮政编码：300071
营销部电话：(022)23508339　营销部传真：(022)23508542
https://nkup.nankai.edu.cn

天津泰宇印务有限公司印刷　全国各地新华书店经销
2023 年 1 月第 1 版　　2023 年 1 月第 1 次印刷
260×185 毫米　16 开本　15.25 印张　1 插页　349 千字
定价：52.00 元

———————————————————————

如遇图书印装质量问题,请与本社营销部联系调换,电话：(022)23508339

前　言

　　众所周知，自改革开放以来，我国的法制建设取得了长足的发展，但法制基础仍然相对薄弱。首先，随着改革的发展和市场经济的确立，出现了许多新情况和新问题，急需法律予以调整。为了解决这一问题，我国采取了大量立法、修订法律、频繁颁布司法解释的方法。但是，制定和修订法律程序复杂，需要经验的总结和积累，不可能一蹴而就。而且从认识规律的角度来讲，制定法律也不可能达到包揽无余的境地，也无法预测将来可能发生的所有新情况，立法与社会发展的矛盾难以从根本上解决。事实上，部分法律在制定酝酿阶段就已经过时。其次，制定法难免过于抽象笼统，因此，各法院之间，甚至各法官之间，对某些法律条文的理解常常相去甚远，对同一行为或事实的法律认定各不相同，定性和裁判大相径庭的现象并不少见，法律实效的一致性不尽如人意。

　　世界纷繁复杂，客观现象又层出不穷，而人们描绘各种客观现象的工具——语言的表达能力则相对有限，所谓"世界上的事物比用来描述它们的词语多得多"，说的正是这一层意思。因此，所有的刑法规范都不可避免地具有某种程度的抽象性和模糊性。而刑法适用的对象又是千姿百态的具体案件，仅仅根据具有抽象性和模糊性的刑法规定处理案件，很难保证刑法适用的正确性。刑法的这种缺陷，在我国主要是靠相关立法解释和司法解释来弥补。不容否认，刑法解释因其所固有的阐明刑法规范含义的属性，自然具有了规范、指导刑法适用的功能，有权解释主体对刑法规范做出的解释，为刑法的适用提供具体操作规范；无权解释主体对刑法做出的解释，为刑法的适用提供理论指导。但是立法解释具有复杂严格的程序要求，难以及时满足司法实践部门解决刑法适用中所遇到的问题的迫切需要；司法解释虽然对刑法适用中所出现的问题反应迅速灵活，但它难以结合具体案件事实阐明某一刑法规范的意义，往往不能据此直接决定解释问题的具体方法并推导出判决结果，部分司法解释甚至还需要进一步解释，才能为司法实践部门所掌握和运用，这就使得其解决问题的针对性大打折扣。而刑法判例是对错综复杂的案件的具体分析和对刑法规范做出的合理的解释和适用，并且是依照刑法规范做出的相对合理的处理，这无疑有助于司法实践部门从判例所示的具体范例中得到启迪，准确地把握刑法规范的精神实质，从而正确地将抽象模糊的原则适用于具体的案件。由于成文法的原则概括规定，为法官留下了较大的自由裁量空间，如果有了刑法判例这一具体的参照，就可以使法官不能随心所欲地行使自由裁量权，有效防止刑法适用过程中的各行其是，从而较好地保证刑法适用的统一性。遗憾的是，目前我国并没有判例制度。

　　不过，最高人民法院的若干批复、批示以及庞大的司法解释，早已发挥了重要的指导作用。事实上，这其中包含了判例法的真谛。1985 年最高人民法院创办《中华人民共和国最高人民法院公报》，至今为止，公报中不乏各种各样具有代表意义的典型案例，均对法官以及法律工作者起着司法指南的作用。"判例"虽一直未能成为我国法律的渊源，且尚未赋予法律效力，但这并不影响其明显的"判例法"特征。姑且不管人们对判例制度的认识怎样，也不论人们对建立我国判例制度的态度如何，但在我国的司法实践中已存在判例法制度的雏形，这一客观现实是不容置疑的。这种现象的出现，说明我国在成文法的基础上正在潜移默化地借鉴、吸收着判例制度中的合理因素。目前我国直接引进或借鉴判例法制度的条件尚不成熟，主要原因是：无论是英美法系国家还是大陆法系国家，能够成为判例的判决是由终审法院做出的，即终审法院的判决才能成为判例。但是就我国的现实情况而言，最高人民法院乃至高级人民法院基本上不开庭或很少开庭审理刑事案件，写批复、做解释、下指标的现象较为普遍。然而，法院是审判机关，严格意义上的审判是指开庭审判，不开庭审判案件的机关不管怎样也不能叫作法院；只是写批复、做解释、下指标的人无论如何也不能成为法官。如果我们的最高人民法院、高级人民法院不是仅写批复或做司法解释，而是开庭审理案件，制作有充分理由的判决书，以其中的判决理由以及判决理由所形成的规则指导下级法院，那么效果必然好得多。成文刑法得到了法院的详尽解释，判决理由的详细表述促进司法公正，各方当事人与一般公民认可法院判决，从而提高判决的权威性，判决的法律根据是刑法而不是司法解释。在此基础上，可以逐步形成上级法院的判决对下级法院判决的指导与约束作用，只有这种终审判决才能称之为判例。

当然，《最高人民法院公报》于1985年开始刊登典型案例时，在刊登有关案件的事实和判决后声明：最高人民法院审判委员会依照《人民法院组织法》第十一条第一款规定，在总结审判经验时认为，该案判决"可供各级人民法院借鉴"。最高人民法院还从1991年开始组织资深法官和著名法学家编辑出版《中国审判案例要览》和《人民法院案例选》。近年来，最高人民法院的刑事审判业务部门，也开始注重刑事案例的指导价值。1999年开始，最高人民法院刑一庭创办《刑事审判参考》，每辑刊登典型刑事案例并统一编号，内容分为"基本案情""主要问题""裁判理由"三部分，公开出版发行。2002年开始，最高人民法院刑二庭在《人民法院报》开办"刑案判例"栏目，内容分为"基本案情""控辩意见""裁判""裁判要旨"四部分。上述刑事案例的编选工作，虽然并非刑事判例的编纂和汇编，但在司法实践中已经不同程度地起到了刑事判例的指导作用。而且，在人民法院司法改革的进程中，已经出现了探索和试行判例制度的审判实践。

我国案例指导制度是近年来确立并逐渐发展起来的一项新的司法制度。我国是成文法国家，以成文法和司法解释为主体构成我国的法律体系，但成文法国家也需要案例指导制度，且案例指导制度是成文法的具体化样态，具有弥补成文法的滞后性、统一司法裁判、引导社会行为、约束法官自由裁量权等功能价值。我国案例指导制度在未来有巨大的发展空间，应构建案例法学，加强案例研究，拓展延伸指导性案例的类型，建设程序完善的案例指导制度。自2010年最高人民检察院和最高人民法院分别发布关于案例指导工作的规定开始，案例指导制度的基本框架在我国得以确立，案例指导工作正式进入最高司法机关的工作领域和人们的视野。党的十八届四中全会提出"加强和规范司法解释和案例指导工作，统一法律适用标准"，将案例指导工作由司法机关的部门改革举措上升为建设社会主义法治国家的重要组成部分，是中国特色社会主义法律体系的重要完善。2010年11月至2019年6月，最高人民检察院和最高人民法院分别发布了14批和21批指导性案例，这些指导性案例对司法实践起到了重要的指导作用。

如前所述，我国没有判例制度，但是有与判例制度相仿的案例指导制度。案例研究（评析、分析）是指在法学教学过程中，根据教学目标的需要，组织学生对典型案例进行分析，引导学生从实际案例中发现问题与法律规则之间的联系，进而理解和掌握法律知识、提高法律操作技能的一种具有科学性、实用性的教学方法。在法学教育中采用案例研究教学，就是要让学生通过对相关案件资料的分析，结合所学的理论知识，提出自己的观点，实现理论和实践相结合，提高学生分析问题和解决问题的能力。案例研究教学通过生动鲜活的案例、新颖活泼的形式，激发学生的好奇心，有利于学生大胆质疑、勇于挑战，敢于提出和坚持不同的见解。参与讨论的学生通过对一个个生动具体案例的分析和深入的讨论，主动发现案例中所蕴含的理论原则。自 2010 年起，我给研究生开设了《刑事疑案研究》课程，每次课选择一个有争议的案例供大家讨论，达成共识后让一名研究生作为作业写一篇评析文章，要求有相应的理论深度。累计起来的作业总字数达到一百多万字，本书是从这些作业中精选出来的 19 篇评析文章。原有的作业中既有涉及总论的案例，也有与分论关系密切的案例，本书是以分论为编写对象的，因此，很多与总论有关联的作业未能选进来。另外，由于这些作业前后跨越十多年时间，因此部分有关分论的作业或过时，或因种种其他原因而同样未能选进来。本书的作者既有博士生也有硕士生，人部分同学已经在相关部门从事与刑法有关的工作，具体撰稿者是：陈国坤、赵桂玉、晋涛、王文明、李佩遥、谢斐、贾怩、胡媛媛、田阔阳、崔仙、路正、刘郁萱、褚文仙、刘娜、周红节、贾浩强、贺西格、左华君、刘亚君。在本书案例的遴选、编排、定稿过程中，陈国坤、赵桂玉博士付出了辛勤的劳动，在此表示衷心的谢意。

郑泽善

2021 年 6 月 18 日

目　录

案例1 铲车司机不挪车救人案的认定

一、案情简介

2019年7月16日3时30分，北京市朝阳区南四环外环主路十八里店南桥西侧，戚某某（男，22岁）驾驶不允许在城市主路行驶的无号牌轮式自行机械车（俗称"铲车"）在南四环主路由西向东行驶，适有一辆白色小客车同方向由戚某某车后驶来。小客车前部与轮式自行机械车尾部发生碰撞，小客车前部卡入铲车尾部，致使小客车内两名人员因车门遭受严重挤压导致变形而被困车内。事故发生后，轮式自行机械车司机戚某某不顾过路行人反复劝说，未先挪动铲车解救被困人员，而是一直在事故现场附近反复拨打电话。事故发生几分钟后，小客车发动机由于遭受严重损坏起火，造成小客车上张某（女，31岁）和白某某（女，34岁）两人死亡，两辆车损坏。

二、争议问题

该案现场视频一经在网络上传播，便引起群众一片哗然。铲车司机戚某某因涉嫌过失致人死亡罪被公安机关依法刑事拘留。对于该案的争议，多数人集中于戚某某在小客车卡入铲车尾部、车内两人被困后拒绝挪车转移被困人员的行为。戚某某违规驾驶禁行机动车发生交通事故的行为是否构成交通肇事罪？交通肇事罪与过失致人死亡罪是什么关系？若构成交通肇事罪，其对小客车内被困人员张某和白某某不予以挪车救助的行为可否适用于刑法第一百三十三条"因逃逸致人死亡"？"逃逸"的含义、性质以及与交通肇事罪的关系为何？戚某某在事故发生后不挪车救人导致车内两名人员被困死亡的事实，是否构成不作为方式的故意杀人罪？以上是本案中有争议和待解决的问题。

三、相关法条

《中华人民共和国刑法（2020年修正）》

第一百三十三条 【交通肇事罪】违反交通运输管理法规，因而发生重大事故，致人重伤、死亡或者使公私财产遭受重大损失的，处三年以下有期徒刑或者拘役；交通运输肇事后逃逸或者有其他特别恶劣情节的，处三年以上七年以下有期徒刑；因逃逸致人死亡的，处七年以上有期徒刑。

第二百三十二条 【故意杀人罪】故意杀人的，处死刑、无期徒刑或者十年以上有期徒刑；情节较轻的，处三年以上十年以下有期徒刑。

第二百三十三条 【过失致人死亡罪】过失致人死亡的，处三年以上七年以下有期徒刑；情节较轻的，处三年以下有期徒刑。本法另有规定的，依照规定。

《最高人民法院关于审理交通肇事刑事案件具体应用法律若干问题的解释》

（2000 年 11 月 10 日最高人民法院审判委员会第 1136 次会议通过 法释〔2000〕33 号）

第一条 从事交通运输人员或者非交通运输人员，违反交通运输管理法规发生重大交通事故，在分清事故责任的基础上，对于构成犯罪的，依照刑法第一百三十三条的规定定罪处罚。

第二条 交通肇事具有下列情形之一的，处三年以下有期徒刑或者拘役：

（一）死亡一人或者重伤三人以上，负事故全部或者主要责任的；

（二）死亡三人以上，负事故同等责任的；

（三）造成公共财产或者他人财产直接损失，负事故全部或者主要责任，无能力赔偿数额在三十万元以上的。

交通肇事致一人以上重伤，负事故全部或者主要责任，并具有下列情形之一的，以交通肇事罪定罪处罚：

（一）酒后、吸食毒品后驾驶机动车辆的；

（二）无驾驶资格驾驶机动车辆的；

（三）明知是安全装置不全或者安全机件失灵的机动车辆而驾驶的；

（四）明知是无牌证或者已报废的机动车辆而驾驶的；

（五）严重超载驾驶的；

（六）为逃避法律追究逃离事故现场的。

第三条 "交通运输肇事后逃逸"，是指行为人具有本解释第二条第一款规定和第二款第（一）至（五）项规定的情形之一，在发生交通事故后，为逃避法律追究而逃跑的行为。

第四条 交通肇事具有下列情形之一的，属于"有其他特别恶劣情节"，处三年以上七年以下有期徒刑：

（一）死亡二人以上或者重伤五人以上，负事故全部或者主要责任的；

（二）死亡六人以上，负事故同等责任的；

（三）造成公共财产或者他人财产直接损失，负事故全部或者主要责任，无能力赔偿数额在六十万元以上的。

第五条 "因逃逸致人死亡"，是指行为人在交通肇事后为逃避法律追究而逃跑，致使被害人因得不到救助而死亡的情形。

交通肇事后，单位主管人员、机动车辆所有人、承包人或者乘车人指使肇事人逃逸，致使被害人因得不到救助而死亡的，以交通肇事罪的共犯论处。

四、学理分析

围绕以上争议问题，笔者欲在本部分对该案进行学理分析，以展开对相关理论问题的阐释和论证，期望有助于类似案件的合理处理。具体以下述三个命题展开：

（一）交通肇事罪与过失致人死亡罪

1. 本案是否构成交通肇事罪

本案是发生在公共交通道路上的重大交通事故，且存在铲车司机戚某某驾驶不允许在城市道路主路行驶的无号牌轮式自行机械车行驶在城市主干路上的违反交通运输管理法规的行为，并发生了两人死亡的严重后果，因而会首先考虑戚某某是否构成交通肇事罪。

社会发展和科学进步体现在刑法领域，是风险社会和预防刑法的提出。特别是在交通运输领域，道路上出现愈来愈多的机动车，增大了人的生命权、健康权受到侵害的危险以及对重大公私财产安全的威胁。被允许的危险理论和新过失论呼应时代发展需要，将遵循一定规则的危险行为视为法律上所允许的危险，只有在行为人违背相应的规则造成法益侵害或者产生对法益的危险时，才对行为人予以刑法上的苛责。交通肇事罪是这一背景下的典型罪名。

交通肇事罪在我国法律中，最早由 1979 年《中华人民共和国刑法》（以下简称《刑法》）第一百一十三条规定，1997 年《刑法》新增的"交通运输肇事后逃逸"和"因逃逸致人死亡"（以下简称"逃逸条款"）两种法定升格刑情形，使得该罪的处罚更加具体。2000 年《最高人民法院关于审理交通肇事刑事案件具体应用法律若干问题的解释》（以下简称"2000 年司法解释"）进一步对该罪的认定和处罚进行了规定。在现行刑法中，交通肇事罪规定在"危害公共安全罪"一章中第一百三十三条。通说认为，该罪的客体是不特定或多数人的人身和财产安全。客观方面表现为违反交通运输管理法规因而发生重大交通事故、致人重伤、死亡或者使公私财产遭受重大损失的行为。主体为一般主体。主观方面为过失。[①]从自然犯与行政犯的分类上看，交通肇事罪属于行政犯，以行为人违反交通运输管理法规为前提条件。从实害犯与危险犯的分类上看，交通肇事罪属于实害犯，以发生致人重伤、死亡或者重大财产损失为必备的结果要件。从主观要素上讲，交通肇事罪属于过失犯，即行为人应当意识到自己的违章行为可能造成重大交通事故，因为疏忽大意而没有预见，或者已经预见而轻信能够避免。实践中容易被人忽视的是，构成交通肇事罪需要行为人违反交通运输管理法规的行为与致人死亡、重伤或者使公私财产造成重大损失的结果之间存在刑法上的因果关系。[②]在交通肇事罪的立案标准问题上，2000 年司法解释进行了详细的规定。根据解释的规定，交通肇事罪的认定以分清事故责任为基础。解释将负事故的全部责任、主要责任以及同等责任分别附加一定的结果条件或者情节予以入罪。因而交通肇事发生后，由公安机关做出的事故责任认定书在交通肇事定罪中具有关键作用。有学者认为这样的司法解释不尽合理，[③]因为事故责任认定书是公安机关根据道路交通管理法规等行政法意义上的规章制度做出的，更多地体现了行政法效率优先和向弱势群体倾斜的行政法价值[④]，而将事故责任认定结果作为交通肇事罪认定的必备条件，有碍公平正义和司法的独立性判断。

在本案中，戚某某驾驶未悬挂车牌的铲车在不允许其行驶的城市主干道路上行驶，是严重违反交通运输管理法规的行为。该车与后方驶来的白色小客车发生碰撞造成后车起火，车内二名人员死亡，若没有戚某某不挪车救人的情形，本案当然构成交通肇事罪。具体分析如下：第一，在客观方面，行为人戚某某实施了违反交通运输管理法规的行为，该案件发生了两名被害人死亡的实害结果；第二，行为人违反交通运输管理法规的行为与两名被害人死亡之间存在刑法上的因果关系。这一因果关系的论证在司法实务中往往会被忽视。司法机关常犯的错误是，但凡有违章行为以及有人重伤或者死亡的结果，不论违章行为与致人重伤、死亡的结果之间有没有联系，便直接认定为交通肇事罪。例如在林某交通肇事罪一案中，林某驾驶汽车装运石块（车厢内坐有一人）经过一县级公路时，因车速较慢，一放学小孩欲爬上

---

① 贾宇等编. 刑法学（下册·各论）[M]. 北京：高等教育出版社，2019：66.
② 郭淑霞. 准确把握交通肇事罪的因果关系[N]. 检察日报，2019-7-7（3）.
③ 陈旭. 论我国交通事故认定与交通肇事罪的关系[J]. 嘉应学院学报（哲学社会科学），2014（4）：52.
④ 郭淑霞. 准确把握交通肇事罪的因果关系[N]. 检察日报，2019-7-7（3）.

该车，不小心摔下来被碾压致死。交警部门在划分事故责任时，以该车人货混装为由，认定林某负事故主要责任。法院以此追究了林某的刑事责任。①这是有欠妥当的做法，因为林某所实施的人货混装的违章行为与被害人死亡之间并无任何的因果关系可言。而在本案中，道路交通安全法规之所以不允许铲车一类的大型机械车在城市主干道路行驶，就是考虑到该类车辆在小车拥挤的道路上行驶使其他车辆视野受限，存在严重的安全隐患。这种被法律所规定的类型化的危险行为与后方小客车的追尾碰撞具有刑法上的关联。本案戚某某所实施的不悬挂车牌和在不允许其行使的道路上行驶两项违章行为中，后一行为与交通事故的发生及二被害人死亡具有因果关系。即使二被害人死亡是由小车碰撞后发动机着火而非直接碰撞所致，也不影响该因果关系的认定。因为发动机着火是汽车发生碰撞大概率会引发的后果之一，并不属于异常介入因素的范畴。

2. 本案行为人是否涉嫌过失致人死亡罪

若按照上述论证，戚某某违规驾驶机动车发生事故直接致两人死亡，本案成立交通肇事罪自不待言。然而本案的复杂之处在于，两车发生碰撞以后白色小客车内人员可能并没有当场死亡，而是由于车门变形被困车内，后发动机起火导致其葬身火海。这也是该案发生后在网络上引发剧烈讨论的主要原因。从事故发生时路人拍摄的视频来看，白色小客车和戚某某所驾驶的铲车发生碰撞后，小客车并非当即起火，而是在戚某某下车、路人呼喊先挪车转移被困人员近三分钟后才从冒烟转为大火。在这个过程中，戚某某在一旁不顾路人劝阻一直拨打电话，直至两被害人被淹没在火海中无生还可能性。事故发生后，公安机关以戚某某涉嫌过失致人死亡罪将其刑事拘留。那么从学理上讲，交通肇事罪与过失致人死亡罪的关系为何？本案行为人是否涉嫌过失致人死亡罪？

交通肇事罪和过失致人死亡罪的关系，在理论上历来存在争议。我国现行《刑法》将交通肇事罪规定在"危害公共安全罪"一章、《刑法》第一百三十三条；将过失致人死亡罪规定在"侵犯公民人身权利、民主权利罪"一章、《刑法》第二百三十三条。张明楷教授认为，因交通肇事罪与过失致人死亡罪所要保护的法益具有同一性，因此两罪当属法条竞合关系，一般情况下按照特殊法优于一般法的原则进行处理。按照吕英杰教授的观点，只有数法条侵害的法益具有同一性时才能认为是法条竞合。交通肇事罪规定在危害公共安全罪一章，所指向的保护法益是交通运输安全，涉及不特定多数人的人身安全和公私财产安全，但过失致人死亡罪的保护法益仅包含个人的生命权利，因此二者并非是法条竞合而是想象竞合。②两个法条所规定的罪名到底是法条竞合关系还是想象竞合关系，决定着法官对被告人的定罪和量刑。一般来说，两罪若是法条竞合关系，则按照特殊法条优于一般法条的原则，完全排除一般法条的适用，且只定特殊罪名一罪。两罪若是想象竞合关系，则按照两项法条分别定罪量刑，再择一重处罚。有学者认为承认交通肇事罪和过失致人死亡罪是法条竞合关系而只认定作为特殊罪名的交通肇事罪有可能放纵犯罪，造成刑法惩罚体系的不协调，因为过失致人死亡罪的法定最高刑是七年，但交通肇事罪的一般情形是三年以下。有学者则认为，交通工具本身即存在一定致人死亡、重伤的危险性，其所以被现代社会所允许，是因为交通工具的普及确确实实给人的生产生活带来了便利。因此，交通工具的危险性应当被分配，交通工具使用者承担的注意义务也应当比日常生活中的过失致人死亡罪的注意义务程度低。将交通肇事罪作为

---

① 陈旭. 论我国交通事故认定与交通肇事罪的关系[J]. 嘉应学院学报（哲学社会科学），2014（4）：52.
② 吕英杰. 刑法法条竞合理论的比较研究. 刑事法评论，2008，23（02）：483.

特殊法条设置较轻的法定刑是合理的。①

当然，实践中法条竞合和想象竞合的混乱，除了源于罪名设置原理的不明确，也源于法条竞合和想象竞合本身区分标准的混乱。②法条关系说早期认为只有数法条之间存在包容关系才是法条竞合③，现多数学者认为只要法条之间有重合或者交叉关系都是法条竞合。④犯罪构成要件说认为法条竞合是一行为、一罪过和一个构成结果，想象竞合是一行为、数罪过和数个构成结果。全部评价说认为在存在法条竞合关系的法条中，其中一法条能够对行为人的行为做出完全的评价，而具有想象竞合的二法条则不能做出全部评价。⑤法益同一说认为法条竞合和想象竞合的区分在于该行为侵犯的法益是否具有同一性，是否可被评价为两个独立的犯罪构成。⑥

笔者较为赞成法条关系说和完全评价说的部分观点。虽然一直以来在学理上都有法条竞合和想象竞合的提法，但数个法条之间到底属于法条竞合还是想象竞合，在具体的案情中并非是一成不变的。按照通说的观点，过失致人死亡罪与交通肇事罪、重大责任事故罪等罪名是一般法条和过失致人死亡罪在交通运输、生产责任等特殊领域的罪名。根据《刑法》第二百三十三条中"本法另有规定的，依照规定"的表述，当在道路交通领域、生产责任领域出现过失致人死亡的情形时，则优先认定为特殊领域的犯罪。但这种按照法条竞合的处理是针对一般情形的一般处理。当适用特殊法条显然不能对具体案件中行为人的行为进行完全评价，继续适用特殊法条会造成刑法惩罚体系严重的不协调时，则可以运用想象竞合原理，以一般罪名对行为人的行为进行充分的评价。在本案中，公安机关之所以以过失致人死亡罪将戚某某刑事拘留，笔者认为其考虑的就是戚某某在碰撞发生后不挪车救人致使两被害人葬身火场的行为不足以以普通的交通肇事罪进行完整的评价，有其合理性。但本案毕竟是因戚某某违反交通运输管理法规发生的严重交通事故，导致两被害人死亡的小客车起火也是这起交通事故的自然发展过程，对戚某某的评价不可脱离交通肇事罪而单认定过失致人死亡罪一罪，以防造成在类似案件中对交通肇事罪名的虚置。

（二）交通肇事罪中的逃逸条款

交通肇事罪最早规定在1979年《刑法》第一百一十三条，1997年《刑法》新增的两条逃逸条款——"交通运输肇事后逃逸"和"因逃逸致人死亡"将交通肇事罪的法定刑由根据犯罪情节所划分的"三年以下"和"三到七年"两档，改为"三年以下""三到七年"和"七年以上"三个档次，将"因逃逸致人死亡"作为特殊情节单独规定了"七年以上"的较重法定刑。如果按照对"逃逸"一词的一般理解，本案中戚某某在事故发生后留在事故现场附近的行为显然不属于"逃逸"。但是戚某某在碰撞导致两被害人被困车内明明有生还可能性的条件下，选择旁观、不挪车救人直至被害人因为得不到救助而死亡的情形，与交通肇事罪中"因逃逸致人死亡"在本质上没有什么不同。在按照过失致人死亡罪和交通肇事罪"有其他特别

① 黄何. 法条竞合该往何处去——以交通肇事罪与过失致人重伤、死亡罪关系为例[J]. 广西政法管理干部学院学报，2014（4）：37.

② 黄何. 法条竞合该往何处去——以交通肇事罪与过失致人重伤、死亡罪关系为例[J]. 广西政法管理干部学院学报，2014（4）：34.

③ 马克昌. 想象的数罪与法规竞合[J]. 法学，1982（1）：14.

④ 贾宇等编. 刑法学（上册·总论）[M]. 北京：高等教育出版社，2019：259.

⑤ 左坚卫. 法条竞合与想象竞合的界分[J]. 刑法论丛，2009（4）：195.

⑥ 王强. 法条竞合特别关系及其处理[J]. 法学研究，2012（1）：148.

恶劣情节"均最多顶格判处行为人七年有期徒刑的情况下，能否将戚某某不挪动铲车转移被困人员的行为直接以交通肇事罪中的"因逃逸致人死亡"来处理，是本部分要讨论的问题。

1. "逃逸"的内涵之争

对于交通肇事罪逃逸条款中"逃逸"的内涵，学者们有所争论。张明楷教授认为，应当以"不救助被害人"为核心内容去理解和认定交通肇事罪中的逃逸行为。①陈洪兵教授也认为，"逃逸"一词是暗含不作为犯罪内容成分的，他甚至将交通肇事罪中"因逃逸致人死亡"的条款规定，理解为规定在交通运输道路上发生事故后不救助被害人行为的独立不作为犯罪条款。②如果采取这类观点，本案中铲车司机戚某某在两车碰撞后对白色小客车内两被困人不予救助的行为就有被评价为"逃逸"的空间，而行为人因不救助两被困人导致其葬身火场的行为也可以适用交通肇事罪中"因逃逸致人死亡的，处七年以上有期徒刑"的规定。但与此相对应，另一类观点则认为，交通肇事罪中的"逃逸行为"应当围绕"逃逸"这一词汇的字面含义理解。如有我国台湾学者认为"逃逸"首先必须包含"逃跑"的意思，也即为躲避不利于自己的环境或者事物而产生相对事故现场的物理上的位移。③若采用这种理解，则本案中铲车司机戚某某在事故现场周围的情形不符合逃逸条款的评价范畴。自1997年《刑法》将"交通运输肇事后逃逸"和"因逃逸致人死亡"列入交通肇事罪的罪状，逃逸行为就成为学界研究该罪不可缺少的内容。根据最高人民法院2000年司法解释的规定，交通运输肇事后逃逸，指的是已经达到交通肇事罪的定罪标准，为逃避法律追究而逃跑的行为。基于司法解释对"逃逸"内涵的解释，理论和司法实务界在解释何为"逃逸"时就有逃避法律追究说、逃避救助被害人说、逃避法律追究或救助被害人说以及逃避法律追究和救助被害人说四种观点④。由上述观点可知，学界关于"逃逸"内涵的争论是围绕两个方面展开的：其一是行为人肇事后逃逸的主观心态及"逃逸条款"的立法价值，其二是逃逸行为的客观内容。

2. 逃逸者的主观心态和"逃逸条款"的立法价值

关于第一个问题，司法解释认为行为人实施逃逸行为的主观心态是"为逃避法律追究"，这一点在学界引来不少的批判，很多人认为这样的不当解释限缩了逃逸行为的成立范围，不利于对肇事者为别的目的而离开事故现场的行为进行合理的处置。并且，犯罪之后逃避法律追究是多数犯罪人的常态，法律没有权力要求每一个作恶的人都配合法律调查，若是如此，也不会有"自首"条款的设置⑤。笔者进一步进行追问：同样是犯罪，为什么在交通肇事罪中行为人"逃避法律追究"的心态就要受到苛责呢？

笔者认为在司法解释的内容之下，设置"逃逸"条款的价值有二：其一是对交通肇事行为人通过逃逸行为体现出的对被害人生命权、健康权受到侵害的放任行为的预防和惩罚。据统计，交通事故受害人在30分钟之内死亡的占到85%，这意味着发生事故后半个小时对于绝大部分受害者是最佳的抢救时间，而逃逸无异于使很多生命错过救助机会⑥。设置逃逸条款作为交通肇事罪的法定刑升级条件，可以在一定程度上对肇事行为人的逃逸不救助行为进行威慑和预防，以挽救更多在事故中危在旦夕的生命。其二是对交通事故发生后认定事故责任、

① 张明楷. 刑法学（下）（第五版）[M]. 北京：法律出版社，2016：722.
② 陈洪兵. "因逃逸致人死亡"条款虚置化的原因及其克服[J]. 法学，2018（2）：176.
③ 扈晓芹. 交通肇事罪理论争议研究[M]. 北京：中国社会出版社，2013：211.
④ 王齐齐. 论交通肇事逃逸行为的内涵与司法认定[J]. 重庆交通大学学报（社会科学版），2020（4）：33-35.
⑤ 张明楷. 刑法学（第五版）[M]. 北京：法律出版社，2016：722.
⑥ 李朝晖. 交通犯罪论[M]. 北京：法律出版社，2018：103-104.

受害人及时获得赔偿的保障。基于交通肇事罪发生的场所为公共场所，行为人一旦逃跑，将给交通责任事故的认定、案件的侦破和受损法益的补偿造成很大的困难，因而出于保证行政和司法程序顺利进行的考虑，对交通肇事后逃逸的行为给予苛责。从表面上看，两种立法价值一个从个人利益出发，基于对公民个人法益的保护，一个从社会效果出发，追求行政决断的效率和司法进程的实现。从实质上看，二者又是相互联系和互为表里的。行政决策的高效和司法进程的顺利在维护社会正常运转的同时，更是对个人权益的有效保护和及时追偿。不少学者认为司法解释所规定的"为逃避法律追究"的逃逸主观心态是不合适的。笔者认为，对于司法解释的规定不能作过分狭义的理解。例如行为人甲驾驶机动车追杀仇人丙途中将被害人乙撞伤，因忙于追赶丙而离开事故现场，虽然甲离开事故现场的主观心态不是严格意义上的"为逃避法律追究"，但若不按照逃逸处理也是不妥当的。笔者认为在判断该种情形是否构成逃逸时，应围绕设置逃逸的价值进行论证。为追杀仇人而逃离事故现场的行为，一方面造成了对被害人生命权的放任不顾；另一方面也不利于公安机关和司法机关工作的正常开展，符合逃逸条款的设置初衷。并且从一般人的角度，行为人撞人后离开也符合"逃逸"的字面意义理解，将这种行为认定为逃逸不会出现太多问题。

3. 逃逸行为的客观样态

关于第二个问题，司法解释将逃逸行为的客观样态解释为"逃跑"。"逃跑"一词严格来说不是法律用语，是一种更为日常和口语化的表达。按照通常的理解，逃逸行为至少应该是有一个肇事者身体相对于事故现场的物理位移，这适合"逃跑"一词，也符合"逃逸"一词的通俗含义。但是有两种特殊情况值得考虑：一是行为人在事故发生后未离开事故现场而是佯装路人在现场旁观，二是行为人发生事故后不救人也不逃离现场，在现场原地等待警察。按照"逃逸"和"逃跑"的一般字面意思，两种情形似乎都难以符合逃逸行为的客观构成，但是按照交通肇事罪基本犯进行处理，又未免觉得不太妥当。这种"不太妥当"的认知与我们设置逃逸条款的立法初衷有所关联。上述情形一中，肇事者身体虽然没有相对于事故现场的物理上的位移，不是所谓"逃跑"和"逃逸"的典型表现形式，但是其行为既没有对急需救助的法益进行救助，也没有配合公安机关顺利执法，与逃离事故现场的经典逃逸行为没有本质区别。

笔者认为，虽然"逃逸"在通常情况下是行为人离开事故现场，但其本质正如司法解释所说是为逃避法律追究而逃跑。也就是说，肇事者的逃逸是一种不愿意承担责任的表现。在判断逃逸行为的客观样态时，原则上应为相对于事故现场的"逃跑"，这种佯装路人而滞留现场的行为，主观上逃避责任，客观上也避开责任并可随时逃跑，可以将其解释成"为逃避法律追究而逃跑"的范畴。在上述情形二中，行为人留在现场等待警察，由于肇事者没有相对事故现场的位移，等候警察也没有逃避和逃跑的客观表现，将其理解为"逃逸"则会出现超出一般国民的预测可能性的危险。

4. "逃逸"的认定

综上，笔者认为认定逃逸行为可以分为客观样态和主观方面两个步骤。在客观样态判断的阶段，应紧紧围绕法条"逃逸"和司法解释"逃跑"最为核心的逃避行为，这种客观行为，通常表现为肇事者在事故发生后远离事故现场，也包含佯装围观路人有碍事故责任及时认定和司法程序顺利开展的躲避行为。在主观心态认定方面，应围绕逃逸条款的设置针对被害人和行政司法程序两方面的价值，凡有碍于任何一方面的价值，都满足逃逸的主观心理态度。实际上，由于"逃逸"的字面意思，处罚逃逸对行政和司法意义上的价值总是存在的。而在多数情况下，行为人逃逸行为也随之带来了对被害人生命健康法益的放任和危险，所以按照这个判断步骤得出的逃逸行为在大多数情况下都符合逃逸设定的两个立法价值。在少数特殊情况，如肇事者先将被害人送医院救治后逃跑的行为，按照客观上离开事故现场，主观上符合逃避法律追究的逃逸行为判断步骤，也应当适用法律关于"交通运输肇事后逃逸"的规定，法官在量刑阶段，应考虑肇事者对伤者的救治行为而给予一定的从轻处罚。在本案中，铲车司机戚某某虽然在两车碰撞发生后不听从路人劝告先挪车解救白色小客车内两个被困人员，但其停留在事故现场的行为在客观样态上不能满足刑法设置"逃逸条款"所要惩罚的行为人逃避责任的初衷，也不满足一般国民对"逃逸"一词的理解。将其不实施积极行为救助被害人的行为评价为交通肇事罪中的"逃逸"，有实施类推解释之嫌。

此外，在逃逸认定中另一个有争议的问题是适用"逃逸条款"是否以逃逸前行为业已构成交通肇事罪为前提。针对这一问题，司法解释的立场是，成立交通运输肇事后逃逸须以行为已达到交通肇事罪的定罪标准为前提。司法解释第二条对交通肇事罪的定罪标准规定了两种类型：其一是对达到定罪标准的危害结果进行了具体的规定，其二是尚未达到定罪危害结果，但承担事故的全部或者主要责任并且具有特定情节的"非严重结果+责任大+六种特定情节"的入罪路径。①值得注意的是司法解释第二条第二款第六项内容，将逃逸仅作为入罪的特定情节时，不得对逃逸行为再进行二次评价得出行为人成立"交通运输肇事后逃逸"。同样，适用因逃逸致人死亡的法定刑也应以构成交通肇事罪为前提。司法解释向我们所传达的信息是：刑法中的"逃逸"是交通肇事罪成立后的逃逸，逃逸和因逃逸致人死亡是交通肇事罪的情节加重犯和情节和结果加重犯。针对这一解释，学界有不同意见。有学者认为交通肇事后逃逸的行为不以肇事者有罪过为前提，因为先前的合法行为并不能保证以后行为的合法性。②更有学者将"因逃逸致人死亡"视为一不作为犯罪的类型化条款，认为《刑法》第一百三十三条关于交通肇事罪的规定，是立法者为节省法律条文，将关联度很高的交通肇事和逃逸不救助行为写在一起，因此不把第一百三十三条中段和后段看作是交通肇事罪的加重犯条款，而赋予其独立的价值。③若是如此，类似本文所引用的铲车司机不逃跑也不救助的案例可直接适用"因逃逸致人死亡"的法条规定，而不用再另行讨论其过失致人死亡罪或者故意杀人罪的成立与否。

从交通肇事罪的法条规定上说，逃逸和因逃逸致人死亡的条款紧跟交通肇事罪的规定，将其视为独立的不作为犯罪条款似乎很勉强。1997年《刑法》在交通肇事罪的基本罪状后增加了逃逸的两项规定，就是考虑到逃逸在交通肇事罪中的普遍性和行为危害性。有学者提出，若是逃逸以成立交通肇事罪为前提，会得出"交通肇事致一人重伤或者轻伤后逃逸导致死亡的不能成立'逃逸致死'"的结论，这是有悖于一般人理解的。④笔者认为这种忧虑并不合理。首先，如交通肇事致人轻伤，逃逸后致人死亡并不符合正常的因果流程。有两种情况，一种存在介入因素，这种情况当然不能将死亡结果归咎于行为人。第二种情况是被害人处于荒野或者寒冬深夜，在这种情况置被害人于不顾已经超出了第一百三十三条的评价范畴，有成立不作为的故意杀人罪的空间。其次，如果被害人重伤，按照现行《〈道路交通安全法〉实施条例》的规定，逃逸的当事人应承担事故的全部责任，根据司法解释第二条第二款的规定，这

---

① 最高人民法院《关于审理交通肇事刑事案件具体适用法律若干问题的解释》（自2000年11月21日起实施）第二条第二款。

② 王俊平. 论交通肇事不救助问题[J]. 法学，2000（1）：22.

③ 陈洪兵. "因逃逸致人死亡"条款虚置化的原因及其克服[J]. 法学，2018（2）：171-181.

④ 刘艳红. 论交通肇事罪中"因逃逸致人死亡"的法律性质[J]. 当代法学，2000（3）：26-27.

种情形已经符合交通肇事罪的定罪标准。因此，笔者认为适用"逃逸"和"因逃逸致人死亡"条款以构成交通肇事罪为前提是恰当的。

（三）因逃逸致人死亡与不作为的故意杀人罪

从文字所包含和可能包含的内容看，"逃逸"仅指为逃避法律追究或者逃避救助被害人而在身体位移上离开事故现场或者隐匿于人群中近似离开事故现场的行为。然而立法将该种行为设置为交通肇事罪的加重情节，无论是出于救助被害人的考虑还是出于保证国家追诉权的实现，"逃逸"背后所牵扯的法理都离不开不作为犯罪问题。根据笔者对上一部分内容的论证，以逃逸行为的客观样态和逃逸者的主观心态认定的逃逸行为，绝大多数情况包含对被害人生命或者健康权利的放任不顾。一般情况下，法律不会强人所难救助处于困境的法益，但当行为人自己追求某种刑法上的风险，在需要阻止因此而导致的重要损害时，规范就会对行为人有所期待。①在交通肇事罪的领域，刑法对行为人的期待，就是在行为人因过失心态引起交通事故之后，配合行政和司法机关调查案件、及时挽救被害人生命、挽回损失的行为。在行为人未按照刑法的期待选择逃离事故现场或者逃避追究时，刑法有将其行为评价为不作为犯罪的空间。

1. 逃逸条款中交通肇事罪与不作为犯的拟制

理论上将不作为犯分为纯正不作为犯和不纯正不作为犯，前者是指法律规定只能由不作为方式实施的犯罪，后者是指既可以以作为方式又可以以不作为方式实现的犯罪。陈洪兵教授曾提出过将所有交通肇事后行为人不救助被害人进而导致其死亡的行为认定为"因逃逸致人死亡"的观点，②其实就是将"因逃逸致人死亡"的条款当作一个纯正不作为犯的规定去理解。但笔者不认同此种将交通肇事的情节理解为独立于交通肇事罪之外不作为犯罪的观点，而是认为"交通肇事后逃逸"和"因逃逸致人死亡"的条款本身就包含了交通肇事罪与不纯正不作为犯的拟制。

在刑法总论中，根据行为人的身体动、静状态将实行行为分为作为和不作为。行为人以作为和不作为方式实施的符合刑法犯罪构成要件的行为即分别为作为犯和不作为犯。不作为犯与交通肇事罪的犯罪构成并不排斥。交通肇事罪以违反交通运输管理法规而导致的在道路上具有危险性的交通运输行为为实行行为，在实践中以不作为方式实施的可能性不大。现行《刑法》将事故发生后行为人的逃逸行为设置为交通肇事罪的加重处罚条款，实际上正是认同了在事故发生后行为人对被害人所承担的救助义务。如本文第一部分所述，在交通肇事罪中行为人主观方面表现为过失。当行为人因为违反道路交通管理法规而造成他人死亡、重伤或者公私财产重大损失等情形时，对其行为给予刑法上的处罚，是想以此警醒交通运输人员小心和注意义务，这也是法律设置交通肇事罪的初衷。当由于不谨慎或轻信能够避免导致事故发生后，行为人由于其先前的草率和过失行为被赋予了一定的作为义务。在行为人选择逃离事故现场时，客观上有对受损法益的不作为实行行为，主观上也因其逃逸行为消减了本应由刑法基于较轻处罚的过失罪责，因而立法者在本罪的基础上对这种情形进行了法定刑的升格。在《刑法》第一百三十三条对"交通运输肇事后逃逸"行为进行由"三年以下有期徒刑"到"三年到七年有期徒刑"的法定刑升格中，立法者一定是考虑到了行为人对被害人未予救助的不作为行为，这一阶段的不作为由于尚未有明显实害结果的发生，尚不能称其为"不作为犯"。

---

① 余倩棠. 交通肇事逃逸的性质[J]. 社会科学家，2017（2）：122.

② 陈洪兵. "因逃逸致人死亡"条款虚置化的原因及其克服[J]. 法学，2018（2）：171-181.

　　如果说"交通运输肇事后逃逸"的立法只是体现了不作为实行行为的价值，那么"因逃逸致人死亡"条款则是明显的交通肇事罪与不作为犯罪的拟制。在最高人民法院 2000 年司法解释中，《刑法》第一百三十三条的"因逃逸致人死亡"被解释为逃逸致使被害人得不到救助而死亡。就算没有司法解释，单从《刑法》条文中分析，这一条款也是在强调"死亡"与"逃逸"之间的因果关系。试想若是没有《刑法》第一百三十三条中"因逃逸致人死亡"的规定，那么在行为人逃逸前业已构成交通肇事罪、对被害人负有救助义务而离开现场不予救助导致被害人死亡的情况下，完全可以对其按照不作为的过失致人死亡罪或者不作为的故意杀人罪论处。现行《刑法》"因逃逸致人死亡"的规定是将逃逸行为所构成的不作为的过失致人死亡罪与基本犯交通肇事罪进行了拟制，其七年以上有期徒刑的法定刑高于过失致人死亡罪的最高刑，也从侧面印证了这一点。

　　2. 逃逸条款不能包含故意犯罪

　　如上文所述，若是没有现行《刑法》"因逃逸致人死亡的，处七年以上有期徒刑"的规定，行为人肇事后逃逸的行为也很有可能满足不作为过失致人死亡罪或者不作为故意杀人罪的构成要件。但笔者认为，此处"因逃逸致人死亡"的逃逸条款应当被仅仅看作交通肇事罪和过失致人死亡罪的拟制，而不能包含对不作为故意杀人罪的评价。法律拟制作为一项立法技术，旨在当两种行为对法益的侵害具有相同性或者相似性时，出于法律经济性的考虑和避免重复将分属不同罪名的行为在一则法条中予以处罚。①交通肇事罪与过失致人死亡罪同属于法律明确规定的过失犯罪，且交通肇事罪的后果常伴随有人的死亡，二者在主观罪过、实行行为和危害后果上具有相似性和同质性，将以不作为方式实施的过失造成被害人死亡的行为拟制入特殊的过失犯罪交通肇事罪，具有体系上的协调性，不会超过民众对交通肇事罪包含范围的预测可能范畴。但是当行为人肇事后的不救助行为具有明显的放任甚至追求被害人死亡结果的内容时，这种意义上的逃逸或者不作为行为就不能被交通肇事罪这一过失犯罪所涵盖了。例如，行为人在零下 30℃ 的冬日凌晨因道路违章行为和不谨慎驾驶将被害人撞晕，在明知被害人受伤很重昏迷不醒的情况下，不做任何施救措施而径自离开，最后导致被害人因得不到及时救助而冻死街头。行为人作为理智的成年人，应当明白在这种情形下，被害人的生命几乎是排他性地依赖于其交通肇事后的救助行为，而行为人径自离开的做法体现了其对被害人死亡结果的放任甚至追求心态，具有与故意杀人罪等价的法益侵害性，已不能再被交通肇事罪中"因逃逸致人死亡"的逃逸条款所包容评价。

　　回到本案朝阳区铲车司机戚某某肇事后不挪车救人的案情，笔者想回答以下两个问题：第一，戚某某的行为是否适用交通肇事罪中"因逃逸致人死亡"的条款？第二，戚某某在白色小客车起火前不听劝告、不挪车救人的行为，是否构成以不作为方式实施的故意杀人罪？对于第一个问题，回答是否定的。如本文上一部分所述，逃逸行为在客观样态上应符合一般国民对"逃逸"一词的通常理解，一般需要行为人发生相对于事故现场的身体上的物理位移或者至少是通过乔装打扮、隐秘身份等方式滞留现场并具有随时逃脱的可能性。戚某某在事故发生后未离开两车碰撞现场，也不掩饰自己作为肇事者的身份，而是主动拨打报警电话原地等候，将这种行为评价为"为逃避法律追究而逃跑"的行为并不合适。针对第二个问题，笔者持肯定态度。从事故现场的视频中可以清楚地得知，白色小客车的头部卡入了铲车尾部并且严重变形，在隔离网外的路人几次提醒戚某某先将大型铲车挪开以让群众营救后方白色

---

　　① 张明楷. 刑法学（第五版）[M]. 北京：法律出版社，2016：675.

小客车内被困人员后，铲车司机戚某某仍然在一旁置之不理，只顾埋头打电话，直至小客车头部从冒烟到起火，造成车内两被困人员死亡。首先，戚某某对小客车内两被困人员张某和白某负有救助义务。其一，行为人驾驶不允许在城市主要道路行驶的车辆行驶在城市主路上，后面的小型客车与之追尾。如若行为人遵循交通运输法规，这样的事故本可不必发生。相关交通法规之所以禁止这种大型轮式机械车在城市主干道路行驶，就是考虑到其体型庞大、视线受阻所造成的安全隐患。行为人具有导致车内人员被困和车辆起火的先行行为。其二，即使小客车追尾铲车是小客车自身原因造成，在事故发生后，小客车卡在铲车尾部不能动弹，身体未受到明显损伤的戚某某的挪车行为是营救小客车内被困人员、让其脱离险境的必要措施。在车辆发生严重碰撞、发动机有极大可能起火的情况下，小客车内张某和白某的生命获救可能性几乎是排他性地依赖于戚某某的挪车行为，戚某某在事故发生后对小客车内两被害人的生命权产生了排他性的支配关系。其次，小客车从碰撞到整个起火有近三分钟的时间，在这个过程中，行为人完全有机会将车挪开从而将被困人员救出，他具有作为的可能性。但事实是，行为人没有实施任何行为，看着小客车被大火吞噬、车内人员死亡。行为人的行为已经超出了交通肇事罪或者过失致人死亡罪中对被害人生命的疏忽或者过于自信的主观心态内容，其不挪车的行为甚至是对车内人员死亡结果的追求。因为车辆碰撞后，后车引擎损坏严重起火不可避免，行为人不挪车转移被困人员导致后车两被困人员死亡几乎是唯一的结果。现代刑法客观主义的立场要求我们，在判断行为人主观心态时必须结合其客观行为而不是唯口供。从事发后被困人员对铲车司机的依赖关系以及铲车司机的不作为，能够判断出其放任甚至追求车内人员死亡的主观心态，加之其不作为导致的实害结果以及结果与其不作为之间的因果关系，戚某某的行为能够成立以不作为方式实施的故意杀人罪。当然这并不影响其交通肇事罪责任的认定。

五、结语

本案中，戚某某驾驶不允许在城市主干道路行驶的无号牌轮式自行机械车行驶在北京市朝阳区南四环外环城市主干道路上，与后方白色小客车发生碰撞，小客车损坏严重，发动机起火燃烧，造成小客车内两被害人张某和白某死亡。戚某某违反交通运输管理法规，因而发生重大事故，致使两名人员死亡，其行为符合《中华人民共和国刑法》第一百三十三条交通肇事罪的构成要件，成立交通肇事罪。根据《最高人民法院关于审理交通肇事刑事案件具体应用法律若干问题的解释》第四条的规定，若是满足"死亡二人以上或者重伤五人以上，负事故全部或者主要责任的"，则符合刑法"有其他特别恶劣情节的，处三年以上七年以下有期徒刑"的规定，在"三年以上七年以下有期徒刑"法定刑幅度内量刑。与此同时，戚某某在碰撞发生后白色小客车起火前，明知小客车卡入铲车后部损毁严重且车内有人员被困，在无明显受伤、挪动铲车不危及自身生命安全的情况下，未对小客车中的被困人员予以施救，也直接阻碍了围观路人欲转移被困人员的行为，剥夺了被害人张某和白某的最后生还可能性，导致二人葬身火海。其不挪车行为有被评价为以不作为方式实施的故意杀人罪的空间。因为戚某某严重违规驾驶机动车发生事故和不挪车救人的行为为两个独立的行为，因此应对其以交通肇事罪和故意杀人罪数罪并罚。

（撰稿人：路正）

案例 2　以租赁汽车的方式实施合同诈骗

一、案情简介

犯罪嫌疑人李某以租车为名，自 2009 年 1 月至 3 月以租车自用为名先后多次与被害人签订汽车租赁合同，在支付少量租金取得车辆的使用权以后即以"抵押"的名义将车辆（质）押给他人借款，从而达到将车辆"变现"的目的，得来的钱款即用于归还个人债务和支付继续骗租车辆的费用。

二、争议问题

问题 1：前后两个行为的关系是数罪还是牵连犯？

问题 2：前后两个行为是合同诈骗行为还是普通诈骗行为？

问题 3：质押行为是否是事后不可罚行为？

问题 4：犯罪数额如何认定？

三、相关法条

《中华人民共和国刑法（2020 年修正）》

第二百二十四条　【合同诈骗罪】有下列情形之一，以非法占有为目的，在签订、履行合同过程中，骗取对方当事人财物，数额较大的，处三年以下有期徒刑或者拘役，并处或者单处罚金；数额巨大或者有其他严重情节的，处三年以上十年以下有期徒刑，并处罚金；数额特别巨大或者有其他特别严重情节的，处十年以上有期徒刑或者无期徒刑，并处罚金或者没收财产：

（一）以虚构的单位或者冒用他人名义签订合同的；

（二）以伪造、变造、作废的票据或者其他虚假的产权证明作担保的；

（三）没有实际履行能力，以先履行小额合同或者部分履行合同的方法，诱骗对方当事人继续签订和履行合同的；

（四）收受对方当事人给付的货物、货款、预付款或者担保财产后逃匿的；

（五）以其他方法骗取对方当事人财物的。

第二百六十六条　【诈骗罪】诈骗公私财物，数额较大的，处三年以下有期徒刑、拘役或者管制，并处或者单处罚金；数额巨大或者有其他严重情节的，处三年以上十年以下有期徒刑，并处罚金；数额特别巨大或者有其他特别严重情节的，处十年以上有期徒刑或者无期徒刑，并处罚金或者没收财产。本法另有规定的，依照规定。

四、学理分析

（一）牵连犯

1. 牵连犯的概念

通说认为，牵连犯是指以实施某一犯罪为目的，而其犯罪的方法行为或者结果行为又触犯了其他罪名的情形。[①]根据概念可以看出，牵连犯一般包括两种类型：一是方法行为与目的行为的牵连形态；二是作为目的的原因行为与结果行为的牵连形态。例如，行为人为了诈骗财物伪造了公章、公文，之后使用伪造的公章、公文实施了诈骗行为。此例即典型的牵连犯，是方法行为与目的行为的牵连犯。

2. 牵连犯的成立条件

第一，实施数个犯罪行为，即犯罪行为的复数性。牵连犯的这一特征意味着两层含义：首先，牵连犯是由数个行为构成的，并且实施的数个行为都是构成犯罪的行为。[②]这一特征是牵连犯与想象竞合犯的主要区别。如果一个行为触犯数个罪名，如甲想杀死乙，趁乙一个人在家的时候放火烧死了乙。甲就只存在一个放火行为，但同时触犯了故意杀人罪和放火罪两个罪名。其次，数个行为都是符合犯罪构成要件的犯罪行为。此处判断行为个数应当以犯罪构成为要件，所有的犯罪事实中，如果只有一个行为符合犯罪构成要件，其他部分不符合犯罪构成要件的，也只能构成一罪，不能成立牵连犯。例如，我国未把弃尸行为、自行销赃行为规定为犯罪，因此杀人后弃尸或者盗窃后销赃，虽然存在两个行为，但是只有一个行为符合犯罪构成，因此不成立牵连犯。再如，甲盗窃了一个手提包，发现里面除了有几千元现金之外，还有一把手枪，于是甲就将手枪卖给了乙。此例中甲的买卖行为就不是一般的销赃行为，还构成买卖枪支、弹药罪，其数个行为符合数个犯罪构成，成立牵连犯。

第二，数个行为触犯数个罪名，也称为数行为触犯罪名的异质性。正是由于行为人客观上实施的数个危害社会行为性质不同，且既相对独立又相互依附，才有可能形成牵连关系；也正是基于这些足以形成牵连关系的危害社会行为都各自构成犯罪的事实，才能最终构成牵连犯罪。[③]牵连犯数行为必须触犯不同的罪名，这是我国大陆学者和台湾学者的通说。不过我国也有台湾学者提出相反的看法："方法行为触犯之罪名，是否与目的行为触犯之罪名相同，亦可不问。学者问有谓牵连犯所犯之数罪名，必系不相同者，容有误会。例如：为杀人而窃刀，所犯数罪名，固不相同（目的行为犯杀人罪；方法行为犯盗窃罪）；但为杀人而杀人时（例如：乙为唯一能救治丙之人；甲为杀丙而将乙杀死，而将乙杀死，使丙终因无人救治而死），则所犯数罪名，又为相同矣（目的行为与方法行为同为犯杀人罪）。"高铭暄教授对这种观点进行了反驳，他认为甲只实施了一个杀人行为，根本谈不上牵连关系；即便退一步讲，甲对乙是作为的杀人，对丙是不作为的杀人，那也只能算是一个故意杀人罪杀死了两个人。[④]笔者同意高铭暄教授的这种意见，如果认为牵连犯数行为也可以触犯同种罪名，那么将很难与连续犯区分开来，会发生矛盾和混淆。

① 陈兴良. 刑法适用总论（上卷）[M]. 北京：法律出版社，1999：696.

② 高铭暄. 刑法问题研究[M]. 北京：法律出版社，1994：227.

③ 游伟. 刑法理论与司法问题研究[M]. 上海：上海文艺出版社，2001：223.

④ 高铭暄. 论牵连犯的几个问题[J]. 现代法学，1993（6）：12.

还有一点需要注意的是，所谓不同罪名，体现在《刑法》分则条文中，可以是一条一罪的罪名，如《刑法》分则二百四十五条非法侵入住宅罪和二百六十三条抢劫罪；但不能是选择式罪名中的几个，如《刑法》分则一百二十五条非法制造、买卖、运输、储存危险物质罪，行为人若实施了这个罪名中的任意两个行为，也不能认为触犯了数罪名。

第三，数行为之间具有牵连关系，即数行为的牵连性。这一特征是牵连犯最本质的特征。所谓的牵连关系，是指行为人所实施的数个犯罪行为之间具有方法与目的或者原因与结果的密切关系，也就是说，数个犯罪行为表现为目的行为、方法行为或者结果行为，以目的行为为轴心，方法行为是为实现目的行为服务的，结果行为是由目的行为派生引起的。按时间顺序说，方法行为在前，目的行为在其次，结果行为在最后。①但在实践中如何判断数行为之间是否具有牵连关系，由于各人角度和立场不同，得出的结论也大不相同。理论界大体存在着以下三种不同的观点：

一是主观说，又称犯意继续说。该说认为，数行为之间牵连关系的认定应当以行为人主观上是否以方法或者结果之关系使其与本罪发生牵连，若行为人有这种意思，则成立牵连关系，反之则不成立。总而言之，行为人所实施的数个行为必须是由同一个犯罪意思统一起来的。牧野英一和木村龟二是此说的代表人物。牧野英一认为："我辈认为，就犯人的主观论之，要犯人以手段结果的关系相牵连，且以之为充足。"②木村龟二也认为："牵连犯因在手段与结果之关系上，实现一个犯罪意思所综合、统一之两个部分的行为，故系一罪。其所以成立一罪者，乃系行为人曾在手段与结果之关系下，预见数个行为故也。"③

二是客观说，即以客观事实为基础，考虑行为人所实施的方法行为与目的行为或目的行为与结果行为之间是否在客观上存在着牵连关系，这种判断方法无须考虑行为人主观上是否有使数行为发生牵连的意图。客观说内部又分为包容为一说、不可分离说、通常性质说、形成一部说，在此不再赘述。④举一例来说明主观说和客观说在具体判断上的不同：一男子甲欲入室盗窃，半夜爬入女子乙家，翻箱倒柜之后无甚收获，恼怒之下见乙貌美，将其强奸。按客观说的观点，若没有侵入住宅这个事实，也就不可能发生后面的强奸行为，因此两个行为之间具有牵连关系；但按照主观说的观点，甲入室是为了盗窃，其强奸意图是入室之后产生的，两个行为不是在一个犯罪意图之下，因此甲成立非法侵入住宅罪和强奸罪，不成立牵连关系。

三是折中说，此说认为数个行为之间是否具有牵连关系，必须从主客观两个方面进行考察。客观上行为人的数个行为要具有方法与目的或者目的与结果的牵连关系，主观上行为人在数个行为之间要有犯意的继续，才能认为具有牵连关系。⑤折中说是绝大多数学者的主张，最主要的原因在于，我们在认定某一行为是否构成犯罪的时候坚持的就是主客观相统一的原则，那么在认定牵连关系上，也同样应当坚持这个原则。

笔者赞同折中说，虽然也有一些学者对该说有一些批评，但从本质上来说，牵连犯之所

---

① 高铭暄. 论牵连犯的几个问题[J]. 现代法学，1993（6）：13.

② 〔日〕牧野英一. 日本刑法》（上卷）[M]. 有斐阁，1939：513. 转引自马克昌. 比较刑法原理：外国刑法学总论[M]. 武汉：武汉大学出版社，2002：801.

③ 〔日〕木村龟二. 新刑法读本[M]. 法文社，1959：3034. 转引自吴振兴. 罪数形态论[M]. 北京：中国检察出版社，1996：227.

④ 冯野光，闫莉. 论牵连犯的内涵、特征及处罚原则[J]. 法学杂志，2012（3）：21.

⑤ 高铭暄，叶良芳. 再论牵连犯[J]. 现代法学，2005（2）：109.

以能按照一罪处罚，其原因在于它具有能够成为一罪的特质。而数行为若是只在主观上或只在客观上具有牵连关系，并不能完整地体现这一特质。一个行为之所以成为犯罪行为，其主观方面和客观方面必然是统一在一起的，是不可分割的，这也是单纯的犯罪意图和无犯罪意图的侵害行为不受刑法处罚的原因。判断牵连关系也是一样的，必须主观上具有使数行为牵连的意图，客观上在这一意图的支配下实施了数个有牵连关系的行为，同时具备这两点，才能判断成立牵连关系。

3. 本案分析

就本案来说，李某租赁汽车后将其质押的行为分为前后两个具体的行为，第一个行为是从租车公司租赁汽车的行为，第二个行为是将租来的汽车质押借款的行为。笔者认为李某的整个犯罪行为不构成牵连犯，应当成立两罪。

前面已经论述过牵连犯的特征。李某的行为确实是数个行为，即租车行为和质押借款行为，且数行为都符合犯罪构成，是被刑法规定为犯罪的行为。但是，李某的数个行为触犯的并非数个罪名，而是相同的罪名（即合同诈骗罪，后面会详细论述）。并不符合牵连犯数行为的异质性特征，只能说李某先后实施了两个独立的犯罪。从这一点上其实就可以否定李某成立牵连犯。至于李某数行为是否具有牵连关系，前面已述，笔者认为应当适用折中说，即主客观相统一的原则来判断。从案情介绍来看，客观上李某数行为具有牵连关系是可以判断的，因为如果没有前面的租车行为，就不可能存在后面的质押借款行为，两个行为客观上具有方法和目的牵连性。但是主观上的牵连关系由于案情过于简单，无从知晓李某在租赁汽车时是否就已经具有"租车为了质押借款"这样明确的主观意图，因此也不能肯定地说李某数行为具有牵连关系。

综上所述，李某的行为虽然表面上是数个行为，时间上具有先后顺序，客观上具有方法和目的的牵连性，但是还是不完全符合牵连犯的全部特征，不能认为成立牵连犯，只能认为李某实施了数个独立的犯罪行为。

（二）合同诈骗罪与诈骗罪

1. 合同诈骗罪与诈骗罪的区别

合同诈骗罪是指以非法占有为目的，在签订、履行合同过程中，采取虚构事实或者隐瞒真相等欺骗手段，骗取对方当事人的财物，数额较大的行为。合同诈骗罪是随着市场经济的发展，于 1997 年《刑法》修订时新增设的一个罪名。理论上一般认为合同诈骗罪与诈骗罪是特别法条与一般法条的关系，二者适用参照特别法优于一般法的原则。但是在实践中，随着市场经济的快速发展，经济领域的犯罪越来越复杂，犯罪行为方式更加多样，使得合同诈骗罪与诈骗罪的界限非常模糊，难以区分。在分析此案中李某的行为究竟属于合同诈骗罪还是诈骗罪之前，厘清二者的界限与判断标准是非常关键的。

区分合同诈骗罪与诈骗罪最关键的两点在于一是二者保护的法益不同，二是当二者都涉及合同时，对合同的界定不同。而对合同的不同界定归根究底也是因为二者保护法益的不同。

（1）法益不同

我们可以从立法的沿革来分析合同诈骗罪的法益。1979 年《刑法》并没有合同诈骗罪的规定，只规定了普通诈骗罪。1996 年 12 月 16 日，最高人民法院发布《关于审理诈骗案件具体应用法律的若干问题的解释》（后文称《解释》），该解释第二条规定，根据《刑法》（1979年）第一百五十一条和第一百五十二条规定，利用"经济合同"诈骗他人财物数额较大的，构成诈骗罪。①可以看出来，合同诈骗罪是从诈骗罪中分离出来的，二者在保护法益方面有相同之处，即都保护公私财产所有权。但合同诈骗罪被放置在《刑法》第三章"破坏社会主义市场经济秩序罪"下的第三节"扰乱市场秩序罪"中，而诈骗罪放置在第五章"侵犯财产罪"中，二者保护法益的不同之处不言而喻。因此，《刑法》第二百二十四条合同诈骗罪的首要目的是要保护社会主义市场经济秩序，其次才是公私财产所有权。这一点看起来简单明确，但却是二者区别的核心内容。笔者认为关于对"合同"的不同界定，两个罪主体的不同等归根到底是因为保护法益的不同。因此，我认为我们在解释有关两个罪的法律条文时，也应当以法益为指导，不应当脱离这一根本区别。

在此就要区分正常的市场秩序和普通的财产权益的界限。例如：付某与王某虚构自己是某大学的招生代表，宣称只要花钱就能帮助落榜考生进入大学，毕业时获得正式统招文凭。被告人伪造了身份证明和该大学的印章，骗取了四名被害人的信任，并以伪造的身份与被害人签订了虚假的"招生协议"，共骗取四名被害人31 700元，所得款项大多用于挥霍。而实际上被害人读的是任何人都可以上的自考，而不是统招。此案中，关键在于被告人和被害人之间签订了具有合同性质的"招生协议"，因而与合同诈骗有一定的相似之处，导致本案在定诈骗罪还是合同诈骗罪时具有争议。②其实，此案的实质问题还是可以从法益角度来分析，即被告人的犯罪行为侵害的法益主要是公私财产所有权还是市场经济秩序。可以确定的是，被告人付某与王某以及被害人都不是市场经济的主体，只是一般民事主体，而且招生行为也显然并非市场行为，因而双方签订的协议只能算是一般的民事协议，虽然也体现了一定的财产流转关系，但是并非存在于市场活动中的合同，被告人的犯罪行为也不会扰乱市场经济秩序，因而只能认定为诈骗罪。

（2）对"合同"的界定

目前，我国理论界对合同诈骗罪之"合同"主要有两种界定方法，一种是从形式意义上界定，例如有观点认为，如果合同诈骗罪的"合同"与《合同法》中的范围一致，那么普通诈骗罪的当事人之间也可能存在关于财产流转的协议，这种协议按照《合同法》的规定完全可以认为是合同（口头合同）。按照特殊法优于一般法的原则，很可能普通的诈骗行为也应当适用合同诈骗罪，这将导致《刑法》第二百六十六条的诈骗罪被架空，名存实亡。因此，论者倾向于将合同诈骗罪中的"合同"界定为书面形式，不包括口头形式以及其他形式。另一种是从实质意义上界定合同的含义。有观点认为，合同诈骗罪中的"合同"是被犯罪行为人利用以骗取他人财物的手段，是刑法意义上的合同。③还有观点认为并非所有的合同都可以成为本罪的合同，只有经济合同才能担此重任，因为经济合同恰好体现了本罪的立法主旨。④

笔者认为应当在把握法益不同的前提下，从实质方面对"合同"进行界定。

首先，合同诈骗罪中的"合同"应当以财产为内容，体现了当事人之间的财产流转关系。虽然从合同诈骗罪的渊源来看，合同诈骗罪中的"合同"应仅指"经济合同"，因为最高法在1996年的《解释》第二条曾规定："根据《刑法》第一百五十一条和第一百五十二条的规定，利用经济合同诈骗他人财物数额较大的，构成诈骗罪。"此处最高法使用了"利用经济合同"一语。但现行《刑法》第二百二十四条在叙述合同诈骗罪的罪状时，没有再用"经济合同"

① 喻贵英. 《合同法》与合同诈骗罪之"合同" [J]. 河北法学，2004（6）：65.

② 邓多文. 合同诈骗罪与诈骗罪的界限：从体系解释的角度[J]. 福建法学，2009（1）：49.

③ 沙君俊. 论合同诈骗罪的合同[J]. 国家检察官学院学报，2003（1）：42.

④ 杨路生. 合同诈骗罪研究[J]. 海南大学学报（人文社会科学版），2005（6）：203.

一词，只是用了"合同"。①这是否意味着合同诈骗罪的"合同"范围的扩大呢？笔者认为答案是肯定的，因为经济合同的判断标准在学理上仍然没有统一的结论，作为经济合同的立法术语也已经随着我国合同法的统一而不复存在。而且现在市场经济的发展如此迅猛，许多普通的民事合同的内容也能够体现动态的财产流转关系，并存在于市场经济活动之中，如物权合同、债权合同，这些合同关系必然会影响市场经济秩序。但是与财产流转关系无关的婚姻、收养、监护等有关身份关系的协议，不在合同诈骗罪的"合同"之列，只能算是一般的民事合同。

其次，合同诈骗罪中的"合同"是存在于市场活动中的合同，能够反映市场经济条件下的交易关系。具备这一市场要素特征的合同一般应有以下几个特性：①该合同必须确认商品交换关系，没有约定商品交换的合同不是合同诈骗罪中的合同；②该合同必须是在市场交易的过程中签订、履行的合同，如果该合同与市场交易无关，则不属于合同诈骗罪中的合同；合同必须是双务、有偿合同。②前面已经说过，部分民事合同是合同诈骗罪中的"合同"，那么其他合同呢？如行政合同、劳动合同，是否属于合同诈骗罪中的"合同"呢？笔者认为，行政合同只存在于行政管理活动中，体现的是行政管理关系，若遭到侵害，也只能是侵害了行政管理关系，并非市场经济秩序，因此，行政合同不能成为合同诈骗罪中的"合同"。而劳动合同是一种有偿合同，存在于劳动者与用人单位之间，是一种交换劳务的行为，如果遭到侵害，受侵害的是劳动力市场秩序，劳动力市场属于市场经济的一部分，因此，劳动合同应当属于合同诈骗罪中的"合同"。

最后，合同诈骗罪中"合同"的形式可以是书面形式，也可以是口头形式或其他形式，不应有形式上的限制。有学者认为从证据的客观可见性要求来说，口头合同不应成为合同诈骗罪中的"合同"。③笔者认为，《合同法》已经明确规定了口头合同也是合同的形式之一，这说明口头形式或其他形式的合同与书面合同在理论上应当具有同等的效力。而且仅因为证据的客观可见性就否定口头合同的存在价值也是不恰当的，因为只要有些许证人的情况下口头合同也并不是完全无法证实，况且书面合同也同样具有一些缺陷，如手续烦琐、成本较高等，因此，不能因为刑事诉讼程序的原因否定口头合同的存在价值，这就如同不能随意因为被告人自己举证方便就将举证责任转移给被告人一样（少数法律明文规定为举证责任倒置的犯罪除外）。

综上所述，合同诈骗罪与诈骗罪中的合同在形式上并无区别，都可以既为书面合同，又为口头合同。二者主要的区别还是看案件中的合同是否符合前两个特征，即是否能反映财产流转关系，是否存在于市场活动之中，反映市场经济条件下的交易关系。一个合同只有同时符合这两个条件，利用这种合同的犯罪才会侵害市场经济秩序，才能成为合同诈骗罪中的合同。

2. 本案分析

第一部分已经论述过李某的行为不成立牵连犯，而是两个独立的犯罪。究竟成立什么犯罪呢？首先，需要证明李某的行为是存在非法占有目的的欺诈行为，然后，再分析究竟成立合同诈骗罪还是诈骗罪。

① 肖中华. 论合同诈骗罪认定中的若干问题[J]. 政法论丛，2002（2）：7.

② 沙君俊. 合同诈骗罪研究[M]. 北京：人民法院出版社，2004：63.

③ 肖中华. 论合同诈骗罪认定中的若干问题[J]. 政法论丛，2002（2）：8.

　　李某的第一个行为是租赁汽车，在判断一个财产性犯罪的法律性质的时候，非常重要的一点就是确定其是否具有非法占有的目的，这一点的不同有时候会使犯罪的性质完全不同。如果李某租赁汽车前就具有了非法占有的目的，那么笔者认为，无论李某在合同订立的过程中是否伪造了身份，都不影响其合同诈骗罪的成立；如果其租赁汽车之后才产生非法占有的目的，租车时有欺诈行为的是民事欺诈，租车时没有欺诈行为而租车后将车辆处置了的话，那么认定为侵占罪比较合适。

　　在实践中比较困难的是非法占有目的的界定。陈兴良教授认为，非法占有目的虽然是一种主观上的心理活动，但它并非是脱离客观外在活动而存在的。因此，应结合行为人的客观行为加以认定。在此，存在一个通过客观行为推定其主观上的非法占有目的的问题。[①]参照最高法院的相关司法解释，并结合近年来的司法实践经验，有学者总结出了一些可供借鉴的判断标准，一般情况下，只要行为人签订、履行合同中有下列情形之一的，就可以推定其具有非法占有的目的：（1）行为人的主体资格是否真实可靠，包括注册资本情况、营业资格、营业范围、资金情况、信誉情况等；（2）行为人有无履约能力。行为人的履约能力可分为完全履约能力、部分履约能力和无履约能力，行为人在签订合同时、合同履行期限内能够具有履约能力的，或者自己或他人能够提供足够担保的，都可认定为具有履约能力；（3）行为人在签订和履行合同过程中有无诈骗行为。从司法实践中看，行为人在签订和履行合同过程中没有欺诈行为的，即使合同未能履行，也不能定为合同诈骗罪；（4）行为人在签订合同后有无履行合同的实际行为。以非法占有为目的的人，在合同签订以后，一般不会去履行合同，或者只是虚假地履行合同。（5）行为人对取得财物的处置情况。如果行为人将取得的财物全部或大部分用以挥霍，或者从事非法活动、携款逃匿、隐匿财物且拒不返还等，应当可以认定具有非法占有目的。[②]总的来说，对非法占有目的的认定应当综合行为人多个方面的行为来推定其主观方面，不能机械地生搬硬套以上的标准。

　　对本案中的李某来说，从案情介绍的用语"以租车为名""以租车自用为名""取得车辆的使用权后即以'抵押'的名义……"可以看出，行为人在与被害人签订汽车租赁合同时是否伪造其他证件暂时不明，但至少是隐瞒了车辆用途和汽车使用人等信息的，行为人从一开始就不准备自用汽车，这一行为肯定是会加剧出租人的财产损害风险的，这种事项在一般情况下是需要提前告知出租人的，可以说行为人具有欺诈的行为，其后将车辆抵押借款的行为也更加佐证了其具有明显的非法占有目的。

　　李某的第二个行为是将租来的车辆质押借款，后将得来的钱款用于归还个人债务和支付继续骗租车辆的费用。正规的借贷公司为了控制放款风险，是需要一系列证明身份和证明财产归属的文件才能进行抵押质押等活动的，李某并不是车主，他想要将车辆进行抵押，就必然只能伪造一些证明文件。而且，李某拿到质押的借款之后，钱的用途并非用于一些生产活动等会产生财产收益的活动，而是用于归还个人债务和支付继续骗租车辆的费用，可见其根本没有还款能力和还款意图，这样做的后果必然是钱越来越少，入不敷出。因此，笔者认为可以认定李某第二个行为也是具有欺诈性质的行为，可以认定其具有非法占有借贷资金的目的。

　　厘清了李某实施了欺诈行为，且具有非法占有的目的之后，定罪的范围就缩小到合同诈

　　① 陈兴良. 当代中国刑法新境域[M]. 北京：中国政法大学出版社，2002：618-619.
　　② 赵秉志. 合同诈骗罪专题整理[M]. 北京：中国人民公安大学出版社，2008：24.

骗罪和诈骗罪之间了。

笔者认为李某前后两个行为成立两个合同诈骗罪，而不是诈骗罪。首先，租赁汽车的当事人双方应该是出租人和李某，双方签订的合同是有关汽车租赁的合同，其内容应当包括车辆信息、租车用途、车辆使用人、租车期限、租金多少及支付办法等详细条款；质押借款的当事人双方应当是借贷公司和李某，双方签订的是一个质押借款合同，其内容应当包括车辆信息、汽车所有人、质押期限、借贷金额、还款期限等条款。前文已经分析过，合同诈骗罪与诈骗罪的关键区分点应当是侵害法益的不同以及对"合同"的界定不同，李某前后两次行为所涉及的汽车租赁合同与质押借款合同都是明显地以财产为内容，体现财产流转关系，存在于市场活动中，体现市场条件下交易关系的合同，李某的欺诈行为肯定会扰乱汽车租赁市场和借贷市场的正常经济秩序。因此，可以认定李某的前后两个行为不成立诈骗罪，而应当成立两个合同诈骗罪，第一个合同诈骗罪自汽车交付李某时既遂，第二个合同诈骗罪自借贷资金交付到李某手中时既遂。

（三）事后不可罚行为

1. 事后不可罚行为的概念

要讨论李某的质押借款行为是否是事后不可罚行为，首先必须明确事后不可罚行为的概念以及特征，才能进行判断。

事后不可罚行为是大陆法系刑法理论首先提出的概念，又称为不罚之后行为、不可罚的事后行为、共罚的事后行为等。对于事后不可罚行为的概念，理论上有很多争论，笔者认为下面这种界定是比较合理的："所谓事后不可罚行为，是指在状态犯的场合，为了确保、利用或处分本罪行为所获不法利益而针对同一法益（即本罪法益）实施的，尽管形式上符合相关犯罪的构成要件，但因未超过原法益侵犯范围和程度而不可罚的行为。"①

2. 事后不可罚行为的法律性质

事后不可罚行为的法律性质也就是事后不可罚行为不罚的理由，学说上大致有竞合解决理论与构成要件解决理论。

持竞合解决理论的学者认为，不法取得财产行为后的支配行为符合侵占行为的概念，构成侵占罪，只不过这个侵占罪是前面的不法取得财产行为不可罚的事后行为，易言之，立法者已经一并考虑，所以按照法条单一的原理不另加处罚。②但我国台湾地区与大陆刑法理论都将法律竞合置于刑法的竞合论体系中加以讨论，并且因此坚持法律竞合问题的前提在于行为单数的认定，也就是只有一个行为。但事后不可罚行为与前一主行为并非行为之单数，这成为适用法律竞合理论解释事后不可罚行为的极大障碍。③

持构成要件解决理论的学者认为，行为人对于诈欺、盗窃、强盗、恐吓等不法取得行为所取得的财产不可能再一次据为己有，因此侵占罪的制定并不是对于不法取得财产行为的后续处分行为加以处罚，所以前述不法取得财产行为后的支配行为并不是侵占罪中所说的侵占行为，换句话说，该后续行为的处分行为自始根本不构成侵占罪，当然也没有所谓竞合问题。④具体来说，就是刑法基于保护法益的目的禁止某种行为，无非是因为该行为侵害法益，或者

①　贾学胜. 事后不可罚行为研究[J]. 现代法学，2011（5）：79.

②　贾学胜. 事后不可罚行为研究[J]. 现代法学，2011（5）：80.

③　刘伟. 事后不可罚行为——兼论吸收犯之重构[J]. 金陵法律评论，2005（1）：121.

④　黄荣坚. 刑法问题与利益思考[M]. 台北：台湾月旦出版社股份有限公司，1995：389.

有侵害法益的风险。[①]行为人盗窃以后对不法取得的财产的占有行为，由于所有人的权能已经因为盗窃行为遭到破坏，因此行为人之后的占有行为不可能再一次侵犯所有人的权益。既然行为人没有侵犯新的法益，那么当然不能认为后续占有行为符合构成要件。笔者也赞同构成要件解决理论。

3. 事后不可罚行为的特征

首先，事后不可罚行为以状态犯的既遂为前提。不可罚的事后行为应当是前一主行为的必然延伸，后行为主要是为了保持或者利用前一行为所造成的不法状态。在这一紧密关系的基础上，还要求不可罚的事后行为以主行为成立犯罪且既遂为前提。举例说明，杀人后弃尸的行为不能成立事后不可罚行为的原因在于杀人罪并非状态犯，而是即成犯，因此只能按照牵连犯的结果行为进行处理。再如，若是盗窃未遂或者盗窃数额太小不构成犯罪的，显然事后不可罚行为也就没有存在的余地。[②]

其次，事后不可罚行为要具有形式上的构成要件符合性。形式上的构成要件符合性是指，若将事后行为与主行为分开来看，事后行为在形式上是符合构成要件的，独立来看构成犯罪，但是由于前罪的存在，事后行为作为主行为的自然延伸实质上并不具有可罚性。我国《刑法》第三百一十二条规定了"掩饰、隐瞒犯罪所得、犯罪所得收益罪"，即赃物犯罪，理论和实践中对于盗窃之后本犯销赃的行为普遍认为是事后不可罚行为，但是多数国家的立法都认为本犯销赃不构成赃物罪，因此实际上，盗窃罪的本犯并不能构成销赃罪的犯罪主体，销赃行为也自然不符合赃物犯罪的犯罪构成，因而根本不存在成立事后不可罚行为的问题。当然，在规定盗窃罪本犯也可成立赃物犯罪的国家，本犯盗窃之后的销赃行为自然可以认为是事后不可罚行为。

再次，事后不可罚行为不能侵犯新的法益，也不能扩大或加深对同一法益的侵害。刑法的目的就在于对法益的保护，如果存在对法益的侵害，刑法就会对其做出一次否定性评价。因此，如果事后行为侵犯了新的法益或者扩大了对原法益的侵害，自然要再次就超出的部分进行刑法的否定性评价。例如，抢劫、盗窃、抢夺枪支罪侵犯的是公共安全，随后的持有枪支行为侵犯的是同一法益，但持有行为是抢劫、盗窃、抢夺行为的应有之义，因此，持有行为没有侵犯新的法益，也没有扩大或加深对同一法益的侵害，是事后不可罚行为。[③]但是购买假币后再使用假币的行为，就不是事后不可罚行为，因为购买假币就已经侵犯了国家的货币管理制度，而后使用假币的行为再一次将假币投入市场流通领域，使得国家的货币管理制度再一次受到侵犯，加深了对同一法益的侵害，因此不能认为购买假币后再使用的行为是事后不可罚行为。2001 年 1 月 21 日最高人民法院《全国法院审理金融犯罪案件工作座谈会纪要》指出："对同一宗假币实施了刑法没有规定为选择性罪名的数个犯罪行为，择一重罪从重处罚。如伪造货币或者购买假币后使用的，以伪造货币罪或购买假币罪，从重处罚。"有学者认为这一规定正是看到了事后行为对法益的再次侵犯已经超出了原法益侵犯的程度，因此才规定要从重处罚。[④]

最后，事后不可罚行为与主行为必须是同一主体。如果主行为与事后行为的行为人不同，那么当然不受禁止双重评价原则的约束。例如，行为人甲盗窃了一把手枪，后乙将其藏在自

① 黄荣坚. 刑法问题与利益思考[M]. 台北：台湾月旦出版社股份有限公司，1995：390-391.

② 古瑞华，陆敏. 事后不可罚行为初探[J]. 当代法学，2001（11）：23.

③ 贾学胜. 事后不可罚行为研究[J]. 现代法学，2011（5）：82.

④ 贾学胜. 事后不可罚行为研究[J]. 现代法学，2011（5）：82.

己家中,此例中甲与乙的行为显然都是可以单独评价的犯罪行为。

4. 本案分析

就本案来说,通过前面对事后不可罚行为的详细分析,显然李某的第二个行为,即将租来的汽车质押借款的行为不属于事后不可罚的行为。李某骗租车辆行为侵犯的是出租人的财产权利,而质押借款的行为明显侵犯了新的法益,即借贷公司的财产权,不符合事后不可罚行为的特征。而且事后不可罚行为之所以不可罚,关键之处就在于没有侵犯新的法益,也没有加深或扩大对同一法益的侵害,因此,李某的质押借款行为无论如何不可能成立事后不可罚行为,应当按照独立的犯罪来处罚。

(四)合同诈骗犯罪数额

1. 合同诈骗犯罪数额

根据《刑法》第二百二十四条的规定,成立合同诈骗罪需要具有"数额较大"的情节,这是成立犯罪的必要条件。因此,判断合同诈骗罪的犯罪数额就显得非常重要。但是对于"数额较大""数额巨大""数额特别巨大"的具体数额标准,刑法并没有做出明确的规定。而目前唯一相关的只有 1996 年最高法《关于审理诈骗案件具体应用法律的若干问题的解释》。该解释第二条规定:"利用经济合同进行诈骗的,诈骗数额应当以行为人实际骗取的数额认定,合同标的额可以作为量刑情节予以考虑。"但这个解释在当时只是针对普通诈骗罪的,1997 年《刑法》已经将合同诈骗罪从诈骗罪中分离出来,再沿用旧的司法解释恐怕并不合理。[①]还有人认为,合同诈骗罪是以"合同"这一合法外衣作为掩护来实施诈骗犯罪行为的,与普通诈骗罪相比,其欺骗性更大,更容易得逞。而且,从司法实践看,合同诈骗罪的犯罪数额一般都比较大,往往高出普通诈骗罪犯罪数额的几倍、几十倍、几百倍甚至上千倍,如果合同诈骗罪的定罪数额起点与普通诈骗罪的定罪起点一致,在司法实践中就没有多少实际意义。所以,合同诈骗罪"数额较大"的起点应高于普通诈骗罪"数额较大"的起点。[②]因此,对于合同诈骗罪的犯罪数额,学界还是存在着一定的争论。

所谓合同诈骗数额,是指在订立、履行合同的过程中,以一定标准计算的财产的数目,也就是货币或具有一定经济价值的物品的数目。[③]合同诈骗罪所涉及的数额大致包括合同标的额、犯罪造成的损失数额与犯罪所得数额。

合同标的额,是指合同诈骗行为所指向或直接涉及并赖以实施的金钱或物的数额,是行为人所追求的目标数额,出现在合同诈骗行为的实施过程中,与特定的犯罪行为密不可分,客观地反映着犯罪行为的规模、社会危害性的程度及行为人主观恶性的大小。[④]

犯罪造成的损失数额,是指犯罪人利用合同实施诈骗行为,给被害人造成的损失数额,通常包括直接损失数额和间接损失数额。直接损失数额是指国家、集体或者公民个人因犯罪分子的犯罪行为而减少或丧失的财产数量。间接损失数额是指国家、集体或者公民个人的现有财产因犯罪分子的犯罪行为而减少或丧失后,借此财产应当滋生的财产减少或丧失的数额,

① 舒洪水. 合同诈骗罪疑难问题研究[J]. 政治与法律, 2012 (1): 49.

② 赵俊新. 诈骗犯罪研究[M]. 西安: 陕西人民出版社, 1997: 65.

③ 赵大利, 臧庆福. 合同诈骗罪数额要论[J]. 哈尔滨工业大学学报 (社会科学版), 2001 (4): 114.

④ 田鹏辉. 合同诈骗罪的数额认定问题[J]. 学术交流, 2004 (1): 43.

如在合同履行过程中，财产被骗而减少的利息、利润数额。①间接损失数额并不是一个定罪数额，因为间接损失是一种预期的损失，损失的发生具有一定的可能性和不确定性，如果直接作为定罪量刑的依据，无疑是以牺牲犯罪人的权益为代价来保护被害人可能损失的权益，这显然不妥。②因此对定罪有影响的犯罪数额，一般指的是直接损失数额，不包括间接损失数额，间接损失数额可以作为一个量刑因素考虑。还有一点需要注意，要将被害人的直接损失数额与实际损失数额区分开来，实际损失数额是指受害单位或者个人在案件结束时尚未得到补偿的财物数额，而已经得到补偿的部分不计入实际损失数额里。因此实际损失数额也只能作为一个量刑数额，对定罪没有影响。总而言之，犯罪造成的损失数额包括直接损失数额和间接损失数额，但对定罪有影响的犯罪数额，只能是直接损失数额。

犯罪所得数额，是指行为人通过实施犯罪行为而实际得到的非法利益的数量。诈骗犯罪，从行为人的主观目的来说，是为了牟取非法利益，而犯罪所得数额的大小正是反映了这一目的的实际实现程度，因而对诈骗犯罪的定罪与量刑都有重要意义。③

以上这些犯罪数额有时会同时存在于一个合同诈骗行为中，但有时因为犯罪完成形态的不同，即存在犯罪既遂和犯罪未遂的区别，并非所有的犯罪数额都会在一个犯罪行为中出现。因此，以哪一个数额作为合同诈骗罪的犯罪数额，首先就必须区分犯罪完成形态来考虑。

合同诈骗罪既遂时，在这种情况下，被害人已经丧失了对财物的控制和支配，行为人非法占有了公私财物。我国刑法理论中，犯罪的本质属性是具有严重的社会危害性，而衡量社会危害性的依据只能是犯罪对社会和社会中的个人造成的损害。对被害人来说，犯罪行为使被害人失去了对自己财物的控制，对社会来说，犯罪行为使社会的整体财产权益减少（犯罪人对财物的占有是非法的占有，没有财产权益）。因此，被害人的损失数额是最能体现合同诈骗罪犯罪本质的一个标准，当然这里的损失数额是指直接损失数额。而合同标的额不宜作为合同诈骗罪的犯罪数额的原因在于，首先，合同标的额并不能准确地体现犯罪的社会危害性，因为很多合同诈骗罪中犯罪人只是想骗取预付款或者定金，而且有些合同的标的额非常大，它们只是犯罪人实施犯罪的一个噱头或者借口而已，而且如果被害人只损失了预付款或者定金的情况下，将合同标的额作为犯罪数额，有悖于罪刑相适应的原则，会造成轻罪重罚的结果。犯罪所得数额不宜作为合同诈骗犯罪数额的原因在于，以犯罪分子所得的数额作为合同诈骗罪犯罪数额，首先不能体现犯罪对社会造成的危害性，其体现的更多是犯罪人自身和主观的情况；其次，财物在从被害人向犯罪人转移的过程中，有时候会因为第三人或客观原因发生减损，造成犯罪所得数额比被害人损失数额小，如果以犯罪所得数额为标准的话，这部分减损的财物价值就没有办法归责，这对被害人显然是不公平的；再次，犯罪人从被害人处骗取财物后，为了尽快变现，往往将财物低价转卖，其实际获得的价值往往比最初从被害人处骗取的财物价值小很多。对于这种情况，有学者认为，应区别两种情况：如果销赃数额低于赃物实际价值，以赃物实际价值大小计算；如果销赃数额高于赃物实际价值，应以销赃所得数额计算。因为超出部分意味着犯罪人又非法占有了购买赃物者的利益，使该犯罪的社会危害性增大了。也有学者认为应按照赃物的实际价值计算，因为其实际价值体现的是刑法的

---

① 赵大利，臧庆福. 合同诈骗罪数额要论[J]. 哈尔滨工业大学学报（社会科学版），2001（4）：115.

② 殷玉谈，丁晶. 合同诈骗罪的司法认定[J]. 中国刑事法杂志，2009（1）：49.

③ 赵大利，臧庆福. 合同诈骗罪数额要论[J]. 哈尔滨工业大学学报（社会科学版），2001（4）：115.

客观性，侧重于犯罪行为对社会利益的侵害；但若以销赃数额计算，则表明刑法的主观性，侧重于罪犯个人通过实施犯罪行为所获取的利益。[①]笔者也赞同后一种观点，销赃数额具有太大的随意性，很多行为人为了尽快脱手，完全是任意地出价，并不具有衡量犯罪社会危害性的功能，不能体现犯罪行为对整个社会利益的侵害程度。因此，笔者认为最合理的是将被害人直接损失数额作为合同诈骗罪既遂时的犯罪数额。

合同诈骗罪未遂时，犯罪人没能实际控制和支配财物，因此不存在犯罪造成的损失数额和犯罪所得数额，只存在合同标的额，还可能存在行为人主观上希望骗取的数额。当行为人希望骗取的数额就是合同标的额时，可以合同标的额作为合同诈骗罪未遂的犯罪数额。如果能证明行为人主观上仅希望骗取预付款、定金等，此时就不能再将合同标的额作为犯罪数额，这不符合主客观相统一的原则，这种情况下证明行为人主观诈骗目的所指向的财物数额的证据往往不充分，可能缺乏物证、书证等客观性较强的证据，而仅仅有行为人的供述等主观性较强且易发生变化的证据，此时只能依据刑法谦抑性原则做出对行为人有利的认定。

2. 本案分析

前面已经分析过，李某成立两个合同诈骗罪，因此对其犯罪数额也应当分别予以确定。对李某的第一个骗租汽车的行为，其犯罪数额应当是被害人的直接损失数额，即汽车的价值；李某的第二个质押借款的行为，其犯罪数额应当是借款数额，这是借贷方的直接损失数额。还需要讨论一个问题，就是李某支付给出租人的租金是否应当从犯罪数额中扣除。

对于汽车租赁诈骗案件中，行为人为了继续保持对汽车的支配和控制所支付给出租人的租金是否应该从犯罪数额中扣除的问题，实践中有两种做法：一是认定行为人支付租金，是行为人为了实施诈骗行为所必须付出的犯罪成本，不应从犯罪数额中扣除；二是认为行为人要取得车辆的控制权，就必须支付相应的租金，这就使行为人最终实际取得的财物必然是车价与租金的差价，说明行为人是不可能占有整个车辆的价值的，行为人支付的租金部分应当从犯罪数额中扣除。

笔者认为行为人支付的租金不应当从犯罪数额中扣除。前面已经得出结论，合同诈骗罪中的犯罪数额应当以被害人直接损失数额作为标准，对于出租人来说，出租汽车获得租金利益是一种直接的财产收益，当行为人与出租人签订合同之后，租金不再是一种预期收益，而是一种现实的确定的财产收益。当租赁合同到期时，出租人拥有的财产价值应当包括归还的汽车以及所收的租金。因此当行为人实施合同诈骗行为后，即使行为人为了保持对车辆的控制定期支付了一些租金，但是出租人损失的还是整个汽车的价值。因此本案中，李某第一个合同诈骗罪的犯罪数额就是汽车的价值，应当扣除租金。

在实践中，案发之后，如果汽车没有丢失也没有毁损的话，应该可以按照法律规定归还给被害人，但是当李某前后两个行为都既遂时，定罪数额就已经确定下来了，即汽车价值和借贷金额，至于案发后归还的汽车，只能作为量刑金额予以一定的考虑。

五、结语

对于李某租赁汽车后擅自将车辆质押借款的行为，不成立牵连犯，其实质是两个独立的

---

① 赵大利，臧庆福. 合同诈骗罪数额要论[J]. 哈尔滨工业大学学报（社会科学版），2001（4）：116.

合同诈骗犯罪，其犯罪金额应当分别确定为汽车价值和借贷金额。支付的租金不能予以扣除，案发后归还的汽车也只能作为量刑金额予以考虑。

在目前市场经济交易行为越来越复杂的情况下，租赁汽车后擅自处分的犯罪也越来越多，实践中细微的案情差别可能导致定罪量刑的极大不同，应当在查明案情、事实清楚、证据确实充分的基础上，具体案件具体分析，重点把握非法占有目的的形成时间、前后行为是否有牵连性以及具体分析犯罪中所涉及。

（撰稿人：胡媛媛）

案例 3 不作为故意杀人罪的实行行为分析

一、案情简介

2003 年，王小丽与杜军结为夫妇，但婚后杜军经常酒后殴打王小丽，加之其在外有染，二人于 2007 年离婚。离婚后杜军还是经常无故纠缠、殴打王小丽，不允许王小丽再婚。因此王小丽产生了杀死杜军的念头。由于王小丽知道杜军喜欢喝酒，并且酒量一般，便想出了找人跟杜军喝酒，把杜军喝死的主意。2009 年 7 月初，王小丽邀请了魏刚、魏强帮忙治治杜军，喝酒的时候使劲灌杜军。7 月 8 日 19 时许，魏刚以买保险为名将杜军约出，将其带到郊区一农庄吃饭。吃饭期间，魏刚、魏强二人轮流与杜军碰杯，王小丽也在旁边不停地斟酒、劝酒。魏刚和魏强还以自己买保险和劝亲戚买保险等理由劝酒，轮流和杜军干杯、拼酒，三人喝下 3 斤五十多度的白酒。当晚 10 时左右，王小丽开车带三人离开农庄，途中，王小丽将喝醉酒的杜军丢在离农庄一百多米的树林边后驾车离开。次日，杜军的尸体被人发现。经鉴定，杜军系乙醇中毒死亡，死亡时间为凌晨 4 时左右。

二、争议问题

问题 1：王小丽等人对杜军灌酒的行为是否可被认定为故意杀人罪的实行行为？其中要讨论的是杜军有无自我答责的问题。

问题 2：王小丽等人的杀人行为应该被认定为一个作为还是同时存在作为与不作为，这个问题所涉及的是故意杀人行为，可否成为行为人作为义务的来源？

问题 3：如果故意犯罪可以成为作为义务的来源，行为人的作为与不作为之间的关系应当如何处理？

三、相关法条

《中华人民共和国刑法（2020 年修正）》

第二百三十二条　故意杀人的，处死刑、无期徒刑或者十年以上有期徒刑；情节较轻的，处三年以上十年以下有期徒刑。

《人民法院量刑指导意见（试行）（2009 年 4 月修订）》

三、常见量刑情节的适用

11. 对于被害人有过错或者对矛盾激化负有责任的，应当综合考虑案发的原因、被害人过错的程度或者责任的大小等情况确定从宽的幅度。

（1）被害人有严重过错或者对矛盾激化负有直接责任的，可以减少基准刑的 20%～30%；

（2）被害人有一般过错或者对矛盾激化负有一定责任的，可以减少基准刑的 20% 以下。

四、学理分析

（一）被害人自我答责

"自我答责"一词来自德文"Selbstverantwortung"，包括行为人自我答责与被害人自我答责两大部分。行为人自我答责解决的是行为人实施了特定的行为之后，应当由其对产生的结果负责；被害人自我答责所要解决的问题有两个方面的意义：一是应当由被害人来承担法益侵害的不利结果；二是被害人承担不利结果之后，对行为人的行为在刑法上如何看待。也就是在被害人承担不利后果之后，行为人是否有可罚性的问题。[1]结合本案案情，下面主要论述被害人自我答责问题。

关于被害人自我答责的定义，有几种不同的观点。黎宏教授认为，"所谓自己负责原则，就是被害人根据自己的积极态度在一定活动中取得了主动权的话，行为的危险和发生的结果就应当归属于被害人自担责任领域，行为人对所发生的结果不负责任，即结果的客观归属被否定"。[2]冯军教授则将"自我答责"与"自我决定"联系起来，一个人应该对他的作为或者不作为负责，即该人在他的行为中不是完全被决定的，而是一个自我决定的主体。当某种损害结果与某人的行为相关时，如果要使该人对该损害结果负责，那么就要追问"导致损害结果发生的行为是该人自己任意决定实施的吗"，只有得到肯定回答，才能使该人对该损害结果负责。[3]前者强调被害人要掌握主动权，后者强调被害人的自我决定权，其关键问题还是在于被害人自我答责的成立条件。

传统刑法理论的关注点集中在行为人身上，被害人在刑法学中处于边缘地位，往往被作为例外情况对待，并非刑法研究的重点。随着刑法理论的不断发展，人们发现对被害人权益的保护有时与被害人对犯罪成立的影响是密不可分的。被害人与行为人一样，也具有独立的和自我答责的法律人格，被害人的权利与被害人的责任不可分离，只要法律应该保护被害人的权利，法律就必须证明被害人应该承担的责任。如果仅从行为人的行为这一视角来考虑符合构成要件的结果，完全排除被害人行为的视角，会使我们的研究视野过于狭小，甚至产生自相矛盾的结论。德国犯罪学家汉斯·冯·亨梯（Hans Von Hentig）在 1941 年发表的《论犯罪人与被害人的相互作用》一文中指出："在犯罪行为进行的过程中，受害人不再是被动的客体，而是主动的主体。在犯罪行为的产生和进行过程中，受害人也是在起作用的。"[4]他指出，欺诈犯罪中的一些被害人并不值得法律保护，一是因为他们并不纯洁，二是因为他们为贪婪所蒙蔽，被根本欺骗不了一般人的欺诈行为所骗。第二次世界大战后，亨梯与埃伦伯格（Henri Ellenberger）带动欧美诸国把被害人当作焦点的研究，并据此逐渐成立了被害人学。

被害人的有责性是被害人学中非常重要的概念。被害人学的创始人本杰明·门德尔松（Beniamin Mendelsohn）将被害人分为五种：

1. 完全没有责任的被害人，例如幼儿被害人，即完全不负责任的"理想被害人"；
2. 有责性较少的被害人，例如因侮辱而激怒对方招致攻击的被害人，又可称为"无知导

---

① 马卫军. 刑法中自我答责的基本原理[J]. 云南大学学报，2016（2）：50.
② 黎宏. 刑法总论问题思考[M]. 北京：中国人民大学出版社，2007：289.
③ 冯军. 刑法中的自我答责[J]. 中国法学，2006（3）：93.
④ 〔德〕汉斯·约阿希姆·施奈德. 犯罪学[M]. 北京：中国人民公安大学出版社，1990：816.

致的被害人";

3. 与加害方有同等有责性的被害人，例如相约自杀的生存者；

4. 相对加害人负更多责任的被害人，例如因无证驾驶引起事故而被对方撞成重伤的被害人。

5. 被害人负最多有责性，例如因对方正当防卫而受伤的被害人。[①]

我国学者基于国外的被害人学理论，总结概括出四种被害人与犯罪人的基本互动模式：可利用的被害人模式、冲突模式、被害人催化模式、斯德哥尔摩模式。前三种模式是按被害人在加害-被害的互动过程中所起的作用及其责任大小而划分的，第四种模式则是反映互动复杂性的特殊情况。[②]被害人催化模式正是要求被害人承担责任的一种模式，在该模式中，"被害人因实施了某种行为而促使、诱引、暗示或激惹犯罪人实施了针对自己的犯罪行为，犯罪行为不过是对于被害人'催化''刺激'或者'推动'行为的一种还击或过当反应，其发生恰好是被害人的此类行为在当时的条件下合乎规律的结果"。[③]

被害人有责性的相关理论在为刑罚裁量提供数据参考、明确被害人补偿的范围、扩展对犯罪研究的视野等方面产生了深远影响。我国司法机关对于被害人责任的重视也在司法实践中有所体现，例如《最高人民法院关于审理交通肇事刑事案件具体应用法律若干问题的解释》中规定：只有行为人对交通事故的发生负有同等责任、主要责任或者全部责任时，其行为才可能成立交通肇事罪。换言之，如果被害人对交通事故的发生负有主要责任或者全部责任，行为人的行为就不可能成立交通肇事罪。张明楷教授指出："发生交通事故的原因往往比较复杂，在许多情况下，行为人与被害人均有责任，如果行为人对事故不应负全部责任或主要责任，则不能认定为交通肇事罪。"[④]

笔者认为，被害人有责性的影响不应仅局限在交通肇事这类过失犯罪中，在所有的犯罪中，都应考虑被害人的责任问题，被害人的自我答责都应当成为否定他人的行为构成犯罪的基本原则，即只要存在被害人对危害结果的自我答责，就应当由被害人对所发生的危害结果予以答责，即使在这一过程中他人故意或者过失的行为直接导致了危害结果的发生，也不能把危害结果（完全）归责于他人。

与此同时，我们也要注意一点，如果要求被害人对自己直接或间接引起的危害结果承担责任，容易产生对被害人的双重不利：一方面，被害人可能会因此丧失刑法对自己的保护，例如，不能因为与自己有关的损害结果而对行为人进行正当防卫；另一方面，被害人最终遭遇的损失会面临无从救济的尴尬境地，行为人不承担刑事责任，往往也不承担民事责任。为了不使被害人因为这种"双重不利"而受到双倍不公正的对待，就需要合理地确定被害人自我答责的条件。前述的门德尔松通过对被害人分类，尝试以具体的类型确定被害人自我答责的范围，与之相似的还有埃伦伯格与樋口幸吉。

还有一些学者尝试以确定的原则来限制被害人自我答责的使用。西班牙刑法学者坎西奥（Cancio）认为："如果被害人与他人共同从事的活动给被害人的法益造成了损害，就要由被害人自己对所发生的法益损害承担责任，只要符合以下三个条件：（1）这种活动停留在被害

①〔日〕上田宽. 犯罪学[M]. 北京：商务印书馆，2016：261-262.

② 许章润. 犯罪学[M]. 北京：法律出版社，2004：146-150.

③ 在这种模式中，被害人以挑衅、引诱、加害等行为，如化学反应的催化剂一般，刺激行为人实施进一步的侵害法益行为。参见许章润：《犯罪学》[M]. 北京：法律出版社，2004：148.

④ 张明楷. 刑法学（第五版）[M]. 北京：法律出版社，2016：720.

人和他人共同组织的范围之内；（2）被害人的活动没有被他人当成工具，也就是说，被害人具有成立'自我答责'所必要的认识；（3）他人不具有对被害人的法益加以保护的特别义务。"①冯军教授认为，被害人自我答责的构成要件应包括以下四条：第一，被害人具有认识导致结果发生的危险和阻止危险现实化（变成结果）的能力；第二，被害人自己引起了发生损害结果的危险；第三，被害人在自己尽管还能够管理危险时却强化了危险；第四，法律规范上不存在他人应该优先地阻止危险现实化的特别义务。在此基础上，冯军教授进一步指出，在以下四种情形中，被害人应该对所发生的损害结果承担责任：第一，非法侵入他人的法领域，被害人非法侵入他人的法领域而引起的法益丧失，应该由被害人自己承担后果。第二，自己故意实施危险行为，当被害人完全估计到自己的行为将会给自己造成危险，却轻率地实施该危险行为，以致给自己造成损害结果的，就要由被害人自己负责。德国《联邦最高法院刑事判例集》曾记载了这样的一个案件：甲医生刚刚出诊了一个天花病人回来，虽然感到很累，但还是没有经过检查，就回自己诊所上班了，导致其他医生和患者都感染了天花。该诊所的牧师为了关怀其他病人而自愿进入隔离区，也因此染病。甲创设了这种不允许的危险，对于被他无意识感染的人员，应当承担过失身体伤害或者杀人的刑事责任。但是牧师的情况不同，因为牧师是基于自己的决定，明知隔离区存在危险而自愿使自己处于这种危险中，由此产生的危害结果不应当归责于甲。但联邦最高法院还是判决对牧师的过失伤害罪成立。②第三，同意他人实施危险行为，被害人认识到他人的行为具有给自己的法益造成损害的危险，却要求、允许或者接受他人实施该危险行为，由此而产生的损害结果，就应该由被害人承担责任。日本的"越野赛车事件"正与这种情形类似。初学越野赛车，技术不熟练的被告人在专用赛道练习的时候，同意从事赛车活动且经验老到的被害人坐在其旁边的助手席上进行指导，被告人因减速不当发生车辆侧翻事故，致使被害人死亡。日本千叶地方法院在 1995 年的判决中认为，被告人对于越野赛车行驶中的危险具有相当的了解，对车手冒有难以控制车辆、翻车等危险的事实也有预见，因此，被告人基于对上述危险的认识，对被告人在上述范围内的驾驶方法持容忍态度，将上述驾驶方法所具备的风险视为自担风险，排除了被告人行为的违法性。③但也有学者对此持否定态度，例如大谷实教授。④第四，参与并强化危险行为，被害人认识到他人的行为具有给自己的法益造成损害的危险，却参与他人对该危险行为的实施，并且被害人自己的行为使他人行为的危险不能消除或者甚至使他人的危险行为变得更加危险的，也应该由被害人对由此而产生的损害结果承担责任。

笔者认为，被害人自我答责的适用范围应当从三个角度进行分析：（1）主观上，具有自主引起危险或陷入危险的意识与能力；（2）结果上，被害人引起了危害结果发生；（3）因果关系上，被害人对危险具有强化的作用。在符合被害人自我答责的条件时，对于案件的分析不能仅限于分析行为人，更应当考虑被害人的因素，尤其是被害人与行为人在案件中存在的关系。

① 冯军. 刑法中的自我答责[J]. 中国法学，2006（3），100.

② 〔德〕克劳斯·罗克辛. 德国刑法学总论（第 1 卷）[M]. 北京：法律出版社，2005：263-264.

③ 黎宏. 刑法总论问题思考[M]. 北京：中国人民大学出版社，2007：290.

④ 大谷实教授认为，在仅仅承担风险的场合，该同意是无效的，何况由于不允许放弃生命，因此，应当基于体育活动，从社会相当性的角度来认定其排除违法性。〔日〕大谷实. 刑法讲义总论[M]. 北京：中国人民大学出版社，2008：238.

（二）作为义务的来源

大陆法系对作为义务的研究经历了从形式到实质的变化过程。形式的作为义务以比较具体的类型严格限制作为义务的范围，对于增强不纯正不作为犯的明确性，维护罪刑法定有一定积极意义。①但是，随着刑法理论的发展，其弊端也日益显现。首先，形式的作为义务说只是在形式上进行归纳，并没有说明为什么违反这些原本属于其他法律领域中的义务就会转化为刑法中的犯罪行为。其次，形式的作为义务说对作为义务范围的限定过于僵硬，造成不纯正不作为犯的形式要件与实质可罚性脱节。②

1. 作为义务理论

保证人地位实质化运动开始以后，多国学者提出了许多实质的作为义务理论。在德国影响较大的主要有以下四种：

（1）平面的社会群体关系说。该学说从社会内部人与人之间的基础关系，如家庭关系、共同生活关系、同事关系等入手，探究作为义务的实质根据。

（2）功能说。该学说由阿图尔·考夫曼（Arthur Kaufman）提出，目前成为德国刑法理论的通说。功能说将保证人义务按社会功能不同划分为两类：对特定法益的保护义务和对特定危险源的监督义务。法益保护义务的功能是使特定的法益不受来自任何危险源的侵害，这类义务的来源有自然联系、密切的共同体关系和对保护义务的自愿接受。自然联系是最有力和最明了的义务根据，但这种联系必须是有法律根据的，其中最重要的是家庭成员间的联系。密切共同体关系包括危险共同体、同居关系、收养关系，其产生保证人义务的关键是成员之间基于相互信任而产生依赖关系，增加了承担的风险或者中断了其他形式的保护措施。对保护义务的自愿接受是指行为人自愿接受、担当对特定法益的保护功能，而且法益所有人相信保证人会承担相应的风险而放弃了可能的其他保护措施，这种接受一般以契约的形式进行。危险源监督义务的功能是使特定的危险源不侵害任何人。这种义务来源包括先行行为、监督范围、监督责任。

（3）依赖关系说和信赖关系说。被害人限于脆弱的状况而必须依赖行为人的救助是作为义务产生的根据。依赖关系既存在于法益保护义务中，也存在于危险源监督义务中。缺陷在于依赖关系说要求只有被害人处于无助状态下才产生依赖关系，而实际上被害人并不是总处于无助状况。与依赖关系说类似的观点为信赖关系说，该说淡化了行为人与被害人之间的强弱对比关系，但隐含着人会因为相信别人而使自己居于弱势、陷于危险的意思。

（4）支配说和组织管辖说。支配说又称因果流程支配说，由德国学者贝恩德·许乃曼（Bernd Schünemann）提出，许乃曼用统一的法理基础解释作为和不作为的可罚性，认为作为和不作为的共同可罚性根据都在于"支配造成结果的原因"，"对造成结果的原因有支配"是作为与不作为对等的标准。保证人地位的实质根据在于行为人对造成法益侵害的因果流程居于支配地位。组织管辖说由德国学者雅科布斯（Jakobs）提出，也是一种在统一解释作为和不作为可罚性的基础上探索作为义务实质根据的学说，雅科布斯用组织管辖统一解释作为与不作为的可罚性。他主张，在所有的刑法概念都有必要重新规范化和功能化的情况下，作为犯

　　① 较早的刑法教科书采取了形式的三分说，近来的刑法教科书采取了形式的四分说，除了法律、职务与先前行为引起的义务之外，增加了法律行为引起的义务。张明楷. 刑法学（第五版）[M]. 北京：法律出版社，2016：152.
　　② 刘士心. 不纯正不作为犯研究[M]. 北京：人民出版社，2008：76.

与不作为犯的对立就不再那么明显，因为两者同样是以组织管辖或体制管辖为依据的。组织管辖是对特定组织领域的管辖，体制管辖是指因体制身份而管辖。根据雅科布斯的观点，因组织管辖而应使该组织领域内的法益不受侵害，则为支配犯；因体制上的管辖而产生的保证人，为义务犯。

我国台湾学者许玉秀教授提出开放和闭锁的关系说。许玉秀主张，考察保证人地位有两个观察重点，即社会功能关系和法益。开放和闭锁的关系说先选取法益为出发点，然后再考察对法益有意义的社会功能关系。作为义务的有无取决于行为人和对方（被害法益或者侵害来源）的关系是开放的还是闭锁的。闭锁关系即行为人与对方发生关系的目的在于保护受害法益。开放关系意味着行为人与对方关系的内容不以保护受害法益为目的。一般情况下，闭锁关系产生作为义务，开放关系不产生作为义务。

在日本关于作为义务实质根据，主要有三种学说。（1）先行行为说。该观点由日高义博提出。该学说认为，作为义务的实质根据在于行为人在不作为之前实施的先行行为造成了对法益的危险。（2）事实上的承担说。该学说由崛内捷三教授提出，其特点是从被害法益对不作为人的依赖关系解释作为义务的来源，认为作为义务的根据在于行为人事实上承担了这种依赖关系。（3）因果关系支配说。该说由西田典之倡导。该学说认为，为了保证不作为与作为的等价值性，必须是不作为者能够掌控指向结果的因果过程，也就是具体且现实地支配了因果过程。按照该标准，不纯正不作为犯成立的场合有两种：事实上的排他性支配和支配的领域性（非基于自己的意思而获得排他性支配的场合）。①

2. 作为义务的规范属性问题

作为义务的形式来源直白而具体，作为义务的实质根据深刻而抽象，两者互为表里，密不可分。现实的作为义务，无论实质依据是什么，在形式上都是由一定的社会规范和具体的事实理由直接引起的，因此确定作为义务的来源，首先要解决作为义务的规范属性问题，即何种范围内的社会规范会引起保证人义务。关于这一问题主要有四种不同意见：

（1）形式的法律义务说。作为义务必须是具有法律规定形式或是在法规范中有明确规定的义务，不包括道德义务或者基于伦理规范的义务。

（2）形式的法律义务说和有限制的伦理义务说。作为义务除了法律规定的义务、法律行为引起的义务等直接来源于法规范的义务之外，还应包括一定范围内的伦理义务。

（3）实质的法律义务说。作为义务虽然应当是法律义务，不是单纯伦理上的义务，但是并不限于法规范规定的义务、法律行为引起的义务等具有形式的法律意义的义务，还包括基于法律精神而成立的义务。

（4）刑法义务说。不作为犯的作为义务不仅应当是法律义务，而且必须是刑法规定的义务，道德义务和刑法以外的其他法律规定的义务不能成为不作为犯的义务来源。

形式的法律义务说与刑法义务说都认为作为义务要具有法律规范的形式，两者的区别在于对法律规范的范围把握不同。形式的法律义务说和有限制的伦理义务说与实质的法律义务说并无实质区别。前者认为，作为义务除了法律直接规定的以外，还包括一定范围内基于社会习惯和道德规范产生的义务。后者主张法律的作为义务不以法规范的直接规定为限，只要在实质上符合法律精神的要求即可。所谓符合法律精神要求的义务，实际上就是形式的法律义务说和有限制的伦理义务说所说的一定范围内的伦理义务。笔者认为，将不纯正不作为犯

---

① 上述大陆法系理论观点参考刘士心. 不纯正不作为犯研究[M]. 北京：人民出版社，2008：85-97.

的作为义务界定为实质的法律义务较为可取。不纯正不作为犯需要承担刑事责任，刑法的谦抑性要求我们尽可能限缩刑法规制的范围，因此，作为义务应当限定在值得动用法律进行保护的范围内，不值得动用法律保护的纯道德义务，不能作为刑法意义上的作为义务。同时，我们也应当承认，立法技术在任何时代都无法做到尽善尽美，法律的缺陷是不可避免的，并非所有值得法律保护的义务都能在实体法中有所体现，所以，作为义务不能局限于实定法的明文规定，也应包括根据实定法的原则和精神引申出的义务。

基于上述分析，虽未在法律中明文规定，但确实值得法律保护的由先行行为引发的义务，也可以成为不纯正不作为犯的义务来源。本案中，行为人主要实施了两个行为——以故意杀人的故意所实施的劝酒行为和事后将醉酒的被害人抛至路边不管不问的行为。分析其是否构成不作为的故意杀人罪，关键要分析其中是否存在作为义务，实际上是要分析先前的劝酒行为能否成为事后对醉酒的被害人进行救助的义务来源，即先行行为引起的义务问题。

（三）先行行为

"制造恶因的人，必须排除恶因所造恶果。"[1]早期刑法理论认为，先行行为来自德国的这条习惯法原则。但并不是所有的先行行为都会产生作为义务，只有当产生的危险符合相应标准时，行为人作为保证人的不作为才能构成不纯正不作为犯。对先行行为危险的限定，应当符合三个要求。（1）因果直接性，先行行为直接导致了法益损害的危险，在这一过程中没有其他因素的介入。（2）高度盖然性，先行行为具有引起危险状态的高度可能性，如果行为只是偶然、碰巧引起了法益的危险，一般不能作为先行行为。（3）时空临近性，危险状态与先行行为具有时间、空间上的紧密联系。

在肯定先行行为可以成为作为义务的来源之后，本案首先面临的一个理论问题就是先行行为的范围，即何种先行行为能够引起作为义务，主要涉及是否包括违法行为、是否包括犯罪行为等争议。

1. 先行行为是否应当违法

有关引起作为义务的先行行为是否仅限于违法行为的学说，在刑法理论中争议颇多，主要有以下几种观点：第一，行为限制说，该说认为："先前的行为必须在客观上是违法的。"[2]这一学说也是德国的通说。第二，结果限制说，该说认为："如果先行行为是合法行为，而且其发生的结果也是合法时，即无作为义务……但是如果虽然先行行为是合法的，但行为所导致的结果是非法时，行为人仍负有防止结果发生的义务。"[3]第三，限制否定说，该说认为："不论是违法行为还是合法行为，既然由于它而使某种合法权益处于遭受损害的危险状态，行为人就没有理由拒绝消除他能够消除的危险。先前的合法行为，不能保证以后行为的合法性。"[4]该说也是我国多数学者赞同的观点。第四，具体判断说，该说认为，先行行为是否仅限于违法行为，不存在一个放之四海而皆准的一般准则，应当结合具体案件判断，例如大塚仁教授指出："关于先行行为是只限于违法行为还是也可以是合法行为，是必须是基于故意、过失的行为还是也可以是其他没有责任的行为，抑或是对他人的行为也可肯定这种作为义务等，尚有争论，但是难以抽象地、一概地论定。应当按照具体的事态、根据信义诚实的原则

① 毛玲玲. 不作为犯义务的限制实质论[J]. 东方法学，2014（3）：32.

② 〔德〕汉斯·海因里希·耶塞克. 德国刑法教科书[M]. 北京：中国法制出版社，2017：842.

③ 熊选国. 刑法中行为论[M]. 北京：人民法院出版社，1992：184.

④ 高铭暄. 刑法学原理 [M]. 北京：中国人民大学出版社，1993：545.

乃至公序良俗来判定。"①

行为限制说与结果限制说都主张并非所有的先行行为都可以引起作为义务,通过不同的标准对先行行为的范围进行了限制,可以合并称为限制说。限制否定说反对从法规范角度限制先行行为的范围,与限制说对立。具体判断说介于限制说与限制否定说之间,相对折中。笔者认为,限制否定说将合法行为全部纳入引起作为义务的先行行为中,过分扩大了作为义务的范围,会与违法阻却事由发生冲突,例如在正当防卫中,如果采取限制否定说,当防卫者对不法侵害者造成了伤害,且没有施救,就有成立不纯正不作为犯的空间,这一结论与正当防卫的理论是矛盾的。行为限制说将合法行为全部排除出去,又过分限缩了作为义务的成立范围。结果限制说在一定程度上克服了行为限制说的不足,但是依然存在问题。首先,危险业务活动造成的允许危险范围内的结果,法律对此是否允许,难以得出明确的结论。其次,结果限制说对于防卫行为的判断有本末倒置之嫌,如果不过当就是合法结果,过当了就是违法结果,但是过当结果的违法性并非在结果本身,而在于防卫行为超过了法律允许的限度。

基于上述各种学说的主张及其缺陷,笔者认为,确定先行行为的范围,主要应考虑两个因素:法益保护和各种刑法理论之间的协调性。原则上,危险的先行行为应当以违反法律规范为前提,但这并不排斥合法行为引起作为义务,如果对行为人施加作为义务不与刑法体系下的其他理论产生直接的冲突,则依然可以肯定合法行为引起的作为义务。常见的生活行为在合法合规的情况下,依然有引起作为义务的余地。

2. 先行行为是否包括犯罪行为

如果先行行为已经是犯罪行为,是否还会引起行为人的不作为刑事责任,在理论中同样存在激烈的争论,主要有以下三种观点。(1)肯定说认为先行行为包括违法行为和犯罪行为,行为人对其行为造成的法益侵害负有防止义务。②有学者认为:"既然违法行为都可以是先行行为,否定犯罪行为是先行行为于情理不和,也不利于司法实践。"③(2)否定说认为先行行为不包括犯罪行为,行为人对其犯罪造成的法益侵害没有救助义务。有的学者主张:"先行行为不可能包括犯罪行为,在先行行为是犯罪行为的情况下,如果行为人没有防止更严重的结果发生,则负结果加重犯的责任,而不能另外再构成一个不作为的故意或者过失犯。"④(3)折中说主张不可一概而论,应当具体问题具体分析,其中包括故意、过失犯罪区别说与犯罪行为是否存在对应的结果加重犯区别说等。前者否定故意犯罪的先行行为性质,肯定过失犯罪可以成为先行行为,例如主张交通肇事罪的行为人对被害人负有救助义务,不履行救助义务者可能构成不作为的故意杀人罪,而否定故意伤害的行为人对面临死亡危险的被害人的救助义务,认为应当直接认定行为人构成故意伤害致人死亡。后者认为,如果针对先前犯罪行为规定了结果加重犯,或者因发生严重结果而成立重罪时,可将加重结果评价在相应的结果加重犯或者另一重罪中,先前的犯罪行为并不导致行为人具有防止严重结果发生的义务;在刑法针对该先前犯罪行为未规定相应的结果加重犯或发生某种严重结果而成立其他严重犯罪的情况下,如果先前的犯罪行为导致另一法益处于危险状态,则宜肯定先前犯罪行为人具有保证人地位。⑤上述两种学说并非完全对立,也有学者同时赞同故意、过失犯罪区别说与犯罪

① 〔日〕大塚仁. 刑法学原理[M]. 北京:中国人民大学出版社,1993:545.

② 陈兴良. 刑法适用总论[M]. 北京:法律出版社,1999:272.

③ 高铭暄. 新编中国刑法学[M]. 北京:中国人民大学出版社,1998:119.

④ 于改之. 不作为犯罪中"先行行为"的本质及其产生作为义务的条件[J]. 中国刑事法杂志,2000(5):22.

⑤ 王莹. 论犯罪行为人的先行行为保证人地位[J]. 法学家 2013(2),119.

行为是否存在对应的结果加重犯区别说者。①

从举轻以明重的角度看，肯定说显然有一定道理，既然一般违法行为甚至合法行为都能引起作为义务，更严重的犯罪行为当然可以引起作为义务。例如，甲在过桥时不慎将乙撞入河中，乙有生命危险，如果认为犯罪行为不能引起作为义务，就会得出如果甲不小心撞到乙时就应当救助乙、如果甲出于杀人故意撞到乙时就无须救助乙的结论，这显然不符合逻辑。否定说另辟蹊径，从其他角度分析该问题：一个人有没有作为义务，和这个人在刑法上是否构成不作为犯罪是两个不同层次的问题。否定说对犯罪行为引起作为义务持反对态度，主要理由在于先行行为已经被刑法进行了否定评价，如果认为先行行为人对其造成的危险状态负有救助义务，那么每个作为犯之后都要再成立一个不作为犯，违反了禁止重复评价原则。折中说则认为，部分犯罪行为引起作为义务并不违反禁止重复评价原则，而对这些不作为如果不以不纯正不作为犯处罚，会导致放纵犯罪的结果，与刑法保护法益的目的相背驰。

笔者赞成折中说。在不违反重复评价原则的前提下，以下两种情况应当引起作为义务。第一，行为人的过失行为可能会构成刑法规定的某种过失犯罪，即在法益受损的危险状态出现后，行为人故意不作为导致危害结果发生。例如甲过失地将乙撞入河中，乙落水后，甲发现乙系自己的仇人，遂在能救助的情况下故意不救助，导致乙溺水身亡。第二，行为人在针对低价值法益实施故意犯罪的过程中，犯罪行为导致了另一种高价值法益处于危险状态，可能导致更为严重的后果，而刑法又没有针对加重结果规定结果加重犯或转化犯等加重处罚的犯罪构成。例如甲在故意毁坏乙的财物的过程中，意外导致乙的生命处于严重危险状态之中，此时甲就负有救助乙的义务，如果甲故意或者过失不救助，其不作为就构成故意杀人或者过失致人死亡罪的不作为犯。

在先行行为构成犯罪时，先行行为犯罪与不作为犯罪之间的关系应当如何处理？陈兴良教授主张："先行行为和不作为犯罪之间构成具有牵连关系，构成牵连犯。"②笔者认为上述观点有待商榷。牵连犯是指犯罪的手段行为或结果行为，与目的行为或原因行为分别触犯不同罪名的情况。③牵连犯是处断的一罪，其内部各个行为在实质上都独立地构成犯罪，并且牵连犯的数个行为都是故意犯罪。④在上述第一种情况中，法益受损是由先前过失的作为与之后故意的不作为共同造成的，从形式上看，过失的先行行为和事后的不作为犯罪共用一个结果。由于过失犯罪以结果发生为成立要件，一旦离开了结果要件，先行行为的过失犯罪就不能成立，因此先行行为和事后的不作为不能独立构成犯罪，这并不符合牵连犯的特征。现有的罪数理论中，尚无这种特殊犯罪形态的对应概念，但有一点可以确定的是，应当对其以较重的不作为犯一罪处罚。在第二种情形中，先行行为有独立的犯罪结果，可以构成完整的犯罪，在这种情况下，如果事后不作为犯罪是故意犯罪，可以成立牵连犯，最终从一重罪论处。如果事后不作为犯罪是过失犯罪，则不能成立牵连犯，最多只能认定为吸收犯，不论如何认定罪数形态，只能从一种罪论处。

针对故意犯罪是否可以成为先行行为，还有学者从先前犯罪故意与后续损害结果之间的关系展开论述，包括两种情况：

第一，如果先前犯罪行为人故意引起某特定损害后果，而该特定损害后果最终按照行为

① 刘士心. 不纯正不作为犯罪中先行行为引起的义务研究[J]. 北方法学，2007（6）：75.
② 陈兴良. 刑法适用总论[M]. 北京：法律出版社，1999：272.
③ 张明楷. 刑法学（第五版）[M]. 北京：法律出版社，2016：490.
④ 吴振兴. 罪数形态论[M]. 北京：中国检察出版社，1996：276.

人的计划发生，即如果先前犯罪行为制造的风险所实现的损害后果完全可以涵盖在先前犯罪的故意范围之内，例如，甲以杀人的故意向乙的饮料中投放了足量的毒药，乙饮后躺在地上呻吟不已，此时甲看见乙的惨状不实施救助，乙在饱经折磨后死亡，此时仅追究先行行为构成的作为犯罪即可完整地对行为人的行为不法与结果不法进行评价。但对如何得到最后的结果存在两种不同的论证思路：（1）否定说认为先前的犯罪行为不能构成先行行为，因为最终发生的结果与行为人故意犯罪所追求或放任的结果一致，认定一个故意的作为犯罪即可。（2）肯定说认为先前的犯罪行为可构成先行行为，针对同一损害结果行为人构成故意的作为与不作为犯罪，但认为此种情形属于法条竞合（即针对同一法益损害后果既存在作为的规定也存在不作为的规定）之一种，按照特殊法优于一般法的规则仅处罚作为犯罪，或者将不作为犯罪视为不可罚的事后行为，仅评价故意的作为犯罪。①

第二，如果先前犯罪行为创设的风险继续发展，所实现的损害后果超出了先行行为构成的犯罪范围，无法为该犯罪的行为不法与结果不法所包括，则这种风险无疑未被先行行为所构成的作为犯罪所用尽，那么就存在对这种"剩余"风险进行评价的必要。②此时至少又存在两种情况。（1）该损害后果可为先行行为所构成犯罪的结果加重犯所包含，例如故意伤害他人后任其流血死亡，死亡结果可以为故意伤害致人死亡所包含。（2）针对该损害后果不存在先行行为所构成犯罪的结果加重犯，例如上文所述的故意毁坏财物导致他人死亡。第一种情况是处罚结果加重犯还是不作为犯罪的问题，导致在罪名上存在选择困难。如果仅以结果加重犯追究行为人的刑事责任，无法完整评价此种情形的行为不法与结果不法。行为人在实施伤害行为以后，明知可能导致死亡结果，而在能采取救助措施的情况下放任这一结果的发生，对最后的死亡结果系间接故意的心理态度，这一心理态度与前面故意伤害的直接故意是不同且独立的。同时，先前犯罪的不法内容与后续损害的不法内容之间存在一定的重叠，如果数罪并罚可能导致对这部分重叠的不法内容重复评价。这种情况与前述后续损害结果完全包括在先前犯罪故意的类型有一定类似（完全重合与部分重合），也可将这种情形视为法条竞合，即针对同一损害结果既存在作为的规定，又存在不作为的规定，可以将作为犯罪视为特殊法，按照特殊法优于一般法或者重法优于轻法的规则处理。第二种情形中，如果最后的损害后果是先前的犯罪行为所引发的风险进一步恶化的结果，二者是同一种或同一类型法益，则可以肯定先前的犯罪行为与最后的损害后果之间具有因果关系，即先前的犯罪行为引起了行为人对之后损害后果的防止义务。在第二种情况中还要根据介入因素的情况进行区分。其一，如果先行行为和损害结果之间没有介入异常的因素或被害人、第三人的行为，则该风险的自然后续发展结果仍可以归责给先行行为，行为人对该结果负有防止义务，因为先前犯罪行为不包括针对重结果的结果加重犯规定，二者不存在重叠关系，因此应将先前犯罪行为与针对重结果的不作为犯罪数罪并罚。其二，如果先前的犯罪行为实施之后造成法益侵害，由于某种因素的介入又发生了另外一种法益侵害，例如侮辱罪的行为人不救助受辱自杀的被害人致被害人死亡，侮辱罪保护的是他人的名誉权，与生命权之间不存在关联，所以对于最终损害后果来说，先前犯罪行为不具有归责性。因此，行为人的侮辱罪不构成先行行为引发对被害人伤害或死亡结果的防止义务。

综上，对于先行行为的作为与事后的不作为之间的关系，主要包括以下几种观点：（1）

---

① 王莹. 论犯罪行为人的先行行为保证人地位[J]. 法学家，2013（2）：124.

② 王莹. 论犯罪行为人的先行行为保证人地位[J]. 法学家，2013（2）：126.

牵连犯；（2）法条竞合；（3）数罪并罚；（4）不存在关联。上述几种观点只是针对部分情形，更印证了折中说在处理这种复杂问题时往往更具可操作性，对于故意犯罪的先行行为与事后不作为的关系，应当基于先行行为与最终危害结果的关系进行具体分析，不可一概而论。

五、结语

《刑法》第二百三十二条规定的故意杀人罪系简单罪状，罪状的简单表述使我们在对有关故意杀人罪的案例进行分析时，不可避免地需要大量借助刑法总论的理论进行分析和论证，本案亦是如此。结合上文介绍的理论，对本案是否成立故意杀人罪的分析应从以下两个方面展开：

第一，行为人以喝死人的目的对被害人进行灌酒，不能被评价为故意杀人的实行行为。首先，根据被害人自我答责理论所列出的四种情形，被害人杜军的行为符合"参与并强化危险行为"的特点。众所周知，饮酒对身体有害，杜军本来就有酗酒恶习，在他人劝说下，自愿大量饮酒，属于参与并强化危险行为的实施。在这种情况下，喝酒对其身体产生的危险应当主要由被害人杜军自己承担。其次，随着社会的发展，新风险层出不穷，旧风险不断强化，这都使得"风险社会"观念日益深入人心。基于此，不宜将所有带有一定危险性的行为统一纳入刑法的规制范围，这也符合刑法谦抑性的要求。再次，将聚会灌酒行为界定为故意杀人的实行行为，超出了国民的一般预测可能性，这属于将常见的生活行为突然上升为刑事犯罪，一般国民无法预测也不可能预测。最后，仅仅因为存在把人喝死的目的就对灌酒行为按故意杀人的实行行为处理，有处罚思想的主观归罪倾向，与客观主义刑法的要求背道而驰。

第二，在否定灌酒行为构成本案故意杀人的实行行为的基础上，应当将王小丽等人的杀人行为认定为劝酒的作为（先行行为）与事后对醉酒者不予救助的不作为，其中主要是不作为。在聚会饮酒的情形中，如果行为人在喝酒后将被害人送回家中，被害人回家后因之前过量饮酒而导致酒精中毒死亡，可以直接适用被害人自我答责理论，由被害人自己承担责任，对于劝酒的行为人不能追究刑事责任。但本案中行为人并没有将被害人送至安全场所，而是在开车离开饭店后将被害人抛弃于路边。结合行为人的故意杀人目的与灌酒行为，这种抛弃行为构成不作为的故意杀人罪。首先，虽然喝酒行为的风险由被害人自己承担，但这不意味着行为人的灌酒没有产生风险，灌酒行为依然存在侵犯法益的风险。其次，基于这种风险，产生了行为人对被害人的救助义务，在本案中就是将被害人送至安全场所（例如家中）的义务，或是若在路上出现身体问题及时送医的义务。行为人未履行该义务，基于杀人故意直接将被害人抛弃至树林边，置行为人的严重醉酒状态于不顾，显然没有履行救助义务。再次，夜晚的树林边这种露天环境，比起家中或者其他安全场所显然存在更大的危险，王小丽等人的行为进一步强化了之前灌酒所产生的危险。最后，行为人将被害人从农庄转移到自己车上，由于车辆存在一定的隔绝性，已经事实上形成了对被害人安全的排他性支配。所以，王小丽等人通过灌酒的先行行为产生了后续对杜军进行救助的义务，不履行该义务并且进一步强化了这种危险，致使杜军因过量饮酒而酒精中毒身亡，构成不作为的故意杀人罪。

综上所述，以故意杀人目的实施的灌酒行为，存在一定的身体风险，有侵害健康权乃至生命权的可能，但因被害人同意并强化该行为的实施，使得该风险应当主要由被害人承担，即被害人因自愿饮酒导致的身体损伤，行为人对此不承担刑事责任，本案中的先行行为（灌酒行为）并非故意犯罪实行行为。先行行为产生救助义务的关键在于，先行行为产生了侵犯法益的风险，而非风险最后由谁承担，所以即使该风险主要由被害人承担，行为人依然存在着因先行行为产生的救助义务，具体到本案中就是将被害人送至安全场所并在路上防止其出现危险的义务。行为人在具备履行义务能力（一人未喝、两人未醉、有交通工具）的前提下不履行义务，将被害人抛弃至夜间的树林边，最终被害人因酒精中毒死亡，系进一步强化并现实化了先行行为产生的风险，因此应当将先行行为与事后的不救助行为结合起来，认定王小丽等人构成不作为的故意杀人罪。

（撰稿人：谢斐）

案例 4　强奸罪共犯之认定

一、案情简介

被告人滕开林与被害人王某系公媳关系。2001 年 8 月 18 日，被告人滕开林、董洪元晚饭后乘凉时，滕开林告诉董洪元，儿媳王某同他人有不正当两性关系，而自己多次想与她发生性关系均遭拒绝，但是"只要是外人，都肯发生性关系"，并唆使董洪元与王某发生性关系。董洪元答应试试看。滕开林又讲自己到时去逮个"息脚兔"（即捉奸），迫使王某同意与自己发生性关系。当日晚 9 时许，董洪元在王某房间内与其发生性关系后，滕开林随即持充电灯赶至现场"捉奸"，以发现王某与他人有奸情为由，将王某拖回娘家相威胁，并采用殴打等手段，强行对被害人实施奸淫。因生理原因，滕开林的强奸行为未能得逞。

二、争议问题

问题 1：被告人董洪元与被告人滕开林是否构成共同犯罪？
问题 2：二被告人的行为是否属于轮奸？
从涉及的问题来看，我们对问题的争论集中在何为共同犯罪？成立共同犯罪的条件以及若构成共同犯罪，董洪元的行为如何定性，即中立帮助行为能否构成帮助犯的问题；最后，是关于认定轮奸的理论和司法实践问题。关于该案例在讨论过程中就是否构成轮奸达成了一致，即两被告的行为不构成轮奸。但是关于是否共同犯罪，由于这里面涉及中立帮助行为，即董洪元的行为是否构成帮助犯，则观点不同。不过，多数人的观点认为董洪元的行为构成帮助犯，二人成立共同犯罪；少数人认为董洪元的行为不构成帮助犯，二人不成立共同犯罪。笔者支持多数人的意见，即二人成立共同犯罪，但是不构成轮奸。接下来，将从该案涉及的理论问题出发，就多数人的观点提供进一步的论证分析，并对持相反意见的少数进行反驳。

三、相关法条

《中华人民共和国刑法（2020 年修正）》
第二百三十六条　【强奸罪】以暴力、胁迫或者其他手段强奸妇女的，处三年以上十年以下有期徒刑。
奸淫不满十四周岁的幼女的，以强奸论，从重处罚。
强奸妇女、奸淫幼女，有下列情形之一的，处十年以上有期徒刑、无期徒刑或者死刑：
（一）强奸妇女、奸淫幼女情节恶劣的；
（二）强奸妇女、奸淫幼女多人的；
（三）在公共场所当众强奸妇女、奸淫幼女的；
（四）二人以上轮奸的；

（五）奸淫不满十周岁的幼女或者造成幼女伤害的；

（六）致使被害人重伤、死亡或者造成其他严重后果的。

第二百三十六条之一　对已满十四周岁不满十六周岁的未成年女性负有监护、收养、看护、教育、医疗等特殊职责的人员，与该未成年女性发生性关系的，处三年以下有期徒刑；情节恶劣的，处三年以上十年以下有期徒刑。

有前款行为，同时又构成本法第二百三十六条规定之罪的，依照处罚较重的规定定罪处罚。

四、学理分析

我国现行《刑法》规定，所谓共同犯罪是指两人以上共同故意实施了犯罪。按照我国传统刑法理论，成立共同犯罪必须具备三个条件：第一，"共同犯罪的主体，必须是两个以上达到刑事责任年龄、具有刑事责任能力的人或者单位"；第二，"构成共同犯罪必须二人以上具有共同的犯罪行为"，"各行为人所实施的行为，必须是犯罪行为，否则不可能构成共同犯罪"；第三，"构成共同犯罪必须二人以上具有共同的犯罪故意"。显然，按照传统的刑法理论，在司法实践中会导致诸多行为难以认定为共同犯罪，放纵共同犯罪人。比如：要求行为人必须是达到刑事责任年龄、具备刑事责任能力的人。但是实践中，即使某些行为人不具有上述条件，但理解自己行为的危害性，也清楚自己行为的性质，如果不认定为共同犯罪恐怕很难实现刑法的公正；而且，认定为共同犯罪，并不是所有人都要承担刑事责任，若行为人不具有刑事责任能力，没达到刑事责任年龄，只是不承担刑事责任而已，其他具备条件的行为人依然要承担共同犯罪造成社会危害结果的刑事责任。所以，是否达到刑事责任年龄、具备刑事责任能力并不是影响共同犯罪成立的因素。

显然，认定共同犯罪的传统方法是，不区分共同犯罪的不同形态，统一确定共同犯罪的成立条件；符合共同犯罪成立条件的，即认定为共同犯罪；共同犯罪中的参与人便是共犯人。[①]这样的认定方法，实质上是不区分正犯与狭义的共犯之间的区别，将两者混为一谈，这样整体认定会导致在司法实践中很难界定；其次以刑事责任为前提来认定共同犯罪的成立，忽视共同犯罪的不法，不利于处理不具有承担刑事责任的人参与共同犯罪的案件。

为了解决传统共同犯罪理论的弊端，刑法学界围绕共犯的本质有如下理论争议：共同犯罪以什么为"共同"，分为犯罪共同说与行为共同说，犯罪共同说又分为完全犯罪共同说与部分犯罪共同说，这是针对广义的共犯提出的理论争议。而针对狭义的共犯即帮助犯、教唆犯，究其本质提出了共犯从属性说与共犯独立性说。

1. 共同犯罪以什么为"共同"

（1）完全犯罪共同说

共同犯罪必须是数人共同实施特定的犯罪。根据完全犯罪共同说不难看出必须是共同实施的特定犯罪才构成共同犯罪，若不是相同的特定的犯罪，则不构成共同犯罪。这无疑严格限制了共同犯罪的成立范围，而且从司法实践来看，不利于对法益的保护。例如，甲以杀人的故意打丙，乙以伤害的故意打丙，最终丙死亡，但不能确定是谁的行为打死的，按照完全犯罪共同说，甲、乙不是出于犯同种罪的故意，所以，甲、乙不构成共同犯罪。而且，由于

---

① 张明楷. 共同犯罪的认定方法[J]. 法学研究，2014（3）：3.

不能确定死亡结果是谁导致的，根据疑罪从无的原则，甲成立故意杀人未遂，乙成立故意伤害罪，对于死亡结果不能让任何人承担刑事责任，这无疑不利于法益的保护，也无法体现刑法的公正。于是有学者提出，上述案例中，甲、乙成立故意杀人罪的共同正犯，但对乙判处故意伤害致死的刑罚。但这样的结论显然是不合理的。这样看来完全犯罪共同说会在一定程度上不当缩小或扩大共同犯罪的成立范围，而且会导致刑罚与罪名的分离。

（2）部分犯罪共同说

二人以上虽然共同实施了不同的犯罪，但当这些不同的犯罪之间具有重合的性质时，则在重合的限度内成立共同犯罪。①部分犯罪共同说是为了弥补完全犯罪共同说的缺陷而被学者提出的。根据部分犯罪共同说可以轻易解决上述提到的甲、乙分别以杀人的故意与伤害的故意导致丙死亡的案例。杀人与伤害在伤害范围内是重合的，因此认定两人在故意伤害的范围内成立共同犯罪，但在定罪时，对甲以故意杀人罪定罪，乙以故意伤害罪定罪。毕竟共同犯罪理论并不解决共犯人成立什么罪名，而是解决对共同导致的结果是否承担刑事责任的问题。部分犯罪共同说历来是德国的通说，德国的判例也采取部分犯罪共同说。②日本的审判实践也基本采用该学说。目前我国也是以该学说为通说。

（3）行为共同说

共犯是数人用共同的行为实施各自企图的犯罪。这是在近代学派立场上采用的观点，因为在把犯罪看成是行为人社会危险性的征表的立场上，本来可以考虑脱离构成要件的自然性行为本身的共同，认为可以在共同者共同的范围内跨越数个构成要件而存在共同关系。③但是行为共同说将两种完全不同的犯罪认定为共同犯罪，即只要各参与人的行为符合犯罪构成要件即可，而不要求共同符合某一特定的犯罪构成，这便可能扩大了共同犯罪的成立范围。④于是有人提出构成要件的行为共同说，即共犯的成立不要求整个犯罪行为是共同的，只要有一部分犯罪行为是共同的，就可以成立共犯，按照这样的学说得出的结论与部分犯罪共同说是相同的。

从滕开林强奸案的案情来看，滕开林将自己想与其儿媳发生性关系的想法告知了董洪元，并且告诉董洪元通过董某与其儿媳王某发生性关系后，自己去捉奸，并以此为条件威胁其儿媳与自己发生性关系。由此可以看出，董洪元完全知道滕开林的主观意图，并配合滕开林实施了通奸行为，由此可见，二人形成了共同犯罪的故意。由于该案不涉及行为人具有不同犯罪的主观要件以及行为，所以，无论是按完全犯罪共同说还是部分犯罪共同说、行为共同说，都不影响共同犯罪的成立。之所以对该案形成不同意见，主要在于董洪元的行为能否成立帮助犯。下面，从狭义共犯理论以及中立帮助行为理论进行分析阐述。

2. 中立帮助行为能否构成帮助犯

狭义的共犯包括帮助犯和教唆犯，如何确立帮助犯和教唆犯的成立以及有关狭义的共犯本质的理论，存在共犯从属性与共犯独立性两种学说。

共犯从属性说，指狭义共犯的成立或其可罚性的前提，是正犯实施了一定的行为。

共犯独立性说，狭义的共犯也因为共犯者的固有行为而成立，而且具有可罚性。

共犯独立性说与共犯从属性说的对立之处，主要存在于教唆犯与帮助犯的未遂成立范围

①〔日〕大塚仁. 刑法概说（总论）[M]. 有斐阁，1992 年改订增补版：244、292.

②〔日〕木村龟二. 犯罪论的新构造（下）[M]. 有斐阁，1968：250.

③〔日〕大塚仁. 刑法的概说（第三版）[M]. 冯军译. 北京：清华大学出版社，2003：277-278.

④ 张明楷. 刑法的基本立场[M]. 北京：中国法制出版社，2002：263.

上，采用不同的学说，得出的结论是迥异的。根据共犯从属性说，只有当被教唆者、被帮助者基于教唆者、帮助者的教唆、帮助行为，着手实行犯罪而未遂时，才能成立教唆犯、帮助犯的未遂；而根据共犯独立性说，既然教唆者、帮助者实施了教唆、帮助行为，即使被教唆者当场拒绝或者被教唆者、被帮助者虽然当时接受了教唆或者帮助，但是之后并没有实施实行行为。在这种情况下，教唆者、帮助者依然成立教唆犯、帮助犯的未遂。按照共犯独立性说，无疑会扩大共犯的处罚范围，不利于保障人权，毕竟在仅有教唆、帮助行为的情况下，它并不能等同于实行行为，教唆与帮助的行为是在实行行为还没有实际着手之前，不具有法益侵害性的急迫危险性，处罚不具有实质法益侵害性的行为，有违法理，有违刑法的谦抑性。所以就狭义的共犯本质理论，笔者赞同共犯从属性说。

在判断该案董洪元的行为能否构成帮助犯时，我们可以以此为视角进行判断。事实上，董洪元的通奸行为为滕开林以此为条件威胁其儿媳提供了实质上的帮助，而且，滕开林以威胁加殴打的方式强行实施奸淫，即使行为最终未能得逞，但是已经对被害人产生了具体的急迫的现实危险。实行行为的实施使得帮助行为的"价值"得以显现，从共犯从属性的角度分析，董洪元的行为可以成立帮助犯。参与课堂讨论的研究生都同意采共犯从属性说，但是这似乎并不说明他们同意董洪元的行为是帮助行为，有的同学提出董洪元的通奸行为本身不是犯罪行为只是为了自己得到"性利益"，至于滕开林的强奸行为能否得逞，他漠不关心，一个非犯罪行为，起码在该案中通奸这种非犯罪行为不能成立帮助犯。下面我们将分析一下中立帮助行为能否成立帮助犯，以解决此问题。

我们认为对董洪元行为的认定是本案的重点，即董洪元的行为究竟是普通的、无害的通奸行为，还是看似无害的行为在一定"场合"为他人的行为提供了实质性的帮助。一般来说，如果根据现有理论能够确定董洪元成立帮助犯，所有的问题就迎刃而解了。所以，接下来我们首先从帮助犯的特点来分析；然后，再分析中立帮助行为的特点以及中立帮助行为能否成立帮助犯。

众所周知，所谓帮助犯是指为正犯的犯罪提供方便的人。[①]其基本特征是，行为人自己不直接实施犯罪，而是在知道他人具有犯罪决意后，为他人实行犯罪创造条件或者提供方便，帮助他人完成犯罪。根据共犯从属性说原理，帮助犯只是帮助正犯实施犯罪行为，若没有正犯的实行行为，帮助犯就不成立。认定帮助犯时，一般要考虑帮助犯与正犯之间的因果关系。但是因果关系又有两个方面：一方面是指，帮助行为对正犯实行符合构成要件的行为有帮助作用，即帮助行为与正犯的实行行为之间存在因果关系；另一方面帮助正犯侵害了法益，它意味着帮助行为和正犯的侵害法益结果之间存在因果关系。[②]

（1）共犯的处理根据理论

帮助犯与正犯的因果关系问题，与共犯的处罚根据密切相关。关于共犯的处罚根据这一理论问题，学界的讨论也很激烈，而且学说的分类分歧很严重，即便名称相同，含义也不尽相同。但是尽管分歧严重，大陆刑法学界学者们普遍赞同的主要分为三大类：责任共犯论、违法共犯论、因果共犯论。下面，我们在论述共犯处罚根据的基础上，深入理解帮助犯的因果关系问题，以便解决本案的核心重点问题。

责任共犯论。该说认为，共犯的处罚根据在于共犯者将正犯引诱至责任和刑罚中，或者

---

① 郑泽善. 刑法总论争议问题研究[M]. 北京：北京大学出版社，2013：387.
② 黎宏. 刑法总论问题思考[M]. 北京：中国人民大学出版社，2007：518.

说由于共犯使正犯堕落，所以也称"堕落说"。[①]责任共犯理论是着眼于教唆犯构筑的理论。德国学者 H. 迈耶（H. Mayer）的经典表述是："正犯实施了杀人行为，教唆犯制造了杀人犯。"这以前是德国的有力学说，但是日本学者倾向于该学说的并不多，该学说背离了普遍认可的法益保护主义的刑法基本立场，而且该学说用于教唆犯的处罚根据似乎勉强还说得过去，但对于帮助犯，实践中若是正犯者寻求他人帮助时，倒不如说是正犯使帮助者陷入堕落，可见用于帮助犯的处罚根据是捉襟见肘的。[②]现在几乎没有学者支持这种学说。

违法共犯论。共犯是因为使正犯陷入反社会的态度，实施符合构成要件的行为，破坏了社会的和平而应受处罚，这是以人的不法论为出发点的学说。[③]违法共犯论不像责任共犯论那样强调使正犯陷入责任，而是强调使正犯陷入不法，这就与责任共犯论里限制从属性说相切合。从实质来说，责任共犯论是因为共犯使正犯陷入责任与刑罚而处罚，这样看来，两者都强调引起违法有责的行为或者违法的行为，无视是否造成了法益侵害这一点，这是典型的行为无价值的立场，忽视结果无价值，难以解决未遂的教唆、帮助、嘱托自伤、自伤等结论。该说现在也鲜有支持者。

因果共犯理论。从共犯行为和法益侵害的联系中寻找共犯处罚的根据，认为共犯通过正犯行为间接地使违法结果产生，使法益受到侵害或者威胁，共犯行为和法益损害之间具有因果关系，所以应受处罚。[④]因果共犯理论不同于前两个理论的地方在于共犯的处罚根据在于通过介入正犯的行为间接地引起法益侵害，正犯与共犯没有质的差别，只在引起法益侵害的样态上是直接的还是间接的这点上存在差异，即单独正犯是单独直接侵害法益，共同正犯是共同直接侵犯法益，教唆犯和帮助犯是通过介入正犯的行为间接地侵犯法益。[⑤]该说强调法益保护主义的刑法的基本立场，抛弃行为无价值的一元论主张，得到结果无价值论与二元的行为无价值论者的支持，成为德国、日本在共犯处罚根据上的通说。关于因果关系共犯论内部还有纯粹引起说、修正引起说和折中说的对立。

纯粹引起说认为共犯不法不是由正犯不法引起的，共犯行为自身具有固定的不法，试图在共犯固有说的意义上单纯地把引起说坚持到底。[⑥]该学说既存在"没有共犯的正犯"，也存在"没有正犯的共犯"。肯定"没有正犯的共犯"，这样就否定了共犯从属性的一面，根本否认不法的连带性，在没有符合构成要件的正犯的违法行为时，也肯定共犯的存在，这无疑扩大了共犯的处罚范围，有违罪刑法定。

修正惹起说认为共犯者的不法并不在于其行为本身，而是从正犯者的行为导出。之所以处罚共犯者是因为其引诱、促进了正犯的行为。该说否定人的违法相对性，肯定违法的连带性，既否定没有正犯的共犯也否定没有共犯的正犯。该说在否定没有正犯的共犯上是合理的，但是否定没有共犯的正犯，过于强调绝对的不法的连带性而否认不法的相对性是不合理的。

折中说认为共犯的不法一部分是从正犯不法中导出，一部分是从正犯不法中独立出来的不法。肯定没有共犯的正犯，否定没有正犯的共犯。这也为中立帮助行为是否构成共同犯罪提供了可行的理论依据。

---

① 陈洪兵. 中立行为的帮助[M]. 北京：法律出版社，2010：24.

② 陈洪兵. 中立行为的帮助[M]. 北京：法律出版社，2010：24.

③ 郑泽善. 刑法总论争议问题研究. [M]. 北京：北京大学出版社，2013：365.

④ 周光权. 刑法总论[M]. 北京：中国人民大学出版社，2007：317.

⑤ 〔日〕山口厚. 刑法总论[M]. 有斐阁，2007：296.

⑥ 杨金彪. 共犯的处罚根据[M]. 北京：中国人民公安大学出版社，2008：52.

　　大多数学者支持共犯处罚根据理论中因果共犯理论的折中说理论。因为该学说既能解决教唆、帮助未遂的情形，也能得到结果无价值论以及二元论者的认可，从法益侵害的有无得出是否共犯科处刑罚，而且为中立帮助行为能否构成帮助犯提供了可供参考的理论基础，同时弥补了其他学说的缺陷。

　　从共犯的本质理论以及共犯的处罚根据理论可以找到认定共同犯罪的新方法，打破传统的认定共同犯罪的方法，更利于司法实践。张明楷教授提出认定共同犯罪应当采取与传统方法相反的方法①：其一，共同犯罪的特殊性仅在于不法层面，应当以不法为重心认定共同犯罪；至于其中的责任判断，则与单个人犯罪的责任判断没有区别。因此没有必要把行为人责任能力的有无认定放在第一位；其二，正犯是构成要件实现过程中的核心人物，应当以正犯为中心认定共犯；当正犯造成了法益侵害结果（包括危险）时，只要参与人的行为对该结果做出了贡献，就属于不法层面的共犯。这样既承认了违法的连带性也贯彻了共犯从属性原理；其三，只有当参与人的行为与正犯结果之间具有因果性时，才承担既遂犯的刑事责任，故共同犯罪的认定应当以因果性为核心。完全没有必要提出和回答"共同犯罪犯的是什么罪"之类的问题，在刑法理论与司法实践中，可以淡化"共同犯罪"概念。②张明楷教授提出的认定共同犯罪的方法，打开了新的视角，更有利于司法实践中对共犯的认定以及打击共同犯罪，实现刑法公正。

　　关于帮助犯与正犯的因果关系理论主要涉及以下几个方面的问题：共犯行为与正犯行为乃至正犯结果之间的关系是否必要，存在因果关系不要说和因果关系必要说的对立；在因果关系必要说内部，有关共犯行为的因果关系涉及的范围又有不同观点的对立；此外在因果关系的类型上，还有物理因果关系和心理因果关系的对立。③

　　因果关系不要说认为正犯是引起正犯结果的侵害犯，帮助犯是以使正犯行为产生侵害法益的危险为根据而受到处罚的危险犯。其实，这就与上述提到的共犯处罚根据的理论相联系，该理论接近责任共犯论即共犯的行为使正犯陷入责任和刑罚。在危险犯说中，抽象危险犯说认为引起"援助"的结果是帮助犯的内容，如果有帮助行为，只要有这一点危险就能够得到拟制，尽管事后没有发生危险，也能够认定可罚性的帮助。因此，这种观点认为虽然教唆行为与正犯结果之间的因果关系是必要的，但是在从犯的情况下，不用说帮助行为和正犯结果之间不需要因果关系，即便是帮助行为与正犯之间的因果关系也是没有必要的。④但是具体危险说则认为，由于帮助行为使正犯的实行行为侵害法益的危险增加，即在使正犯行为导致结果的机会增加时，就能够认定帮助犯的成立。⑤两者比较而言，具体危险说毫无疑问限制了帮助犯的成立范围。

　　因果关系必要说认为，帮助行为与正犯行为乃至结果之间必须存在因果关系，否则不成立帮助犯。在该学说内部又分为正犯结果引起说、促进性因果关系说、实行行为促进说、心理性因果关系说。

　　正犯结果引起说认为只有帮助行为和正犯结果之间存在因果关系，才能成立帮助犯。也就是说，这种观点认为没有帮助行为，就不会有正犯结果。这就有点像因果关系理论里的"没

① 张明楷. 共同犯罪的认定方法[J]. 法学研究，2014（3）：3.
② 张明楷. 共同犯罪的认定方法[J]. 法学研究，2014（3）：3.
③ 郑泽善. 刑法总论争议问题研究. [M]. 北京：北京大学出版社，2013：387.
④ 郑泽善. 刑法总论争议问题研究. [M]. 北京：北京大学出版社，2013：387.
⑤〔日〕立石二六. 刑法总论27讲[M]. 日本成文堂，2004：244.

有前者就没有后者"，也即"条件说"。这种观点要求成立帮助犯不能只根据帮助行为促进正犯结果的发生来认定，要在此基础上，根据如果没有帮助行为便不会发生正犯结果这样一个基准来认定。[①]

促进性因果关系说（正犯结果促进说），这种观点以"是否促进或者方便结果发生"为基础来判断帮助犯的因果关系。这种观点要求不仅帮助行为与正犯行为之间具有因果关系，还要求帮助行为与正犯结果之间具有因果关系。

实行行为促进说（正犯行为促进说）认为帮助行为与正犯行为（实行行为）之间需要因果关系。[②]该说不像促进性因果关系说那样不仅要求帮助行为与正犯行为之间具有因果关系，还要求帮助行为与正犯结果之间具有因果关系。它只要求帮助行为与实行行为之间有因果关系即可，即只要帮助行为对实行行为起到了心理上或者物理上的促进、强化正犯实施行为的作用即可，但在司法实践中对正犯行为起促进作用的认定标准是相当模糊的。而且，如果认为只要帮助行为与正犯行为之间具有因果性就够了，就无法区分对正犯未遂的帮助与对正犯既遂的帮助。于是，仅仅为未遂的可罚性提供基础的行为，同时也成为对既遂承担责任的根据，这明显不妥当。[③]正犯行为说实际上是违法共犯论的立场，但是，违法共犯论的观点存在重大缺陷，这在共犯的处罚依据里已经提到，在此不赘述。

心理因果关系促进说成立从犯在内的共犯不需要内容上的因果关系，而是需要存在心理性因果关系。从犯的成立必须具备促进了犯罪的实施，在此基础上还要促进结果的发生这种程度的心理性援助。[④]

关于上述提到的共犯处罚根据问题，笔者赞同因果共犯论里面的折中说，从而在认定帮助犯的时候坚持因果关系必要说，所以，笔者是赞同正犯结果促进说的。因为只有当帮助行为从物理上或者心理上促进、强化了正犯结果时，才能为帮助犯的处罚提供根据。如果帮助行为对构成要件结果的出现没有产生影响，就不可能将正犯结果归属于帮助行为，帮助者就不可能承担既遂的责任。[⑤]这也有利于区分未遂的帮助犯与既遂的帮助犯。

将上面的理论问题应用到该案例中，从共犯处罚根据来看，无论是责任共犯论还是违法共犯论抑或因果共犯论，董洪元的帮助行为确实使得滕开林强奸行为的实施更加便利，或者说使得滕开林的行为陷入责任或者不法，或者说董洪元的行为与滕开林的行为或者结果具有因果关系。当然，在课堂上有同学提出，董洪元的行为是帮助找借口，而不是帮助强奸，笔者理解他们的意思可能认为董洪元的行为与滕开林的行为没有因果关系。但是如果说没有因果关系，那么为什么滕开林会以此来威胁其儿媳呢？即使像有些同学说的通奸行为的威胁并不能足以压制其儿媳的反抗，主要是后面的殴打等手段。但是，上述提到的帮助犯只需为正犯行为的实施提供方便即可，不需要必须是实质性的帮助，此外，该案件也不能体现出通奸行为完全不能对其儿媳造成威胁，也可能是与殴打相结合加深了压制其反抗的程度。所以，笔者认为提出董洪元的行为只是帮助找借口而不是帮助强奸是站不住脚的。综上所述，董洪元的行为与滕开林的行为具有因果关系，他的行为促进了正犯行为或者结果的发生。

上文提到之所以大家普遍对董洪元的行为能否成立帮助犯产生怀疑，主要原因在于董洪

① 郑泽善. 刑法总论争议问题研究. [M]. 北京：北京大学出版社，2013：388.

② 〔日〕大谷实. 刑法总论[M]. 黎宏译，北京：法律出版社，2000：333.

③ 〔日〕曾根威彦. 刑法总论[M]. 弘文堂，2008：263.

④ 〔日〕町野朔. 引起说的反思和探讨[M]. 内藤谦先生古稀祝贺论文集，有斐阁，1994：130.

⑤ 张明楷. 共同犯罪的认定方法[J]. 法学研究，2014（3）：20.

元的行为并不是我们通常意义上所说的帮助犯的帮助行为是违法行为。通奸行为虽然有损道德风化，但是并不是违法行为，所以这就涉及现今理论界争议的中立帮助行为能否成立帮助犯问题。

中立帮助行为是指外观上无害、行为本身不具有犯罪性的行为，客观上对他人犯罪的实施起到了促进作用。就像案例中提到的董洪元的行为，主观上董洪元不具有强奸的故意，他与王某发生性关系的行为也没有违背王某的意志，只是普通的通奸。通奸行为在社会中可能会受到他人道德的谴责，而该行为对王某来说是无害的，并没有侵犯她的性自主权，不具有法益侵害性，不具有犯罪性质。但是不可否认，按照我们上述提到的帮助犯的有关理论，董洪元的行为在客观上对滕开林进一步实施犯罪行为起到了帮助作用。所以对于董洪元能否成立帮助犯产生了较大的争议。

（2）中立帮助行为的理论

关于中立帮助行为的有关理论，我国主要借鉴的是德、日的刑法理论。涉及的主要问题是提出中立帮助行为可罚性的依据。关于中立帮助行为的可罚性，德国刑法理论上存在认为不应对中立帮助行为的可罚性进行限制的全面可罚说以及主张对其可罚性进行限制的限制说两大基本对立的立场。[①]

全面可罚说认为，只要满足传统帮助犯的成立条件（因果性或者促进关系和故意），就应肯定中立行为帮助的可罚性。而这种全面可罚说是从德国当时的形势政策出发，无疑是可接受的。但是全面处罚说忽略了实质的处罚根据，对帮助犯的成立只做形式考量，会扩大对中立帮助行为的处罚。现在德、日学者基本没有赞同该学说的。

限制说是目前德、日的通说。但是对如何限制中立帮助行为的处罚范围，又存在主观说与客观说、折中说三大阵营。

主观说认为，应当立足于行为者的主观方面划定何种中立行为可以成立帮助犯。根据不同理论学者所采取的限定方法、主观方面侧重的要素的不同，主观说内部又分为促进意思有无说与直接故意间接故意区别说两种观点。促进意思有无说主张，实施中立帮助行为的行为人要成立帮助犯，不仅需要认识正犯的行为，而且还必须具有促进他人犯罪行为的认识与意思。在缺乏这种意思的情况下，就不成立帮助犯；直接故意间接故意区别说认为，如果在中立的帮助行为中，行为人仅有未必的故意就不能成立帮助犯。[②]从法律规定上看，排除未必的故意的帮助的可罚性没有根据；此说只重视行为的主观方面，不从行为的客观方面分析中立的帮助行为与符合修正的构成要件的帮助行为在成立帮助犯所要求的行为"外观上"的定型性的角度去判定非罪的中立帮助行为与帮助犯中的帮助行为之间的差异，这无疑是其致命的缺陷。[③]

客观说从帮助犯的客观构成要件的角度进行把握。具体包括两种进路：一是从帮助行为这一客观要件对中立帮助行为的可罚范围进行限定；二是从帮助行为与正犯行为、结果之间的客观归责关系的角度进行限定。客观说内部大致分为社会相当性说、职业相当性说、利益衡量说、违法性阻却事由说、义务违反说、客观归责论。[④]

社会相当性说立足于行为无价值论的立场，如果中立行为所进行的帮助具有一般的社会

① 张伟. 中立帮助行为探微[J]. 中国刑事法杂志，2010（5）：23.
② 张伟. 中立帮助行为探微[J]. 中国刑事法杂志，2010（5）：24.
③ 张伟. 中立帮助行为探微[J]. 中国刑事法杂志，2010（5）：25.
④ 陈红兵. 中立的帮助行为论[J]. 中外法学，2008（6）：935.

相当性，并且属于一般的日常生活秩序范围以内，则不构成帮助犯。相反，如果中立行为超出日常生活行为形态则构成帮助犯。但是对什么样的行为符合社会相当性，社会相当性的标准为何，该说模糊不清且含糊其词，一般的中立行为都具有"日常行为"的外衣，没有确定的标准，势必将否定所有中立的帮助行为的可罚性，这是该学说的最大缺陷。

职业相当性说是为了弥补社会相当性说模糊不清的缺陷而提出的。该说认为凡是通常的、被社会广泛接受并遵守相关领域的职业规范与规则行为，可被认为具有职业上的相当性，不是不法行为。但是，如果为了达到违法目的而违反相关职业规则，则已进入刑法领域。但是，按照职业相当性说的思路去判断一个行为是否属于不可罚中立行为时，如果行为人是基于明确的犯罪目的而实施的帮助行为，也可能基于职务行为规范对犯罪行为进行无罪评价，这无疑让职业相当性说成为犯罪行为的一枚免罪金牌；对中立的职业行为运用职业相当性说来进行"出罪化"意味着对职业行为的特殊对待，不符合刑法的平等原则。①

利益衡量说认为，应基于立法论的考量从利益衡量的角度对帮助犯的客观要件进行限制解释，从而对中立帮助行为的可罚性加以限制。具体说来，就是在构成要件上应将基本法所保护的潜在的帮助犯的行动自由与从法益保护原则出发的禁止催生他人犯罪行为的要求加以考量，以此限制参与者的处罚范围。②利益衡量作为一个主观性很强的判断，衡量的标准较模糊，难以在实践中发挥作用。

违法阻却事由说认为，关于中立行为的帮助的可罚性问题应当在违法性阶段加以解决；否定帮助的可罚性，应当具有正当化事由；进行违法性判断时，一方面考虑禁止日常行为对于法共同体的有益性或法益保护，另一方面考虑日常行为的禁止对于行为自由的侵害或者其他潜在的帮助者法益的侵害，并将这两方面进行比较衡量；所能期待的正犯行为对法益的侵害越轻微，期待来自第三者共同作用的行为就越具有日常性，承认不可罚性的可能就越大。③

义务违反说是由德国学者莱尼泽克（Ranisek）明确提倡，认为对于客观的帮助的不法应该进行限定，这基本上得到了广泛的承认；帮助的不法应限定在否认法的行为促进上，也基本上是妥当的。④

持客观归责理论的学者的基本立场都是从中立行为本身是否制造、增加了不被法所允许的危险，这种危险是否在构成要件的保护范围内实现这点出发，从而通过否定帮助犯的客观不法要件来限制中立帮助行为的处罚范围。

持折中说的学者大多是立足于客观归责理论来限定中立帮助行为可罚的范围，故所谓的折中说实际上也就是客观归责说的代名词，客观归责论者主张从客观归属的角度论述由中立行为所进行的帮助行为的可罚性。⑤其内部观点各异，如假定的代替原因考虑说主张，应从共犯行为是否升高了正犯行为引起具体结果的危险性的角度加以判断。有学者则持以印象说为基础的主观说，认为如果引起了一般人对社会生活共同体存在一定的危险性的印象，也就产生了可客观归属的不被允许的危险；对基于确定的故意所实施的行为具有从犯性，基于不确

① 孙万怀，郑梦凌. 中立的帮助行为[J]. 法学，2016（1）：147.

② 参见 RolandHefendehl，MissbrauehteFabrkopieerr，Juar1992，5.377. 转引自陈红兵. 中立的帮助行为论[J]. 中外法学，2008（6）：937.

③ 参见 Arzt，NStZ，1990，S. 4. 转引自陈红兵. 中立的帮助行为论[J]. 中外法学，2008（6）：938.

④ 参见 Anderas Ransiek，Pflichtwidrigkeit und Beihilfeunereh，wistra 1997，S. 42. 转引自陈红兵. 中立的帮助行为论[J]. 中外法学，2008（6）：939.

⑤ 张伟. 中立帮助行为探微[J]. 中国刑事法杂志，2010（5）：25.

定的故意所实施的行为则否定从犯性。①德国罗克辛（Roxin）提出确定的故意与未必的故意是界定可罚的帮助与不可罚的中立行为的原则性标准。在帮助行为人确切认识到正犯的犯罪意图（即确定的故意）时，原则上成立帮助犯；在没有确切认识到正犯的犯罪意图，而只是认识到自己的行为被犯罪所利用的可能性（即未必的故意）时，原则上适用信赖原则，不成立可罚的帮助。这就是故意二分论。

根据上述中立帮助行为的可罚依据的理论分析，如果从全面可罚的立场处罚，董洪元的行为与滕开林的行为具有传统意义上的帮助犯的成立条件，完全可以成立帮助犯。但是仅从该案例出发，可以得到佐证，问题是该学说并不适用所有的中立帮助行为，而且该学说已被摒弃，我们暂且不以该学说进行论证。现在学者普遍支持的是限制说，由于限制说内部又存在不同的观点，我们基于限制说内部不同的观点进行分析。社会相当性说强调以行为是否超出日常生活行为为标准来判断中立帮助行为的可罚性，根据该观点董某的通奸行为我们很难将其定义为日常生活行为，可以说是能成立帮助犯的。但是相反观点可能提出通奸行为是日常生活行为，如果对社会相当性提出明确的界定标准，该学说是很难有说服力的。对于职业相当性说提出如果行为是职业所要求的，则不构成帮助犯，该案不涉及职业行为，很容易将通奸行为纳入帮助犯范围内，但是它与社会相当性的问题是相同的，不具有普遍的可接受性。利益衡量说的重点在于自由行为与法益保护的比较，该标准也具有模糊性，司法实践中很难操作。根据义务违反说和违法阻却事由说，基本能得出董某的通奸行为可以成立帮助犯。根据客观归责理论，需要从通奸行为本身是否制造了法所不允许的风险，通常意义上来看，通奸行为本身并不能造成法所不允许的危险，也不是强奸罪构成要件内的行为，所以根据该理论，董某不构成帮助犯。

折中说提出要区分实施中立帮助行为的人对正犯的犯罪意图是否具有明确的认识，如果有，则成立帮助犯；相反，则不能成立帮助犯。上文中也提到有的同学提出董洪元虽然实施了通奸行为，但是他对滕开林能否实施强奸行为持放任的态度，是漠不关心的，董洪元所想的只是自己获得利益。所以，持该观点同学认为董洪元的行为不构成帮助犯。而根据折中说里的故意二分论，我们认为董洪元的行为依然成立帮助犯。首先，滕开林将自己的"犯罪计划"即利用董洪元与王某的通奸行为威胁王某与其发生性关系告知董洪之，所以从这方面看，董洪元是明确知道滕开林的犯罪意图的。其次，董洪元的行为确实是在客观上为滕某行为的实施提供了帮助，两个行为之间具有因果关系。所以，董洪元的通奸行为完全可以成立帮助犯。

以上是根据德、日有关中立帮助行为处罚根据理论得出的结论。接下来，从我国台湾地区及大陆学者的有关理论来分析。

我国台湾地区学者林钰雄认为，即便是帮助犯，也存在因果关系与客观归责问题。就中立帮助行为而言，检验重点在于客观归责法则中的"制造法所不容风险（含可容许之风险）"以及"行为人之特殊认知"两个部分，前者是客观归责的原则规则，单纯以客观方面来判断；后者是例外规则，必须同时考虑主观故意问题。简言之，在通常情形，提供者无论是卖面包、卖菜刀或租房子，这些"日常生活举止"根本没有制造任何具有刑法意义的风险，或者所制造的仅是"可容许之风险"而已，无法以刑法进行处罚；然而，这同时要考虑到，提供者对于正犯的预定用途或犯罪计划，有无特殊的认知。如果正犯摆明了就是要以该提供物来实现

---

① 张伟. 中立帮助行为探微[J]. 中国刑事法杂志, 2010 (5): 25.

违法行为，而提供者也完全知悉正犯的打算，此时，提供者对于犯罪的贡献就已经失去了"日常生活举止"的特征，提供者就是以帮助犯故意来资助并贡献正犯故意犯行之人，构成帮助犯。这种观点无疑体现了客观归责理论与故意二分论的结合。根据林钰雄学者的观点，我们同样可以得出董洪元的行为构成帮助犯。

周光权教授认为日常生活行为是否可能成立帮助犯，要从客观上行为是否具有明显的法益侵害性，即日常生活行为对于正犯行为的物理、心理因果性影响、行为本身给法益带来的危险，是否达到了可以作为"帮助"看待的程度；从主观上看行为人是否对他人可能实行犯罪有明确认识，即是否存在片面的帮助故意。总而言之，对于外观上合法的日常生活行为，不能仅仅因为行为人在个别情况下多少知道他人可能会利用其行为实施犯罪，就对其进行处罚。过分夸大帮助犯的范围，对于维护法的安定性、对于法治秩序的形成可能得不偿失。但是，在帮助行为超过了一般社会观念允许的程度，制造了难以被法律所容忍的风险时，以帮助犯论处又是必要的。

张明楷教授认为，应该综合考虑正犯行为的紧迫性、帮助者对法益的保护义务、帮助行为对法益侵害所起的作用大小以及帮助者对正犯行为的确实性认识等因素，才能得出妥当的结论。如果行为人只是大体上估计对方将来可能实施犯罪行为的，对于他的日常生活行为不宜认定为帮助犯。但是，如果行为人明知对方正在或者将要立即实施实行行为，却将对方运往犯罪现场、向其出卖工具或者实施其他有助于对方的实行行为的，则应认定为帮助犯。

由此可见，我国台湾学者和大陆学者都是赞同折中说理论的，基本与德国学者罗克辛（Roxin）的"故意二分论"相同。有学者对"故意二分论"提出诟病，认为故意的内容本身就包括确定的故意与未必的故意，这是无须区分的；其次要看帮助者对正犯犯罪决意的认识，判断基准不明确。不可否认，确实存在这样的问题。我国学者与该观点有相似之处但又不尽然。笔者比较赞同张明楷教授的观点，从主客观两个方面认定中立帮助行为的可罚性，是比较合理的，里面也涉及帮助行为人对正犯行为认识程度问题以及主观的态度和行为本身对法益侵害性的紧迫性、危险性等，这样统筹评价，无疑是合理的。

综合考量，董洪元的行为成立帮助犯，两人构成共同犯罪。理由是滕开林将自己会利用董洪元的通奸行为作为威胁条件实施奸淫行为，董洪元在主观上是明知的，清楚地知道自己的行为会促进正犯事实行为的实施，客观上实施了通奸的帮助行为，其行为成立帮助犯。其次，明知滕开林有实施强奸行为的故意而提供帮助行为，而且两人达成合意，符合共同犯罪的成立条件。所以，二人成立共同犯罪。滕开林属于强奸罪（未遂），董洪元成立强奸罪（未遂）的帮助犯。

3. 认定轮奸的理论及其司法实践

轮奸是强奸罪里的加重情节，是指二人或二人以上基于共同强奸的故意，在同一时间段内轮流对同一女性实施强奸，且强奸行为达到既遂。认定轮奸情节的关键在于时间的持续性和行为的轮流性。时间的持续性主要指二人或者二人以上基于强奸的故意，持续控制被害女性的人身自由，在连续的时间段内实施强奸行为，数个行为人实施强奸行为的时间具有一定间隔并不妨碍该情节的成立；行为人的轮流性主要强调行为主体的复数性和被害主体的同一性。[1]同时，在空间上，轮奸情节的成立并不要求一定在同一地点对被害人实施强奸行为。[2]

① 马克昌主编，吴振兴、莫洪宪执行主编. 百罪通论（上卷）[M]. 北京：北京大学出版社，2014：548.
② 马克昌主编，吴振兴、莫洪宪执行主编. 百罪通论（上卷）[M]. 北京：北京大学出版社，2014：548.

　　《百罪通论》的观点认为只有两人或两人以上达到强奸既遂，才以轮奸加重情节进行量刑，若只有一人既遂，就整个案件而言各行为人均构成强奸既遂的共同犯罪，不构成轮奸情节加重犯。如果有二人以上达到强奸既遂，但其他人未达到强奸既遂，则对达到既遂状态的按轮奸情节认定，未达到既遂状态的按强奸罪既遂，但不能认定轮奸情节。以上可以看出轮奸情节的认定以共同犯罪为前提，以两人或两人以上达到既遂为要求。

　　我国台湾地区学者的刑法理论也做出同样的主张。他们认为，轮奸情节的构成，须以行为人均构成强奸既遂为前提。若有既遂者，亦有未遂者，则异其处断。①

　　我国台湾地区学者林山田教授认为，台湾地区有关刑事犯罪的新规定中，对于加重强制性交罪仅规定"二人以上共同犯之者"，故二人以上共同参与强制行为，而仅由其中一人为性交者，则在理论上应属普通强制性交的共同正犯，可是新刑法的不当规定，却全成为加重强制性交罪的共同正犯，而且要科以有如轮奸罪一样的重刑，故新刑法的规定，必将造成刑事司法上的困扰。②从中可以看出，他也认为构成轮奸加重情节必须两人以上的行为均达到既遂。张明楷教授也持同样的立场，"甲与乙以轮奸的犯意对丙女实施暴力，甲奸淫后，乙放弃奸淫或者由于意志以外的原因未得逞的，不成立轮奸"。③

　　相反的观点认为，强奸罪的共同正犯的场合，只要一人完成奸淫行为的，就构成轮奸；④甚至有学者认为，只要二人以上意图实施轮奸犯罪的，即具备了"轮奸"的情节，即便全部犯罪人均未能完成强奸犯罪行为的，整体上仍然符合"轮奸"的加重情节。⑤

　　我们认为要构成轮奸情节，需要两人以上达到既遂，作为强奸罪的加重情节，从文义解释理解的话就是要求行为人轮流实施奸淫行为。而且，之所以作为加重情节，是因为轮奸行为较普通强奸行为更加严重侵害了妇女的法益，如果把只有一人既遂另一人未遂也作为轮奸加重情节的话，与普通强奸构成有矛盾之处。在一人未遂的情况下，对法益的侵害与普通强奸行为是没有质的差别的。但是，如果按轮奸加重处罚有违刑法公平。此外，如果不要求两人以上达到既遂的话，无疑会扩大轮奸的处罚范围。

　　关于轮奸是否需要以共同犯罪为前提，学界也有不同的理解，在刑法理论上主要存在着轮奸共同犯罪说和轮奸共同行为说两种，而这两种观点争论的本质在于轮奸到底是一种规范行为还是事实行为，是一种客观违法还是一种主观违法。⑥前者是指"轮奸"犯罪是共同犯罪，即都是共同实行犯。既然是共同犯罪，那么就必须是两个以上具有刑事责任能力的犯罪主体基于共同犯罪的故意，并共同实施了犯罪行为，即认为轮奸是一种规范行为和主观违法行为；后者则认为，"轮奸"只是强奸罪中一个具体的量刑情节，轮奸是一个事实行为和客观违法行为，而不是规范行为。但是根据现在理论上通行的共同犯罪学说，并不要求共同犯罪人都达到刑事责任年龄、具备刑事责任能力。现实中存在没有达到法定年龄的人与达到法定年龄的人共同故意实施符合客观构成要件的违法行为的现象，在这种情况下，虽然没有达到法定年龄的人具有责任阻却事由，但仍应认定其与达到法定年龄的人所实施的犯罪为共同犯罪，进

---

①　陈安. 台湾法律大全[M]. 北京：中国大百科全书出版社，1998.

②　林山田. 刑法各罪论（修订五版，上册）[M]. 台北：台大法学院图书部，2006.

③　张明楷. 刑法学（第五版）[M]. 北京：法律出版社，2016：875.

④　王志祥. 共同实施强奸仅一人得逞，应如何定性[J]. 中国检察官，2008（9）：65.

⑤　于志刚. 轮奸犯罪量刑应引入"亲手犯"理论[N]. 检察日报，2007-12-28（3）.

⑥　吴情树，苏宏伟. 强奸罪中"轮奸"情节的司法认定[J]. 中华女子学院学报，2009（2）：29

而认为轮奸需要以成立共同犯罪为前提，对达到法定年龄的行为人适用轮奸的法定刑。①

有学者主张在目前犯罪论体系还没有彻底改造的背景下，轮奸情节的成立不需以共同犯罪为前提，只要行为人伙同他人在同一时间内，对同一妇女或幼女，先后连续、轮流地实施了奸淫行为即可，并不要求各行为人之间必须构成刑法规范意义上的共同犯罪。这种情况主要存在于具有刑事责任能力的利用者先实施强奸行为，然后再教唆无刑事责任能力的行为人继续进行强奸，利用者的强奸行为应该认定为"轮奸"。我们认为这种观点按照现在的共同犯罪理论也成立共同犯罪。所以综合来看，基本上都是要求成立轮奸应以共同犯罪为前提。

五、结语

笔者认为成立轮奸情节是需要以共同犯罪为前提的。如果没有共同犯罪这一前提，很难对没有共同犯意而分别实施了奸淫行为的人认定为轮奸，这有违主客观相统一的原则。从本案来看，董洪元和滕开林成立共同犯罪，但是不构成轮奸。因为从案情来看，只有滕开林的行为是违背王某的意志而实施的奸淫行为，侵害了王某的性自主权，完全符合强奸罪的构成要件；而董洪元的行为并没有违背王某的意志，相反，是王某自愿与董洪元发生性关系的，没有侵害其性的自主权，不符合强奸罪的构成要件。所以两人的行为不构成轮奸。

（撰稿人：刘娜）

---

① 张明楷. 刑法的基本立场（修订版）[M]. 北京：商务印书馆，2019：360-361.

案例 5　强迫他人写欠条后的"讨债"行为

一、案情简介

2006 年 11 月 1 日 20 时许，石某某、杨某、王某甲、王某乙、雷某某等事先预谋后，采用殴打、哄骗的方式，强行将被害人陈某某（未满 18 周岁的未成年人）带至某旅馆。接着石某某等人在旅馆内采用殴打方式逼迫被害人向"小山"借了人民币 1000 元的高利贷，并书写了欠条，石某某等人则当场从"小山"处拿到人民币 700 元。之后，石某某等人即将被害人陈某某拘禁在该旅馆内，并挥霍了欠款。

2006 年 11 月 3 日 16 时至 19 时，石某某、杨某、王某甲、王某乙先后将被害人张某某、姚某、顾某某（均为未满 18 岁的未成年人）骗至拘禁陈某某的旅馆，对三名被害人进行殴打，同时逼迫被拘禁在该处的被害人陈某某殴打被害人姚某、顾某某，后劫走三名被害人价值人民币 1999 元的手机两部、小灵通一部及人民币 50 余元。之后，石某某等人又逼迫被害人姚某、顾某某各写了一张向石某某借款人民币 5000 元的欠条，并逼迫被害人顾某某向家里打电话要钱。次日（11 月 4 日）零时许，石某某、王某甲带被害人顾某某取钱时被公安机关抓获。

二、争议问题

石某某等人无故强迫被害人顾某某写下欠条后非法限制其人身自由，同时向被害人家长"讨债"行为的定性及罪数、犯罪形态，是本案中有争议的问题。

第一种意见认为，石某某等人的行为构成绑架罪（既遂）。理由是：石某某等人的行为符合绑架罪以勒索财物为目的，使用暴力、胁迫或者其他方法，劫持他人的犯罪特征。

第二种意见认为，石某某等人的行为构成抢劫罪（未遂）。理由是：虽然《刑法》中规定抢劫罪的侵害对象是公私财物，但是抢劫罪规定于"侵犯财产罪"一类中，欠条虽然不是具体的财物，但是能够用货币衡量，并且具有实现的可能性，要求被害人写下欠条或者撕毁欠条都将使被害人的财产受损。因此，面对日益严重的侵犯财产性利益的行为，将《刑法》第二百六十三条的"公私财物"扩大解释为包括财产性利益是必要的。之后的非法拘禁行为是石某某等人为达到抢劫目的而辅以的手段行为，两者之间是牵连关系，应从一重罪处断，显然本案应定性为抢劫（未遂）。

第三种意见认为，石某某等人的行为构成敲诈勒索罪（未遂）。理由是：石某某等人以非法占有为目的，采用暴力胁迫的方法迫使被害人写下欠条后将其非法拘禁，并威胁被害人向家里打电话索要欠款，数额较大，但因意志以外的原因而未得逞，符合敲诈勒索罪（未遂）的构成要件。

第四种意见认为，石某某等人的行为构成敲诈勒索罪（未遂）、非法拘禁罪（既遂）。理由是：石某某等人强迫他人写欠条，同之后为实现索财目的的非法拘禁之间，虽然看似属于手段行为和目的行为的关系，但非内在的、必然的关系，因而不是牵连犯，而应当数罪并罚。

三、相关法条

《中华人民共和国刑法（2020 年修正）》

第二百三十八条　【非法拘禁罪】非法拘禁他人或者以其他方法非法剥夺他人人身自由的，处三年以下有期徒刑、拘役、管制或者剥夺政治权利。具有殴打、侮辱情节的，从重处罚。

犯前款罪，致人重伤的，处三年以上十年以下有期徒刑；致人死亡的，处十年以上有期徒刑。使用暴力致人伤残、死亡的，依照本法第二百三十四条、第二百三十二条的规定定罪处罚。

为索取债务非法扣押、拘禁他人的，依照前两款的规定处罚。

国家机关工作人员利用职权犯前三款罪的，依照前三款的规定从重处罚。

第二百三十九条　【绑架罪】以勒索财物为目的绑架他人的，或者绑架他人作为人质的，处十年以上有期徒刑或者无期徒刑，并处罚金或者没收财产；情节较轻的，处五年以上十年以下有期徒刑，并处罚金。

犯前款罪，杀害被绑架人的，或者故意伤害被绑架人，致人重伤、死亡的，处无期徒刑或者死刑，并处没收财产。

以勒索财物为目的偷盗婴幼儿的，依照前两款的规定处罚。

第二百六十三条　【抢劫罪】以暴力、胁迫或者其他方法抢劫公私财物的，处三年以上十年以下有期徒刑，并处罚金；有下列情形之一的，处十年以上有期徒刑、无期徒刑或者死刑，并处罚金或者没收财产：

（一）入户抢劫的；

（二）在公共交通工具上抢劫的；

（三）抢劫银行或者其他金融机构的；

（四）多次抢劫或者抢劫数额巨大的；

（五）抢劫致人重伤、死亡的；

（六）冒充军警人员抢劫的；

（七）持枪抢劫的；

（八）抢劫军用物资或者抢险、救灾、救济物资的。

第二百七十四条　【敲诈勒索罪】敲诈勒索公私财物，数额较大或者多次敲诈勒索的，处三年以下有期徒刑、拘役或者管制，并处或者单处罚金；数额巨大或者有其他严重情节的，处三年以上十年以下有期徒刑，并处罚金；数额特别巨大或者有其他特别严重情节的，处十年以上有期徒刑，并处罚金。

四、学理分析

（一）绑架罪与非法拘禁罪之区别

绑架罪表现为行为人以杀害、伤害被绑架人等方式向被绑架人的亲属或其他人或单位发出威胁，索取赎金或提出其他非法要求。绑架罪行为人主观上必须具有利用被绑架人的近亲属或其他人对被绑架人的安危的忧虑的意思。但是在行为人控制被害人后，让被害人隐瞒被控制的事实向亲属打电话索要财物的，不成立绑架罪。

非法拘禁罪，是指以拘押、禁闭或者其他强制方法，非法剥夺他人人身自由的行为。非法拘禁罪因主观方面的差异，有两种表现：一是纯粹出于非法限制他人人身自由的目的而实施该罪的实行行为；二是行为人为了索取债务，采取拘禁或者其他强制方法非法剥夺或者限制他人人身自由的行为，其目的是行使权利，实现自己的债权，故该行为被称为"索债型"非法拘禁行为，具有索债性质的非法拘禁行为构成索债型非法拘禁罪。[①]"索债型"非法拘禁罪是指行为人以索取债务为目的，采取拘留、禁闭、扣押等各种手段非法剥夺债务人或与债务人相关的人的人身自由的行为。"索债型"非法拘禁罪并非一个独立的罪名，只是非法拘禁罪的一种特殊形式。

绑架罪和非法拘禁罪从内容上是包含与被包含的关系，在犯罪方法方面没有质的区别，都侵犯了人身自由权，只是绑架罪的构成比非法拘禁罪更复杂，在刑罚幅度上更严厉些。在司法实践中，对"索债型"非法拘禁罪和"勒赎型"绑架罪的认定问题，常常出现争议。除了以上谈到的都侵犯了他人的人身自由外，两罪的主观特征都是直接故意，并且都有索取财物的目的。它们的区别主要体现在以下几个方面：

1. 犯罪目的不同

非法拘禁罪的目的是实现自己的债权而索要应该属于自己的财物，其主观上并没有非法占有他人财物的意识；而带有勒索财物性质的绑架罪其主观上就是以非法占有他人财物为目的，并且在主观犯意上，绑架罪一般还有伤害或杀害被绑架人来要挟被勒索人的故意，而非法拘禁罪一般并没有伤害或杀害被拘禁人的故意。

2. 犯罪行为人与被害人之间的关系不同

在非法拘禁罪中，犯罪行为人和被害人之间在行为实施前就有着债权债务关系，行为人是为着"索债"而实施的拘禁行为，是"事出有因"。而在"勒赎型"绑架罪中，犯罪行为人纯是为了勒索财物，在犯罪人和被害人之间一般不存在情有可原的事实关系。

3. 犯罪行为针对的对象不同

在非法拘禁罪中，犯罪行为人既可以向被害人本人索要财物，也可以向被害人的近亲属或其他与被害人有密切关系的人索要财物。由于事前存在着债权债务关系，所以就决定了"索债型"非法拘禁罪中行为人只要把"债"要回来即可，至于对象是谁没有过多的限制。但是索债和拘禁必须同时进行，即无论针对被害人还是被害人的近亲属，拘禁和索债必须针对的是同一个人，因为如果是不同的人的话，就会转变为绑架罪而不是非法拘禁罪。在绑架罪中，行为人只能向被害人的近亲属或其他与被害人有密切关系的人勒索财物而不是针对被害人本人。这是因为绑架罪本身的特点决定了此罪既侵犯了被害人的人身权，也侵犯了第三人的自决权，而且如果犯罪人向本人勒索财物的话，那么就会转变为抢劫罪而不是绑架罪了。

在本案中，石某某的行为应不构成绑架罪。因石某某等人让被害人写下欠条后让其打电话向家里要钱，没有以杀害、伤害相威胁，即没有利用家人对被害人安危忧虑的意思，而是让父母认为是被害人欠了石某某等人的钱，所以不构成绑架罪。石某某等人的行为构成非法拘禁罪，但是不是"索债型"非法拘禁罪。石某某虽然是拿着欠条，向被害人家属"讨债"，但无论是案发前还是案发后，石某某等人与被害人之间根本不存在债权债务关系，其目的不

---

① 李春玉. 论索债型非法拘禁罪的若干问题[D]. 长春：吉林大学，2011：（2）[2022-12-5].

符合为索取债务而采取拘禁他人的行为。石某某等人无中生有，捏造债务事实，以荒谬的名义，对被害人采取劫持、拘禁的手段索取财物的行为应认定为普通的非法拘禁罪。

（二）敲诈勒索罪与抢劫罪的界限

抢劫罪和敲诈勒索罪在我国司法实践中是一个疑难复杂的问题。两个犯罪都归在侵犯财产类犯罪中，对使用暴力未严重侵害人身权利却又侵犯财产权利的犯罪行为，是定抢劫罪还是定敲诈勒索罪难以区分，为此有必要从理论上对两罪的异同予以区别，以便能够对两罪准确定性。

1. 两罪的刑法规定

（1）抢劫罪

抢劫罪，是指以非法占有为目的，对财物的所有人、管理人当场使用暴力、胁迫或者其他方法，将公私财物强行劫走的行为。这里所说的"暴力"，是指犯罪分子对被害人的身体实施打击或者强制，如杀伤、殴打、捆绑等，使被害人无力抗拒或者无法抗拒，任其即抢走财物或者被迫交出财物。"胁迫"是指犯罪分子当场以实施暴力相威胁，对被害人实施精神上的强制，迫使被害人不敢反抗，从而抢走财物或者使被害人被迫交出财物。需要注意的是，这里所说的"胁迫"，必须是以当场使用暴力相威胁，对于以将来使用暴力相威胁的，以揭露隐私、毁坏财产等相威胁而索取财物的，应当依照《刑法》第二百七十条关于敲诈勒索罪的规定定罪处罚。"其他方法"，是指暴力、胁迫之外，犯罪分子采用的使被害人不知抗拒或者不能抗拒的方法，如采取用酒灌醉、用药物麻醉等方法使被害人暂时丧失知觉而不能反抗。被害人自己熟睡或者醉酒不醒，犯罪分子趁机秘密取走数额较大的财物，则不应认定为抢劫罪，而应当依照《刑法》第二百六十四条关于盗窃罪的规定定罪处罚。

（2）敲诈勒索罪

我国《刑法》第二百六十三条规定："敲诈勒索公私财物，数额较大的，是敲诈勒索罪。"根据刑法理论，敲诈勒索罪是指以非法占有为目的，对公私财物的所有人、保管人使用威胁或要挟的方法，勒索公私财物的行为。构成敲诈勒索罪必须具备以下几个条件，第一，敲诈勒索罪是以非法占有公私财物为目的。如果是其他目的，如债权人为了讨债而威胁债务人的，则不构成本罪。敲诈勒索罪侵犯的对象是公私财物，包括国家、集体和个人的财物。这里所说的公私财物，除了具有财产性质的具体物品以外，还包括具有财产性质的利益，如犯罪分子迫使被害人将房产所有权或居住权转让给自己；迫使被害人放弃债权；强迫他人将自己的车辆、拖拉机等供其无偿使用等。第二，敲诈勒索罪必须是对公私财产的所有人、保管人使用威胁或者要挟的方法。这里所说的威胁或要挟的方法，是指对公私财物的所有人、保管人进行精神上的强制，给其造成心理上的恐惧，不敢抗拒，从而迫使其交出财物的方法。威胁或者要挟的方法很多，如以将要用暴力、揭发隐私、揭发违法犯罪活动、毁坏财物、败坏名誉相威胁等。其形式可以是书面的，也可以是口头的，还可以通过第三者转达。

2. 抢劫罪和敲诈勒索罪的区别

根据抢劫罪和敲诈勒索罪的不同犯罪构成，两罪在实践中是比较容易区分的。两罪除了客体不尽相同（抢劫罪的客体是财产利益和人身权利，敲诈勒索罪的客体一般情况下是财产利益，有时候也侵犯人身权利）外，主要区别在于犯罪客观方面的不同表现。抢劫罪在客观上必须使用暴力、胁迫或其他方法，使被害人处于不知或不能反抗的状态，从而当场取得财物；而敲诈勒索罪则是通过对被害人实施威胁和要挟的方法，使被害人精神上感到恐惧，从而被迫交出财物。虽然二罪都采用威胁的方式，但威胁的内容和方式有所不同。

第一，从威胁的方式来看，敲诈勒索罪的威胁可以是口头的，也可以是书面的；可以亲自向被害人提出，也可以通过他人提出。而抢劫罪的威胁只能由犯罪分子亲自口头提出。

第二，从威胁的内容来看，敲诈勒索罪的威胁内容比较广泛，可以以暴力相威胁，也可以通过宣扬被害人的隐私、毁坏其财物等方式相要挟，而且敲诈勒索罪一般是通过宣扬被害人的隐私、毁坏其财物等方式要挟被害人交出财物。而抢劫罪的威胁内容一般情况下是暴力。

第三，从实现威胁的现实可能性来看，敲诈勒索罪的暴力威胁表现为如果被害人不答应交出财物，就要对其实施暴力，但一般情况下这种暴力威胁不具有当场实施的可能性，也就是说，行为人主观上一般没有当场实施暴力的意思，主要是意图通过暴力使被害人精神上产生恐惧，从而交出财物　而抢劫罪的威胁具有当场实施暴力的可能性，即如果被害人拒不交出财物，犯罪分子就要立即对其实施暴力。

第四，从非法取得财物的时间来看，敲诈勒索罪取得财物的时间，一般情况下与实施暴力威胁行为不具有同步性。也就是说，敲诈勒索罪取得财物的时间一般情况下是在发出威胁、要挟后一定期限内取得财物。而抢劫罪则是当场取得财物。

第五，敲诈勒索罪有数额的限制，也就是说，行为人通过敲诈勒索取得的财物必须达到一定的数额才构成犯罪，否则不构成敲诈勒索罪。而抢劫罪没有财产数额的要求，行为人只要实施了抢劫行为，即构成抢劫罪，至于抢得财物的多少与此无关。

第六，从实施的主体来看，抢劫罪的犯罪主体是年满 14 周岁并具有刑事责任能力的公民，敲诈勒索罪的犯罪主体是年满 16 周岁并具有刑事责任能力的公民。

由上可见，在一般情况下，抢劫罪表现为以暴力的方法抑制被害人的反抗，从而达到强行劫取财物的目的，其主要特征表现为两个"当场"，即"当场使用暴力"和"当场取得财物"；而敲诈勒索罪一般表现为通过要挟和威胁的方法强行取得财物，"威胁"的方法一般也不表现为当场实施暴力，其对于财物也通常是事后取得。如果行为人为了迫使被害人答应在日后某个时间、地点交付财物而当场对被害人使用了暴力，其暴力实际起的是与以实施暴力相威胁一样的胁迫作用，只是因为其不是作为当场占有他人财物的手段，则不能认定为抢劫罪。敲诈勒索罪是采取威胁或者要挟手段，迫使财物所有人当场或者限期交付数额较大的财物。而当行为人采用威胁方法勒索钱财，当场遭到被害人拒绝，进而使用暴力、胁迫方法夺取财物时，行为人在行为手段上符合抢劫罪的"暴力"方法、受害人被迫"当场交出"财物的规定，应当认定为抢劫罪。

抢劫罪要求必须是当场使用暴力或者以暴力相威胁，当场取得财物，"两个当场"缺一不可。而敲诈勒索罪则要求不能同时具备"两个当场"，主要包括两种情形：第一，以日后的侵害相威胁，当场取得被害人财物；第二，以当场实施暴力相威胁，逼迫被害人日后交付财物。一般地讲，抢劫罪的暴力行为在于压制对方的反抗，使对方不敢或不能反抗，从而当场交付财物。敲诈勒索罪的暴力行为在于给对方施加心理上的压力，迫使对方承诺日后交付财物，使对方在交付财物的时间上具有一定的选择自由。

（三）绑架罪与抢劫罪之间的联系与区别

结合司法实践，我们不难看出绑架罪与抢劫罪之所以容易混淆，在于它们的犯罪构成要件方面存在许多相似之处，即在犯罪主体方面，二者都包括一般主体；犯罪主观方面，都是以非法劫取他人财物为目的；犯罪客观方面，都实施了暴力行为，使得被害人不能反抗或不敢反抗；犯罪客体方面，都可能同时侵犯双重客体，即人身自由权利和财产权利。

　　鉴于绑架罪和抢劫罪在犯罪构成要件方面争议最大的是客观方面，且二者的犯罪主体在我国《刑法》中有明确规定，故专门罗列出来进行区分无实际意义；而主观方面又主要通过外化的客观行为予以认定，故笔者对二者的区分主要针对客观方面进行。

　　1. 行为人勒索要挟的对象不同

　　在抢劫罪中，被使用暴力的人与被迫交出财物的人是同一个人，即被勒索财物人的人身权与财产权都受到侵犯，因此是一种"自赎"。当然这种自赎也可以通过第三人来完成。比如，当场抢劫未遂后，行为人让被害人联系家属或其他亲朋好友，谎称出了交通事故，速送大量现金到指定地点给某人。本例中行为人看似构成绑架罪，但由于第三人并不知道被害人被绑架的事实，其心理上没受到胁迫，故应当排除绑架罪的适用。而绑架罪则是将被害人绑架后，威胁被绑架人的亲属或其他人，利用他们对被绑架人安危的担忧，向他们索取财物。在这里，被绑架人与被勒索人是分离的，不是同一人，即被绑架人的人身权受到侵犯，而被勒索财物的人财产权受到侵犯。而绑架罪的本质特征是利用第三人对人质安全的担忧来实现勒索钱财或达到其他非法目的，故不仅侵害了人质的自由，而且侵犯了第三人的自决权，[①] 也就是一种"他赎"。这种交付的财物在第三人看来是不得不交付的，具有赎金性质。正是在这个意义上，绑架罪侵犯了第三人的自决权。[②]

　　什么是"第三人"？如前所述，通常是指被绑架人的亲属、朋友或者其他相关者。日本刑法典中有"近亲属以及其他对被害人的安危表示忧虑的人"的说法，认为"近亲属以及其他对被害人的安危表示忧虑的人"，除了包括具有父子、夫妇、兄弟之类的近亲关系的人以外，还包括被寄养的孩子的养父母、被绑架者所寄住的商店的店主之类的、具有类似近亲属关系的人。日本最高法院于 1987 年 3 月 24 日在诱拐相互银行的行长，向该行的干部索要赎金的案件中，认为所谓"忧虑者"包括"对被拐取者的生命、身体的危险像是对自己的一样心疼，衷心地祈求他们能平安归来的人在内"，因此，银行干部也是"忧虑者"。[③] 笔者认为，"第三人"是指除犯罪行为人和被害人以外的任何人或组织。第三人不仅指被害人的近亲属和相关法律拟制的人，如养父母、养子女等，不仅包括自然人，也包括法人、组织或某个国家、某个政府、某个国际政府间组织等。所谓侵犯第三人的自决权，是指第三人明知人质被绑架，为使人质获得人身自由而交付财物作为交换。[④]绑架罪必须包含意图使第三人"对人质安危的担忧"的要件，也就是说从行为人的角度来讲，其行为要有侵犯第三人自决权的意图。换言之，行为人在控制人质后向第三人发出伤或者杀害被绑架人等信息，意图通过威胁来实现勒索财物的目的。至于第三人得到威胁通知后是否会真的产生对人质安危的担忧，则与此无关。

　　2. "两个当场"不是区分绑架罪与抢劫罪的标准

　　何谓"当场"，在《刑法》第二百六十三条中并未明确规定。有学者认为"当场"是指"案件发生的现场，即行为人和被害人都同时存在的那一时空"。[⑤] 也有学者认为，抢劫罪中的

　　① 阮齐林. 绑架罪的法定刑对绑架罪认定的制约[J]. 法学研究, 2002（2）：33-44.
　　② 陈兴良. 绑架罪的本质是什么？[J]. 中国审判, 2007（5）：63.
　　③ 黎宏. 日本刑法精义[M]. 北京：法律出版社, 2008：376.
　　④ 陈兴良. 绑架罪的本质是什么？[J]. 中国审判, 2007（5）：63.
　　⑤ 张鸥. 论抢劫罪与敲诈勒索罪的区别[J]. 广西政法管理干部学院学报, 2005（5）：90-91.

"当场"是指"抢劫罪中的强制行为与抢走财物的行为在发生的时间、场合具有统一性"。① 最高人民法院的司法解释将其解释为在"同一时间、同一地点"劫取财物。最高人民法院在《关于审理抢劫、抢夺刑事案件适用法律若干问题的意见》第九条第三款规定:"绑架罪……其与抢劫罪的区别在于……第二,行为手段不尽相同,抢劫罪表现为行为人劫取财物一般应在同一时间、同一地点,具有'当场性';绑架罪……劫取财物一般不具有'当场性'。"

笔者认为,"当场"或称"当场性",既是一个时间概念,又是空间概念。从时间上看,"当场"意指强制行为发生之后一个相对较短的时间段;从空间上看,"当场"应当是行为人、被害人、财物所在的现场或者所处的空间。

一般来说,抢劫罪中的"当场"应该同时包括方法行为的当场性和目的行为的当场性。抢劫罪的方法行为即是暴力、胁迫或者其他方法。抢劫罪的目的行为是强行夺取公私财物。这个"夺取",既包括从被害人手中夺取,也包括被害人被迫交付。

从方法行为的当场性来看,抢劫罪中方法行为的发生都是针对被害人的人身实施的,是为了在当时有效地排除被害人的反抗,从而可以立即抢走被害人的财物或者迫使被害人立即交付财物。因此,抢劫罪的方法行为只能发生在行为人和被害人都同时存在的"当场"。

从目的行为的当场性来看,抢劫罪中的"当场"通常表现为方法行为实施之后立即获取财物,也就是说抢劫犯罪中,行为人、被害人、财物一般均应当处在同一现场或者同一空间。

绑架犯罪中劫取财物一般不具有"当场性",即行为人从绑架被害人到获取财物一般不是在当时或者当场完成的。一般来说,行为人是针对被害人采用暴力、胁迫或者其他方法较长一段时间限制、剥夺被害人的人身自由后,又以被害人的人身安全为条件,胁迫他人交出财物。因此绑架犯罪也可以分为两个阶段,前一个阶段是方法行为阶段,即绑架人质,后一个阶段是目的行为阶段,即勒索财物。前一个阶段是为后一个阶段做准备。这两个阶段之间一般存在较明显的时间间隔,行为人、被害人与财物之间一般也不处在同一现场或者同一空间。当然,在司法实践中有时会有一些行为人只绑架了人质,在完成第一个阶段后还未来得及勒索财物即被抓获,这并不影响本罪的认定。

但在司法实践中可能会发生如下情形:行为人取得财物的行为可能因客观原因而持续一段时间,即劫取财物的行为在时间上不是"当场"完成的,在时间上存在一定的延伸,空间上存在一定的延长。那么在这种情况下,该行为是构成绑架罪还是抢劫罪?笔者认为,对"当场"的认识不能机械地理解为简单的时空概念,即不应仅限于同一时间、同一地点。司法实践中有不少案例存在着时间延长和空间延伸的情况。只要在一个相对的时空里整个行为是处于一个继续或持续的状态,行为并没有因时空转换而结束,同样可视为"当场"。

关于绑架罪中的绑架行为是否必然要"将被害人劫离原地"的问题,笔者认为,绑架罪是一种古老的犯罪,它的典型形式是使用暴力或者其他手段将人掳离原来的场所而后对其他人进行勒索。但实践中也不排除就地控制人质以实现勒索财物目的的情形。事实上,只要符合刑法规定的暴力,行为人将被害人劫持后对其进行实际控制并将其作为人质,从而勒索第三人,即使被害人仍处于原地,也应认定行为人构成绑架罪。故笔者支持"在理论上,不应认为场所的转移是本质的要素"② 的说法。

针对以上问题的争论,有人进一步提出绑架罪与抢劫罪的区别在于是否符合"两个当

① 王作富. 刑法[M]. 北京:中国人民大学出版社,2005:245.

② 〔日〕大冢仁. 刑法概说(各论)[M]. 冯军译,北京:中国人民大学出版社,2003:107.

场"。只有符合"两个当场",即当场使用暴力或暴力相威胁而且当场劫取财物的,才能认定为抢劫罪,否则就要考虑适用绑架罪或者其他罪名。① 笔者不同意这种观点,因为其把绑架犯罪的取财时间限定为"非当场",实际上是把事后取财作为了绑架罪的构成要件,从而人为地缩小了绑架罪中取财的时间范围,有违立法精神。

绑架罪中"劫取财物"在大多数情况下不具有"当场性",即行为人从绑架被害人到获取财物一般不是在当时或者当场完成的。在绑架人质和勒索财物之间一般存在较为明显的时间间隔,即在绑架犯罪中,行为人一般是先针对被害人采用暴力、胁迫或者其他方法较长一段时间限制、剥夺被害人的人身自由后,又以被害人的人身安全为条件,胁迫他人交出财物(这种情形是"典型"的绑架罪)。但我们在现实生活中也会看到这样的情节:行为人在以暴力控制被害人的同时向第三人勒索财物,而第三人出于对人质安全的担忧而立即支付财物。如王某与张某经合谋,利用位于郊区一所幼儿园防范不严、便于作案的漏洞,持刀混进该幼儿园,在将三名儿童就地控制在教室里后,随即威胁幼儿园老师不准报警,且必须马上拿出十万元现金交换人质,否则将伤害儿童。后两人在收到园方支付的园内仅有的三万元现金后立即逃离现场。在此案例中,王某与张某系当场使用暴力且当场获取财物,这似乎符合抢劫罪中"两个当场"的要求。其实,本案定性的关键并不在此,而应在于行为人实施了劫持儿童作为人质的行为。虽然行为人并未将人质绑至他处,但其已实际控制人质并利用园方对人质安危的担忧来勒索园方钱财。显然,本案中行为人的行为被认定为绑架罪更为妥当。这说明,绑架人当场实施暴力并当场取财的情况是存在的。因为如前所述,绑架罪的劫持行为并不以掳离原地为条件,只要行为人的行为侵犯了被害人的人身自由权,又侵犯了第三人的财产所有权,并通过利用第三人对人质安危的担忧来勒索财物,从而侵犯第三人的自决权,就应认定绑架罪(这种情形属于"非典型"的绑架罪)。我们不能用"典型"的绑架罪来否定"非典型"的绑架罪的存在。故以当场、当时勒索财物作为区分绑架罪与抢劫罪的标准是不正确的。

3. 针对被害人实施强制手段的目的不同

在抢劫罪中行为人对被害人实施强制手段,其目的是排除其反抗,从而达到劫取财物的目的。而绑架罪中行为人对被害人(指被绑架人)实施强制手段,其目的是控制其人身自由,并以此作为筹码向第三人勒索财物。所以,抢劫罪的强制手段具有压制性,而绑架罪的强制手段具有控制性。

4. 暴力方式以及暴力与取财的关系性质不同

绑架罪的暴力行为一般通过行为人以非法剥夺他人人身自由的方法来实施。抢劫罪的方法一般不表现为非法剥夺人身自由,而是以立即实施殴打、伤害、杀害等足以危及被害人身体和生命的行为致使被害人不能反抗。虽然,在抢劫过程中也会存在剥夺被害人人身自由的情形,但那只是为了排除被害人反抗而附带实施的行为;而在绑架罪中,对被害人人身自由的剥夺具有目的性。抢劫罪中行为人所采取的针对被害人的暴力、胁迫行为与抢劫人为了夺取财物之间存在直接的因果关系;绑架罪中除了有这种直接的因果关系外,其他行为更多的是与控制人质构成直接的因果关系,而与取得财物之间具有间接的因果关系。

5. 犯罪所得的对象不同

通说认为,抢劫罪具有"当场性"的特征,而只有动产才可以当场取得,而不动产不方便携带转移,故而不动产是难以被当场取走并非法占有的,因此抢劫的财物一般只能是动

---

① 张国轩. 抢劫罪的定罪与量刑[M]. 北京:人民法院出版社,2001:56.

产；①而绑架犯罪的勒索范围较抢劫罪宽泛，除动产之外，也可能是不动产，还可能是财产性利益。

本案中，石某某采用暴力手段逼迫被害人顾某某写下欠条的行为应构成抢劫罪。

有人认为，石某某只是当场取得欠条，而欠条作为一种债权凭证，在债务人依债的规定给付前，债权人既不能实现其权利所包含的利益，也不能对给付之标的物或债务人的财产有任何支配，债权人对利益具有一种"期待性"而非现实性。同时本案中的欠条无法律效力，所以石某某等人未当场取得财物，不构成抢劫罪。在上文中，笔者谈到对"两个当场"的理解，"当场"是可以适当延伸的。本案中，虽然欠条无法律效力，但是石某某用暴力行为逼迫被害人向家里要钱之后，带他们去取款机取钱，这表明石某某是有当场获得财物的主观意图和客观行为，符合抢劫罪的"两个当场"的条件，所以应构成抢劫罪。但因意志以外的原因未得逞，所以是犯罪未遂。

（四）行为人的行为构成抢劫罪（未遂）、非法拘禁罪（既遂），且两罪之间不存在牵连关系

关于牵连犯，刑法学界有代表性的见解至少有如下六种：一是"目的牵连犯说"。认为牵连犯是指以实施某一犯罪为目的，但其方法行为或结果行为又触犯其他罪名的情况，此说注重行为人的主观目的。②二是"行为牵连犯说"。指行为人实施某种犯罪（本罪），而方法行为或结果行为又触犯其他罪名的犯罪形态。③三是"罪名牵连犯说"。是指犯罪的手段行为或结果行为，与目的行为或原因行为分别触犯不同罪名的情况。④四是"动机牵连犯说"。这一学说认为：牵连犯实际上应是犯罪的动机行为和方法行为或原因行为和结果行为之间具有牵连关系。⑤五是"牵连的犯意说"。认为牵连犯是指为了实现一个犯罪目的，基于数个牵连的犯意，实施数个行为，其中手段行为或结果行为与主行为分别触犯不同的罪名。六是"与吸收犯的区别说"。认为牵连犯是指以实施某一犯罪为目的，而犯罪的方法行为或者结果行为又触犯其他罪名但不构成吸收犯的情况。⑥

以上六种表述中，"行为牵连犯说"是大陆法系学术界的通说，过去日本刑法与我国台湾地区有关刑事犯罪的规定就如是主张。这种表述具有简洁、明确的优点，但缺少一定的限制。以此规定，行为人只要犯一罪，其方法或结果行为触犯了其他罪名，即可成立牵连犯，而不问其方法或结果行为与犯罪的直接目的是否有关，忽视了主观上的牵连意思，同时这种表述常常与想象竞合犯也难以区分。

"罪名牵连犯说"存在着与行为牵连犯说一样的缺陷，即没有对行为人的主观牵连意思作出要求。

"牵连的犯意说"主要是考虑牵连犯的构成须有二个以上的故意犯罪行为，一个故意行为与一个过失行为或两个过失行为都无法构成牵连犯。但是，牵连犯主观上犯罪目的的要求，就已经表明了行为人的犯罪心理只能是故意，不需要在概念中再加以凸现。

"与吸收犯的区别说"试图把牵连犯与吸收犯的关系含括于一个概念之中，无论是理论上

---

① 赵秉志. 侵犯财产罪[M]. 北京：中国人民公安大学出版社，2003：50.
② 齐文远. 刑法学[M]. 北京：法律出版社，1998：210.
③ 高铭暄、马克昌. 刑法学[M]. 北京：法律出版社，1999：343.
④ 张明楷. 刑法学[M]. 北京：法律出版社，1997：331.
⑤ 李泽龙，朱丹. 牵连犯探微[J]. 法律科学，1993（4）：85-88.
⑥ 初炳东. 谈牵连犯和吸收犯的区别[J]. 政法论丛，1995（1）：13-14.

还是实践中都是不可行的。概念在逻辑上的要求就是达到此事物能够区别于他事物，而这一概念还需要我们再次寻找牵连犯与吸收犯的分界点和各自的范围，因此没有达到概念揭示事物本质特征的逻辑学要求。

"目的牵连犯说""牵连的犯意说"和"与吸收犯的区别说"认为牵连犯出于"一个犯罪目的"，将犯罪目的与犯罪动机混为同一概念。因为根据刑法学界的通说，直接故意犯罪中都具有犯罪目的，牵连犯的数行为触犯不同的罪名，构成不同的犯罪，因此这些犯罪又往往是直接故意犯罪，具备各自的犯罪目的。如果甲为了诈骗财物，采取了伪造证件的方法，实施了诈骗财物的行为，这里甲的行为构成诈骗罪和伪造证件罪，二者可能形成牵连关系。从两罪的构成要件来看，甲既具有诈骗财物的目的，也有妨害证件的目的，因而具有两个犯罪目的，行为人甲究竟为了哪个"犯罪目的"呢？上述概念无法说明。动机牵连犯区别了行为人两个犯罪目的间的关系，在这一点上是值得肯定的。但对行为人的主观方面缺乏限制。

"目的牵连犯说"强调行为人主观上以实施某一犯罪为目的，虽然其方法行为或结果行为又触犯其他罪名，但行为人的犯罪目的只有一个。如果犯罪的方法行为或结果行为与其所要达到的直接目的无关，或犯罪的直接目的已经达到，又实施了其他的犯罪行为。则不能认为是牵连犯。这种表述强调了行为人构成牵连犯的主观方面，但完全不考虑客观上牵连关系的发生与否似有欠妥。而且"以实施某一犯罪为目的"的表述也混淆了目的与动机的界限。

五、结语

牵连犯是指犯罪的手段行为或结果行为、目的行为或原因行为分别触犯不同罪名的情况。其特征为：（1）以实施一个犯罪为目的，如为了诈骗而伪造证件等；（2）必须是其手段行为或结果行为又触犯了其他罪名；（3）数行为之间存在手段行为与目的行为、原因行为与结果行为的牵连关系。

牵连犯的认定中最重要的问题就是牵连关系的认定。牵连犯不仅要求在客观上、主观上能认定牵连关系，而且这种关系在社会生活中还必须具有通常性。从经验法则上判断，具有牵连关系的两个行为具有极高的并发性，即主张类型性的牵连关系，否则不成立牵连犯。例如，非法侵入住宅杀人的，成立牵连犯；但非法盗窃枪支后杀人的，不认定为牵连犯（虽然枪支经常用于杀人，但盗窃枪支并不是杀人的通常手段行为）。

本案中，虽然行为人非法拘禁被害人是实现其非法占有他人财物的手段，但是非法拘禁被害人不是索要财物的必然途径，两者之间不存在必然、内在、类型化的联系。因此不应根据牵连犯的原理从一重罪处罚，而是应认定为抢劫罪（未遂）和非法拘禁罪既遂，数罪并罚。

（撰稿人：贺西格）

案例 6　欠条的法律属性

一、案情简介

2009 年 8 月 25 日晚，被害人冀益春持被告人茆玉林所写，载明借款 21500 元并已过还款期限的借条，到茆玉林家中讨要借款时，双方发生争吵、纠缠，茆玉林持啤酒瓶砸冀益春。当冀益春挣脱欲离开时，茆玉林对其妻女徐秀华和茆晶晶喊道："不能让他走了，借条还在他身上。"三人随即一拥而上，将冀益春按倒在地，捉住其手脚，从其衣服口袋中掏出借条并烧毁，遂放冀益春离开。冀益春报警案发，在公安侦查讯问的初期阶段，三被告人始终不承认有上述事实，后在相关的证据面前，迫于公安的侦查压力相继承认了作案事实。案发后，被告人茆玉林已经退还全部借款，并赔偿被害人冀益春医疗费、误工费等经济损失。

检察机关指控认为，被告人茆玉林、徐秀华、茆晶晶的行为均构成抢劫罪。

被告人茆玉林的辩护人认为，茆玉林抢取的借条属债权凭证，不符合抢劫罪构成要件。辩护人另外提出：如果被告人茆玉林构成抢劫罪，其认罪态度较好，且退出全部赃款，并赔偿被害人经济损失，可以酌情从轻处罚。

江苏省金湖县人民法院认为，被告人茆玉林指使徐秀华、茆晶晶采用暴力手段抢回已过偿还期限的借条，并予以销毁，使其所欠他人债务消灭，从而非法占有他人财物，其行为已构成抢劫罪。

【来源】《人民法院案例选·总第 80 辑》（2012 年第 2 辑）

【案号】（2011）金刑初字第 0075 号

二、争议问题

本案中借条本身虽不是一般意义上的财产，却是财产权利的唯一凭证，失去借条，冀益春的财产所有权就无法实现。[①]诸如盗窃、抢夺、抢劫、骗取欠条的案件在实践中日渐增多，这些行为如何定性，实践中、理论上都存在较大争议。对盗窃、抢夺、抢劫、骗取欠条等行为给予全面关注、系统解答就显得尤为重要。基于体系性视角，通过考察欠条的性质、梳理财产性利益的内涵，才能准确地对侵犯欠条行为定性。

三、相关法条

《中华人民共和国刑法（2020 年修正）》

第二百六十三条　【抢劫罪】以暴力、胁迫或者其他方法抢劫公私财物的，处三年以上十年以下有期徒刑，并处罚金；有下列情形之一的，处十年以上有期徒刑、无期徒刑或者死

---

① 杜新珍. 暴力抢走债权人借条并销毁的一行为认定[J]. 人民司法，2014（2）：44.

刑，并处罚金或者没收财产：

（一）入户抢劫的；

（二）在公共交通工具上抢劫的；

（三）抢劫银行或者其他金融机构的；

（四）多次抢劫或者抢劫数额巨大的；

（五）抢劫致人重伤、死亡的；

（六）冒充军警人员抢劫的；

（七）持枪抢劫的；

（八）抢劫军用物资或者抢险、救灾、救济物资的。

第二百六十四条　【盗窃罪】盗窃公私财物，数额较大的，或者多次盗窃、入户盗窃、携带凶器盗窃、扒窃的，处三年以下有期徒刑、拘役或者管制，并处或者单处罚金；数额巨大或者有其他严重情节的，处三年以上十年以下有期徒刑，并处罚金；数额特别巨大或者有其他特别严重情节的，处十年以上有期徒刑或者无期徒刑，并处罚金或者没收财产。

第二百六十六条　【诈骗罪】诈骗公私财物，数额较大的，处三年以下有期徒刑、拘役或者管制，并处或者单处罚金；数额巨大或者有其他严重情节的，处三年以上十年以下有期徒刑，并处罚金；数额特别巨大或者有其他特别严重情节的，处十年以上有期徒刑或者无期徒刑，并处罚金或者没收财产。本法另有规定的，依照规定。

第二百七十四条　【敲诈勒索罪】敲诈勒索公私财物，数额较大或者多次敲诈勒索的，处三年以下有期徒刑、拘役或者管制，并处或者单处罚金；数额巨大或者有其他严重情节的，处三年以上十年以下有期徒刑，并处罚金；数额特别巨大或者有其他特别严重情节的，处十年以上有期徒刑，并处罚金。

第二百七十条　【侵占罪】将代为保管的他人财物非法占为己有，数额较大，拒不退还的，处二年以下有期徒刑、拘役或者罚金；数额巨大或者有其他严重情节的，处二年以上五年以下有期徒刑，并处罚金。

将他人的遗忘物或者埋藏物非法占为己有，数额较大，拒不交出的，依照前款的规定处罚。

四、学理分析

（一）欠条的性质

"财产性权利凭证本身与其表彰的财产权利构成的整体，应当被明确看作是财物而不是财产性利益。"[①]如此理解欠条是对欠条性质的误解，会导致相关行为的定性错误。欠条是债务人向债权人出具的承认债务存在的书面凭证。欠条书写内容可简单可复杂，欠条格式可严谨可随意，最为核心的内容就是表明债务人和债权人之间的特定债务关系。欠条是债权凭证，是证明债权存在的书证。

1. 欠条的性质

欠条是债权的证据，但不是债权本身。在司法实践中，多把欠条等同于债权本身，得出

---

①　童德华. 财产罪基础理论研究[M]. 北京：法律出版社，2012：115.

抢劫、盗窃、诈骗、抢夺欠条一律构成抢劫罪、盗窃罪、诈骗罪、抢夺罪的结论，这是对欠条性质的错误认识，从而影响了案件的正确定性。如后所述，当欠条是债权的唯一凭证时，欠条的保护价值产生，这种情况下可以把欠条等同于债权（但是从严格的意义上，两者还是存在区别）。除此之外，欠条仅仅是债权凭证，不能视为债权。

（1）欠条是债权凭证，欠条与债权是证明与被证明的关系。"对于行为人来说，偷回'借条'予以销毁，意味着财产的消极增加。而对于债权人来说，由于'借条'失去索债无据，意味着财权丧失，财产减少。"①很显然，这是认为欠条是债权的观点。但是"在民法学和合同法上，借据不过是民间借款合同书的简化形式，是一种借贷债权的凭证"。②欠条只是证明债权的一种手段，除了欠条，还有证人、音频视频、银行资金往来记录等可以证明债务关系的存在。"民事权利的存在具有唯一性，但是民事权利的表彰和证明则具有多样性。"③欠条与债权是手段与对象的关系，如果把欠条等同于债权，是否也可以将可以证人、音频视频、银行资金往来记录当作债权，显然并非如此。

欠条与金融凭证、信用卡同为债权凭证。金融凭证（汇款、存款凭证、银行结算凭证）、信用卡都是特定机构按照相关法律法规或者行业惯例制作的证明特定债权存在的正式文书。"社会经济生活中广泛存在着各类证明文书，其中专门用于证明财产法上的行为的书据，如借据、收据（收条）、合同书等，有些学者称其为证据证券，但证据证券名为证券实为证书。"④"证书本身与实体上的权利义务并无直接的密切的关系，权利完全可以离开证书而存在。"⑤详言之，"证据证券是指，就法律关系的存在与否或内容发生争议时，只被认可作为一种证据资料发挥效用的证券。例如借据、收据等。证据证券既非表示财产权的证券，也不能左右实体法律关系的存在与否和内容，权利的行使和转让也并非必须一该证券的持有和交付为必要"⑥。

欠条相对于金融凭证、有价证券、信用卡等正式文书，证明力并不高于上述债权凭证。上述债权凭证丢失了，并不意味着债权的灭失，仍然可以通过补办手续或者公示催告等程序获得债权的最终实现。简言之，债权凭证与债权是独立的两个事物。这也能从《刑法》规定中得到印证，《刑法》第一百九十六条第三款（信用卡诈骗罪）：盗窃信用卡并使用的，依照本法第二百六十四条（盗窃罪，引者注）的规定定罪处罚。这是因为盗窃信用卡的行为并没有侵害到信用卡代表的债权，只是妨害了债权的行使，尚不值得处罚（当然特殊类型盗窃除外）。只有当使用盗窃的信用卡时，才侵害了信用卡所记载的债权，所以《刑法》规定"盗窃信用卡并使用的"构成盗窃罪。

（2）欠条的灭失，只是增加了债权实现的难度，但债权仍然存在。欠条只是证明债权存在的一种手段，除了欠条，还有证人、音频视频、银行资金往来记录等可以证明债权的存在。即使欠条是确认债权债务关系存在的唯一证明，该欠条灭失，也只是灭失了证明手段，该债权仍然存在。"即使行为人窃取了借条，或许导致债权人无法主张自己的权利，但这只是债权

① 马克昌主编. 百罪通论（下卷）[M]. 北京：北京大学出版社，2014：744.
② 南明法，郭宏伟. 以借据为侵害对象的犯罪行为定性研究[J]. 中国刑事法杂志，2003（4）：42.
③ 叶林主编. 证券法教程[M]. 北京：法律出版社，2010：2.
④ 陈洁. 证券法[M]. 北京：社会科学文献出版社，2006：5.
⑤ 柳经纬主编. 商法（5版）[M]. 厦门：厦门大学出版社，2012：244.
⑥ 张凝，〔日〕末永敏和. 日本票据法的原理与实务[M]. 北京：中国法制出版社，2012：4.

人无法主张诉讼权利，而背后所隐含的财产权本身没有受到实质性影响。"①因欠条灭失等原因无法证明客观存在的债权，类似于自然债权，债权人仍然具有受领资格。如果认为债权灭失，则债权人受领债务人还款就构成不当得利或者是债务人对债权人的赠与行为，这恐怕有违生活常识和社会认知，持欠条债权论学者恐怕也不会赞同。认为欠条就是债权本身，欠条灭失就意味着债权消灭，这不符合民法规定②，也不利于对债权人的保护。

更何况根据生活常识，很多日常借贷当事人之间并不打欠条，全凭相互之间的信任。即使打了欠条，如果欠条丢了，向债务人说明后，债务人也多半会继续履行债务，这也证明债权的存在与否与欠条无关。

（3）将欠条理解为债权，会得出诸如盗窃欠条后使用该欠条的行为不可罚，这显然不合理。将欠条理解为债权，抢劫、盗窃、诈骗、抢夺欠条，就是对欠条债权的犯罪，就构成抢劫罪、盗窃罪、诈骗罪、抢夺罪。如此一来，抢劫、盗窃、诈骗、抢夺欠条后，再实现该债权行为属于事后不可罚的行为，这显然不合理，因为真正侵害债权的行为是后续的使用行为。例如，甲盗窃了 B 写给 C 的 10 万元欠条（非唯一凭证，还有人证、银行资金往来），实践判例会认为该欠条是 10 万元债权，甲窃取 C 的 10 万元欠条，构成盗窃罪的既遂。如果甲拿该欠条找 B 要钱，B 基于该欠条向甲支付了 10 万元，则是事后的不可罚的行为。因为甲盗窃了欠条就等于盗窃了债权，再实现债权的行为没有侵犯新的法益，所以不再处罚。就如盗窃了数额较大的电视机构成盗窃罪，事后出售该电视机的行为不再处罚。该案中正确的理解应该是，首先甲构成对 C 的欠条的故意毁坏财物罪（针对 C 的欠条的使用价值，详见后述分析）。其次，甲构成对 B 的 10 万现金的诈骗罪。B 是诈骗罪的受害人，B 是 10 万元的实际损失人，C 仅仅损失了欠条那张纸，C 除了失去对欠条的控制之外并非有什么损失，因为 C 依然对 B 拥有债权。可知，债权论将犯罪的认定提前，而又对真正的犯罪行为无法处理，会得出不合理的结论。

2. 欠条的价值

欠条不是债权本身，但不意味着欠条就没有价值，相反，欠条具有多重价值。按照不同的分类标准，欠条至少存在经济价值和使用价值、自身价值和保护价值等类型，当然在某一价值类型之下，还可以具体细分为不同的价值形态。

（1）欠条的经济价值和使用价值

"理论上说，作为侵犯财产罪对象的财物，并不要求具有客观的经济价值，只要所有人、占有人主观上认为该物具有价值，即使这些物品在客观上没有经济价值，也不失为侵犯财产罪的对象。"③财产的价值分为经济价值和使用价值。经济价值就是交换价值，能够用金钱衡量。使用价值是有用性，可进一步分为客观使用价值和主观使用价值。客观使用价值是指财产对社会一般人的有用性。主观价值是财产对特定人的有用性。"只要对所有人、占有人具有主观价值，即使其客观上没有经济价值，也可能成为盗窃罪的对象。"④例如甲和恋人买了一

---

① 姚万勤，陈鹤. 盗窃财产性利益之否定——兼与黎宏教授商榷[J]. 法学，2015（1）：64.

②《民法典》第 192 条："诉讼时效期间届满后，义务人同意履行的，不得以诉讼时效期间届满为由抗辩；义务人已经自愿履行的，不得请求返还。"这是关于自然之债的规定，自然之债是指为法律所认可但不具有强制执行力的债。对于自然之债，债务人不履行时，债权人不能请求法院强制执行，债务人自愿履行，则履行有效。

③ 郑泽善. 刑法争议问题探索[M]. 北京：人民出版社，2009：306；郑泽善. 网络虚拟财产的刑法保护[J]. 甘肃政法学院学报，2012（4）：89-99.

④ 张明楷. 盗窃债权凭证后骗领现金、销毁凭证的行为性质[J]. 人民检察，2013（4）：10-16.

辆 36 万元的奥迪车，一年后恋人与甲分手。因该车承载着两人过去的美好，甲对这辆车更加珍爱。这辆奥迪车价值 36 万，这是该车的经济价值。这辆奥迪车的客观使用价值就是作为交通工具的性能。这辆奥迪车的主观使用价值是对于甲来说承载着过去美好的回忆，对别人来说就没有意义。经济价值和客观使用价值、主观使用价值可以分离，有的财产只有主观使用价值，没有经济价值（极其微小）和客观使用价值。如甲珍藏了唯一一张因车祸死去的母亲的照片，每当夜深人静时就小心拿出仔细端详，这张照片经济价值和客观使用价值都很小，但对甲来说，有着意义非凡的主观使用价值。

（2）欠条的自身价值和保护价值

自身价值包含欠条的经济价值和使用价值；而保护价值则是对债权的保护，可以视为债权（虽然它们是两个不同的事物，但可以等同视之）。

经济价值是指财产的交换价值，即财产本身的价格。而欠条是债务人向债权人书写的承认债务存在的书面凭证，其作用是证明债权的存在。因此，欠条的经济价值就是记载债权的载体物价值。生活中的欠条多是写在普通纸上，承载债权内容的纸张就是欠条的经济价值。如此看来，欠条的经济价值有限，几乎可以忽略不计。在这个财富激增的社会，相比动辄一平方米上万元的房价，那张值几分、几毛钱的纸，甚至可以被忽略不计。

欠条的使用价值就是欠条作为证明特定关系人之间存在债权债务关系的凭证、证据。虽然欠条的经济价值不大，但是欠条的使用价值是显著的。"一张一美分或者更便宜的纸几乎没有价值。但是一张已签名数额为 1000 美元的本票用纸，它的价值将明显提高。"[1]显然，这是说欠条的使用价值显著提高，而欠条用纸的经济价值并没有变化。我们在生活中能够证明特定关系人之间债权关系的证据种类多样，大体来说有人证、物证和书证，具体则包括欠条、证人、音频视频、银行资金往来记录等。"借据本身并非财物（只是价值十分微小的一张纸条），却是债权行使的重要凭证和证据，对它的侵害虽然不能对债权所能带来的财物产生直接的、现实的、必然的损害，但对债权人来说，它的毁灭或者严重缺损可能造成他的债权主张因为证据不足而得不到法律的保护，往往造成财产损失。"[2]当欠条是特定关系人之间债权存在的唯一证据时，欠条能证明债权的存在；当欠条是特定关系人之间债权存在的证据之一时，欠条也是证明债权的存在。在这两种情况下，欠条自身的证明作用并没有变化，这说明欠条的使用价值是客观的，所不同的是被证明的债权对欠条的依赖程度不同。

欠条的保护价值是指，当欠条是证明债权的唯一证据并且欠条受到了侵害时，欠条对债权的保护作用。侵害欠条的保护价值实质上是侵害了债权，导致债权这种财产性利益无法实现，仅在此种情况下可将欠条视作债权。简言之，欠条的保护价值就是特定情况下对债权的保护作用。欠条的保护价值是反向价值，只在欠条是债权唯一证据且欠条又受到侵害时，保护价值才会产生。"在财产的控制关系上，特别情形下（欠条是证明债权的唯一证据并且又受到侵害时——应当如此理解。引者注）借据的侵害事实上是对财产性利益的侵害，借据与财产性利益尽管在理论上存在分离，但事实上已形成一体。将此情形下的借据解释为财产性利益，即使从规范的角度看，也并没有什么不妥。"[3]

保护价值的存在有两个条件：欠条是证明债权的唯一证据；欠条受到了侵害，如被盗、

---

① Thomas J. Gardner, Terry M. Anderson. *Criminal Law（Tenth Edition）*, Thomson Wadsworth, 2009, p. 321.

② 南明法、郭宏伟. 以借据为侵害对象的犯罪行为定性研究[J]. 中国刑事法杂志, 2003（4）：41-46.

③ 武良军. 论借据能否作为财产犯罪的对象[J]. 政治与法律, 2011（2）：37-44.

被抢、被骗、被撕毁等。"欠条作为公私财物的前提是该欠条为表彰债权的唯一证明，且获取该欠条仅以消灭本人债务为目的，非以取得债权为目的；如果欠条并非债权债务关系的唯一证明，或行为人获取欠条并非以消灭本人债务为目的，自不应将欠条纳入'公私财物'的范畴。"①欠条的保护价值指向债权，不是债权，可以等同于债权，其数额就是债权数额。假如欠条不是债权的唯一证据，欠条就没有保护价值，只有使用价值。但需要强调的是，欠条的保护价值是债权的盔甲，不是债权本身，只是可以等同于债权。

在实践中，存在对欠条保护价值的明确认可。浙江省高级人民法院、浙江省人民检察院、浙江省公安厅《关于抢劫、盗窃、诈骗、抢夺借据、欠条等借款凭证是否构成犯罪的意见》（2002 年 1 月 9 日）规定："经研究认为，债务人以消灭债务为目的，抢劫、盗窃、诈骗、抢夺合法、有效的借据、欠条等借款凭证，并且该借款凭证是确认债权债务关系存在的唯一证明的，可以抢劫罪、盗窃罪、诈骗罪、抢夺罪论处。债务人以外的人在债务人的教唆之下实施或者帮助债务人实施抢劫、盗窃、诈骗、抢夺借据、欠条等借款凭证，并且明知债务人是为了消灭债务的，以抢劫罪、盗窃罪、诈骗罪、抢夺罪的共犯论处。"在该准司法解释中，"该借款凭证是确认债权债务关系存在的唯一证明的"，体现了对欠条保护价值的明确认可。

（二）欠条与财产性利益的关系

欠条与财产性利益之间是什么关系，这涉及对财产性利益的理解和评价。对于财产性利益我们缺少统一性认识，应该进一步探讨财产性利益的意义和种类，并且理清它与无体物之间的关系。

1. 财产性利益的内涵

财产性利益是财物以外具有财产意义的利益。要明确财产性利益的具体内涵和外延，很有必要以财物为参照物，因为二者是相互依存的一对概念，对比更能明晰二者各自的界域。财物是具体存在的有价值的物质，具有具体性和物理性，包括有体物和无体物。财产性利益是指财物以外的利益存在，与财物的具体性、物质性相比，财产性利益具有抽象性、观念性。

2. 财产性利益的分类

从财产的存在形态上，可以分为有形财产和无形财产。有形财产是指有体物，有体物是具有可知、可感物质形态的物，包括固体、液体、气体。无形财产是没有具体形态的无体物和财产性利益。其中无体物是一种客观占据物理空间但不具备具体形态的物质，电、灯光、无线电频率等都是无体物。

以有形财产为模型建立起来的财产保护规则能否适用于无形财产是需要探讨的问题，不过财产保护规则逐渐适用于无形财产是不争事实。"社会发展的现实使得出现在争议中的有价值的利益越来越多，公正的天平应该务实地向它们倾斜，那么，只要大胆地拿掉那些古老的虚构和拟制，财产有体性理论就不攻自破了。"②"盗用有偿服务是指明知服务是收费的，故意用逃避付费的方法获取服务，比如逃票看电影、盗打电话、盗用他人账号使用互联网等。在传统普通法里，有偿服务不是盗窃罪的对象，窃取他人付费的服务（如盗打电话）或者逃费接受服务（如逃票看电影）的行为都不构成盗窃罪。不过，现在美国刑法已经将付费服务

---

① 周旋. 我国刑法侵犯财产罪之财产概念研究[M]. 上海：上海三联书店，2013：166.

② 冉昊. 财产含义辨析：从英美私法的角度[J]. 金陵法律评论，2005（1）：23-31.

纳入盗窃罪等侵财犯罪的保护范围。"①

从财产性利益所具有的功能角度，分为积极利益和消极利益②，这也是最为常见的一种分类。这种分类在于阐明财产利益同普通财物具有同样的价值，即财物与财产性利益除了表现形态不同之外，无论是积极财产的增加还是消极财产的减少，对于财产所有人或者占有人具有相同的价值。在日本财物和财产性利益二元分立的情况下，"财物罪是通过侵犯财物而侵犯财产权，财物是财产权的载体，利益罪则是直接指向财产权"。③

根据财产性利益的内容，可划分为狭义、广义和最广义的财产利益。狭义的财产性利益仅指债权；广义的财产性利益包括除知识产权之外的债权、有价值的信息等利益；而最广义财产性利益是财物以外的财产存在形式，涵盖债权、知识产权、包括商业秘密在内的有价值的信息以及其他利益。

具体来看，"尽管刑法中的无形财产并不仅仅包括知识财产，但就目前的主要类型和成熟程度而言，知识财产仍是具有典型意义的无形财产"④。知识产权是一种类型化的财产性利益，包括著作权、专利权、商标权，已为《著作权法》《专利权》《商标法》规定，在《刑法》中也有假冒注册商标罪（第二百一十三条）、销售假冒注册商标的商品罪（第二百一十四条）、非法制造、销售非法制造的注册商标标识罪（第二百一十五条）、假冒专利罪（第二百一十六条）、侵犯著作权罪（第二百一十七条）、销售侵权复制品罪（第二百一十八条）六个专门罪名。"专利权、商标权、著作权等知识产权，实际上也是财产性利益，但由于刑法典已对侵犯这种利益的犯罪做了专门规定，因而似乎不宜再作为财产罪的对象。"⑤有价值的信息包括商业秘密、国家秘密、军事秘密、计算机信息、公民个人信息、股票、证券的内幕信息、信用卡信息等，这些信息具有财产价值，也已被特定的犯罪所保护。当然，并非所有信息都获得了刑法的专门保护，比如游戏装备、QQ账号等，这些信息可以按照财产性利益进行保护。本文所探讨的财产性利益主要是与欠条相关的债权，即最狭义的财产性利益。当然，相关分析和结论同样使用了广义、最广义的财产性利益。

3. 财产性利益与无体物的区别

如前所述，财产分为有形财产和无形财产，有形财产包括有体物；无形财产包括无体物和财产性利益，具体来讲包括电力、无线电频率，劳务、知识产权、财产性利益、虚拟网络财产、有价值的其他信息等。从自然意义上来审视财产，可分为物和财产性利益，物又可分为有体物和无体物。但遗憾的是，我们对财产种类的划分理论承袭了罗马法对财产划分的错误做法，将财产僵硬地划分为有体物和无体物，按照这种分类理论，财产性利益只能归属于无体物。例如，"凡可以生产、占有、买卖、使用的财富，如电力、专利技术、信息、用益物权、地役权、债权等等，都包括在无体物概念之中"。⑥再如，无体物主要有四种类型：一是自然类无体物，包括以自然状态存在的电力、热力、频率等；二是知识类无体物，主要由知识、技术、信息等构成，可以进一步分为创造性成果与经营性标记两类形态；三是资信类无体物，指经营领域中的商誉、信用、形象等；四是特许类无体物，指由主管机关或社会组织

---

① 刘士心. 美国刑法各论原理[M]. 北京：人民出版社，2015：196.

② 参见郑泽善. 刑法分论争议问题研究[M]. 北京：中国人民大学出版社，2015：260-262.

③ 童伟华. 财产罪基础理论研究——财产罪的法益及其展开[M]. 北京：法律出版社，2012：114.

④ 陈烨. 特殊财产犯罪对象问题的研究窘境及破解[J]. 政治与法律，2015（6）：52-64.

⑤ 赵秉志主编. 刑法分则要论[M]. 北京：中国法制出版社，2010：375.

⑥ 马克昌主编. 百罪通论（下卷）[M]. 北京：北京大学出版社，2014：680.

所特别授予的资格、优惠、特权等。①事实上，"刑法学中所争论的'无体物'概念，主要是指声、光、电、热之类的、没有固定形体的客观存在，与民法学上主要和权利相关的'无体物'概念相去甚远"②。"财产的外在表现形态大致可以两分：一是物质的表现形态，财产的价值为物所涵融，它是财产最初和最普遍的存在形式，包括有体物和无体物。另一则是信息的表现形态，财产的价值为信息所涵融，它是财产现代和最复杂的存在形式，包括技术信息和非技术信息。财产分为财物和财产性利益，财物分为有体物和无体物。可知无体物与财产性利益归属于不同的种类，且不是一个层次上的分类。但是这种分类并不符合现实生活的多样性。"③简单而言，财物（有体物和无体物）和财产性利益是一个层面的分类，但鉴于无体物与财产性利益均具有无体性特征，将它们并列具有凸显它们共性的一面，但是应该明确的是，二者并不是一类事物。"作为财产罪对象的财物，总体上说，包括具有价值与管理可能性的一切有体物、无体物与财产性利益。"④

应当特别指出，从有形财产和无形财产的视角观察，财产性利益与无体物的关系更为密切，它们同属于无形财产。将财产划分为有体物、无体物、财产性利益是较为清晰合乎逻辑的分类。从财物和财产性利益的视角观察，财产性利益与无体物的关系较远，无体物属于财物，财产性利益与财物共同构筑了财产的大厦。

4. 欠条是财物还是财产性利益

刑法中的财物，是指存在一定的客观价值或者主观价值，并且具有管理可能性的财产，具体包括有形物、无形物以及财产性利益。"我国刑法侵犯财产罪中的'财物'包括有形财物、无形财物和其他形式的财产权。"⑤欠条是债权的物质化载体（通常是一张纸），是有体物，其经济价值极其微小。欠条的使用价值是用来证明债权，而不是债权本身。欠条的使用价值也是一种财产性利益，但处罚这种使用价值要特别慎重。当欠条是债权的唯一凭证并且受到侵害时，欠条的保护价值是对债权的保护作用才值得启动，欠条的保护价值不是债权，但可以视为债权，其价值数额是债权数额。

因此，综上所言，欠条具有多重价值。欠条是价值极低廉的财物；欠条具有使用价值，是一种财产性利益；当欠条是债权的唯一证明时并且受到侵害时，欠条同时产生保护价值，可以视为债权。

（三）侵害欠条的行为定性

抢劫、盗窃、诈骗、抢夺欠条的行为不在少数，对于这类犯罪的定性仍然莫衷一是。要准确定罪，就需要弄清欠条的性质和具体犯罪的构成。承上所言，欠条的经济价值极其微小，几乎可以忽略不计。欠条的客观使用价值就是对于债权的证明作用。如果欠条是债权的唯一证据并且受到了侵害，欠条就具有了保护价值，可以视为债权。侵害欠条的犯罪行为定性应当建立在对于实践中具体案例的分析基础之上，努力获得体系化、类型化、规范化的结论。

1. 欠条与故意毁坏财物罪

侵害欠条的行为涉嫌构成故意毁坏财物罪。但是故意毁坏财物罪是毁坏"财物"，数额较

① 参见于志刚. 网络空间中虚拟财产的刑法保护[M]. 北京：中国人民公安大学出版社，2009：81-82.
② 黎宏. 论盗窃财产性利益[J]. 清华法学，2013（6）：130.
③ 徐祖林. 财产及财产权的概念与分类[J]. 经济与社会发展，2005（4）：90.
④ 张明楷. 刑法学（第五版）[M]. 北京：法律出版社，2016：937.
⑤ 王作富、刘树德. 刑法分则专题研究[M]. 北京：中国人民大学出版社，2013：178.

大或者情节恶劣的行为。欠条（尤其是普通欠条）是否是"财物"，可否将毁坏普通欠条行为评价为数额较大，可否认定为情节恶劣，都需要澄清。

财产性犯罪分为取得罪和毁弃罪，区别就是以是否具有"非法占有目的"为标准。"非法取得的意思（非法占有为目的，引者注），是指'排除权利人，将他人之物作为自己的所有物，并按照该物之经济用途进行利用、处分的意思'。该定义的前半段所谓'权利人排除意思'（排除意思），根据侵害占有的意思达到什么程度（占有侵害的程度），具有将危害轻微的擅自暂时使用行为（'使用盗窃'）排除在盗窃罪之外的机能（可罚性限定机能）；后半段的'利用、处分意思'（利用意思），则通过将占有侵害的目的限定于取得财物的利用可能性，具有把盗窃罪与以妨害利用为目的的毁弃、隐匿罪区别开来的机能（犯罪个别化机能）。"①盗窃罪、抢劫罪等取得罪与故意毁坏财物罪的区别就是看行为人是否有遵循财物可能的用途进行利用的意思。有利用意思，根据行为样态成立盗窃、抢劫等取得罪；没有利用意思，成立故意毁坏财物罪。

故意毁坏财物必须毁坏"财物"，欠条能否评价为财物？"我国现行《刑法》文本中财产概念的措辞既多且乱，大体上有'财产''财物''资金''物质''款物'等。就我国《刑法》财产罪章而言，立法通用'公私财物'一词。"②在我国刑法立法中并未严格区分"财物"和"财产"的概念。"作为刑法中犯罪对象的财物的外延，无论是国外还是我国均存在一个逐步扩大的趋势，或者通过修改立法的方式，或者通过判例的形式，或者通过学理的形式。"③财物的内涵扩大是法律面对现实做出调整的必然趋势，死守过去的财产概念会扼杀法律的生命力，毕竟法律是现实的行为规范和裁判依据。

欠条具有使用价值，是证明债权的证据。侵害欠条，必然侵害欠条证据功能的发挥，妨害欠条的使用价值。"某种物，从客观上看，虽然不具有买卖等的交换价值，但只要对于所有人、占有人而言具有价值这种主观价值就够了。"④只要承认财产可以是没有经济价值仅具有使用价值的财物和财产性利益，欠条就可以被认定为财产（财物）。"值得注意的是，随着社会的发展，本罪（故意毁坏财物罪，引者注）侵害的对象已延伸至包括财产性利益，如股票等证券或者票据。"⑤

由于故意毁坏财物罪要求"数额较大或者有其他严重情节"，欠条的使用价值能否评价为数额，值得探讨。笔者暂且主张这里的"数额较大"是指经济数额较大或者数量较大，但这不能适用于使用价值的评价。因为普通欠条仅仅是债权的证明，而不是债权本身，欠条自身的经济价值极其低廉。毁坏欠条是从毁坏了欠条作为债权证明的使用价值进行评价的，而欠条的使用价值无法用"数额较大"进行衡量。那么，能否将毁坏欠条理解为故意毁坏财物"情节恶劣"呢？最高人民检察院、公安部《关于公安机关管辖的刑事案件立案追诉标准的规定（一）》第三十三条将"情节恶劣"理解为："毁坏公私财物三次以上的；纠集三人以上公然毁坏公私财物的；其他情节严重的情形。"该司法解释将毁坏次数、毁坏方式作为评价"情节恶劣"的一个方面。除此之外，毁坏财物情节恶劣，还包括导致财物的重要价值无法发挥、财物所有人、占有建立在财物之上的精神寄托、慰藉严重受损等内容。故意毁坏欠条，导致欠

① 〔日〕西田典之. 日本刑法各论（第6版），[M]. 王昭武、刘明详译，北京：法律出版社，2013：158.

② 周旋. 我国刑法侵犯财产罪之财产概念研究[J]. 上海：上海三联书店，2013：34.

③ 王作富，刘树德. 刑法分则专题研究[M]. 北京：中国人民大学出版社，2013：179.

④ 〔日〕大谷实. 刑法各论[M]. 黎宏译，北京：法律出版社，2003：135.

⑤ 赵廷光，张正新主编. 常见罪行新论[M]. 北京：法律出版社，2014：265.

条作为书证证明债权的机能丧失，如果故意毁坏债权数额为五千元以上（司法解释规定的故意毁坏财物罪数额较大的起点）的欠条，妨害了债权人实现数额较大的债权，可以理解为故意毁坏财物罪的"情节恶劣"，成立故意毁坏财物罪。

"如果欠条是关键证据，债权人失去欠条将意味着债权难以实现，则欠条作为债权凭证，本身值得作为财产犯罪的对象加以保护；债务人盗窃、骗取、抢劫欠条后加以隐匿或者毁坏的，导致被害人债权实际上难以实现的，成立盗窃罪、诈骗罪、抢劫罪，而不是故意毁坏财物罪；第三人出于利用的意思，例如将欠条有偿或者无偿地交给债务人，则应根据取得欠条的行为方式，成立盗窃、诈骗、抢夺、抢劫等罪；第三人若出于使被害人遭受财产损失的意思，例如盗窃、抢夺、抢劫欠条后销毁或者隐匿的，成立故意毁坏财物罪。"[①]上述论断整体上分析了侵害欠条行为的定性，得出了有益的结论，但仍有商榷的余地。

2. 盗窃欠条的定性

盗窃欠条，就是排除权利人的占有，将欠条由自己或者他人支配的行为。盗窃欠条构成何罪？要根据是普通欠条还是作为债权唯一证明的欠条，并且区分是债务人实施还是第三人实施的角度分别论证。

（1）如果债务人盗窃（一般方式或者多次、入户、携带凶器、扒窃方式）普通欠条，表明债务人不想归还欠款或者不愿意履行债务。由于债务人事先已经占有财物或财产性利益（比如借钱、保管、受到侵害产生的赔偿权等），债务人出于赖账目的盗窃欠条，可以理解为在"代为保管他人财物"之后，想赖掉债务，将债权消灭掉，盗窃欠条的行为表明了行为人"拒不归还"的占有目的，因此构成侵占罪（针对债权）。"认为盗窃自己开具给他人的欠据或者借条，之后盗回，意图赖账的，构成侵占罪的见解，比认为构成盗窃罪的理解，更为妥当。"[②]欠条具有客观的使用价值（证明作用），盗窃欠条使欠条的证明作用丧失，因此构成故意毁坏财物罪（针对欠条的使用价值）。因此债务人以一般方式盗窃普通欠条，构成侵占罪（对先前财产的拒不归还）和故意毁坏财物罪（针对欠条的使用价值）的想象竞合犯，定故意毁坏财物罪。

虽然特殊方式盗窃（多次、入户、携带凶器、扒窃）没有"数额较大"的要求，但财产犯罪（盗窃）毕竟是一类严重的侵害财产权益的犯罪，盗窃价值极其低廉的财产，在农田里盗窃一棵葱、偷喝别人一杯白开水等应当排除盗窃罪的成立。盗窃欠条，单纯从欠条自身的经济价值来考虑，不成立盗窃罪。盗窃罪是不成文的目的犯，要有"非法占有的目的"。"非法占有的目的"通说认为包括排除意思和利用意思，盗窃普通欠条很难评价为是对欠条使用价值的利用，多是具有毁坏的故意。因此，盗窃普通欠条不能成立盗窃罪。

如果债务人盗窃（一般方式或者多次、入户、携带凶器、扒窃）作为唯一债权证明的欠条，使债权的实现极其困难，使欠条的保护价值（视作欠条记载的债权）受到了侵害，因此构成盗窃罪（针对欠条记载的债权）、侵占罪（针对债权）和故意毁坏财物罪（针对欠条的使用价值）的想象竞合犯，定盗窃罪。

（2）如果第三人盗窃（一般方式或者特殊方式）普通欠条的，构成故意毁坏财物罪（针对欠条的使用价值）。如果第三人采用单独盗窃（一般方式或者特殊方式）作为债权唯一证明

---

① 陈洪兵. 财产犯罪之间的界限与竞合研究[M]. 北京：中国政法大学出版社，2014：58.

② 黎宏，陈洪兵. 财产犯罪之间的界限与竞合研究[M]. 北京：中国政法大学出版社，2014：58；黎宏. 论盗窃财产性利益[J]. 清华法学，2013（6）：134.

欠条的，构成盗窃罪（针对欠条记载的债权）和故意毁坏财物罪（针对欠条的使用价值）的想象竞合犯，定盗窃罪。

可见，盗窃普通欠条成立故意毁坏财物罪；盗窃（一般方式或者特殊方式）作为债权唯一证明的欠条成立盗窃罪。

3. 抢劫、抢夺、骗取欠条的定性

针对抢劫、抢夺、骗取欠条行为的分析，同样建立在区分是普通欠条还是作为债权唯一证明的欠条，同时考虑侵害的是债权本身还是欠条的使用价值抑或欠条的保护价值，然后根据这些情况得出成立一罪或者数种犯罪的想象竞合犯。为了行文简约，避免分析路径的重复，本部分省略了具体分析，只指出最终定性罪名。

（1）抢劫欠条

抢劫欠条是指采用暴力、胁迫或者其他方法使被害人不能反抗的方式获取欠条的行为。抢劫罪不要求数额，抢劫一张餐巾纸、抢劫一个口香糖的行为也不应当成立抢劫罪，抢劫欠条，单纯从欠条的经济价值来看，欠条的经济价值极其微小，不应当成立抢劫罪。普通欠条具有使用价值，抢劫罪不考虑数额，抢劫具有重大使用价值的财物的，一般不成立抢劫罪[①]。"甲借了乙的钱，写了一张借条给乙，然后甲使用暴力的手段，将这个借条抢过来，甲就应该构成抢劫罪，我认为这是没有问题的。原因是：道理很简单，消灭债务，这个消灭行为的存在，导致了财产占有的状态的出现。比如说，甲将原来写给乙的借条抢走，就意味着甲实际不欠乙的钱了。那么，不欠乙的钱，就意味着甲应该给乙的钱不要给乙了，从而甲也就占有这笔钱了，这时占有他人财产的状态也就出现了。"[②]其实"道理也许并没有那么简单"，抢劫欠条并不必然导致债权的落空，关键的问题是区分普通欠条和作为债权唯一证明的欠条，然后考察抢劫欠条侵害的价值类型，得出抢劫罪的成立与否。抢劫普通欠条不构成抢劫罪，构成故意毁坏财物罪（针对欠条的使用价值）；抢劫作为债权唯一证明的欠条，定抢劫罪（针对欠条记载的债权）。在文章开头茆玉林抢劫欠条案中，如果欠条是证明债权的唯一证据时，法院判处茆玉林、茆晶晶、徐秀华三名被告人成立抢劫罪是正确的。如果欠条不是唯一证据，则应当判处三名被告成立故意毁坏财物罪。

（2）抢夺欠条

抢夺欠条是采用对物暴力夺取他人紧密占有的财物的。抢夺罪要求数额较大，抢夺普通欠条不构成抢夺罪。债务人或者第三人抢夺普通欠条，定故意毁坏财物罪（针对欠条的使用价值）。债务人或者第三人抢夺作为债权唯一证明的欠条，定抢夺罪（针对欠条记载的债权）。

（3）骗取欠条

诈骗罪要求数额较大，行为人骗取欠条，由于欠条经济价值极其低廉，不构成诈骗罪。骗取普通欠条的，定故意毁坏财物罪（针对欠条的使用价值）。骗取作为债权唯一证明的欠条的，定诈骗罪。

4. 债务还清后债务人仍讨债的定性

债务人偿还了债务之后，债权人不将欠条归还债务人或者销毁的，债权人不构成犯罪。债权人使用该欠条再次向债务人索要债务时，构成诈骗罪或者敲诈勒索罪；向法院提起诉讼

[①] 抢劫罪应当具有非法占有的目的，非法占有包括排除意思和利用意思，抢劫欠条，一般情况下不具有利用意思，多具有毁坏的故意，因此抢劫普通欠条，不应该构成抢劫罪。当然，特定情况能成立抢劫罪。

[②] 刘宪权. 中国刑法学讲演录（第二版）[M]. 北京：人民出版社，2012：827-828.

时构成诈骗罪或者虚假诉讼罪。

5. 捡到欠条后撕毁、隐匿的定性

债务人捡到普通欠条后撕毁、隐匿的，构成侵占罪和故意毁坏财物罪（针对欠条的使用价值），定故意毁坏财物罪（针对欠条的使用价值）。第三人捡到普通欠条后撕毁、隐匿的，构成故意毁坏财物罪（针对欠条的使用价值）。

债务人捡到作为债权唯一证明的欠条撕毁、隐匿，构成侵占罪（针对欠条债权）和故意毁坏财物罪（欠条记载的债权）的想象竞合，定故意毁坏财物罪（针对欠条记载的债权）。第三人捡到作为债权唯一证明的欠条撕毁、隐匿，定故意毁坏财物罪（针对欠条记载的债权）。

五、结语

欠条是债权的证据，但不是债权本身。欠条的自身价值（经济价值）极其低廉（通常是一张纸），欠条的使用价值是证明债权，作为财产性利益值得保护。欠条的保护价值，是指当欠条是证明债权的唯一证据并且欠条受到了侵害时，欠条对债权的保护，这种情况可将欠条视作债权。财产性利益分为积极利益的增加和消极利益的减少。财产性利益还可分为最广义的财产性利益（债权、知识产权、信息等）、广义财产性利益（债权、信息等和狭义的财产利益）。财产性利益与无体物是两种财产类型，有体物、无体物（电力、劳务、无线电频率等）和财产性利益构成了完整的财产存在形态。欠条是一种财产性利益，普通欠条和作为债权唯一证明的欠条体现的财产性利益并不相同。盗窃普通欠条的，构成故意毁坏财物罪；盗窃作为债权唯一证明的欠条，构成盗窃罪。抢劫普通欠条，构成故意毁坏财物罪；抢劫作为债权唯一证明的欠条，构成抢劫罪。抢夺、骗取普通欠条或捡到欠条后撕毁、隐匿的，构成故意毁坏财物罪；抢夺、骗取作为债权唯一证明的欠条，构成抢夺罪。债务人偿还了债务之后，债权人不将欠条归还债务人或者销毁的，债权人不构成犯罪。债权人使用该欠条再次向债务人索要债务时，构成诈骗罪或者敲诈勒索罪；根据该欠条向法院提起诉讼，构成诈骗罪或者虚假诉讼罪。

（撰稿人：晋涛）

案例7 转化型抢劫罪中"当场"的认定

一、案情简介

某日，被告人贺喜民与同乡逄日亮（另行处理）在上海市南京西路88号麦当劳快餐厅内，趁正在用餐的潘海滨不备，从潘海滨挂在椅背上的夹克衫内侧口袋里窃取皮夹一只塞进自己的牛津包。随即离开麦当劳快餐厅，又至附近的新世界商厦地下一楼肯德基快餐厅内再次行窃未果。当其欲离开商厦时，早已跟踪伏击的两名公安执勤人员陈国宝、邢臻捷上前抓捕，被告人贺喜民为抗拒抓捕，脚蹬抱住其双腿的陈国宝右眼部，同时从裤袋内掏出一把弹簧折刀，欲打开行凶，被过路青年李一凡一拳击中脸部，震落其手中的弹簧刀。在众人协助下，被告人贺喜民被制服。在其携带的牛津包内查获被窃的皮夹一只，内有人民币1970元，价值人民币100余元的公共交通卡一张，以及设有密码内存有人民币6088.03元的工商银行浦江卡一张等物品。

庭审中，被告人贺喜民对其盗窃事实不持异议，但辩解称其不知陈国宝是公安人员，没有踢陈的眼睛，刀是从口袋内滑出来的，没有抗拒抓捕行为。其辩护人认为，证人陈国宝、邢臻捷的证词内容细节描写相同，其真实性值得怀疑；证人李一凡证词反映当时被告人趴在地上，此节与陈国宝、邢臻捷的证词及起诉书的指控不一致；被告人在麦当劳快餐厅内实施盗窃的过程已经结束；被告人在陈国宝等人没有表明身份的情况下对其抓捕实施了一些行为，但不是抗拒抓捕，故被告人的行为构成盗窃罪，而不构成抢劫罪。

上海市黄浦区人民法院认为：被告人贺喜民以非法占有为目的，乘人不备，在公共场所秘密窃取他人财物，数额较大，当公安执勤人员对其实施抓捕时，贺又当场使用暴力，抗拒抓捕，其行为符合转化型抢劫罪的法律特征，应以抢劫罪定罪处罚。关于被告人贺喜民的辩解，经查，贺喜民脚蹬陈国宝面部不仅有陈的证言，且有证人邢臻捷的证词印证；贺喜民掏出弹簧刀欲行凶一节，除了陈国宝、邢臻捷的证言外，另有证人李一凡目睹且迅即拳击贺喜民面部致其弹簧刀震落的证词印证在案，此节事实清楚，证据确实，应予认定。关于对被告人实施抓捕的人是否是公安人员，并不影响被告人贺喜民抗拒抓捕转化为抢劫犯罪的性质。关于辩护人的辩护意见，经查，证人陈国宝、邢臻捷的证词对本案细节描写一致，相互印证了本案客观事实的真实性；由于对被告人贺喜民的抓捕过程时间短、速度快，被告人虽然跌倒过，但不能否定李一凡拳击其面部并震落弹簧刀的客观事实；被告人贺喜民虽在麦当劳快餐厅盗窃结束，但其盗窃行为始终在公安执勤人员的监视控制之下，被告人盗窃得手后迅速离开麦当劳快餐厅继而转至相邻的肯德基快餐厅欲再行窃，应视为盗窃现场的延伸，当其盗窃未成欲离开时，被跟踪的公安执勤人员当场抓捕，被告人贺喜民此时持刀反抗，即为当场实施暴力，其行为性质亦由此发生转化。据此，依照《中华人民共和国刑法》第二百六十九条、第二百六十三条之规定，判决如下：被告人贺喜民犯抢劫罪，判处有期徒刑三年六个月，并处罚金人民币4000元。一审宣判后，被告人贺喜民未提起上诉，人民检察院也未提出抗诉，判决已发生法律效力。

二、争议问题

本案中涉及对贺某先前盗窃行为是否构成转化型抢劫前提行为的认定、贺某暴力反抗抓捕行为的认定，以及该两行为之间存在紧密关联的证明。争议核心主要集中于对"当场"的认定，即转化型抢劫中盗窃、诈骗等先前行为和之后的暴力、胁迫行为以及二者间的关联。

第一种意见认为：贺某逃离现场也是盗窃行为的一环，贺某当场持刀拒捕，属于典型的盗窃转化式抢劫。即对于贺某在麦当劳实施盗窃和随后在肯德基快餐厅盗窃未遂行为以连续犯理论进行统一评价，不作出独立的区分而认定为转化型抢劫罪中先前的侵犯财产行为，则其后的抗拒抓捕行为符合对"当场"的认定，从而认定贺某构成转化型抢劫；

第二种意见认为：贺某在肯德基快餐厅盗窃未遂而实行的抗拒抓捕行为属于盗窃转化抢劫，贺某在麦当劳实施盗窃和后来在肯德基快餐厅盗窃未遂抗拒抓捕的行为不属于连续犯，应该把贺某在麦当劳的那次盗窃行为认定为盗窃罪，而贺某在肯德基盗窃后抗拒抓捕的行为符合"当场"的认定，属于盗窃转化抢劫，对于贺某应当以盗窃罪和抢劫罪数罪并罚。

三、相关法条

《中华人民共和国刑法（2020 年修正）》

第二百六十九条　【以抢劫罪论处】犯盗窃、诈骗、抢夺罪，为窝藏赃物、抗拒抓捕或者毁灭罪证而当场使用暴力或者以暴力相威胁的,依照本法第二百六十三条的规定定罪处罚。

《最高人民法院关于审理抢劫、抢夺刑事案件适用法律若干问题的意见》（法发〔2005〕8 号）

五、关于转化抢劫的认定

行为人实施盗窃、诈骗、抢夺行为，未达到"数额较大"，为窝藏赃物、抗拒抓捕或者毁灭罪证当场使用暴力或者以暴力相威胁，情节较轻、危害不大的，一般不以犯罪论处；但具有下列情节之一的，可依照刑法第二百六十九条的规定，以抢劫罪定罪处罚；

（1）盗窃、诈骗、抢夺接近"数额较大"标准的；

（2）入户或在公共交通工具上盗窃、诈骗、抢夺后在户外或交通工具外实施上述行为的；

（3）使用暴力致人轻微伤以上后果的；

（4）使用凶器或以凶器相威胁的；

（5）具有其他严重情节的。

《最高人民法院关于审理未成年人刑事案件具体应用法律若干问题的解释》（法释〔2006〕1 号）

第十条　已满十四周岁不满十六周岁的人盗窃、诈骗、抢夺他人财物，为窝藏赃物、抗拒抓捕或者毁灭罪证，当场使用暴力，故意伤害致人重伤或者死亡，或者故意杀人的，应当分别以故意伤害罪或者故意杀人罪定罪处罚。

已满十六周岁不满十八周岁的人犯盗窃、诈骗、抢夺罪，为窝藏赃物、抗拒抓捕或者毁灭罪证而当场使用暴力或者以暴力相威胁的,应当依照刑法第二百六十九条的规定定罪处罚；情节轻微的，可不以抢劫罪定罪处罚。

四、学理分析

（一）转化型抢劫成立的前提条件——行为人犯"盗窃、诈骗、抢夺罪"

根据《刑法》第二百六十九条的规定，行为人必须先"犯盗窃、诈骗、抢夺罪"，这是适用本罪的前提条件。如何理解和适用这一前提条件，主要涉及如下问题。

1. 是否需要对数额有所要求

有学者提出既然刑法典明确了其转化的前提是"犯盗窃、诈骗、抢夺罪"，追究立法本意，其要求先前的盗窃、诈骗、抢夺行为必须构成犯罪，不能以抢劫罪没有规定数额较大的限制，就肯定转化前的行为也不需要数额较大。①故先前的盗窃、诈骗、抢夺行为必须达到数额较大、构成犯罪才能转化。反对者则认为先行的盗窃、诈骗、抢夺行为不论财物数额大小均可转化。依据现行刑法典规定的"犯盗窃、诈骗、抢夺罪"，并不限于实际构成盗窃、诈骗、抢夺罪，应理解为犯盗窃、诈骗、抢夺罪的故意并且实施了盗窃、诈骗、抢夺行为，抢劫罪本身并没有强调财物数额较大的限制，那么，对于这种转化情况也没有必要必须达到数额较大。正如有学者所述："《刑法》第二百六十九条的表述是'犯盗窃、诈骗、抢夺罪'，其描述的是行为的动态过程，意味着行为人有实施盗窃罪、诈骗罪、抢夺罪的行为与故意，而不意味着行为事实上已经构成盗窃、诈骗、抢夺罪的既遂。"②当然，若先行取得的财物数额很小，而后实施的暴力或威胁程度也轻微，综合案情其符合《刑法》第十三条"情节显著轻微，危害不大"的规定，应依法不认为是犯罪，根本谈不上适用转化型抢劫的规定。

笔者认为，对转化的前提条件不应有"数额较大"的限制，不论数额大小均认为已具备转化的前提条件，故也无须以构成盗窃罪等为要件。上文已提到对于"犯盗窃、诈骗、抢夺罪"的理解不能拘泥于行为事实上已经构成盗窃、诈骗、抢夺罪的既遂，而是指行为人有犯盗窃罪、诈骗罪、抢夺罪的故意与行为，加之抢劫罪的成立本身没有数额限制，故行为人以犯罪故意实施前提行为，只要已着手实行所述行为，不管所取得的财物数额的大小，都符合"犯盗窃、诈骗、抢夺罪"的条件。

2. 特殊类型的盗窃、诈骗、抢夺行为可否认定为本罪的前提条件

我国刑法典中规定了许多特殊类型的盗窃、诈骗与抢夺行为，如盗伐林木、盗窃广播电视设施、盗窃抢夺军用物资、金融诈骗等。对于这些行为能否作为转化型抢劫罪的前提条件，学界存在不同的认识。

有学者指出："从严格的罪刑法定主义的立场而言，《刑法》第二百六十九条规定的'犯盗窃、诈骗、抢夺罪'，自然只限于侵犯财产罪一章所规定的普通盗窃、诈骗、抢夺罪，对于其他特殊类型的盗窃、诈骗、抢夺，既然刑法规定了单独的罪名和法定刑，其就有别于普通盗窃、诈骗、抢夺的犯罪，在刑法没有明文规定的条件下，认为实施这类犯罪也可能转化为抢劫罪，这是违反罪刑法定主义的。"③但学者对此提出反对意见，认为根据《刑法》第二百六十九条"犯盗窃、诈骗、抢夺罪"的规定，不能得出该前提条件仅限于普通盗窃、诈骗、

---

① 张国轩. 抢劫罪的定罪与量刑[M]. 北京：人民法院出版社，2001：237.

② 张明楷. 事后抢劫罪的成立条件[J]. 法学家，2013（5）：115.

③ 刘明祥. 事后抢劫问题比较研究[J]. 中国刑事法杂志，2001（3）：58.

抢夺罪的结论。刑法典并未将其表述为"犯第二百六十四条的盗窃罪、第二百六十六条的诈骗罪、第二百六十七条的抢夺罪",故并不存在违法罪刑法定。①还有学者提出应当从法规设立根本目的出发,灵活适用该规定。"刑法第二百六十九条言及的盗窃、诈骗、抢夺仅仅泛指一般的盗窃、诈骗、抢夺罪的犯罪行为,而不是特指普通的盗窃罪、诈骗罪、抢夺罪这些特定的犯罪行为。"同时,"盗窃正在使用中的属于危害公共安全犯罪中的对象物,如交通设施等,就法律性质而言,已属危及了公共安全的破坏行为,与盗窃财物的行为在法律评价上不具有同一性。故此种行为当然不发生转化的问题。"②

笔者认为在此处,首先对于条文中规定的盗窃、诈骗、抢夺罪不应机械地理解为仅指第二百六十四条、第二百六十六条及第二百六十七条的规定,依据对《刑法》第十七条中规定的八种犯罪是指具体犯罪行为的理解,此处的"盗窃、诈骗、抢夺"也应理解为行为,而非三个罪名,上文也论证了该理解的合理性。此时特设类型的盗窃等罪当然就可以纳入前提犯罪中,且正如肯定说所言,这也不违反罪刑法定的要求。但同时也认为,特殊类型的盗窃罪等应当有限制地被纳入。本质上讲,转化型抢劫罪作为财产犯罪,其构成必须存在针对财产的侵犯,这就要求作为前提犯罪的盗窃、诈骗、抢夺行为应当是针对财物实施的,那么,盗窃、抢夺国家机关公文、印章的,由于其本身的价值很低,便不能构成作为前提的盗窃、抢夺行为,自然也不能构成转化型抢劫,③而类似盗伐林木的行为人为了窝藏赃物而当场使用暴力的,已构成对林木等财产的侵犯,故可以以转化型抢劫罪论处。

依据本案案情来看,被告是否已具备转化抢劫所要求的盗窃行为呢?案例中提到贺某在被警方采取抓捕措施前实施了两个行为,"窃取潘某皮夹"与"再次行窃未果"。首先对于窃取皮夹的行为,根据上文的论证无须考虑数额,在贺某实施了该盗窃行为并具备盗窃故意的情形下,该行为完全符合转化的前提行为的要求。而且贺某是"从潘某挂在椅背的夹克衫内侧口袋里窃取皮夹",这明显属于司法解释规定的"在公共场所或者交通工具上盗窃他人随身携带的财物的,应当认定为'扒窃'"。④根据盗窃罪⑤的规定此行为已构成盗窃罪的既遂,根本不涉及数额的讨论。关于贺某"再次行窃未果"的问题,笔者认为要分情况讨论,此处可以有两种理解,一是贺某盗窃未遂,即其着手实施了盗窃行为,如已将手伸入被害人背包内,因被害人突然回头而未成功窃取财物。此时,该行为同样属于转化型抢劫中要求的事先的盗窃行为,符合前提行为的要求。二是解释为贺某完全没有实施盗窃行为,由于各种客观原因的限制,如店内人很少或没有适合的作案目标等导致贺某根本没有找到作案机会因而"行窃未果"。鉴于本案中贺某是"再次行窃未果……欲离开商厦",不存在任何实际的盗窃行为,故无须进一步讨论。

(二)转化型抢劫的客观行为——"使用暴力或以暴力相威胁"

"使用暴力或以暴力相威胁"是盗窃、诈骗、抢夺等行为转化为抢劫的关键和根本原因,

---

① 刘艳红. 转化型抢劫罪前提条件范围的实质解释[J]//赵秉志. 刑法论丛(第13卷)[M]. 北京:法律出版社,2008:407.

② 杨兴培. 合同诈骗能否成为转化型抢劫罪的实例分析——兼论类行为的犯罪转化问题[J]. 政治与法律,2008(3):41.

③ 张明楷. 事后抢劫罪的成立条件[J]. 法学家,2013(5):117-120.

④《最高人民法院、最高人民检察院关于办理盗窃刑事案件适用法律若干问题的解释》第三条规定:"……在公共场所或者公共交通工具上盗窃他人随身携带的财物的,应当认定为'扒窃'。"

⑤《刑法》第二百六十四条:"盗窃公私财物,数额较大的,或者多次盗窃、入户盗窃、携带凶器盗窃、扒窃的,处三年以下有期徒刑、拘役或者管制,并处或单处罚金。"

关于"暴力或以暴力相威胁"有两个问题需要明确。

1. 使用暴力或以暴力相威胁的对象

所谓"使用暴力或以暴力相威胁",是指犯罪分子对抓捕的人故意实施撞击、殴打、伤害等危及人体健康和生命安全的行为或者以立即实施这些行为相威胁。以往在理论上一般认为暴力或以暴力相威胁的对象只能是被害人或者抓捕人,甚至还要求被害人、抓捕人认识到行为人实施了盗窃、诈骗、抢夺罪。但如此要求往往会导致不当限缩转化抢劫的成立范围,以下例为证:被告人孟某同朱某带钳子等作案工具,窜至某歌厅意图实施盗窃,孟某在外望风,由朱某入内盗窃被害人杨某停放在此处的电动车一辆,二人正欲携带赃物逃走时,被杨某发现,孟某与朱某随即分头逃窜,朱某先被过路群众抓获。孟某在逃跑的过程中拦停一辆出租车,欲让司机宁某载其逃离现场,宁某见有人正在追捕孟某,并喊:"抓小偷!"遂拒绝了孟某的要求,孟某见状便拿出随身携带的管制刀具对宁某实行威逼,声称若不开车就杀死宁某,宁某担心自己受到不法侵害而逃离了出租车,后孟某在车中被杨某及民警抓获。

按照前文所述的理解方式,被威胁的出租车司机宁某既不是先前盗窃行为的被害人,也不属于一同追赶和抓捕被告人孟某的群众,此时孟某的威胁行为便不能归为转化型抢劫中所要求的"暴力或以暴力相威胁"行为。但笔者认为这种理解过于僵化和苛刻,刑法典没有对暴力、以暴力威胁的对象做出特别限定,仅要求犯盗窃等罪的行为人出于抗拒抓捕等目的而当场实施暴力或者胁迫行为。因为对象上的差异并不能实质减轻暴力、威胁行为的违法性,其在违法性与有责性方面没有差异,故不宜对暴力、以暴力威胁的对象做出过于严格和限缩的规定,应根据案件灵活把握。该案中司机宁某发现有人在追捕孟某,并听见有人喊"抓小偷"时,就已意识到该乘客可能是正欲逃离现场的犯罪分子,拒载行为本身可以视为以不作为的形式来帮助被害人及民警实现对孟某的抓捕,即视为共同抓捕的行为,[1]此时孟某为逃跑对宁某实施的暴力威胁,符合转化要件中暴力威胁行为的对象要求。

2. 暴力或以暴力相威胁的程度

作为转化型抢劫转化关键的暴力、胁迫是否必须达到一定程度在理论上也颇有争议。大多数学者认为,本罪同普通抢劫罪有相同程度的危险性和反社会性,尽管暴力、胁迫与夺取财物的时间先后顺序有所不同,但罪质相同。因此,暴力、胁迫的程度也应相同。[2]在德、日等国,作为普通抢劫罪手段的暴力、胁迫,一般认为应该达到足以抑制对方反抗的程度,故转化型抢劫的暴力、威胁也以达到该程度为标准。也有学者持反对意见,认为在已经取得财物的情况下往往采用比普通抢劫罪轻的暴力、威胁手段,就能达到犯罪目的,因而该罪的暴力、威胁的程度可以轻于普通抢劫罪。[3]但该观点可能会将转化型抢劫罪认定的范围不当扩大,行为人在被发现而受到追捕时,总会实施一定程度的暴力行为来保证脱逃,如果不论暴力程度轻重与否,则必然会有大量本应不被纳入转化型抢劫论处的行为将以转化型抢劫定性,这势必造成量刑畸重、处罚过苛的不良后果。

笔者也赞同对于转化型抢劫中的暴力和以暴力相威胁,应当与普通抢劫罪中的暴力、胁迫作相同解释。普通抢劫罪中的暴力、胁迫必须达到足以压制他人反抗的程度,那么该罪中的暴力、以暴力相威胁,也须达到足以压制他人反抗的程度,压制反抗程度的标准则要根据

① 王天宇. 转化型抢劫罪的认定问题研究——以孟某某抢劫案为视角[J]. 法制博览, 2016 (12): 151.
② 刘明祥. 事后抢劫问题比较研究[J]. 中国刑事法杂志, 2001 (3): 59.
③ 〔日〕大塚仁等. 刑法解释大全(第9卷)[M]. 东京: 青林书院, 1988: 360.

具体情况，综合考虑行为人和被害人的人数、年龄、性别等，以及行为的时间、场所和暴力、威胁本身的形式，特别是有无使用凶器并考虑凶器的种类、用法等，客观判断该暴力、威胁是否达到能够压制对方反抗的程度。[①]至于这种行为是否足以造成被害人的身体伤害或者死亡，则是另一问题。换言之，即使行为人的行为不会导致被害人身体伤害或者死亡，但只要属于暴力或者以暴力相威胁，并且足以压制被害人的反抗，就能够成立事后抢劫罪。[②]故实践中，暴力、威胁的程度应以抓捕人不敢或不能抓捕为判断依据，当然，若犯罪分子没有伤害的意图，只是在脱逃过程中与抓捕人发生推撞，如犯罪分子在盗窃过程中被便衣民警发现并被抓获，其为逃脱而用力掰开民警的手，导致该民警双手被轻微划伤的；或单纯持原本持有的凶器[③]或盗得的凶器逃跑的，可以不认定为使用暴力或以暴力相威胁。

基于上述问题的分析，案例中贺某在被抓捕时"脚蹬抱住其双腿的陈某右眼部，同时从裤袋内掏出一把弹簧折刀，欲打开行凶"的行为，属暴力行为无疑。从暴力的对象上来看，早已跟踪伏击的公安执勤人员作为抓捕人其认定不存在任何疑问；从暴力的程度来看，即便还能勉强解释贺某"脚蹬"陈某眼部的行为带有为单纯逃脱而推撞的意味，其"掏出刀欲行凶"的行为则带有明显的伤害意图且该凶器的使用足以危及抓捕人的身体健康或生命安全，完全属于足以压制他人反抗程度的行为。

（三）对于"当场"的认识和界定

转化型抢劫罪的成立，需要先前的盗窃等行为与暴力、胁迫行为之间具有紧密的关联，两者之间的关联一般是由实施两种行为的场所、时间、距离的远近所决定的。[④]各国刑法典在规定时都特别限定了两者之间的联系，一般通过"立即""盗窃当场""盗窃时"等用语作为限制，我国刑法典将其规定为"当场"，但词语本身含义的模糊性及法律意义上的特殊性需要通过进一步的解释才能适用于司法实践。

1. 学界主要争议

如何理解"当场"，是正确把握本罪的客观条件乃至正确定罪量刑的焦点。归纳起来，国内刑法理论界和司法实践中对"当场"的理解和界定，主要存在以下几种不同的看法。

（1）实施盗窃、诈骗、抢夺罪的现场

这种观点将"当场"的时空范围限制在实施盗窃等行为的现场，[⑤]认为在没有场所转换且时间足够紧密的条件下，才算是"当场"。但从犯罪嫌疑人实施转化型抢劫的情况看，为抗拒抓捕等而使用暴力或以暴力相威胁的场所，往往已超出盗窃、诈骗、抢夺行为的现场。如果将"当场"的范围仅仅限缩在盗窃等行为的现场，会导致处罚不公的局面：行为人在公交车上实施盗窃，车内为盗窃现场，若行为人在盗窃时被人发现，为了摆脱抓捕而在车上实施了暴力、威胁行为，认定为构成转化型抢劫；若该暴力、威胁行为是行为人盗窃完毕刚走出车门因被发现在抓捕时实施的，依该观点就不构成转化型抢劫罪，只能对之前的盗窃行为和而后的人身伤害行为分别定性处理，若其给被害者造成的伤害构不成轻伤，最后便只以盗窃罪

①　陈兴良. 刑法各论精释（上册）[M]. 北京：人民法院出版社，2015：313.

②　张明楷. 事后抢劫罪的成立条件[J]. 法学家，2013（5）：125-126.

③　此处排除实施抢夺行为时携带凶器的情况，因为携带凶器的抢夺行为本身已可构成抢劫罪，这里主要指盗窃过程中原本携带凶器的行为.

④　郑泽善. 刑法分则争议问题研究[M]. 北京：中国人民大学出版社，2015：106.

⑤　赵秉志. 侵犯财产罪疑难问题与司法对策[M]. 长春：吉林人民出版社，2000：98.

定罪处罚。但行为人无论是在车内还是车外实施了暴力或威胁行为，在侵犯法益的类别和严重性上没有本质区别，将其认定为不同的犯罪，不仅导致量刑处罚的差距过大，也不符合转化型抢劫罪犯罪构成的要求和实际情况，更不利于对该类犯罪的打击。

（2）窝藏赃物、抗拒抓捕、毁灭罪证的相关场所

持该观点的学者认为，"当场的界定"从时间上看，可以是盗窃等行为实施时或刚实施完不久，也可以是数天后；从地点上看，可以是盗窃等的犯罪地，也可以是离开盗窃等犯罪地的途中，还可以是行为人的住所等地。这种观点同样难以接受：首先，"犯盗窃、诈骗、抢夺罪，为……而当场……"的表述，并非表明暴力或者以暴力相威胁的行为与犯盗窃、诈骗、抢夺罪的现场没有关系；其次，这种观点会导致转化型抢劫罪的成立范围过于扩大，其把"当场"视为可以脱离先行盗窃、诈骗、抢夺行为实施的时空，过于宽泛，违背了《刑法》第二百六十九条的立法原意，不当扩大打击面。既然称之为"转化"，"当场"就不能脱离先行行为的时空，不能无视前后行为之间的联系。①先行行为与数天后的暴力或暴力威胁行为，从法律上已丧失了必然的因果联系，后者在主客观方面都是独立的，不存在转化问题。这样既会导致许多数罪（暴力行为构成犯罪时）被评价为一罪，也会导致将不少单纯构成盗窃、诈骗、抢夺罪的行为（暴力或者以暴力相威胁的行为不成立犯罪时）评价为转化型抢劫罪。②

（3）实施盗窃等罪的现场及以该现场为中心相关的空间范围

该观点认为，"'当场'一指实施盗窃、诈骗、抢夺等犯罪的现场；二指以犯罪现场为中心与犯罪分子活动有关的一定空间范围。此外，只要犯罪分子尚未摆脱监视者力所能及的范围（包括凭借各种工具、仪器的监测范围），都应视为'当场'。如盗窃存折、支票，当场的范围应从盗窃的时间、场所扩大到兑换钱币或提取货物的时间与场所。"③此观点注意到了前后行为之间联系的必要，并试图修正前两种观点的偏颇，但其无法准确界定"以犯罪现场为中心""相关空间范围"的标准，这在司法实践中容易导致法官自由裁量权的膨胀，且易流于与第二种观点相同的弊病。盗窃存折的例子中，犯罪嫌疑人在取钱过程中被发现为抗拒抓捕对抓捕者实施了暴力，此时的场所已完全脱离了先前行为实施的时空，应当分别认定为两个行为，不能视为转化型抢劫罪。但若犯罪嫌疑人在一开始盗窃直至取钱的整个过程中都在执法者的跟踪监视范围内，即其一直处于"被追捕"的状态中，此时其在取钱地对执法者实施暴力，可以将该地视为"当场"。

（4）实施盗窃等罪的现场及刚逃离该地即被人发现、追捕的延伸场所

目前国内刑法学界的通说认为，"'当场'一指实施盗窃、诈骗、抢夺行为的现场，二指刚一离开盗窃等现场就被人及时发觉而立即追捕过程中的场所"④。日本的判例和学说也类似于此，其要求暴力、胁迫行为是在"盗窃的现场或盗窃现场延长的场所"，或者"盗窃的机会还在继续中"实施的。所谓盗窃的机会，日本的通说将其解释为指盗窃的现场以及与该现场相连接的追还财物或逮捕犯人的状态中。但即使在时间与场所上有一定距离，如果仍处于追赶犯人的过程中，则认为是盗窃现场的延长，视为在盗窃的机会中。⑤

笔者同样倾向于这种观点。前几种观点要么对"当场"的范围限制得过于狭窄，要么把

---

① 刘珺. 转化型抢劫罪探析[D]. 中国政法大学，2005：26.
② 张明楷. 事后抢劫罪的成立条件[J]. 法学家，2013（5）：123.
③ 赵廷光. 中国刑法原理[M]. 武汉：武汉大学出版社，1992：430.
④ 高铭暄. 新中国刑法学（下册）[M]. 北京：中国人民大学出版社，1998：768.
⑤ 郑泽善. 转化型抢劫罪新探[J]. 当代法学，2013（2）：36.

"当场"的范围放任得过于宽泛，忽视了"当场"在时间、空间上应有的紧密性和界定过程中必须贯彻的灵活性。该观点恰好避免了这些缺陷，因而具有相对可取性。而且该说比较符合该罪的犯罪构成与立法原意。之所以规定转化型抢劫，将此种情形按照普通抢劫罪来处理，是因为二者存在本质的相似性，要做到将行为人实施的暴力、胁迫手段评价为夺取财物的手段，就应要求暴力、胁迫行为必须是在盗窃行为之后，或者在放弃犯意后很短时间内实施，以便在社会观念上（而不是在刑法意义上）认为盗窃行为尚未终了，这种状态下实施暴力、胁迫行为的，才能使转化型抢劫与普通抢劫罪具有同一性质。①

故在此理解基础上，"当场"这一概念应当同时包含时间与空间上的意义。在时间上，"当场"要求行为人实施暴力或威胁时处于实施盗窃、诈骗、抢夺行为后，在较短时间范围内包括尚未离开现场以及犯罪嫌疑人一离开现场就被人发觉追捕过程中。从空间上来讲，"当场"需要实施暴力、威胁行为的场所限定在盗窃、诈骗、抢夺的犯罪现场以及发生了转换，但其间与盗窃等现场未丧失联系的场所，如犯罪分子刚离开现场就被被害人发觉追捕的场所；这源于转化型抢劫的犯罪构成本身包含两种具有主客观紧密联系的行为，暴力、以暴力相威胁的行为完全脱离先行侵犯财产行为的时空不是该规定所要求的"当场"；同时也要允许存在时空的延伸，先行的盗窃、抢夺等行为与之后的侵犯人身行为之间可以存在适当的时间与空间上的距离，完全禁止的话，可能会大量放纵许多应以转化型抢劫罪重罚的情况。即本罪的两行为之间的连续性要求时间上前后连续不间断，地点可以是同一场所，也可以是先行行为场所的延展。因此，如果行为人实施了盗窃、抢夺等行为过程中即被发现和追捕，但追捕发生了中断或结束，或行为人在实施先前侵犯财产行为时未被发现、追捕，而在其他时间、地点被发现和追捕的，此时行为人为窝藏赃物、抗拒抓捕或毁灭罪证而使用暴力或以暴力相威胁的，不能认为符合本罪的"当场"条件，而应当对两个行为分别定性处理。

具体而言，对于"当场"的界定，认为需要注意以下三个方面：

首先是与盗窃、诈骗、抢夺等事实的关联性，实施暴力、威胁必须与先前的行为有一定的关联性，行为人实施暴力或以暴力相威胁这一侵犯人身健康或生命的行为，与盗窃、诈骗、抢夺行为的目的应当是一致的，即非法占有他人财产的目的。若行为人在盗窃他人财物以后，又基于其他原因（如与被害人因肢体碰撞发生口角争执等）而暴力殴打了被害人的，后行为完全独立于先前的盗窃行为，没有考虑构成转化型抢劫罪的必要；再如，行为人盗窃他人财物后开车逃跑，在离盗窃现场不远的地方，因交通违规遇到交警的盘查而对其使用了暴力，该案例最后的判决认为其不构成转化型抢劫罪，理由同样是暴力行为与盗窃行为没有关联性。故就算时间、空间上相距非常近，行为事实上不存在关联性，就不能认定构成转化型抢劫罪。

其次是考虑场所的连接性，暴力、威胁行为必须是发生在盗窃等现场或与之密切关联的场所，场所之间的同一性或延展性也是保证前后两行为具有法律意义上的关联性的重要条件之一。在具体认定与盗窃等现场密切关联的场所的范围时，须借助对追捕状态连续性的考察来实现，例如，行为人甲在公交车上扒窃他人财物，到手后正准备在公交车到站下车逃逸时，被害人乙发觉被窃并下车追赶甲，该过程中，甲见难以逃脱，便掏出随身携带的刀具刺伤乙后逃离现场。该案例中，只要乙从未中断或放弃对甲的追捕，保证追捕状态的持续性，那么无论二者追赶了多远的距离，都不会丧失场所上的连接性，无论后续的暴力行为发生在何地都可以视为是对于盗窃现场的延伸。即犯罪嫌疑人实施盗窃、抢夺等行为，当场被人发现并

---

① 郑泽善. 刑法分则争议问题研究[M]. 北京：中国人民大学出版社，2015：106-107.

被追捕时，被追捕的整个过程均应认定为"当场"；中途短暂的中断也不会影响其认定，只要犯罪嫌疑人没有摆脱抓捕人即可。以下几种情况便不属于"当场"：行为人实施抢夺等行为后被发现和追捕，行为人摆脱后又被偶然发现的；行为人先前犯罪行为实施完毕后，离开现场，基于其他原因一段时间后返回先前行为现场并被警察、被害人等发现的；行为人在盗窃等行为结束后，基于其他原因，在距现场一定距离之外的地方偶然被警察或被害人等发现的。鉴于空间上关联性的缺失，这些都不宜认定为"当场"。

最后还需要时间上的连续性，这主要指暴力、威胁行为必须发生在着手盗窃、抢夺、诈骗后或者行为完成后的很短时间内，两个行为须连续发生。日本有一判例，行为人从饮酒熟睡的被害人身上窃取财物，为了毁灭罪证，产生杀人之念，但由于来了客人而不能实行，经过 11 小时之后才杀死了被害人，判决认定构成转化型抢劫罪。①该判决的本意应当是考虑到行为人杀人灭口的想法一直未中断，故间隔时间虽长，其行为之间的连续性还是存在的。但本书以为该认定结果还需考量，时间上的紧密性应作为一个独立且必需的要素而存在，这是确保转化型抢劫与普通抢劫罪在行为手段上同质的必然要求，同时也进一步避免转化型抢劫罪认定范围的不当扩张，故虽行为人实施盗窃后，一直伺机杀害被害人，在场所上并未发生转换，暴力行为与盗窃行为也具有关联性，但该案例中两行为实施的时间相隔甚远，不宜再以转化型抢劫论处，以数罪并罚可能更为合适，这样也不会造成处罚力度的减轻，行为人依旧会得到严惩。

还有人提出在具体分析时以犯罪嫌疑人是否实现了对非法取得的财物的稳定占有为标准即可，犯罪嫌疑人取得稳定占有后实施暴力、威胁行为脱离了与先前非法取财行为的联系，不再属于"当场实施暴力或以暴力相威胁"；相反，其在实施盗窃等行为后一直处于被追赶的状态，为逃脱而使用了暴力的，便符合"当场"的要求，无须一一分析各种关联性。该观点从暴力、威胁行为发生时的财物占有状态出发，其对大多数情形的判断结果与上述根据时空、行为事实连接性的判断的结果也基本重合，但深入分析可以发现，该标准的设立本身就是建立在对事实关联性、时间空间的连续性判断上的，"稳定占有"的状态本身一定是犯罪嫌疑人在盗窃等行为时或结束后未被他人发觉，或被发现和追捕但追捕过程发生中断或终止时才能实现，即该标准只是一个整合的说法，其实质仍是对上述几个方面的连续性、关联性的判断。

需要注意的是，虽然强调场所及时间上的关联性、连续性，但现实中也要灵活认定，短暂的间隔有时可以忽略不计。举例说明：杨某抢夺带小孩散步的蒋某一条黄金项链后逃跑，蒋某随即追赶。当杨某穿过马路后，蒋某见车流密集放弃追赶，返身寻找小孩，并在寻找小孩的途中向警方报案。与此同时，杨某跑进某住宅小区后见无人追赶坐下休息，几分钟后恰逢便衣民警接警赶到，杨某继续逃跑，途中拾砖头、凳子袭击追赶的民警，后终被抓获。②有学者认为杨某在抢夺财物离开现场后，受害人因客观原因放弃了不间断的追赶，由自力救济转而寻求公安机关侦查手段的帮助，造成抓捕行为时空上的中断，从而杨某暴力拒捕的行为不符合"当场"的要件要求。③但笔者认为虽然抓捕主体从被害人变为民警，但二者完全可以视为共同的抓捕主体，他们的行为目的是统一的，民警接替了蒋某的追捕行为；在被害人的追赶与警察的抓捕之间确实存在时间与空间的短暂间隔，但杨某刚坐在小区内休息就被赶来

---

① 张明楷. 外国刑法纲要[M]. 北京：清华大学出版社，2007：783.

② 张明楷. 事后抢劫罪的成立条件[J]. 法学家，2013（5）：123.

③ 陈灵. 抓捕主体变更后的拒捕行为如何定性[N]. 人民法院报，2008-9-10：（6）.

的民警发现，说明其从未摆脱追捕，而是持续处于被抓捕的状态，故此时时空上仍然具有连续性与紧密性，符合"当场"的认定。

2. 本案例中"当场"的认定

回归对贺某行为的分析，基于文本用词表义上的模糊，本书将根据对案例中"早已跟踪伏击"的具体时间及"行窃未果"的理解的不同，分四种情况分别讨论贺某的暴力行为是否属于"当场"实施。

（1）公安人员的监控始于贺某扒窃行为完成之前及"行窃未果"——盗窃未着手

此时贺某只实施了两个行为，在麦当劳快餐厅内的扒窃行为以及在被抓捕过程中的暴力反抗行为，贺某是否构成转化型抢劫罪关键在于对这两个行为时空联系的判断。虽然贺某在麦当劳快餐厅内的盗窃行为已结束，其得手后在转至另一场所行窃未果后离开时被抓，但公安人员全程跟踪监控了贺某的行为，没有"追捕"的中断，不曾丧失对被盗财物的控制，公安人员只是在等待合适的抓捕时机，此时实际抓捕发生的场所应视为盗窃现场的延伸。贺某在被抓捕时采取脚踹、拔刀欲行刺等方式加以抗拒，该暴力行为与先前的盗窃行为在事实上具有关联性，且由于警方的全程监控，两行为在时间上也具有连续性，故该种情形下可以认定贺某属于"当场"使用暴力，构成转化型抢劫罪。

（2）公安人员的监控始于贺某扒窃行为完成之前及"行窃未果"——盗窃未遂

若贺某在肯德基快餐厅内实施了盗窃行为只是由于客观原因没有成功取得财物，即盗窃未遂，此时贺某共实施了三个行为：盗窃既遂，盗窃未遂以及暴力抗捕行为。同时其所有的盗窃行为都处于警方监控之中。这种情形下可能会出现两种不同的判断结果：

一是贺某的盗窃既遂行为独立构成盗窃罪，将盗窃未遂的行为与暴力抗拒抓捕行为看作构成转化型抢劫构成所需要的实行行为。理由如下：行为人在不同的地点实施了独立的盗窃行为，后面的盗窃未遂行为，虽然没有实际取得财物，但贺某以犯罪故意实施该行为已着手实行，那么即便没有取得财物也应认为这属于转化型抢劫罪中规定的"犯盗窃、诈骗、抢夺罪"①，加之所有的行为都在公安人员的监控下，该行为与之后的暴力反抗在事实与时空上都绝对符合关联性的要求。之前的盗窃既遂独立地被评价为盗窃罪，首先因为贺某在麦当劳餐厅的实施的是扒窃行为，故无须具体判断盗得皮夹中的财物数额大小，即可构成盗窃罪的既遂；其次鉴于贺某先后的盗窃行相互独立，而暴力抗捕的行为与后者在时间和空间上都更为接近，故前盗窃行为单独判断为一罪更合适。

二是将所有行为认定为只构成一个转化型抢劫罪。该结论得出的依据在于将两个盗窃行为统一评价，不作出独立的区分而一并评价为转化型抢劫罪中先前的侵犯财产行为。这样理解的理由在于，贺某虽然在不同的场所下实施了前后两次盗窃行为，但盗窃犯罪分子的一贯作案方式就是在人多密集的地点多次作案，一般不会只限于一个作案目标，贺某作案地点的转换并没有相隔很远，前后两次作案时间也具有连续性，则在这个小地区范围内实施的盗窃行为可以粗略地看作是关联行为，类比于行为人在地铁上的第一节和最后一节车厢分别盗窃了他人财物的情形；更关键的问题在于公安人员的全程监视给予了前后两个盗窃行为在法律评价角度上的同一性。公安人员的密切跟踪表明贺某的第一个盗窃行为并没有超出"当场"所要求的时空限制，因为针对该行为的追捕状态并没有中断或终止，在贺某盗窃未果后实施

---

① 上文已论证不应将"数额大小"作为对先前盗窃、抢夺等行为的限制，同时即便行为人盗窃未遂的情形在现实中一般不会处以刑罚，但这不代表该行为不构成不法意义上的犯罪而不符合转化型抢劫的要求。

抓捕，公安人员针对的肯定不仅仅是犯罪嫌疑人盗窃未遂的行为，而贺某奋力反抗的原因也当然不能机械地理解为只是针对实施了前盗窃行为或后盗窃行为的反抗，而是为了掩盖前面犯罪的整体行为而进行的，从转化型抢劫罪的构成来看，两个盗窃行为可以被一并评价为"犯盗窃……罪"，毕竟这一规定本身并没有明确要求罪的个数。

笔者比较赞同第二种判断，将第一个盗窃行为单独评价没有必要且将案件过于复杂化，将其统一纳入构成转化型抢劫所要求的先前盗窃行为合理合法，也不存在量刑轻重的问题。

（3）公安人员的监控始于贺某扒窃行为完成之后及"行窃未果"——盗窃未着手

在该理解下，警方对于贺某在麦当劳餐厅的扒窃行为并不知情，从肯德基餐厅才开始跟踪伏击贺某，可能是因为贺某本就是警方正在密切调查的盗窃团伙中的行为人之一，被公安执勤人员偶然发现其在肯德基餐厅出没，故展开监控并进行抓捕。由于贺某没有在肯德基餐厅实施盗窃行为，故只需分析贺某在麦当劳餐厅的扒窃行为与暴力行为之间是否具备"当场"的联系。不考虑时间和空间上的间隔，公安人员基于其他原因发现并抓捕贺某，贺某的暴力反抗行为与先前的侵犯财产行为已经没有事实上的联系了，此时后行为完全独立于先前的盗窃行为，已没有考虑构成转化型抢劫罪的必要，分别定性分析即可。

（4）公安人员的监控始于贺某扒窃行为完成之后及"行窃未果"——盗窃未遂

在上述第二种和第三种判断分析的基础上，可知该情形应对贺某的行为处以盗窃罪和转化型抢劫罪，数罪并罚。文章前面论证了两个盗窃行为具备紧密的联系，但要将二者一并纳入"犯盗窃……罪"的范畴中，警方的全程监控是必备要件，因为此时才能证明第一次的扒窃行为与暴力行为在事实上的联系，故在公安人员没有意识到扒窃行为的存在，但监视到贺某在肯德基餐厅实施的行为并展开追捕的，单纯地分析第二个盗窃行为与暴力反抗的关联性，构成转化型抢劫罪，扒窃行为对立定罪才是最合适的。

笔者更倾向第一种理解，"早已跟踪伏击"应该可以表明公安人员监视已久，知晓贺某在麦当劳餐厅的扒窃行为，"行窃未果"理解为未着手也更为恰当，在此基础上贺某的暴力行为符合"当场"的要求，而笔者将就此进一步对转化型抢劫罪的既遂标准做出分析。

（四）转化型抢劫罪的既遂、未遂形态

普通抢劫罪属于直接故意犯罪，具有犯罪既遂、未遂等各种犯罪形态。转化型抢劫罪作为特殊类型的抢劫罪，是否存在未遂状态呢？如果存在那么区别既遂与未遂的标准又是什么？笔者将从最贴近立法意图的角度对以上问题进行详细讨论。

1. 转化型抢劫罪是否存在未遂形态

在日本刑法学界，学者一般都认可事后强盗罪（转化型抢劫罪）存在未遂，只是在既遂、未遂的标准上存在争议。我国学者对此的态度也并不统一，大致分为肯定与否定两种。持肯定观点的学者认为，转化型抢劫是财产型犯罪，它是基于法律的拟制规定，是一种特殊的抢劫罪，既然抢劫罪存在犯罪未遂形态，那么转化型抢劫罪也存在犯罪未遂。[1]但持反对意见的学者认为，转化型抢劫罪从犯罪构成看应属行为犯，应以行为的实行或完成作为既遂的标准，只要行为人实施了《刑法》分则所规定的行为，不论是否具备实际的犯罪结果，其行为本身的完成已构成既遂，因此，认为转化型抢劫罪存在未遂形态，明显与行为犯不存在行为实行

---

① 刘明祥. 财产罪比较研究[M]. 北京：中国政法大学出版社，2001：150-151.

终了的未遂的法理相矛盾。①还有学者提出，转化型犯罪都是从一个犯罪向另一个犯罪的转化，其前提往往是先有一个完整的犯罪行为的产生和完成；而犯罪未遂形态只能存在于一个犯罪未完成之前，或者犯罪结果没有产生之前。在犯罪完成以后或者犯罪结果产生以后，不可能存在犯罪未遂的形态。转化型的犯罪是从一个完成的犯罪向另一个犯罪的转化，不具备犯罪未遂的时间条件，所以转化型抢劫罪同样不存在未遂问题。②

笔者认为转化型抢劫罪存在犯罪未遂形态。首先，转化型抢劫最后是以抢劫罪定罪处罚，表明其是侵犯财产及侵犯人身权利双重法益的犯罪，其认定同样需要考虑行为所造成的实际损害，而不能像否定说所理解的那样，行为实施完毕就是既遂。若行为人先前的盗窃等行为并未实际取得财物，而后暴力抗捕的行为又只造成被害人的轻微伤，此时还将其与那些造成较大危害结果的犯罪嫌疑人予以相似程度的处罚，显然违背了罪刑相适应的原则。其次，转化型抢劫也并非行为犯，行为人的暴力、威胁行为不是一蹴而就的，而是存在一个追捕或搏斗的过程，该过程中，很可能出现行为人意志以外的客观原因导致行为没能继续实施，此时的犯罪不能称之为完成，故不能将转化型抢劫以行为犯论处。最后，称转化型犯罪不存在未遂问题，故转化型抢劫无须考虑未遂情况的观点也值得推敲，前文也论证过虽然《刑法》分则第二百六十九条规定"犯盗窃、诈骗、抢夺罪的……"，但这只是不法意义上的犯罪，行为人以犯罪故意实施前提行为，只要已着手实行所述行为，不管所取得的财物数额的大小，都符合"犯盗窃、诈骗、抢夺罪"的条件，此时便不存在所谓的"完成的犯罪"，行为人的行为依然有可能构成转化型抢劫罪的未遂形态。

我国罪责刑相适应原则是指在立法与司法实践中，行为人所犯的罪行应与其所承担的刑事责任和接受的刑事处罚相统一，根据犯罪行为人犯罪行为的轻重做出相应处罚，保证罚当其罪，定罪起到的是定性作用，而量刑对犯罪进行的是定量评价。犯罪未遂与犯罪既遂，同样作为故意犯罪行为的最终结局，犯罪停止形态不同表明对法益的侵害程度不同，行为的社会危害程度轻重不同，最终也就决定了量刑时须适用轻重有别的处罚原则。③因而承认转化型抢劫罪的未遂形态是必然也是必要的。

2. 转化型抢劫的既遂、未遂的判断标准

转化型抢劫的既遂、未遂的判断标准关系到罪刑均衡原则的实现与司法审判的公平公正，要在保障与其他罪名的既遂标准相协调的基础上，从坚持刑法的实质正义的角度出发确立该标准。

（1）国内外的判断基准及评析

在韩国刑法理论界，针对转化型抢劫罪既遂、未遂的判断基准存在以下几种观点：④第一种观点是窃取行为基准说。这种观点认为，转化型抢劫罪的既遂、未遂的区分应当根据窃取财物行为的既遂、未遂进行区分。理由在于转化型抢劫罪属于抢劫罪的一种，应以是否取得财物为标准区分既遂和未遂。第二种观点是暴力、胁迫行为基准说。即两者的区分应当以暴力、胁迫行为的既遂、未遂为基准进行区分，这也是判例所取的立场。暴力、胁迫行为作为转化型抢劫罪的构成要件，对于认定该罪的成立具有决定性意义，若认为即便盗窃未遂时实施暴力、胁迫行为，仍然只成立转化型抢劫罪未遂，显然不利于对罪犯的严厉打击。第三种

① 王世斌. 转化型抢劫罪不应存在未遂形态[J]. 人民检察，2007（16）：61-62.
② 龙洋. 论转化型抢劫罪的既遂与未遂形态——从法律拟制的视角[J]. 河北法学，2009（6）：111.
③ 龙洋. 论转化型抢劫罪的既遂与未遂形态——从法律拟制的视角[J]. 河北法学，2009（6）：112.
④〔韩〕金日秀，徐辅鹤. 刑法各论（第6版）[M]. 首尔：博英社，2004：311.

观点是综合基准说。认为应当综合窃取行为的既遂、未遂和暴力、胁迫行为的既遂、未遂来进行区分。这里的暴力、胁迫的未遂，是指通过暴力、胁迫行为未能压制对方反抗的情形。此时要成立该罪的既遂，必须是盗窃的既遂犯通过暴力、胁迫行为压制了对方反抗的情况才行。第四种观点是最终财物取得基准说。即以最终是否取得财物作为转化型抢劫罪既遂、未遂的基准。

而在日本刑法理论界，也存在几种不同的判断标准①：第一种观点是暴力、威胁基准说。即应当以暴力、胁迫行为本身作为认定转化型抢劫罪既遂、未遂的基准。第二种观点是盗窃基准说。这种观点认为应以先前盗窃行为的既遂或未遂为基准，认定转化型抢劫罪的既遂或未遂，这是日本的通说，也是判例所取的立场。第三种观点是最终财物取得基准说。认为最终是否取得财物才是转化型抢劫罪能否构成既遂的关键。在行为人盗窃既遂后又实施了暴力反抗行为，但最终财物被他人夺回的，或行为人盗窃未遂，而后又实施了暴力抗捕行为并成功脱逃的，由于最终都没有取得财物故都属于转化型抢劫罪的未遂。

反观国内学者所持的几种不同观点，大抵与上述几种学说相似，具体如下：第一种学说是有学者提出，转化型抢劫罪以盗窃、诈骗、抢夺行为的既遂为前提，既需要以占有财物为前提，同时需最终取得财物占有的才构成转化型抢劫罪的既遂。第二种学说认为应以盗窃等行为的犯罪停止形态作为转化型抢劫的停止形态的标准，该行为既遂的，转化型抢劫也既遂，该行为未遂的，转化型抢劫也未遂。②第三种学说以行为人实施暴力、威胁行为的主观目的③的实现与否为判断标准，通过使用暴力或以暴力相威胁实现了窝藏赃物、抗拒抓捕等目的的，构成既遂，反之未遂。第四种学说认为转化型抢劫的认定标准应该与抢劫罪的认定标准一致。这也是国内的主流观点，既然转化型抢劫罪最后是按《刑法》第二百六十三条所规定的普通抢劫罪定罪处罚，那么，其既遂、未遂的基准也应与一般抢劫罪相同。④

在笔者看来，国内学者所持判断标准中，前三种都不合理，不符合罪刑均衡原则的要求。第一种学说首先将盗窃等行为的既遂作为转化型抢劫的犯罪构成的前提和基础，这本身就存在问题。上文反复提到刑法条文规定"犯盗窃、诈骗、抢夺罪"的本意并非构成实质意义上的具体犯罪，具备盗窃等行为即可，盗窃等行为的未遂不影响对转化型抢劫罪的构成。鉴于该观点的基础论证本身已过于限缩了转化型抢劫罪的成立范围，故不具备合理性。第二种学说片面强调侵犯财产行为的重要性，忽略了转化型抢劫中盗窃等行为与暴力、威胁行为之间的紧密联系，虽然转化型抢劫罪属于财产型犯罪，但暴力、威胁才是该行为最终会以普通抢劫罪进行处罚的根本原因，由于其对人身权利的侵犯才使得此类犯罪可以拟制为侵犯双重法益的抢劫罪，暴力、威胁行为是转化的关键。该观点完全无视暴力等行为对该罪既遂、未遂成立标准的影响，笔者难以认同。第三种学说则忽视了该罪的侵财性特征，将暴力、威胁等行为的主观目的的实现作为判断依据，实质上就是将该目的扩大理解为整个犯罪的目的，这未免失之片面，掩盖了转化型抢劫罪的侵犯财产的性质。

笔者认为第四种学说具备相对的合理性，该观点体现了转化型抢劫罪与普通抢劫罪的同质性，强调转化型抢劫罪行为的整体性。两罪在侵犯法益的双重性、社会危害程度及立法目的上都具有高度的相似性，这也是法律将此类情形拟制为抢劫罪进行处罚的根本原因，二者

①〔日〕大塚裕史. 刑法各论的思考方法[M]. 东京：早稻田经营出版社，2007：171.

② 王聪. 转化型抢劫罪若干问题研究[D]. 长春：吉林大学，2013：27-28.

③ 即《刑法》第二百六十九条规定的"为窝藏赃物、抗拒抓捕、毁灭罪证而……"。

④ 郑泽善. 转化型抢劫罪新探[J]. 当代法学，2013（2）：38.

主要差别仅在于行为的顺序即暴力、胁迫行为与非法取财行为的先后不同，但这种差异不应影响犯罪既遂与否的判断，《刑法》既然规定对转化型抢劫罪要根据第二百六十三条抢劫罪的规定进行处罚，那么在犯罪形态上该罪也应当与普通抢劫罪保持协调一致，从而保证良好的法律适用效果。但鉴于转化型抢劫罪具备有别于普通抢劫罪的特殊性，故对于其既遂、未遂的判断标准不能完全生搬硬套，需要根据情况具体分析。

（2）转化型抢劫罪既遂、未遂形态的具体判断

关于普通抢劫罪的既遂标准，有学者认为应以是否取得财物的最终占有为标准；另有人认为应以是否侵害人身权利为标准；还有学者提出应当区分抢劫罪的基本犯罪构成和加重犯罪构成①。而最高人民法院在发布的"两抢意见"②第十条规定："抢劫罪侵犯的是复杂客体，既侵犯财产权利，又侵犯人身权利，具备劫取财物或造成他人轻伤以上后果两者之一的，均属于抢劫既遂；既未劫取财物，又未造成他人人身伤害后果的，属于抢劫未遂。"该标准对于抢劫罪既遂、未遂标准的区分充分考虑到该罪侵犯法益的双重性，能够有效保护财产与公民人身权利，笔者认为该标准更为合理，抢劫罪是具备暴力或暴力相威胁的手段行为和劫取财物的目的行为的双重实行行为犯罪，其虽隶属于侵犯财产型犯罪，但其实质造成的法益侵害是复杂的，既包括财产权利也包括人身权利，故在认定该罪构成既遂还是未遂时必须要对其侵犯的两个客体都进行考察，具备两者之一侵害后果的，即构成抢劫既遂。同时这种认定标准同样适用于《刑法》第二百六十三条规定的八种处罚情节中除"抢劫致人重伤、死亡的"外的其余七种加重处罚情节，即对于具备"入户抢劫"情节的犯罪同样可能只构成抢劫罪的未遂。当然也有学者不赞同在存在加重情节的抢劫罪中还具有讨论未遂问题的余地，③在笔者看来，既遂、未遂与加重情节虽然同作为对量刑产生影响的因素，但并不意味着二者存在必然联系并相互影响，构成情节加重犯的犯罪的既遂，不但要求行为人的基本犯罪应当齐备，还需要行为人的行为应具备法定的七种加重情节，无论缺乏哪一方面要素，都不构成加重抢劫罪的犯罪既遂，故加重情节的存在并不意味着就一定构成抢劫罪的既遂。况且，不分情况地统一量刑处罚，也不符合罪与刑相适应的原则要求。在刑法中，情节加重犯有其独立的犯罪构成、独立的法定刑。

对于转化型抢劫罪来说，在采用相同于一般抢劫罪的标准为基础的同时，可以结合以下几种不同情节做出进一步的判断。其一，在实施盗窃、诈骗或抢夺的基本犯罪行为后，无论该行为是否构成相应犯罪的既遂，行为人基于窝藏赃物等目的又实施了暴力或暴力相威胁行为的，若行为人最后因意志以外原因未取得财物，同时没有给他人造成轻伤以上人身伤害后果的，构成转化型抢劫罪的未遂；如果最终非法取得了财物的占有或造成了他人轻伤以上的伤害，则构成既遂。其二，若行为人实施了先前的盗窃等行为，因抗拒抓捕等目的实施暴力、威胁时，造成被害人重伤或死亡的，在转化为抢劫罪来进行处罚时，由于其同时具备了第二百六十三条抢劫罪中第五项对于加重情节的规定，故最终以抢劫罪的结果加重犯来量刑，此处需要注意的是行为人在造成他人重伤、死亡的情况下，不需再关注其最终是否取得了财物，具备上述伤害后果已可构成转化型抢劫罪的既遂，只是此时该后果同时可以作为加重处罚的情节来考量。其三，对于行为人实施了盗窃等侵财行为，有基于窝藏赃物等目的而当场使用

① 梁根林. 刑法分论[M]. 北京：人民法院出版社，2003：193.
② 2005 年 6 月 8 日最高人民法院发布"关于审理抢劫、抢夺刑事案件具体适用法律若干问题的意见"（简称"两抢意见"）。
③ 赵秉志，肖中华，左坚卫. 刑法问题对谈录[M]. 北京：北京大学出版社，2007，355.

了暴力或暴力威胁行为，同时具备《刑法》第二百六十三条中除"致人重伤或死亡"之外的其他加重处罚情节的，如入户抢劫、在交通工具上抢劫等七种情形之一的，在行为人未最终获取财物或造成他人轻伤以上伤害结果的，构成转化型抢劫罪既遂，并在加重处罚的量刑幅度内确定刑罚。但如果行为人最终既未取得财产也未导致他人轻伤，此时只构成转化型抢劫罪的未遂，但由于加重情节的存在，仍需以"十年以上有期徒刑、无期徒刑或者死刑，并处罚金或没收财产"这一量刑幅度为基础，加之对未遂犯处罚原则的考虑，做出处罚。[①]

五、结语

转化型抢劫罪作为抢劫罪中的特殊类型，因为其犯罪行为本身的复杂性，始终是学术理论界关注的话题。而对于法律条文的不同理解带来的定罪和量刑的问题，也一直是司法实务界的焦点问题。笔者通过实际案例展开论证，针对该罪中的侵财行为与暴力、威胁行为及二者之间的联系进行详细分析，厘清了行为认定上存在的一些疑惑，并对于"当场"这一核心概念展开讨论，确立了判断的标准，并通过情形的假设来加强其对于实践的指导意义。笔者还一并对转化型抢劫罪的既遂、未遂形态及构成标准进行了探讨，在肯定未遂形态存在的基础上，提出了该罪的未遂、既遂形态的判断标准，建议在着重保护法益的同时，充分考虑其与普通抢劫罪的相似性，严格遵循。

（撰稿人：田阔阳）

---

① 龙洋. 论转化型抢劫罪的既遂与未遂形态——从法律拟制的视角[J]. 河北法学，2009（6）：114.

案例 8　误解还是误劫？

一、案情简介

2007 年 1 月 26 日，犯罪嫌疑人陈某（男）和成某（女）领取了结婚证，当天白天至晚上陈某先后几次饮酒。当晚 10 时 40 分许，陈某在某村租乘事主桂某无照运营的"黑"出租车，送成某回暂住地。到暂住地后，成某不愿回家，要继续跟着陈某。后陈某提出去某村把成某送回家，司机因胆小不愿去，经陈某劝说司机同意。因司机不识路，由陈某指路。当车行至某村一东西方向的土路时，司机与陈某因前面是否有路发生争执（实际有一条可通行的小路），最后司机停车说"你看哪还有路"，陈说"那你是见到鬼了"，司机说话的同时回头看到陈某手里拿着一个警棍，出于害怕，下车逃跑，跑出 40 多米回头看时，见车还在原地停着。犯罪嫌疑人陈某、成某在车下等了五六分钟后没见司机回来。陈某即开车与成某回到暂住地，路上陈某把原车牌拆下扔掉，二人回到暂住地换了衣服，并从暂住处床下取出另一副车牌装到出租车上，开车准备回某村的家里，路上二人在事主车内找出一个黄色钱包，内有人民币 500 元，后成某提出二人下车把车内行驶证等物品烧掉。二人开车时被接报案后设卡民警堵截，嫌疑人陈某驾车加速欲逃跑，被民警强行拦下，成某、陈某二人被抓获。涉案车辆价值人民币 22 942 元。

二、争议问题

对于本案中犯罪嫌疑人陈某、成某的行为如何定性，主要存在四种不同意见。

第一种意见认为，犯罪嫌疑人陈某、成某的行为构成抢劫罪。此种意见认为，犯罪嫌疑人陈某、成某深夜租乘被害人桂某的出租车，不断改变目的地点，在车行至一偏僻路段时，二人因前方是否有路发生争执的情况下，犯罪嫌疑人陈某、成某向被害人显露其携带的电警棍，虽然没有劫取财物的直接意思表示，但其行为足以使被害人产生恐惧，被迫放弃自己的出租车及车上财物。在此情况下，陈某及成某将桂某的出租车开走并更换车牌，烧毁车内行驶证等物品，主观见之于客观，足见二人有非法占有他人财物的故意，二人行为构成抢劫罪。

第二种意见认为，犯罪嫌疑人陈某、成某的行为构成盗窃罪。此种意见认为，犯罪嫌疑人陈某、成某二人是在司机逃跑后，在司机不知情的情况下，以非法占有为目的，采取秘密手段将车开走，二人行为应构成盗窃罪。

第三种意见认为，犯罪嫌疑人陈某、成某的行为构成寻衅滋事罪。此种意见认为，犯罪嫌疑人陈某、成某酒后租乘桂某出租车，行至偏僻处因前方是否有路发生争执，后陈某拿出电警棍将司机吓跑后强行将桂某出租车开走，属于强拿硬要，二人行为应构成寻衅滋事罪。

第四种意见认为，犯罪嫌疑人陈某、成某的行为构成侵占罪。持此意见的人认为，司机逃跑后，陈某、成某与桂某之间应存在一种由于先行原因而形成的代为保管关系，二人占有该车应属一种不当得利，陈、成二人负有返还义务而不返还，将代为他人保管的财物据为己有，并以更换车牌、烧毁行驶证、加速行驶以逃避堵截等方式表明拒不退还的决心和行为，应构成侵占罪。

三、相关法条

《中华人民共和国刑法（2020 年修正）》

第二百六十三条 **【抢劫罪】**以暴力、胁迫或者其他方法抢劫公私财物的，处三年以上十年以下有期徒刑，并处罚金；有下列情形之一的，处十年以上有期徒刑、无期徒刑或者死刑，并处罚金或者没收财产：

（一）入户抢劫的；

（二）在公共交通工具上抢劫的；

（三）抢劫银行或者其他金融机构的；

（四）多次抢劫或者抢劫数额巨大的；

（五）抢劫致人重伤、死亡的；

（六）冒充军警人员抢劫的；

（七）持枪抢劫的；

（八）抢劫军用物资或者抢险、救灾、救济物资的。

第二百六十四条 **【盗窃罪】**盗窃公私财物，数额较大的，或者多次盗窃、入户盗窃、携带凶器盗窃、扒窃的，处三年以下有期徒刑、拘役或者管制，并处或者单处罚金；数额巨大或者有其他严重情节的，处三年以上十年以下有期徒刑，并处罚金；数额特别巨大或者有其他特别严重情节的，处十年以上有期徒刑或者无期徒刑，并处罚金或者没收财产。

第二百七十条 **【侵占罪】**将代为保管的他人财物非法占为己有，数额较大，拒不退还的，处二年以下有期徒刑、拘役或者罚金；数额巨大或者有其他严重情节的，处二年以上五年以下有期徒刑，并处罚金。

将他人的遗忘物或者埋藏物非法占为己有，数额较大，拒不交出的，依照前款的规定处罚。

本条罪，告诉的才处理。

第二百九十三条 **【寻衅滋事罪】**有下列寻衅滋事行为之一，破坏社会秩序的，处五年以下有期徒刑、拘役或者管制：

（一）随意殴打他人，情节恶劣的；

（二）追逐、拦截、辱骂、恐吓他人，情节恶劣的；

（三）强拿硬要或者任意损毁、占用公私财物，情节严重的；

（四）在公共场所起哄闹事，造成公共场所秩序严重混乱的。

纠集他人多次实施前款行为，严重破坏社会秩序的，处五年以上十年以下有期徒刑，可以并处罚金。

四、学理分析

（一）争执中显示携带的电警棍，是否构成刑法意义上的胁迫

我国刑法理论界的通说认为，抢劫罪是一种侵犯复杂客体的犯罪，它所侵犯的既是公民

人身权利又是财产所有权，其中后者是本罪所保护的主要法益。暴力、胁迫手段的存在与否是抢劫罪与盗窃罪的最大区分。这既是抢劫罪区别于其他财产犯罪的重要标志，又使抢劫罪成为财产罪中最严重的犯罪。[①]因此，我们有必要先讨论究竟何为抢劫罪中所指"暴力、胁迫"。暴力方法，是指对被害人不法行使有形力，使其不能反抗的行为，如殴打、捆绑、伤害、禁闭等。"暴力"一词在不同场合具有不同含义，抢劫中的暴力只能是最狭义的暴力。这种暴力必须针对人实施（不包括对物暴力），暴力的对方并不限于财物的直接持有者，对有权处分财物的人以及其他妨碍劫取财物的人使用暴力的，也不影响抢劫罪的成立。胁迫方法，是指以当场立即使用暴力相威胁，使被害人产生恐惧心理因而不敢反抗的行为。胁迫方式可以是使用语言或者动作、手势；胁迫的内容是当场立即对被害人实施暴力，其特点是如不交付财物或者进行反抗，便立即实现胁迫的内容（暴力）；[②]以将来实施暴力相威胁的，以及以当场立即实现损毁名誉等非暴力内容进行威胁的，不成立抢劫罪。

俄罗斯、朝鲜等国家规定的"暴力"限于"足以危害他人的健康、生命的暴力"，日本刑法虽无明文规定，但其判例表明，这种暴力必须达到压制任何相对人抵抗的程度。我国台湾地区关于刑事犯罪的有关规定认为"足以使被害人不能抗拒的程度"。[③]因此我们可以看出，能够构成抢劫罪的实行行为的暴力胁迫手段，首先要受到程度标准的限制。

究竟何种程度的暴力、胁迫才是抢劫罪的实行行为，我国《刑法》对此并无明文规定，而刑法理论通说和司法实践一般不主张要求暴力达到像日本判例般压制被害人抵抗的程度，认为只要行为人有抢劫的意图，并且为了占有财物而对被害人施加暴力，一般就应以抢劫罪论处。其理由为：有时同样的暴力对不同的被害人可能产生不同程度的作用，要确定暴力是否达到了足以使被害人不能抗拒的程度，难以用具体的标准来掌握认定。[④]但是近年来也有学者指出，既然抢劫罪的本质就是用暴力和胁迫来排除被害人的反抗以夺取财物，那么它就必须达到一定的程度，行为人使用不足以排除被害人反抗的轻微暴力来夺取财物，不具有强取性质，不能评价为抢劫，这是由抢劫罪的本质决定的。[⑤]

我们认为后一种观点是可取的，因为我国《刑法》同章还规定有敲诈勒索罪名，倘若暴力、胁迫并未达到抑制被害人反抗的程度，而仅仅引起了被害人的恐惧心理，如此一律定为抢劫罪则不够合理。因此，如何判断暴力、胁迫是否达到了抑制对方反抗的程度就十分必要了，在大陆刑法理论中对这个问题一直存在着主观说和客观说的争论。

主观说认为只要是明知在抑制对方的反抗而实施行动就够了，而客观说则认为必须实施了在客观上称得上是抢劫手段的行为。[⑥]由于依照主观说判定是否成立抢劫罪会导致在受害人胆量特别大或特别小的时候造成不同判断结果，故理论通常采取客观说。但是在采取客观说的时候，不能是一般性的抽象判断，通常还要考虑暴力、胁迫本身的客观性质，如工具、时间、场所、行为人人数等，以及被害人人数、年龄、性别等因素，以一般人的标准综合判断行为人的行为是否达到了足以压制一般人反抗的程度。[⑦]

---

①　张明楷. 刑法学（第五版）[M]. 北京：法律出版社，2016：972.

②　张明楷. 刑法学（第五版）[M]. 北京：法律出版社，2016：973.

③　高铭暄、马克昌主编. 刑法学（第三版）[M]. 北京：北京大学出版社、高等教育出版社，2007：560.

④　高铭暄主编. 新编中国刑法学（下册）[M]. 北京：中国人民大学出版社，1998：764.

⑤　刘明祥. 财产罪比较研究[M]. 北京：中国政法大学出版社，2001：120.

⑥　〔日〕大谷实著. 刑法各论[M]. 黎宏译. 北京：法律出版社，2003：165.

⑦　张明楷. 外国刑法纲要（第二版）[M]. 北京：清华大学出版社，2007：561.

在所使用的暴力、胁迫手段通常不足以抑制对方的反抗，但由于被害人个人特别胆小而客观上起到了抑制其反抗效果的情况下，主观说认为当然成立抢劫罪，而客观说有以下两种观点的对立：（1）行为人知道被害人胆小而特地使用本不足以抑制对方的反抗的暴力、胁迫时，就是抢劫罪，如果行为人没有认识到，自然也就不成立抢劫罪；（2）只要不是客观上足以抑制对方的反抗程度的暴力、胁迫，即便行为人知道对方的特殊情况，也仍然不是抢劫罪的实行行为。①由此看来，如果依照客观说的观点，综合司机个人状况以及当时的客观环境条件，本案中陈某仅仅有显露电警棍的行为，尚难以构成一般人所认为的达到抑制他人反抗的胁迫行为，因此并非抢劫罪的实行手段的胁迫。

（二）司机因害怕而弃车逃跑，是否就此而丧失对汽车的占有

占有是人对财物事实上支配、管理的状态。由于刑法是通过处罚对财产的不法侵害行为来保护财产权利，所以对侵害财物占有的财产罪来说，必须是排除他人对财物的支配而将财物事实上置于自己支配的状态时才能构成。②刑法上对"占有"的界定和用语在各国并不相同，德国刑法将其称之为"Gewahrsam"，以与民法上的占有（Besitz）相区别，日本刑法虽然称之为"占有"，但学说判例常常使用"所持"或"管领"等字样，而我国刑法多数时候称"占有"。由于盗窃罪与侵占罪的本质区别在于是否侵害他人对财物的占有，当财物在他人的占有之下，行为人采取非法手段夺取，就有可能构成盗窃、抢劫等夺取罪；反之，如果财物不在他人的占有之下，而是由行为人占有或不为任何人占有，那就可能构成侵占罪。故占有的有无对区分罪与非罪、此罪与彼罪具有重要意义。

对于刑法中的占有的理解，大陆法系刑法理论存在下述几种观点。（1）管有说，认为无论是他人还是自己之物，只要在自己管有中，即属占有。（2）事实及法律上支配说，认为占有除事实上的支配外，还应包括通过存单、仓单、提单、登记簿等法律手段的支配。（3）事实上支配说，该说认为只有在事实上具有能够支配标的物的状态才构成占有，一般认为，该种事实上的支配包括买卖、赠与等法律行为与使用收益等事实行为两种形态。但在具体理解事实上支配时，又存在着两种不同的观点：一种观点实质与上述事实及法律上支配说无异，只是将借助于法律形式的支配解释为事实上的支配。另一种观点则主张纯粹的事实支配，认为依据法律形式的支配不构成刑法上的占有，单纯处分为他人保管的储金债权（如存折）只构成背信罪而不构成侵占罪。（4）处分可能状态说，认为只要对物享有能够像对待自己的财产那样的处分地位，就构成刑法上的占有。（5）支配说，认为刑法上的占有，着重支配要素的存在，只要对物能够支配，就构成占有。③

上述诸学说中，管有说不能准确表明刑法占有的实质，且范围过广，不能合理解释辅助占有者不能成为占有人的情形，主张者甚少。处分可能状态说也未能准确界定刑法占有的范围，如民法中的间接占有人对标的物虽享有处分地位，但各国刑法普遍将其排除在刑法占有之外，故不可采。支配说则过于宽泛，未能区分法律上支配与事实上支配二者，如兼采二者则范围过宽，如只采事实上支配，则又涉及解释上的问题，与第（3）说无异，主张者也很少。对现代各国刑法产生重要影响的，主要是上述的第（2）说与第（3）说，而第（3）说的第二

① 张明楷. 外国刑法纲要（第二版）[M]. 北京: 清华大学出版社，2007: 561.

② 刘明祥. 财产罪比较研究[M]. 北京: 中国政法大学出版社，2001: 40.

③ 周光权，李志强. 刑法上的财产占有概念[J]. 法律科学（西北政法学院学报），2003（2）: 39.

种观点,仅在俄罗斯影响较大。该说的第一种观点与第(2)说在刑法占有应当包含的范围上并无差别,只是对支配情形的解释上存在差异,因此二者并无实质区别,成为现今日本及我国台湾地区判例与学界通说。不过,在侵占罪与夺取罪中,①占有成立的范围又有所区别,盗窃等夺取罪中的占有为犯罪侵害的对象,重点在于对财物排他力的夺取,故夺取的占有一般为纯粹的事实支配关系;而侵占罪中的占有不以事实上的排他力而以有滥用可能性的某种支配力为重点,因此比盗窃罪中的占有内容更为广泛,还包括上述法律上的支配。②

所以,占有必须是事实上占有(包括法律上的事实占有),而不能只是观念上占有。"与民法上的占有观念相比,刑法上的财产犯中的占有在对物具有更加现实的控制、支配的这一点上具有特色。即民法上的占有可以是规范上、观念上的占有,而刑法上的占有必须是事实上的占有。"③因此,占有的有无在客观上主要表现为实际的支配或控制,并应当根据物的性质、占有时间和地点、社会习惯等客观条件,按照社会上的一般观念来判断。

同时,仅具有客观上的控制支配地位,而无占有意思的,不能构成占有。我国司法实践普遍认为,如果无管领控制的意思,财物只是在某人物理的或观念认可的控制范围内,则难以说明其对物具有管领支配的事实。同样,如果有管理控制的意思,即便是在所有人或保管人控制范围外的物,也不能一概认为其丧失占有。所谓占有的意思,是指对财物事实上支配的意思,但不要求对每件具体财物有特定的、具体的支配意思,而是只要有概括的支配意思。一般只要对财物没有积极的放弃占有的意思,就认为有占有的意思。

判断有无占有的意思,通常要把表明某人支配财物的各种事实综合起来考虑。如果客观上支配的事实弱小,就应该要有具体的、积极的占有意思。一般来说,表明支配财物的主客观事实主要包括:支配的手段、方法、形态,作为被支配对象的财物被置放的场所及所处的状态,财物的种类、性质、形状,社会上一般人适用的通常的观念等。从一些大陆法国家的判例和学说来看,一般将对财物事实上支配(即占有)的情况分为以下十类④:(1)实际上掌握、监视(管理)着财物;(2)财物被自己支配下的机械、器具等确保;(3)财物在自己概括的支配的场所内;(4)根据财物的自然属性可以预料到它会返回到自己支配的范围内;(5)从财物的性质、放置的区域等能够推定所有者;(6)财物在难以被他人发现而自己知道的场所;(7)从财物的性质能够推断不是被遗弃之物,所有者有占有的意思并且知道所在地;(8)财物短时间内与所有者分离,所在位置离所有者很近,所有者对此有明确认识;(9)由于特殊事由(如地震、火灾等)使财物的占有形态发生变更;(10)有占有的特殊习惯。

在本案中,根据我国《民法典》的相关规定,汽车移转权利的公示方法是变更登记,未经登记不得对抗善意第三人,这同一般的动产公示方式为占有即所有不同,其所有权变更与不动产相同,即登记在登记簿上的桂某应当被认为对汽车具有法律上的实际支配力。并由于汽车较为贵重、体积较大的特点,不可能随便抛弃或遗忘,司机也并没表现出积极放弃占有的意思,在跑出去后又回头张望,确定车还在原地,明确所有物的位置,这都表明司机有继续占有汽车的可能,不能认为司机一跑开就丧失了占有。管领控制表明刑法上的占有具有排

---

① 夺取罪与侵占罪是直接取得罪下的划分,财产犯罪依行为人是否取得财产而分为取得罪和毁弃罪,取得罪细分为直接取得罪和间接取得罪(赃物犯罪)。

② 周光权,李志强. 刑法上的财产占有概念[J]. 法律科学(西北政法学院学报),2003(2):40.

③ 黎宏. 论财产犯中的占有[J]. 中国法学,2009(1):112.

④〔日〕大塚仁等编. 刑法解释大全(第九卷)[M]. 东京:青林书院,1998:187-198. 转引自刘明祥. 财产罪比较研究[M]. 北京:中国政法大学出版社,2001:43-45.

他性——占有者对财物事实上的支配、管理，意味着其他人不能支配控制财物，也就是排除了其他人对财物的支配或控制。但是排他性只是占有的一个特性，并非是占有的本质或全部内容。因此，"非法占有就是非法排除权利人对财物的所有权"①这种观点实际上是把占有的排他性误解为占有的全部内容，有失片面。②因此，即使在物理的、有形的支配力无法达到的场合，也可以依照社会观念判断存在占有。司机暂时离开，丧失对汽车的排他支配性并不意味着丧失对该汽车的占有。

另外陈某、成某二人在车下等待的五六分钟，也不能认定为取得了占有。因为二人根本没有支配控制的意思，仅是等司机回来的单纯行为而已，就算在客观上，陈某在当时有条件支配汽车，但由于根本没有控制的意图，也就不会实行任何能表明其占有的行为，由此恐怕难以认定在这么短的时间内形成车辆由二人合法占有的状态。

（三）陈某占有车辆行为的定性

陈某开车与成某回到暂住地应当认为是具有非法占有他人财物的恶意行为。但是这一行为究竟是构成抢劫、侵占、寻衅滋事还是盗窃，尚存争议。

首先，陈某占有车辆的行为不构成抢劫罪。前述已指出，陈某亮出电警棍的行为依暴力程度标准的客观说，尚不构成抢劫程度的胁迫，但若依主观说，其行为构成胁迫的场合，是否就能认定成立抢劫罪呢？笔者认为，依旧不能。因为作为抢劫罪要素存在的暴力和强取，二者缺一不可，并应当存在因果联系。所谓强取，就是以暴力、胁迫抑制对方的反抗，违反其意志将对方财物转为自己或第三人占有的行为。抢劫是以暴力、胁迫为手段的财产犯罪，该暴力、胁迫和夺取财物之间必须具有因果关系。③构成抢劫罪的典型情形是行为人以暴力、胁迫相威胁，抑制被害人的反抗，再达成夺取财物的目的。但是只要是行为人在抢劫的意思支配下为一定行为，即使是先取得财物后施以暴力胁迫行为，也应当认定为抢劫，因为此时，暴力和胁迫仍然是行为人取得财物的手段，二者间存在着没有此就没有彼的逻辑关系。

但是，如果胁迫、暴力和取得财物之间并无因果关系，则不能认定为抢劫。在日本，意图强取财物而施加暴行，被害人因为恐惧而逃跑，在逃跑过程中丢失财物，行为人趁机获得该财物的时候，因为胁迫和获取财物之间没有相当的因果关系，所以，不是抢劫。④按这种观点，陈某的轻微胁迫和取得汽车之间不能认定存在因果关系。

抢劫是故意犯，抢劫故意，是指行为人明知自己的抢劫行为会发生侵犯他人人身与财产的危害结果，并且希望或者放任这种结果的发生，⑤其成立既要有对被害人施加暴力、胁迫的意思，又要有夺取其财物的意思，并且还要有利用暴力、胁迫手段夺取财物的强取意思，即抢劫故意必须贯彻暴力和取财二行为始终。一般来说，在抢劫罪中，暴力、胁迫与夺取财物的意思以及夺取财物的行为之间的顺序，大致有以下三种情况：一是当初就有抢劫的意思，实行暴力、胁迫之后，在抑制对方反抗的状态下，夺取其财物；二是基于抢劫的意思先夺取财物，紧接着对被害人实行暴力、胁迫，以确保取得的财物；三是出于盗窃的意思，着手夺

① 储槐植，梁根林. 贪污罪论要——兼论《刑法》第 394 条之适用[J]. 中国法学[J]. 1998（4）：84.

② 刘明祥. 财产罪比较研究[M]. 北京：中国政法大学出版社，2001：41.

③〔日〕大谷实著. 刑法各论[M]. 黎宏译，北京：法律出版社，2003：166.

④〔日〕大谷实著. 刑法各论[M]. 黎宏译，北京：法律出版社，2003：167.

⑤ 张明楷. 刑法学（第五版）[M]. 北京：法律出版社，2016：975.

取财物后，又实施了足以抑制被害人的暴力、胁迫行为，并进一步取得了财物（转化型抢劫）。①
因此，暴力、胁迫必须是强取财物的手段，在实施暴力、胁迫的阶段如果没有强取财物的意
思，就不能成立抢劫罪。但这不意味着暴力手段和夺取行为在时间上的先后顺序是固定的，
只要暴力、胁迫是被有意用来确保财物取得的，就可以认定抢劫的故意存于实行行为中。
行为人出于其他故意，于正在实施暴力、胁迫的过程中产生夺取财物的意思，并夺取财物的，
也没有争议地被认定为有抢劫的故意。有日本学者指出，即便在暴力、胁迫阶段，没有强取
已经实际被夺取的财物的意图，如果作为抢劫罪的故意能认定存在构成要件的符合，这种情
形也有可能成立抢劫罪。②例如，X 乘坐出租车到达目的地之后，打算通过对驾驶员 A 实施
暴力以逃避打车费，在对 A 猛烈实施暴力而致 A 昏迷之后，又产生了夺取 A 的营业款的想
法，最终在逃避支付打车费的同时夺取了 A 的营业款。在这种场合下，从对 A 实施暴力的阶
段开始，X 就具有第二种抢劫的故意。并且，由于第一种抢劫与第二种抢劫之间存在构成要
件的符合，因此，对于夺取营业款的行为也能认定存在抢劫罪的故意，（除了第二种抢劫罪之
外）X 应成立第一种抢劫（致伤）罪。

　　但本案中，司机下车逃跑后，胁迫情形已消失，不在行为过程中。因此可以认定，陈某、
成某的取财意思是在胁迫状态结束以后形成的，继而在这种意思的支配下将汽车开走。

　　但是在实行暴力、胁迫之后，才产生夺取财物的意思，而又夺取财物者，能否认为有抢
劫的故意，是否构成抢劫罪，各国学者对此争论不一。主要有以下两种观点。

　　1. 抢劫罪说

　　该观点认为行为人事前虽然没有夺取财物的意思，但出于强奸或其他目的实施暴力、胁
迫后又夺取了财物，综合全案来看，应该认为有抢劫的故意，构成抢劫罪。至于具体理由，
学者们说法不一。一是"利用余势说"，认为这是行为人利用前面实施的暴力、胁迫所产生的
不能抵抗的状态，即利用那种余势夺取财物的。二是"不作为构成说"，认为这是由于行为人
自己事先实施的暴力、威胁行为使被害人处于抑制反抗的状态，行为人不排除这种状态而实
施的夺取财物的行为，同直接采用暴力、胁迫手段夺取财物应该同样看待。三是"留在现场
说"，认为行为人还留在现场，这本身就是一种抑制反抗的威胁，既然取得财物时存在这种威
胁，当然构成抢劫罪。四是"持续说"，认为行为人的暴力、胁迫所产生的抑制反抗的状态，
在其夺取财物时还"维持""持续"着，这是构成抢劫罪的实质理由。五是"拟制说"，认为
上述情形同一般的盗窃相比，可罚性程度更高；如果仅仅因为产生夺取财物的意思后，没有
进一步的暴力、胁迫行为就否定抢劫罪的成立，这会造成处罚上的不均衡。比如，先行的暴
力、胁迫比较轻微，产生夺取财物的意思后，只要又有轻度的暴力、胁迫，就可以构成抢劫
罪；如果将被害人打昏后，产生夺取财物的意思，只因为没有进一步的暴力、胁迫行为，就
定处罚较轻的盗窃罪，这当然是不合理的，所以有必要拟制其有抢劫的故意和行为。③

　　笔者不能同意抢劫罪论的观点，前四种学说都是意图通过抑制反抗状态的持续为行为人
所利用，来表明其与抢劫罪的相当性，但这是有违主客观相统一原则的。行为要受意图支配，
意图不能回溯，如果胁迫行为时并无抢劫意图，那么这种胁迫行为就不应当被看作抢劫的手
段，否则就不当地扩大了抢劫罪的处罚范围。拟制说所说明的情况下，行为人原先就已实施

---

① 刘明祥. 财产罪比较研究[M]. 北京：中国政法大学出版社，2001：124-125.
② 〔日〕桥爪隆. 王昭武译，论抢劫罪的结构[J]. 法治现代化研究，2019（4）：196.
③ 刘明祥. 财产罪比较研究[M]. 北京：中国政法大学出版社，2001：126.

了轻微暴力，后因为想要夺取财物又再次实施轻微暴力的场合，此时在产生夺取财物的意思之后又实施了新的暴力、胁迫（新的暴力、胁迫说）①，因此，受害人因为行为人的新的暴力、胁迫而致使所受的暴力升级了；但在把行为人打昏又临时起意拿走财物的场合，行为人并未因其取财之心而加重对受害人的暴力。因此比较二者，明显前者的行为更严重。

2. 盗窃罪说

该观点认为抢劫罪是基于强取的意思，采用暴力、胁迫手段抑制被害人的反抗，而夺取其财物的犯罪。暴力、胁迫只有作为强取财物的手段实施，才可能构成抢劫罪。如果不是出于强取财物的目的实施暴力、胁迫，即使是乘被害人不能反抗而夺取了财物，也不能认定它是强取财物的手段，所以不构成抢劫罪，而应该定为盗窃罪，与暴行罪、胁迫罪合并处罚。如果把前面的暴力、胁迫追认为抢劫罪的手段，那就扩大了抢劫罪的成立范围，违反了罪刑法定主义。此说在德国和日本刑法理论上都是通说。日本法院的相关判例也有一部分采用此说，但多数是采用前述抢劫罪说。②

我国刑法理论界也存在着类似的两种观点。一种观点认为，即使后行的非法占有财物行为未实施暴力或胁迫，也应认定为抢劫罪，因为后行的取财行为是借助于先行的暴力或胁迫行为所造成的被害人不能、不敢、不知反抗的状态进行的。③另一种观点则和上述"盗窃说"相似，认为暴力结束后临时起意取走财物的，不成立抢劫。

笔者认为，上述两种观点，取"盗窃罪说"较为合宜。如果夺取财物时并未伴有故意的暴力、胁迫行为，就不能将取财行为与暴力行为合并评价。因此本案中，司机桂某离开后，其受胁迫状态已经不复存在，故其财物被夺走和胁迫没有因果联系，陈某的取财意图是在桂某离开后才产生，并没有利用胁迫取财。盗窃罪与抢劫罪两者在违背占有人的意思而夺取他人占有之下的财物这一点上是相同的，区别在于盗窃罪是非暴力窃取他人财物，抢劫罪是采用暴力、胁迫手段强取他人财物，因此在暴力、胁迫并不为取财所用时，就不能认定为抢劫。而且根据本案，陈某的胁迫行为不能被认定为有暴力犯罪恶意，其胁迫程度显著轻微，达不到犯罪的程度。

陈某的行为也不能成立寻衅滋事罪。依我国《刑法》第二百九十三条第三项的规定：强拿硬要或者任意损毁、占用公私财物，情节严重，破坏社会秩序的，处五年以下有期徒刑、拘役或者管制。寻衅滋事罪本是我国 1979 年《刑法》流氓罪中分离出的一个罪名，其存在的合理性本身亦有许多学者质疑，认为这是一项"口袋罪"。④1997 年《刑法》颁布后，关于寻衅滋事罪的四种具体行为类型的规定使得本罪的构成要件具体化，这种规定也使得寻衅滋事这一概念包含多种行为类型，且以达到情节恶劣、情节严重、造成严重混乱的程度为必要。

强拿硬要，是指违背他人意志强行取得他人财物的行为，既可以表现为夺取财物，也可以表现为迫使他人交付财物。对其中的财物宜作广义解释，既包括财产性利益，例如乘坐出租车后，迫使对方不收受出租费用的行为，也宜解释为强拿硬要行为。强拿硬要行为虽然具有一定的强制性，但不需要达到足以压制被害人反抗的程度。损毁财物，是指使公私财物的

---

① 例如，佐伯仁志. 強盗罪（2）[J]. 载《法学教室》第 370 号（2011 年），第 83 页；酒井安行：《暴行·脅迫後の財物奪取》，载阿部純二等编：《刑法基本講座（5）》，法学書院 1993 年版，第 105 页以下；島岡まな：《暴行·脅迫後の領得意思》，载西田典之等编：《刑法の争点》，有斐閣 2007 年版，第 175 页；等等。

② 刘明祥. 财产罪比较研究[M]. 北京：中国政法大学出版社，2001：126-127.

③ 转引自赵秉志主编. 侵犯财产罪研究[M]. 北京：中国法制出版社，1998：110.

④ 王良顺. 寻衅滋事罪废止论[J]. 法商研究，2005（4）：110.

使用价值减少或者丧失的一切行为。任意，就损毁财物而言，意味着行为违背被害人的意志。占用公私财物，是指不当、非法使用公私财物的一切行为。"任意"不仅是对损毁公私财物的限制，也是对占用公私财物的限制。占用公私财物的行为必须具有不正当性，但并不要求行为人具有非法占有目的。而情节是否严重，需要根据行为人取得、损毁、占用的财产数额的多少、强行的程度、任意的程度、行为的次数等做出判断。由于本罪具有综合性的特点，其保护法益并非单纯的财产，故本项行为的结果并不限于财产损失。倘若强拿硬要行为造成他人自杀，也可以评价为强拿硬要情节严重。同样，在自由市场强拿硬要或者任意损毁他人商品的行为，导致他人被迫放弃在市场经营，或者难以顺利在市场经营的，也应评价为强拿硬要情节严重。强拿硬要、任意损毁或者占用公私财产数额较大的，当然属于情节严重（至于是否触犯其他罪名，则另当别论）。① 那么这种强拿硬要且情节严重的行为，在司法实践上如何与抢劫罪的暴力取财相区分呢？

最高人民法院 2005 年 6 月 8 日《关于审理抢劫、抢夺刑事案件适用法律若干问题的意见》指出："寻衅滋事罪是严重扰乱社会秩序的犯罪，行为人实施寻衅滋事的行为时，客观上也可能表现为强拿硬要公私财物的特征。这种强拿硬要的行为与抢劫罪的区别在于：前者行为人主观上还具有逞强好胜和通过强拿硬要来填补其精神空虚等目的，后者行为人一般只具有非法占有他人财物的目的；前者行为人客观上一般不以严重侵犯他人人身权利的方法强拿硬要财物，而后者行为人则以暴力、胁迫等方式作为劫取他人财物的手段。司法实践中，对于未成年人使用或威胁使用轻微暴力强抢少量财物的行为，一般不宜以抢劫罪定罪处罚。其行为符合寻衅滋事罪特征的，可以寻衅滋事罪定罪处罚。"其中的多处"一般"表明，该意见所提出的区分标准并非适用于所有案件。例如，以非法占有为目的抢劫他人财物的人，也可能具有逞强好胜和填补其精神空虚等动机；既然强拿硬要成立寻衅滋事罪不要求采用严重侵犯他人人身权利的方法，那么以严重侵犯他人人身权利的方法强拿硬要财物的，更可能构成寻衅滋事罪。所以，上述区分标准并不具有现实意义。

笔者认为，只有承认寻衅滋事与抢劫罪的想象竞合，才能解决两罪之间的关系。对于以暴力、胁迫手段强取他人财物的，首先判断是否符合抢劫罪的构成要件，如不符合，则考虑其对社会秩序的影响是否已达到寻衅滋事罪的程度。即破坏社会秩序的行为如符合各相关犯罪的犯罪构成，就按该相关犯罪定罪处罚；只有在既够不上各相关犯罪的犯罪标准又确实严重破坏社会秩序因而应当受到刑罚处罚的，才以寻衅滋事罪定罪处罚，这是由《刑法》第二百九十三条的补充性决定的。

从本罪在《刑法》分则体系中的归属及其罪状和法定刑设置来看，立法者有此设计：在《刑法》分则体系中，本罪被归属于分则第六章"妨害社会管理秩序罪"的第一节"扰乱公共秩序罪"之中。如前所述，任何侵犯公民个人人身和财产权利的行为，在事实上也同时破坏了社会管理秩序和社会公共秩序。刑法之所以在将侵犯社会秩序的各个具体方面或具体表现形式的行为规定为其他类罪的同时，又单独设立"妨害社会管理秩序罪"这一类罪，其意旨显然在于：将侵犯的客体不属于其他类罪的客体因而不便纳入其他类罪，或者达不到其他类罪犯罪标准的严重危害社会的行为聚合在一起，另设一类罪加以处罚，以防刑事法网出现漏洞。本罪第一款规定"有下列寻衅滋事行为之一，破坏社会秩序的"，而其他相关犯罪如故意伤害罪、故意杀人罪、故意毁坏财物罪和抢劫罪的罪状中没有这样的表述。这种表述上的差

---

① 张明楷. 寻衅滋事罪探究（下篇）[J]. 政治与法律, 2008（2）: 90.

别也从侧面说明了立法者意图：此罪的犯罪客体，是不能归属于其他相关犯罪的客体之中的一般的社会秩序。如果行为侵犯的客体能够具体化、特定化而符合其他相关罪名，就按照其他罪名定罪处罚。[①]

本案中，陈某因新婚而多饮了几杯酒，在乘车途中与司机发生争执，但这种争执并未引起公共秩序的混乱，陈某显露电警棍的行为也不是为了"强拿硬要"桂某的汽车，而是想在争执中占有强势地位，其目的无非是希望桂某按照其指示的方向继续前行，从构成要件上看，既没有主观上故意利用胁迫手段索财赖账的意图，也没有客观上强取财物达到破坏社会秩序程度的行为。因此，其行为不能构成寻衅滋事罪。

本罪不构成侵占罪。侵占罪与盗窃、抢劫同属取得罪的范畴。但是盗窃和抢劫罪的侵害对象是仍处于他人占有之下的财产，行为人必须夺取占有才能达成犯罪目的，因而均属于夺取罪；但侵占罪不同，行为人虽然取得了在他人所有权下的财物，但是却不需要夺取占有的行为，因此侵占罪属于非夺取罪。依我国刑法第二百七十条规定，我国侵占罪可分为普通侵占和侵占遗失物两类。遗失物是指财物的所有人或持有人，因为疏忽大意偶然将其财物失落在某处；而遗忘物是指财物的所有人或持有人有意识地将所持财物放在某处，因一时疏忽忘记拿走。依照前述，汽车因其性状而难以成为遗失物、遗忘物，因此，应当主要讨论本案是否构成普通侵占罪。

有观点认为，桂某误以为陈某、成某要对其进行抢劫，故弃车而逃，这时三人之间形成了一种代为保管的关系，因此应当成立侵占罪。该论者认为这时属于先行原因形成的保管关系，是没有他人明示、默示授权的保管，而陈、成二人的先行行为使其占有应属不当得利，双方形成保管关系，之后的更换车牌等行为说明二人有拒不返还行为，所以成立侵占罪。

很明显，上述论点采取了保管关系的广义说，但是这样解释的缺陷在于，过于扩大合法占有的来源。这种保管关系并不以委托为前提，而实际中桂某不会也不可能对陈某和成某产生哪怕是最低程度的信赖感——桂某并不是抱持着陈某二人会替他保管车辆的想法下车离开的，试想，怎么会有人将车交给自己假想中的抢劫犯保管呢？因此，桂某离开时就已经预见到陈某二人会非法占有自己的汽车，这时作为侵占罪保护法益的信赖关系还根本没有机会形成，因此在司机离开后，陈某就迅速获得了合法占有汽车的权利是说不通的。

侵占罪是以行为人事先占有他人财物为成立前提的，这种占有一般是因为受他人的委托，行为人通常具有法律上处分该物的可能性，其占有本身并不存在侵害委托人财产权的问题。侵占罪的可罚性是在于把自己占有之下的他人财物非法变为己有，也就是我国台湾地区学者所言："变合法持有（或占有）为非法所有。"[②]因此，作为本罪对象的财物，必须是由行为人已经自己合法占有的财物。日本的判例和通说认为，这里的"占有"，是指对财物具有事实上或法律上的支配力的状态；只要行为人对财物具有这种支配力即可，而不要求其事实上持有该物。[③]这说明，虽然侵占罪的占有与盗窃、抢劫等夺取罪的占有具有共同性，但这种占有与盗窃占有不同的是，它不仅指事实上的支配，也指法律上的支配，但都应以财物的所有人与行为人之间存在委托关系为前提，委托关系发生的原因多种多样，如租赁、担保、借用、委任、寄存等。委托关系不一定要有成文的合同，根据日常生活规则，事实上存在委托关系

① 杜启新，安文录. 论寻衅滋事罪的合理定位[J]. 政治与法律，2004（2）：102-104.

② 林山田. 刑法特论（上）[M]. 台湾：台湾三民书局，1978：295.

③ 刘明祥. 财产罪比较研究[M]. 北京：中国政法大学出版社，2001：40.

即可。① 这是因为学理上一般认为，普通侵占罪的本质除了侵害了财产权之外，还侵害了社会经济生活中的委托信赖关系，这也是该罪不同于其他财产犯罪的重要特征。由此，将条文中"代为保管"解释为基于信任委托关系的代为保管，更加符合侵占罪的本质。②

关于本罪的行为人占有他人财物的原因，有的国家刑法明文规定必须是委托占有，而有的国家如日本，则没有在刑法中作明文规定，但是其国内法院判例和通说都认为"占有"亦指基于委托信任关系而占有。③虽然盗窃、抢劫等夺取行为亦可造就占有或支配他人财物的结果，但盗窃、抢劫行为本身就已构成了相应的刑法犯罪，这种占有的状态不过是不可罚的事后行为，不能认为是构成了侵占罪。所以本罪中的占有原因只能限于物的所有者或者是公务机关与行为人之间基于委托关系而由行为人占有，这种委托关系是根据当事者之间的信任关系所产生。至于在法律上委托者对目的物是否有委托受托者保管的权限，受托者是否被允许受托，则在所不问。即使委托合同在法律上无效，对这种合同被取消时应该交出之物的占有，也仍然可以说是基于委托信任关系的占有。④

正因如此，对侵占行为，日本的判例解释通常是指违反对委托物的保管义务，非法处分委托物的行为。行为人仅仅只是在内心里想把自己占有的他人之物改变为自己所有是不够的，必须有表明侵占意图的客观的处分行为，例如出卖、消费，毁坏隐匿等。而在英美法国家，一般要求侵占罪的成立具有某种非法意图。例如美国刑法中，侵占罪的成立必须要有欺骗意图（fraudulent intent），否则，若行为人真诚地认为他有权转变自己占有的他人财产，或转变时具有归还意图等，都不能认定侵占罪。⑤

关于侵占的含义，在大陆法国家刑法理论上，存在着取得行为说和越权行为说的争论。取得行为说认为，所谓侵占是指非法取得自己占有的他人之物的行为，也就是实现非法取得意思的行为。即行为人对他人之物本来只是一般的占有，应该予以归还，但他出于非法取得的意图而据为己有。该说所依据的是本权说，认为单纯破坏委托信任关系的越权行为不具有侵害本权的危险性，只有当行为人具有了非法占有的恶意，并依此而实施据为己有的行为时，才成立侵占。这是德日判例和理论界的通说。而越权行为说认为，侵占是指破坏委托信任关系，对自己占有的他人之物实施超越权限的行为。侵占罪的成立，不以行为人有非法取得的意思为必要。其理由是侵占委托物的本质是违背委托信任关系，则该罪侵占含义本身即有越权之意，如果以非法取得的意思为成立本罪的必要条件，则会过于缩小本罪成立范围。

由上述观点中不难看出，越权行为说所界定的侵占范围要广于取得行为说。取得行为说重视财物的取得，是结果无价值的体现，而越权行为说更重视对委托关系的违反，偏向于行为无价值论。但即使依照取得行为说，也要考虑这种取得是否有超出所授予权限之嫌，从而判定这种取得是否违法。若依照越权行为说，就要考虑权限边界的判定，如果对权限的范围理解过宽，就会过于扩大侵占罪处罚范围，这时考虑行为人的主观意图就显得尤其必要。因此上述两种观点并非是完全割裂，而是互为辅助的参照关系。但依据财产犯罪的基本理论，

① 张明楷. 刑法学（第五版）[M]. 北京：法律出版社，2016：967.

② 关于"代为保管"解释的争论，学理上有广义说和狭义说之分，但根本分歧只有一个，即"代为保管"仅限于财物所有人或占有人主动委托行为人保管，还是同时也包括行为人未经委托而自行保管他人财物。认为后者合理的论述详见：肖中华、闵凯. 侵占罪中"代为保管的他人财物"之含义[J]. 法学家，2006（5）：70-72.

③ 参见〔日〕大塚仁等编. 刑法解释大全（第10卷）[M]. 东京：青林书院，1989：312. 转引自刘明祥. 财产罪比较研究[M]. 北京：中国政法大学出版社，2001：326.

④ 〔日〕大塚仁. 刑法概说（各论）[M]. 冯军译，北京：中国人民大学出版社，2003：276.

⑤ 储槐植. 美国刑法（第三版）[M]. 北京：北京大学出版社，2006：285.

侵占罪是一种取得罪，客观上需要有非法取得的行为，主观上需要有非法取得的意图，主客观相统一本罪才能成立，因此取得行为说更为合理。即侵占的成立在客观上必须有超越权限的行为，主观上必须有非法占有的意图。①在大陆法系国家的刑法理论中，对非法占有的目的有三种不同的理解：一是排除权利者的意思说，认为非法占有的目的，是指排除权利者行使所有权的内容，自己作为财物的所有者而行动的意思。二是利用处分的意思说，认为非法占有的目的是指按财物经济的（本来的）用法利用、处分的意思。还有一种折中说，认为非法占有的目的，是指排除权利人对财物的占有，把他人之物作为自己的所有物，按其经济的用法利用或处分的意思。②

委托物侵占的主观构成要件为故意，并具有不法所有的目的。概言之，行为人必须明知是代为保管的他人财物，而不法据为己有。如果行为人只是占有的辅助者，而没有占有他人财物，也不属于"代为保管"。③例如，倘若司机行驶中途下车买水对乘客说，帮我看一下车，这名乘客也仅是占有辅助者，而并不是事实上占有了该汽车成为保管人。

在本案中，司机桂某并未丧失事实和法律的占有，在这种情况下也无法推定司机桂某有把汽车委托陈某看管之意，陈某在等候的时间里也没有占有的意思，不能形成占有，而没有先行合法的占有，侵占罪的成立前提就不存在。陈某将车开走随即替换车牌的行为，使其不能被推定为先有代为保管的意图后又产生据为己有的意思，而应当能够认定为将车开走时，就已经有据为己有的意思了。故不能成立侵占罪。

最后，本案应构成盗窃罪。盗窃罪是一种最常见的财产罪。在大陆法系刑法理论中，将它归属于夺取罪一类，视为是以违背财物占有人的意思夺取其财物为特征的犯罪类型。盗窃罪的行为是窃取（或盗取）他人财物。窃取是指违反占有人的意思，排除其对财物的占有，将财物转移给自己或者第三者占有。即窃取行为是排除他人对财物的支配，建立新的支配关系的过程。④窃取的本意应该是秘密取走财物。但在德日等国并不这样严格解释，一般认为只要行为人没有使用暴力、胁迫手段而取走财物就可以认定是窃取。之所以如此，是因为德日等国刑法没有规定抢夺罪，只好将公然夺取财物的行为也解释为窃取，纳入盗窃罪的范围来处罚。⑤与日本不同的是，我国还有抢夺罪的规定，因此我国理论上通说观点一般认为，盗窃罪的行为只能表现为秘密窃取他人财物的行为。⑥只要行为人采取秘密的、自认为不为财物的所有人或保管人所知晓的方法将财物取走，不管第三者是否知晓，也不问行为人是否以为第三者知晓，均不影响盗窃罪的成立。

但是这一通说存在着以下问题：首先，通说对秘密性的界定是"自认为"，即以行为人主观认定窃取行为"秘密"与否。这会导致"同样在客观上都是公开取得他人财物的行为，当行为人自认为被害人没有发觉时成立盗窃罪，认识到被害人发觉时就成立抢夺罪"⑦的主观归罪情形，而行为人的主观意识确定困难，会使法官裁量权过大，不利于司法实践的统一。其次，实践中常出现行为人在以非暴力手段取得他人财物时，根本不在意自己的行为是否被他

①〔日〕大谷实著. 刑法各论[M]. 黎宏译，北京：法律出版社，2003：220.

②〔日〕曾根威彦. 法的重要问题（各论）[M]. 东京：成文堂，1996：130. 转引自刘明祥. 财产罪比较研究[M]. 北京：中国政法大学出版社，2001：64.

③张明楷. 刑法学（第五版）[M]. 北京：法律出版社，2016：967.

④张明楷. 刑法学（第五版）[M]. 北京：法律出版社，2016：950.

⑤刘明祥. 财产罪比较研究[M]. 北京：中国政法大学出版社，2001：184.

⑥高铭暄、马克昌主编. 刑法学（第三版）[M]. 北京：北京大学出版社、高等教育出版社，2007：512.

⑦张明楷. 刑法学（第五版）[M]. 北京：法律出版社，2016：949.

人发觉，这时如果依通说则应认定为抢夺罪，可行为人又未使用任何暴力手段取财，与抢夺罪要件不符，使定罪陷入两难。另外，张明楷教授指出，故意的内容与客观构成要件的内容应当一致。一方面，凡属于客观构成要件要素的事实，就必然属于故意的认识与意志内容。另一方面，凡是不属于客观构成要件要素的事实，就不可能成为故意的认识内容与意志内容。但是，通说一方面认为，客观的盗窃行为既可以是公开的，也可以是秘密的；另一方面又要求行为人必须"自认为不使被害人发觉的方法占有他人财物"。换言之，即使行为在客观上表现为公开盗窃时，行为人主观上也必须认识到秘密窃取。但吊诡之处在于，既然客观上可以表现为公开盗窃，那么，主观上就可以认识到自己是在公开盗窃。①况且公开盗窃的情形大量存在。例如在公共汽车上明知有他人（包括被害人）看着自己的一举一动而"公然"实施扒窃的，从来都是作为盗窃罪处理，而不是定抢夺等罪，因此刑法理论理应承认公开窃取行为构成盗窃罪。而我国对于窃取行为的"秘密"限定，不仅有主观定罪之嫌，在实践中亦会造成法律的空隙，令"公然"盗窃行为难以处理。如此看来，在德日等没有规定抢夺罪的国家，由于盗窃罪中包括秘密窃取与公开夺取两种情形，自然不会发生这种定罪上的困难。从这种意义上说，不单独规定抢夺罪，也有其司法上的便利性与理论上的合理性。②

因此，虽然即使陈某可能预料到如果自己将汽车开走，会被司机知道，但由于其不法占有的状态和取财目的的达成，是以平和方式在司机肉眼所不及之处取得，因此其行为仍属窃取。前述已经指出，司机对车仍有支配力，在他人有支配力和支配意思时取走财物是盗窃，而非侵占。陈某将车开走是以非法占有的目的而为的排除他人支配力，而不是在他人已经丧失支配或将直接支配的权利转移时所为的善意保管，所以符合盗窃罪的夺取罪性质。

德日理论一般认为，盗窃罪实行行为的着手，应以该行为已经具有引起构成要件结果发生的现实危险性为标志。在通常情况下，只要没有特殊的障碍，某种行为有使他人的财物转移到自己或第三者支配之下的可能性时，就可以认定为盗窃罪实行的着手。③因此，陈某再次回到车里，坐到驾驶座发动汽车应定为盗窃着手行为，而非代为保管行为。

在德日等大陆法系国家，关于盗窃罪的既遂时期或认定标准，主要有以下四种学说：（1）接触说，认为行为人的手接触到想要窃取的财物的时候就是既遂；（2）取得说，认为行为人侵害他人对财物的占有，将他人财物置于自己或第三者占有下之时便是既遂；（3）转移说，认为行为人将财物转移到其他场所时则是既遂；（4）隐匿说，认为行为人将财物隐藏在不易被人发现的场所时才是既遂。以上四种学说中，取得说是通说。大陆法系学者一般认为，盗窃罪的本质是窃取他人财物，所谓窃取，就是侵害他人对财物的占有，将财物置于自己或第三者占有之下，取得说恰好符合窃取的内在含义。而接触说不符合盗窃罪的本质，并且会使盗窃罪的既遂过于提前；转移说和隐匿说又会使盗窃罪的既遂时期过于推后。④

我国刑法理论界除了与大陆法系相同的四种学说外，又发展出了损失说、失控说、失控加控制说、失控或控制说及折中说等五种学说。⑤纵观中外刑法理论上关于盗窃既遂标准的各种学说可以看出，理论差异即在区分既未遂的立足点有所不同。笔者认为，立足于行为人一

① 张明楷. 刑法学（第五版）[M]. 北京：法律出版社，2016：949.

② 刘明祥. 财产罪比较研究[M]. 北京：中国政法大学出版社，2001：184.

③〔日〕大谷实. 刑法各论的重要问题[M]. 东京：立花书房，1990：119-120. 转引自刘明祥. 财产罪比较研究[M]. 北京：中国政法大学出版社，2001：185.

④〔日〕大塚仁. 刑法概说（各论）[M]. 冯军译. 北京：中国人民大学出版社，2003：195.

⑤ 参见刘明祥. 财产罪比较研究[M]. 北京：中国政法大学出版社，2001：191-192.

方来确定既遂、未遂的标准更为合理，因为行为人是犯罪主体，犯罪有无及停止形态的确定，都应从主体角度出发，予以判定。

在具体的盗窃案件中，还要根据所窃财物的性质、形状、被害人对财物的占有状态、窃取行为的表现形式等综合判断。像本案中的汽车，由于其体积大，不易搬动，因此要当汽车发动离开现场时，才算盗窃既遂。即陈某将车开走时为盗窃罪的既遂，之后的换车牌、烧行驶证行为虽然属于毁弃物品的行为，[①]但属于隐匿犯罪所得、逃避法律制裁的事后行为。依最高人民法院《关于审理盗窃案件具体应用法律若干问题的解释》第十二条（五）：实施盗窃犯罪，造成公私财物损毁的，以盗窃罪从重处罚；又构成其他犯罪的，择一重罪从重处罚……盗窃后，为掩盖盗窃罪行或者报复等，故意破坏公私财物构成犯罪的，应当以盗窃罪和构成的其他罪实行数罪并罚。本案应依照毁弃物品的具体情况，定罪处罚。

五、结语

本案盗窃罪与抢劫罪的区分焦点在于，陈某显露电警棍的行为算不算抢劫罪中的胁迫行为，这就要看它能否达到压制被害人反抗的地步，如果达到了胁迫的强度，那么在胁迫行为之后临时起意取财的，能不能将胁迫行为和取财行为合并评价，以抢劫罪定罪处罚？由于抢劫罪的目的行为和手段行为必须具有因果联系，若行为人未有意利用胁迫方式取财，则不能认定为抢劫，因为暴力性存在与否正是区分盗窃与抢劫的关键。

本案抢劫罪与寻衅滋事罪的区分焦点在于，陈某是否有未强烈侵犯他人人身权利却足以扰乱社会秩序的强拿硬要行为。陈某显露电警棍不足以压制一般人的反抗，因而不是抢劫，但其行为也没有足以扰乱社会秩序，且行为目的也与取财（汽车）无关，不属于强拿硬要。

本案盗窃罪与侵占罪的区分焦点在于，陈某是否合法占有过汽车。由于汽车的性质，桂某下车逃跑不能被认定为丧失占有，而陈某在车下等待时，也没有占有意思，故不能被认为已经取得了占有，陈某与桂某间也不存在委托保管关系，陈某先期未占有过汽车，自然不能成立侵占类犯罪。发动汽车的行为应认定为盗窃罪的着手，而更换车牌、烧毁行驶证的行为应认定为盗窃既遂后隐匿赃物的事后行为，而不应认定为是拒不返还的表现。

（撰稿人：刘亚君）

---

① 取得罪与毁弃罪：取得罪是不正当利用他人财产的犯罪；毁弃罪则是使他人物的价值毁灭或减少的犯罪。前者包括盗窃罪、强盗罪、诈欺罪、恐吓罪、侵占罪等，后者则只限于毁弃罪。前者是财产罪的中心，是打击的重点……但是从对财产的侵犯程度而言，应该认为后者重于前者。因为被夺取的财物在没有被利用完之前，往往还有返还的可能性，而财物一旦被毁弃，也就没有返还的余地了。之所以前者的法定刑比后者重，是因为从各国的犯罪统计情况看，取得罪的发生率非常高，有必要用较重的刑罚来惩治。〔日〕前田雅英. 刑法各论讲义[M]. 东京：东京大学出版社，1995年日文第二版：219. 转引自刘明祥. 财产罪比较研究[M]. 北京：中国政法大学出版社，2001：7.

案例 9 取回行贿款的行为如何定性？

一、案情简介

A 以自己的名义办了一张银行卡，存入 20 万元，然后将该卡送给了某工商局局长 B，并将密码也告诉了 B。B 当场答应为不具有某资质的 A 办理某项业务。但三天后，B 被双规了。A 估计 B 还没有使用该银行卡，就到银行将该卡挂失，然后将 20 万元全部取回。A、B 的行为应该如何定性。

二、争议问题

本案中，A 是为了谋取不正当的利益（不具备办理某业务的资质）而给予了国家工作人员 B 财物，故成立行贿罪。与之相对应，B 对 A 请托的事项具有承诺，根据我国目前关于受贿罪既遂的认定标准，行为人只要具有承诺行为即认定为受贿既遂，不论其是否真正为请托人谋取到不正当利益。因而，B 构成受贿罪也是没有异议的。

本案争议的地方是用于贿赂的钱款已经存入银行卡，B 已占有银行卡并知悉银行卡的密码，但没有对钱款进行处分，A 在 B 已经占有的情况下，擅自将银行卡挂失取回钱款的行为是否属于对他人财产所有权的侵犯？如果属于对所有权的侵犯，那么 A 仍是银行卡名义上的所有人，其正常的挂失行为应当如何定性；如果属于对占有权的侵犯，那么 A 将卡以及密码转交给 B 的行为如何评价？在整个案件的实行过程中，对于 20 万元的贿赂款，应当由国家进行追缴，但是却由 A 通过办理银行业务的行为取得，那么对于国家损失的利益又如何评定？尤其是本案中 A 的行为除构成行贿罪以外，还应构成何种犯罪？对此有三种观点，分别认定是盗窃罪、诈骗罪和侵占罪。

三、相关法条

《中华人民共和国刑法（2020 年修正）》

第三百八十九条　为谋取不正当利益，给予国家工作人员以财物的，是行贿罪。在经济往来中，违反国家规定，给予国家工作人员以财物，数额较大的，或者违反国家规定，给予国家工作人员以各种名义的回扣、手续费的，以行贿论处。因被勒索给予国家工作人员以财物，没有获得不正当利益的，不是行贿。

第三百八十五条　国家工作人员利用本人职权或者地位形成的便利条件，通过其他国家工作人员职务上的行为，为请托人谋取不正当利益，索取请托人财物或者收受请托人财物的，以受贿论处。

四、学理分析

（一）财产性犯罪的保护法益

1. 日本刑法理论中对于财产性犯罪保护法益的分析

（1）本权说

本权说将财产罪保护法益界定为所有权以及其他本权，本权就是日本刑法中的概念，意指所有权及其他财产权利，包括他物权、债权、租赁权等。本权说又包括以下三种形式。

一是限制的本权说，认为只有民法上的所有权才值得刑法保护，该说与所有权说相同。[①]该说存在下列弊端，第一，该说难以合理说明所有权人将处于他人合法占有之下的财物擅自取回的性质，所有权人擅自取回的，即便侵害了他人对财物的合法占有，但行为人自身对财物具备所有权，因而不存在所有权侵害；第二，将他物权和债权排除在财产犯的保护范围之外并不合理，[②]债权的地位在社会生活实践中已经占据主导地位，如果将他物权和债权排除，那么对权利的规定没有意义，起不到保护的所用，因其永远不能对抗所有权的行使；第三，不能合理说明骗取、盗取他人占有的毒品等违禁品行为的犯罪定性问题。违禁品属违法的产物，故其不可能存在真正的所有权，[③]国家机关将毒品等违禁品收缴、没收后予以销毁时，并非是以所有权人的身份来处分，而且即便国家可能对违禁品具有所有权，但所有权的取得以现实的交付为准，故在违禁品还没有被没收之前，难以认定国家对应收物存在所有权；第四，难以认定侵害他人非法占有的财物构成财产罪的理由，如以盗窃等非法手段取得他人财物，占有人对处于其非法占有之下的财物并不具有所有权，如果该财物再次遭受第三人非法侵夺，因为没有侵害他人的所有权，依据所有权说不能认定成立财产犯罪，这显然是不合理的。[④]

二是纯粹的本权说，该说认为只要是基于权源的合法占有，都受刑法的保护，只要侵害了财物之上的财产权利，就具有构成财产罪的可能性。该说是对限制的本权说的进一步发展，在一定程度上合理地说明了被害人从犯罪人处取回自己财物的性质问题。也说明了不可罚的事后行为的性质，即例如盗窃犯是典型的状态犯，即便经由窃取等行为移转他人财物的犯罪行为实行终了，之后的法益侵害状态仍处于继续状态，此后，即使盗窃犯人对所窃得的财物实施持有、损坏等其他行为，只要这些行为属于当初构成要件行为所预定范围的行为，就不构成新的犯罪。[⑤]但纯粹的本权说仍有下列弊端：第一，其将非法占有绝对排除在财产的保护范围之外，仍没能解决第三人通过不法方式取得非法占有人财物的问题。第二，该说过于依赖民法上所提出的权利性质、功能、分类情况，从属性过于明显，主张只有民法上合法的权利才能受到刑法的保护，立场过于绝对。民法与刑法上利益保护范围之间存在差异，因而不能绝对以民法的保护为前提。[⑥]

三是修正的本权说，由日本学者曾根威彦提出，该说将财产类犯罪的保护法益分为三步，

① 王作富主编. 刑法分则实务研究（下）[M]. 北京：中国方正出版社，2003：1190.

② 张明楷. 刑法学（第五版）[M]. 北京：法律出版社，2016：941.

③ 张明楷. 骗取自己所有但由他人合法占有的财物构成诈骗罪[J]. 人民检察，2004（10）：27.

④ 刘明祥. 财产罪比较研究[M]. 北京：中国政法大学出版社，2001：16-17.

⑤ 〔日〕大塚裕史. 刑法各论的思考方法[M]. 早稻田：早稻田经营出版，2003：43.

⑥ 〔日〕内田博文. 盗窃罪的保护法益[J]. 现代刑事法，2000（12）：30.

首先保护本权与占有；其次在本权与占有相冲突的场合，仅保护能够与本权相抗衡的合法占有；最后，例外地存在着单纯的占有就是保护法益的情况，如对违禁品的占有。[①]修正的本权说主张所有权等本权是财产罪的主要保护法益，占有是次要的保护法益，因此需要将合法占有与部分非法占有适当衔接，以得出合理的结论。支持该说的学者认为该说站在缓和的违法一元论立场，既看到了刑法与民法法益保护的一致性，同时也看到了刑法的独立性，对于部分民法不予保护的非法利益，刑法出于维护财产秩序的需要进行保护。否定该说的学者认为修正的本权说虽然能够将多种情形考虑在内，但是不能对某些特定的概念有具体的定义，如"存在合理根据""民事上被认可的利益"等。

（2）占有说

占有说分为纯粹的占有说和修正的占有说。

纯粹的占有说认为盗窃罪等财产罪的保护法益是单纯的财物占有自体，也即财物的占有本身。财产罪成立与否的判断并非依据财物之上的财产权利是否遭受侵害，而是以财物的占有自身是否遭受侵害为标准，只要存在他人占有的财物，无论其占有合法与否，即便是所有权者自身实施自救行为等其他适切方法的场合，也不许随意侵犯。有批评意见认为，占有说是与主观主义刑法学、行为无价值论相结合的。例如山口厚教授认为"对财产秩序全体的威胁是超越了刑法规定的个别的财产犯的保护法益，不是盗窃罪等个别犯罪处罚的根据。"[②]另外，纯粹的占有说将所有的占有都作为保护法益，有过于扩大保护对象的缺陷，对于所有状态的占有都进行保护的原因在于原则上不主张自力救济，故要保障财物占有状态的稳定，但仍然难以合理说明被害者从犯罪人处取回自己财物的情况。

修正的占有说认为财产罪的保护法益是"平稳的占有"，即便是不适法的占有，对第三者也是平稳的占有，但只要占有取得的发端不是平稳的，就不可以对抗本权者。财产罪的本质在传统上就被视为对所有权的侵害，其首先保护的应当是所有权及其他本权，为了保护基于权源的合法占有作为前提，则必须相应地把并非基于权源的占有也作为财产罪的保护对象。

2. 德国刑法理论中对于财产性犯罪保护法益的分析

德国关于财产罪所保护的法益是承袭日本的理论，如前所述，日本的学说可以分为本权说、占有说，因为其中有无法避免的弊端，又提出修正的本权说和修正的占有说，统称为修正说，德国相应地也有三种学说，分别是法律的财产说、经济的财产说、法律—经济财产说。

（1）法律的财产说

所谓财产就是财产性权利的总和。不为以民法为核心的法律所承认的主张或利益，不能被认定为财产，其采取的是刑法从属于民法的立场，即刑法上财产性权利的判断完全由民法来决定。该说源于德国法院早期的判决，但由于有时过于宽泛，如根据该说财产罪中的财物不需要有经济价值，也不需要对财产造成经济损害，因每一个能被称为财产的财物都具有民法上的权利，只要妨害了其中某种权能的行使，即便没有造成损害也有可能会构成犯罪；有时又规定得过于狭窄，因为许多财产利益并没有以财产权利的形式存在，例如客户信息、商业秘密、劳动力等。[③]故该说目前在德国已经不被支持。

① 〔日〕曾根威彦. 刑法的重要问题（各论）[M]. 东京：成文堂，2007：129.
② 〔日〕山口厚. 问题探究 刑法各论[M]. 东京：有斐阁，1999：124.
③ 江溯. 财产犯罪的保护法益：法律—经济财产说之提倡[J]. 法学评论，2016（6）：89.

（2）经济的财产说

该说认为财产就是所有具有经济价值的物或者利益。即便是通过非法或者违反公序良俗的行为获取的物或利益，只要具有一定的经济价值，依然是刑法上的财产。该说是以刑法完全独立于民法的思想为基础的。从刑事政策的角度看，经济的财产说似乎具有优越性，因为除了不具有经济价值的财产，它认为其他所有财产都值得刑法保护，对于这些财产的侵害行为均构成财产犯罪，这样一来在财产犯罪的领域就不存在法外空间了。但是该说走向了另一个极端，导致对单纯占有的保护超出了对财产所有权的保护（所有权人从盗窃犯处窃回被盗财物的，只要没有提供相当价值的财物，就意味着使盗窃犯遭受了经济损失，该所有权人取回财物的行为构成盗窃罪），过于扩大了财产罪的处罚范围。

（3）法律—经济财产说

该说原则上认为有经济价值的物或者利益都是财产，但是同时又要求相应的物或利益必须为法秩序所承认，即刑法最重要的任务在于保护法益，而保护法益必须得到法秩序的承认（对于某些利益会通过司法判例或者是法律的明文规定，来判定其是否是刑法所保护的法益），违反法秩序的利益，即使从纯粹经济的角度上看是有价值的，也不值得刑法的保护。该说肯定只要造成了他人的经济损失，便肯定存在财产损失。因而对于非法占有他人通过非法手段占有的财物这种"黑吃黑"的行为，也应认定成立犯罪，而对于欺骗妓女与自己发生性行为的，由于性行为本身不是经济利益（根据德国司法判例，违反公序良俗、非法的尤其是应当受到刑事处罚的劳动或服务，即便是有偿提供的，也不能被认定为财产），所以不成立诈骗罪。这显然有利于保护财产秩序的稳定和财产法益。

3. 我国刑法理论中对于财产性犯罪保护法益的分析

目前我国学界存在的学说主要为所有说、占有说和混合说，因我国借鉴了日本学界的理论学说，故所有说和占有说所主张的观点与前文已经介绍的本权说和占有说大同小异，此处主要介绍混合说。该观点认为，财产罪的保护法益首先是财产所有权以及其他物权，其次是需要通过法定程序改变现状（恢复应有状态）的占有，即如果要违背占有人的意思改变其占有现状（如没收、追缴，将财物转移给他人占有），就需要通过法定程序，之所以这样理解，就是为了将被害人恢复权利的行为（权利人从非法占有者处取回自己所有或合法占有的财产的行为以及合法行使其他权利的行为）排除在盗窃罪之外。①混合说的意义，一是将所有权之外的借贷、租赁等合法权利作为财产犯罪的保护法益，从而避免传统的所有权说的不足；二是将需要通过法定程序改变现状的占有作为保护法益，从而避免在侵害他人所持有的违禁品、赃物等不可能属于合法持有的物品的时候，因为没有侵害合法权益而难以认定为犯罪的不足；三是通过非法占有不能对抗本权的特殊说明，避免将所有人取回自己被盗财物的自救行为认定为财产犯罪。②因此，我国刑法其实偏向于采纳法律—经济的财产说的观点。首先，我国《刑法》对于公私财产进行解释时，对私人财产的解释使用"合法"一词，即刑法保护私人财产的前提是合法；其次，我国对一些非法财物的盗窃、抢劫行为也认定为犯罪，如最高法司法解释中明确表示违禁品可以作为夺取罪的犯罪对象。高铭暄、马克昌以及赵秉志教授都认为侵犯财产罪的客体是公私财产所有权，张明楷和黎宏教授则比较主张混合说，认为在相对于本权者的情况下，如果占有没有与本权者相对抗的合理理由，相对于本权者恢复权利的行为

---

① 张明楷. 刑法学（第五版）[M]. 北京：法律出版社，2016：943.
② 黎宏. 论财产犯罪的保护法益[J]. 人民检察，2008（23）：25-28.

而言，则不是财产犯罪的法益。

(二)财物与财产性利益

1. 财物

我国《刑法》分则第五章为侵犯财产类犯罪，共 14 条罪名，大部分的罪名中都规定了侵犯的对象是"财物"，我国的刑法规定其实对财物和财产没有进行细致的区分，这是因为我国刑法设立之初借鉴了苏联的立法模式，对"财产"与"物"的含义基本是等同的，故我国在立法时将侵犯的对象直接规定为了财物。《刑法》第九十一条规定了公共财产的范围，即国有财产、劳动群众集体所有的财产、用于扶贫和其他公益事业的社会捐助或者专项基金的财产；第九十二条规定了公民私人所有财产的范围，即公民的合法收入、储蓄、房屋和其他生活资料；依法归个人、家庭所有的生产资料；个体户和私营企业的合法财产；依法归个人所有的股份、股票、债券和其他财产。但学界对于公私财物的具体概念没有一个准确的定义，故我们从法律规定的条文中，总结出一些财物所具备的特征来确定其含义。

根据法律条文的规定，对刑法中的财物分为广义的财物和狭义的财物，狭义的财物基本是按照民法的分类，将财物分为有体物和无体物。有体物指客观上具有物理意义的存在形态的物质，如固体、液体等，无体物则是认知五官不可及之物，如电力、煤气、天然气，我们可以将无体物理解为自然存在的、在性质上能与电力相提并论的物质性的东西。[①]广义的财物包括了财产性利益，但对于无体物属于刑法意义上的财物存在争议，主张者认为对于无体物的窃取等行为，其目的是为了得到不用支付相等对价的利益，而并不是服务本身。张明楷教授认为能够称其为刑法意义上财产类犯罪保护的财物应当具有以下特征：第一，具有管理可能性。这是相对于被害人而言，如果被害人根本不可能管理，我们就不能说被害人占有了某种财物，因而也不能认定其丧失了某种财物。而且，例如盗窃罪表现为将他人占有的财物转移给自己或者第三者占有。所以，只有被害人具有管理可能性(可以占有)的东西，才可能成为财物。第二，具有转移可能性。这是相对于行为人而言，如果行为人不可能转移被害人管理的财物，就不可能盗窃被害人的财物。第三，具有价值性。这是相对于保护法益而言，如果一种对象没有任何价值，就不值得刑法保护。[②]

笔者认为刑法意义上的财物应当是广义的财物，既包括有体物和无体物，也包括财产性利益。对于无体物的保护，笔者认为在现实社会中存在行为人窃取无体物并且进一步利用其经济价值的行为，并不单纯是为了不支付对价的行为，如网络域名的盗窃在某些盗窃网络域名的案件中，行为人存在两种行为方式，一是直接出售获取收益，二是持续占有经营一段时间，以在此期间获得利益，该行为并不只是包含不支付起初获得域名的对价问题，还包括进一步利用其经济价值。[③]关于财产性利益能否成为财产罪保护的对象问题，下文将进行阐述，目前刑法理论界的通说认为财产性利益应当成为保护的对象，并对《刑法》第二百六十五条规定的盗接他人通信线路、复制他人电信号码的行为规定为盗窃罪，认为是我国将财产性利

---

① 黎宏. 刑法学各论(第二版)[M]. 北京：法律出版社，2016：290.

② 张明楷. 非法获取虚拟财产的行为性质[J]. 法学，2015(3)：19.

③ 参见最高人民检察院 2017 年公布的第九批指导性案例的张四毛盗窃案，最高检更是首次认定网络域名具备法律意义上的财产属性，盗窃网络域名可以认定为盗窃行为。在指导意义中，最高检再次明确，网络域名属稀缺资源，其所有人可以对域名行使出售、变更、注销、抛弃等处分权利。网络域名具有市场交换价值，所有人可以货币形式进行交易。通过合法途径获得的网络域名，其注册人利益受法律承认和保护。

益的保护规定到了刑法分则条文中。①

2. 财产性利益

财产性利益这一概念最早由日本理论界提出，主要在财产犯罪以及贿赂罪中加以讨论，本文仅讨论财产犯罪中的财产性利益。财产性利益，大体是指狭义（普通）财物以外的、无形的、具有经济价值的利益，财产性利益的种类多样，如债权、劳务、服务等。获得财产性利益可指积极财产的增加亦可指消极财产的减少。②积极利益、消极利益都属于财产性利益的范畴。积极利益指行为人不应增加的利益增加，如与他人赌博，在赌博的过程中采用欺诈的手段让被害人欠债。与积极利益相对应，消极利益则指行为人应该减少的利益没有减少，例如使用欺骗的方式让债权人免除债务。此类行为在刑法上是否构侵财犯罪，涉及的是财产性利益能否成为侵犯财产罪的对象问题。对此存在否定说和肯定说。

持否定说的学者大致有如下几点理由：第一，由于目前我国的刑法条文中没有明确规定财产性利益可以成为财产犯罪对象，而且财产性利益这一概念的内涵和外延并不十分明确，从罪刑法定的角度来看，这些问题都有待研究；第二，将财产性利益解释为财产或广义的财物是类推解释，刑法禁止类推解释，财产犯罪为章节名，仅代表此章罪名所侵犯的法益，在讨论个罪时必须以具体条文为依据；第三，单纯因为处罚必要性而将财产性利益纳入刑法规制范围是不公正的。③

肯定说则认为，财产性利益可以成为财产犯罪的保护对象。如有学者认为，在法律没有明确排除财产性利益成为某些犯罪行为侵害对象（如盗窃罪、诈骗罪）的情况下，财产性利益具有一定的经济价值，具有可支配性，能够被人们所占有和支配，属于未被法律排斥的他人财产，可以成为犯罪对象。④有的学者论述得更为详细，认为将财产性利益认定为财产类犯罪的对象，可以有效解决司法实务中的诸多困惑，使得刑事处罚上不再存在空隙，如认为《刑法》第二百六十五条是利益盗窃罪的"注意规定"，也是盗窃行为入罪的路径。另外，民法对于债权等财产性利益的保护不是万能的，将财产性利益解释为财产犯罪的保护对象，有利于刑法及时填补民法保护财产性利益的漏洞。

肯定说的观点目前是我国刑法学界的理论通说。首先，根据前文所述财产性利益是作为财物的一种，而并不是将财产性利益类推解释为财物，理应成为保护的对象，否则在社会实践中无法对债权人债权享有进行保护；其次，对于是否违反罪刑法定的问题，笔者认为关于财产性利益的保护，《刑法》是有所规定的，如第九十二条规定的股票、债券等，第二百一十条盗窃增值税发票以及第二百六十五条规定的盗窃罪等情形，只是对财产性利益的具体内涵没有进行明确的规定，但不能否认其存在。最后，以取得型财产犯罪为例，如果不处罚盗窃、诈骗、抢夺财产性利益的行为，会导致刑法适用上的不协调。例如我国《刑法》第二百六十九条规定了作为抢劫罪的一种特别类型的事后抢劫罪（也有称之为"转化型抢劫罪"），即犯盗窃、诈骗、抢夺罪，为窝藏赃物、抗拒抓捕、毁灭罪证而当场使用暴力或者以暴力相威胁的，依照《刑法》第二百三十八条即抢劫罪的规定定罪处罚。如果说盗窃、诈骗、抢夺的对象只能是财物的话，则势必会形成这样的结局：盗窃、诈骗、抢夺财产性利益的，即使为窝藏赃物、抗拒抓捕或者毁灭罪证而当场使用暴力或者以暴力相威胁的，至多会构成故意伤害

① 赵秉志. 侵犯财产罪[M]. 北京：中国人民公安大学出版社，1999：145.

② 黎宏. 刑法学各论（第二版）[M]. 北京：法律出版社，2016：289.

③ 陈烨. 财产性利益与罪刑法定问题[J]. 上海交通大学学报（哲学社会科学版），2013（5）：44-46.

④ 夏理淼. 关于财产性利益能否成为盗窃罪犯罪对象的思考[J]. 学理论，2010（36）：99-101.

罪，但绝对不能构成抢劫罪。

综上所述，对于财产类的保护对象应当包括财产性利益，有利于在社会发展快速的今天将各种可能出现的新型财产性犯罪包括其中，能够做到民法与刑法等部门法之间法律体系相协调，不至于出现犯罪人有可能出现承担民事或行政责任但不承担刑事责任的情况，也能够对犯罪行为进行正确的惩处，在最大程度上保护被害人的利益。

（三）财产性犯罪的区分

1. 盗窃罪与诈骗罪的区分

财产犯罪可以分为取得罪（如盗窃罪、诈骗罪、抢劫罪）和毁弃罪（如故意毁坏财物罪、破坏生产经营罪）。取得罪又可分为移转占有即侵害他人占有的犯罪和不移转占有的犯罪。移转占有的犯罪可以进一步分为盗取罪（盗窃罪、抢劫罪、抢夺罪）和交付罪（如诈骗罪、敲诈勒索罪），即盗窃罪属于盗取类中的犯罪，诈骗罪属于交付类中的犯罪。

我国刑法理论的通说对盗窃罪所下的定义是，盗窃罪指以非法占有为目的，秘密窃取公私财物，数额较大，或者多次盗窃、入户盗窃、携带凶器盗窃、扒窃公私财物的行为。而诈骗罪通常表现为一个特定的发展过程，即行为人实施欺骗行为——对方陷入认识错误或继续维持认识错误——对方基于认识错误处分或交付财产——行为人取得财产——被害人遭受财产损失。[①]认定诈骗罪的关键点为被害人因行为人的欺骗行为存在错误认识，基于错误认识交付财物，并因此遭受损失。区分二者的关键在于行为人是否实施了使他人陷入处分财产的认识错误的欺骗行为，以及被害人是否基于认识错误处分财产。下面我们将从欺骗行为角度和处分角度对两个罪名进行区分。

（1）从欺骗行为角度

欺骗行为从实质上说是使对方陷入处分财产的认识错误的行为，从形式上说就是虚构事实和隐瞒真相的行为。该欺骗行为必须是使他人陷入或者继续维持处分财产的认识错误的行为。如果行为人实施了某种"欺骗行为"，但其内容不是使对方做出财产处分行为，则不属于诈骗罪中的欺骗行为。换言之，诈骗罪的欺骗行为，是作为取得财物、财产上利益的手段而实施的，故必须有使受骗者实施交付或者其他财产处分行为的欺骗行为。因此，即使是使对方陷入错误的行为，但如果不是使对方基于该错误实施交付或者其他财产处分行为，就不能说该行为是作为诈骗罪实行行为的"欺骗"行为。关于欺骗的内容基本上是对事实的欺骗，虚构事实可以是对全部事实进行虚构，也可以对部分事实虚构，既可以是主观事实也可以是客观事实，如自己的身份、行为或者是对未来某事项的承诺。也有学者主张欺骗的内容可以是价值判断[②]，因为价值判断是偏向于主观上的判断，一般人具有一定的评判标准，如由于夸大了广告的宣传，购买了不符合实际效用的产品。但价值判断能否成为欺骗的内容仍有待商榷。欺骗的具体方式方法并没有限制，可以是语言、文字、作为或者不作为的方式，但关于欺骗的程度，欺骗行为必须达到足以使对方产生错误认识的程度，只要足以使欺骗对象产生认识错误的行为就属于欺骗行为。

（2）从处分角度

笔者认为成立诈骗罪被害人应当具备处分行为和处分意思。处分财产不限于民法意义上

①　郑泽善. 刑法分论争议问题研究[M]. 北京：中国人民大学出版社，2015：193.

②　张明楷. 论诈骗罪的欺骗行为[J]. 甘肃政法学院学报，2005（3）：80.

的处分财产（即不限于所有权权能之一的处分），而意味着将被害人的财产转移为行为人或第三者占有，或者说使行为人或第三者取得被害人的财产。处分财产表现为直接交付财产、承诺行为人取得财产、承诺转移财产性利益、承诺免除行为人债务等，即只要是使财物或者财产性利益转移给行为人或第三者占有就够了，不要求有转移财产的所有权或其他本权的意思表示。例如 A 没有返还的意思，却隐瞒其意图向 B 借用汽车，得到汽车后逃匿。B 只有转移占有的意思，但 A 的行为也成立诈骗罪。处分意思，即认识到自己将某种财产转移给行为人或第三者占有，但不要求对财产的数量、价格等具有完全的认识。但在受骗者没有认识到财产的种类或者是性质时，将财产转移给行为人时，不宜认定具有处分意思。如 A 在商场购物时，偷偷将一个照相机放在方便面箱子里，然后拿着方便面箱子付款，收银员并没有发现箱子里的照相机，只收取了一箱方便面的货款，收银员虽然认识到自己将方便面箱子里的财物处分给 A，但没有认识到处分照相机的意思，故 A 的行为应当成立盗窃罪，而不是诈骗罪。

故从处分的角度进行区分时，应当注意以下几点：一是受害者的处分行为必须是基于认识错误而做出的，而且受害者之所以陷入错误认识，是由于行为人隐瞒了事实的真相或者虚构了一定的事实所致；二是他人没有处分行为或者处分行为没有直接造成财产损失，而是由行为人的新的取得行为转移被害人财产的，不成立诈骗罪，而应根据新的取得行为的性质认定犯罪。如欺骗他人离开房间，然后趁机拿走他人房间内的财物；三是处分行为并不要求受害者具有处分财产的所有权的意思，在财产关系日益复杂的情况下，财产的单独占有者乃至占有辅助者都可能处分财产，其具有处分财产的部分权利就应当认定为实施了处分行为；四是在将他人的财物当作自己的财物出卖给第三者的，成立盗窃罪，同时触犯诈骗罪，即对于处分行为，行为人处分的可能不是自己的财产，其本身并不具有所有权。

2. 盗窃罪与侵占罪的区分

侵占罪规定在我国《刑法》第二百七十条，指将代为保管的他人财物、他人的遗忘物或者埋藏物非法占为己有，数额较大，拒不退还、拒不交出的行为。因此盗窃罪与侵占罪的区别在于判断作为犯罪对象的财物是否已经脱离了占有以及该财物由谁占有。对自己事实上已经占有的财物只能成立侵占罪或者其他犯罪，而不可能构成盗窃罪。

认定他人占有的情况主要有以下几点：一是只要是在他人明确的事实支配领域内的财物，即使他人并没有持有或看管，也属于他人占有。即此类情况属于事实上的占有，事实上的支配不同于民法上的占有，只要根据社会的一般观念可以评价为行为人占有，即使在民法上不认为是占有，也可能成为本罪的对象。例如在车站帮乘客搬运随身行李的人，并没有事实上占有乘客的财物，只是乘客占有的辅助者，行李的所有权仍然归属于乘客。二是他人没有在事实上占有财物，是因为某种法律关系的存在，并且在法律上对财物具有支配力，例如不动产的登记人。侵占罪的特点是将自己占有的财产不法转变为所有，只要某种占有意味着行为人具有处分的可能性，便属于侵占罪中的代为保管。三是原财物占有者丧失了占有，但该财物在丧失占有的时候移转为他人占有，则应当认定为他人占有的财物，而不是"遗忘物"。例如甲将行李落在了飞机上，因飞机是一个相对密闭的空间，在将行李遗忘在飞机上时，行李转为航空公司占有，虽然行李相对于甲来说是遗忘物，但如果此时行为人乙将行李拿走，则侵犯了航空公司的占有，构成盗窃罪，而不是侵占罪。四是对于委托关系的认定不能进行简单的判断，要严格区分委托关系和暂时占有、占有辅助的关系。即第三人在财物所与人允许或默认情况下短暂地持有该财物，那么该第三人的持有不能属于基于委托关系而占有。如商场的售货员应顾客的请求将衣服交给顾客试穿，那么顾客在接到衣服时并不属于法律意义上的占有，衣服仍处于店主的支配下。五是关于不法原因给付的问题，不法原因给付是指基于违反强制性法律法规或工序良俗的原因而为之给付。①民事法律在给付者违背法律与社会伦理将自己置于法秩序之外时，例外地否定其返还请求权，从而彰显法秩序对其给付行为的否定性价值评价，也就是说当给付人基于不法的原因向受领人给付财产，目的是要让受领人获取被给付的利益，使其财产增加，如果在此时仍赋予其返还请求权，则不利于法秩序的统一。与其相关的一个概念是不法原因委托，即给付者出于不法原因请求受托人将财物转交给受领人的行为，如果是不法原因"给付"，则给付行为已经现实地造成了不法状态，但在不法原因"委托"的情况下，当前的给付行为尚未完成，有学者主张在此时可以例外地赋予其返还请求权，以避免真正的不法犯罪行为发生；②但有学者认为，这种情况不应予以区分，存在中间委托人的情况也是为了实施犯罪行为，法秩序在此时已经被破坏，赋予其返还请求权达不到真正的效用。

综上，侵占罪和盗窃罪是一种对立关系，但并不是绝对的对立，判断二者区别的时候，不能简单地从"埋藏物、保管物、封缄物"来判断，这是表面的构成要件要素，不是为违法性提供根据的要素，而是为了与盗窃罪相区别规定的要素，因此进行区分的时候，应该先判断占有事实的问题，再判断财物的性质问题，最后评定行为人拒不交出、拒不返还的问题。

3. 诈骗罪与侵占罪的区分

关于两罪的区分除了前文提到的要考虑欺骗行为、处分行为及处分意思以及侵占罪中的占有问题之外，二者比较容易混淆的地方还在于行为人将两罪的行为分别作为一罪的手段和结果。主要有两种情况，一是行为人处于非法占有目的，欺骗被害人，使其将财物交付给行为人代为保管，进而非法占为己有的，应当认定为诈骗罪。这是行为人在实施犯罪行为之初就具有欺骗的主观意图，通过侵占方式将被害人的财物据为己有，其虽然具有侵占罪的行为特征，但整个犯罪过程是行为人实施了欺骗行为——受害人基于错误认识处分了财物——行为人取得财物——被害人遭受损失，符合的是诈骗罪的犯罪特征，故两个犯罪行为的特征在一个具体的犯罪中体现，最终还是要考虑其行为手段和目的之间的关系，从而认定具体的犯罪行为；二是行为人接受委托代为保管他人财物，非法将财物据为己有之后，在被害人请求返还时，行为人以财物被盗等理由欺骗被害人，使得自己免除了返还义务，对于此种情况是否要认定为侵占罪，学界有所争议，肯定者认为本罪符合侵占罪的犯罪构成要件，行为人的欺骗行为是为了将财物据为己有的手段之一；否定者认为单纯的骗免债务的行为不能和诈骗罪的构成要件相比，另外如果行为人拒不返还的行为人是以暴力、胁迫等足以压制他人反抗的手段，那么行为人构成的则不可能是侵占罪，而是抢劫罪。笔者认为对于如何认定具体的罪名，应当综合行为人的行为，例如第二种情况，行为人目的是非法占有财物，刑法上规定的"拒不交出""拒不退还"是非法占有的表现形式之一，并不是认定是否是侵占罪的决定性因素，要考虑的是整个行为的发展过程，行为人非法取得财物的手段以及结果，故上例就应当认定为抢劫罪而不是侵占罪或者诈骗罪。

---

① 谭启平. 不法原因给付及其制度构建[J]. 现代法学，2004（3）：131.

② 王钢. 不法原因给付与侵占罪[J]. 中外法学，2016（4）：933.

五、结语

根据前文论述，笔者更倾向于对本案认定为盗窃罪。理由如下：一是笔者比较倾向于采取修正说的观点（包括修正的本权说和修正的占有说，二者的主要区别在于本权说更强调在考虑所有权和占有时的层级问题），如果认为基于不法原因的给付，受领人可以取得该财物的所有权，那么在本案中，A 已经将 20 万元转移给了 B，此时 B 应当是所有人，银行只是占有该钱款，但不能任意行使处分权，虽然 A 是名义上的持卡人，不过此时钱款已经转移给了 B，但是银行不可能也不必因此进行实质上的审查来判定谁是真正的所有人，故只能基于形式上的审查认定 A 就是真正的所有人，从而基于正常的业务行为挂失并将钱款给 A，在此时就已经成立了盗窃既遂；如果认为基于不法原因的给付，受领人不能取得财物的所有权，那么 B 此时对钱款的占有应当是非法占有的事实，银行只是其维持非法占有事实的"工具"。根据修正说的观点，这种占有也是受刑法保护的，A 挂失取财的行为侵犯了这种非法占有的事实，故成立盗窃罪；二是如果按照国内的"混合说"的观点，暂时不考虑基于不法原因给付的钱款所有权的问题，并且认为盗窃的对象可以是财产性利益的情况，B 此时享有的是 A 已经转移给他的对银行的债权，A 此时取出钱款的行为就是盗窃了财产性利益。还是可以据此认为构成盗窃罪。

不成立诈骗罪的原因：一是成立诈骗罪要求被害人有处分财产的行为，能够对财产进行处分是因为对财产有处分的权利，如果对财产没有处分的权利而进行了处分的话，那么就不能成立诈骗罪。本案中银行是没有处分权利的。不管是对钱款的所有权还是对银行行使债权的权利都应当是存款人的权利，银行对财物的处分是基于存款人的请求，代其充分行使权利，而不是说存款人将钱款存到银行就改变了原本的所有权人。二是本案中银行并没有产生错误认识，也谈不到基于错误认识处分财产，因为 A 就是名义上的持卡人，银行无法从目前的状况做出 A 不是所有权人的判断。认为银行受骗的情况，应该是 B 为银行卡名义上和实际上的持有人，但是 A 通过虚构事实、隐瞒真相的方式，使得银行相信真正的持卡人应该是 A，从而将财物给付给 A，但是本案中虽然实际上对银行享有债权的是 B，但是权利外观的表现为 A，银行可以理所当然地认为给 A 办理挂失行为是妥当的，并没有产生错误认识。

不成立侵占罪的原因：侵占罪是指将代为保管的他人财物、他人的遗忘物或者埋藏物非法占为己有，数额较大，拒不退还、拒不交出的行为。代为保管是指受委托而占有，即基于委托关系对他人财物具有事实上或者法律上的支配的状态，易言之，包括事实上的占有与法律上的占有。本案中 A 对财物不构成占有，根据前文所述的观点，B 应当是财物的所有人，此时占有人是银行，而不是 A，如果要成立"代为保管"的情形，应该是 B 为名义上和实际上的持卡人，将银行卡交给 A 保管，A 知晓密码将本属于 B 的钱取出后拒不交出、拒不退还的行为。另外即便认定 A 是财物的占有人，也不符合关于侵占罪的认定，因 A 没有基于合法的委托关系占有财物，A 与 B 之间根本不存在委托关系，因此"合法占有"的条件不成立。

综上所述，笔者更倾向于本案成立盗窃罪，而不是诈骗罪或者是侵占罪。

（撰稿人：刘郁萱）

案例10 单位窃电行为如何定性

一、案情简介

2006年3月，邢某某（系某物业管理中心经理）看到其所在物业管理中心电费高于预算，为了节能以得到上级赏识，遂指使戴某某（系物业管理中心工程部副主管）在电表上动手脚，以达到减少电费的目的。戴根据邢的指示，想出了窃电的办法，每月指定需要动手脚的电表，并将窃电的工作落实到具体人员李某某（系物业管理中心工程部员工）身上，于是李每月根据戴某的指示将电表立刻切断和接通，以使电表在用电时不走数，该行为一直持续到2007年1月案发。经电力公司鉴定，物业管理中心以断开电表立刻使电表停止转动的方法，盗窃国家用电共计1 515 428千瓦时，价值人民币1 301 657.86元。案发后，上级单位称该行为系邢某某等人的个人行为，并称上级单位在全球的物业管理均实行固定薪酬制，在该物业管理中心收取的物业费均由专门银行账户管理，开支须经开发商审批，故公司和个人均不存在从窃电中得益的可能。

二、争议问题

对于本案犯罪嫌疑人邢某某、戴某某、李某某的行为如何定性，主要存在四种不同意见：

（1）本案三名犯罪嫌疑人构成盗窃罪。主要理由是：本案三名犯罪嫌疑人的窃电行为系共同犯罪，其以非法占有为目的，采用秘密手段，窃取国家电力，数额特别巨大，应当以盗窃罪追究刑事责任。

（2）本案三名犯罪嫌疑人构成盗窃罪。主要理由是：本案的窃电主体是单位，直接适用最高人民检察院批复，"单位有关人员为谋取单位利益组织实施盗窃行为，情节严重的，应依照《刑法》第二百六十四条的规定以盗窃罪追究直接责任人员的刑事责任"，故本案中邢某某、戴某某、李某某应作为直接责任人员以盗窃罪追究刑事责任。

（3）本案三名犯罪嫌疑人的行为不构成盗窃罪。主要理由是：本案中的盗窃行为不能认定为单位犯罪，但是邢某某等三人实施窃电行为，自身并没有从该行为中获得利益，也没有获得利益的可能性，因此三人缺乏盗窃罪的"非法占有"的主观故意，不能构成盗窃罪。

（4）本案三名犯罪嫌疑的行为不构成犯罪。主要理由是：本案窃电的主体是单位，根据《刑法》第三十条，"公司、企业、事业单位、机关、团体实施的危害社会的行为，法律规定为单位犯罪的，应当负刑事责任"，可以看出单位犯罪具有法定性，只有法律明确规定单位可以构成犯罪的才能以单位犯罪论处，而刑法中关于侵犯财产罪的规定中，没有单位犯罪，所以根据罪刑法定原则，对于本案中邢某某等三人的窃电行为，不构成犯罪，只能追究民事责任或者行政责任。①

---

① 陈兴良. 刑事疑案评析[M]. 北京：中国检察出版社，2004：195.

三、相关法条

《中华人民共和国刑法（2020 年修正）》

第三十条　【单位负刑事责任的范围】公司、企业、事业单位、机关、团体实施的危害社会的行为，法律规定为单位犯罪的，应当负刑事责任。

第三十一条　【单位犯罪的处罚原则】单位犯罪的，对单位判处罚金，并对其直接负责的主管人员和其他直接责任人员判处刑罚。本法分则和其他法律另有规定的，依照规定。

第二百六十四条　【盗窃罪】盗窃公私财物，数额较大的，或者多次盗窃、入户盗窃、携带凶器盗窃、扒窃的，处三年以下有期徒刑、拘役或者管制，并处或者单处罚金；数额巨大或者有其他严重情节的，处三年以上十年以下有期徒刑，并处罚金；数额特别巨大或者有其他特别严重情节的，处十年以上有期徒刑或者无期徒刑，并处罚金或者没收财产。

《最高人民法院、最高人民检察院关于办理盗窃刑事案件适用法律若干问题的解释》法释〔2013〕8 号

第四条　盗窃的数额，按照下列方法认定：

（三）盗窃电力、燃气、自来水等财物，盗窃数量能够查实的，按照查实的数量计算盗窃数额；盗窃数量无法查实的，以盗窃前六个月月均正常用量减去盗窃后计量仪表显示的月均用量推算盗窃数额；盗窃前正常使用不足六个月的，按照正常使用期间的月均用量减去盗窃后计量仪表显示的月均用量推算盗窃数额；

第十三条　单位组织、指使盗窃，符合刑法第二百六十四条及本解释有关规定的，以盗窃罪追究组织者、指使者、直接实施者的刑事责任。

四、学理分析

（一）单位盗窃罪之否定

单位犯罪是指公司、企业、事业单位、机关、团体实施的依法应当承担刑事责任的危害社会的行为。

1. 单位犯罪的成立要件

关于单位犯罪的概念，《刑法》并没有给予明确说明，仅对有关单位犯罪进行了规定。如《刑法》第三十条规定："公司、企业、事业单位、机关、团体实施的危害社会的行为，法律规定为单位犯罪的，应当负刑事责任。"关于这一条规定是否为单位犯罪的法定概念，无论是理论界还是实务界，都存在分歧。[①]持否定态度的人认为，《刑法》第三十条的规定只是揭示了单位犯罪的本质属性，即危害社会、违反刑法、应负刑事责任。作为一个概念，这一规定并没有将其外延和内涵进行清楚的界定。所以，该条规定不能成为单位犯罪的法定概念。[②]因此，从 1997 年《刑法》通过至今，理论界有关单位犯罪的定义，可谓仁者见仁，智者见智，不同的人有不同的认识。目前，理论界关于单位犯罪的概念，具有代表性的观点主要有以下

---

① 郎胜主编. 中华人民共和国刑法解释[M]. 北京：群众出版社，1997：35.

② 高铭暄，刘远. 论新刑法规定的单位犯罪[M]. 北京：法律出版社，1998：253.

几种：（一）单位犯罪是由刑法所规定的，由单位代表或者机关成员在有关单位的业务上决定实施的危害社会的行为，以及由于单位代表或机关成员的监督不力或者说单位体制方面的原因，而使单位组成人员在业务过程中所引起的危害社会的行为；[①]（二）单位犯罪，是指公司、企业、事业单位、机关、团体为本单位谋取非法利益或者以单位名义为本单位全体成员或多数成员谋取非法利益，由单位的决策机构按照单位的决策程序决定，由单位直接责任人员负责具体实施，且刑法明文规定单位应受刑罚处罚的犯罪；[②]（三）单位犯罪是指公司、企事业、事业单位、机关、团体为本单位谋取利益，经单位集体、负责人员决定或者单位疏于管理、违反法定义务的，由单位人员在业务过程中实施的严重危害社会、违反刑法且依法应负刑事责任的行为[③]；（四）法人犯罪是法人（包括尚未取得法人资格的非法人社会组织体）的法定代表人、代理人或者直接责任人员，经过法人决策机构授意或者允许，为法人的利益而故意或者过失地实施危害社会、应受刑罚处罚的行为[④]。上面所列举的有关单位犯罪的概念，从不同角度、不同程度上对单位犯罪的外延和内涵进行了概括，但是关于单位犯罪的成立条件却大同小异。

根据上述概念，单位犯罪的成立条件主要包括以下几个：（1）犯罪主体应为包括单位在内的两个或两个以上主体。在犯罪主体中，须有单位即公司、企业、事业单位、机关、团体，犯罪主体是特定性与复合性的结合；（2）犯罪主观方面具有共同的犯罪故意。参与犯罪的单位与相对方应在认识因素和意志因素上达成一致，相互串通配合，彼此意思联络；（3）犯罪客观方面表现为共同实施了犯罪行为。犯罪主体各方行为应指向同一犯罪目标，具有整体性，与危害结果之间存在直接或间接的因果联系；（4）必须以刑法典规定为限。单位犯罪主体是单位共同犯罪必不可少的特定主体，离开了单位犯罪便不存在单位共同犯罪，而单位犯罪必须以刑法的明文规定为前提，因此单位共同犯罪也应以法律规定单位可以构成犯罪为限度。

在本案中，犯罪嫌疑人邢某某等人的行为属于秘密窃取公私财物，应定为盗窃罪。刑法对盗窃罪的规定并没有指明盗窃罪属于单位犯罪，所以邢某某等人的行为并不能构成单位犯罪。

2. 单位犯罪与共同犯罪的区别

单位犯罪和共同犯罪一般都为多人参与，有共同的犯罪目的，实施共同的犯罪行为，所以司法实践中不容易将单位犯罪和共同犯罪区分开。

（1）单位犯罪不是共同犯罪

肯定单位犯罪是共同犯罪的代表性观点有两种。第一种观点认为，单位犯罪是单位与其直接责任人员的共同犯罪。犯罪单位与单位直接责任人员具有相互独立的法律地位，追究单位的刑事责任是基于单位的独立人格和单位所犯罪行，追究直接责任人员的刑事责任是基于自然人的主体能力和其自身的犯罪行为。单位和直接责任人员都具有共同犯罪的构成要件，所以单位与直接责任人员之间系共同犯罪关系。[⑤]第二种观点认为，单位犯罪是单位犯罪直接责任人员的共同犯罪。在通常情况下，单位犯罪意志是经单位组织决策机构成员共同决策后形成的整体意志，这种整体意志又由该单位组织内部自然人的行为转化为单位的犯罪行为。

① 黎宏. 单位犯罪刑事责任论[M]. 北京：清华大学出版社，2001：213.

② 张明楷. 刑法学（第五版）[M]. 北京：法律出版社，2016：135.

③ 赵秉志. 单位犯罪比较研究[M]. 北京：法律出版社，2004：86.

④ 陈泽宪. 新刑法单位犯罪的认定与处理——法人犯罪论[M]. 北京：中国检察出版社，1997：9.

⑤ 许朝阳. 单位犯罪相关问题刍议[M]. 北京：人民检察出版社，1999：22.

因此，在通常情况下以共同犯罪的一般标准评判，单位犯罪是以共同犯罪形态出现的。①换言之，单位犯罪本质上是自然人的共同犯罪，只不过由于刑法的特别规定而按照单位犯罪的有关规定处理。

针对上述两种肯定单位犯罪是共同犯罪的观点，否定论者做出如下回应：第一，单位犯罪中单位与其直接责任人员之间不是共同犯罪。该观点认为，单位作为一个有组织的社会实体，它是由若干自然人组成的。如果没有单位的组成人员，单位是不可能存在的。同时，单位的组成人员又是单位的有机组成部分，其意志和行为都要受单位意志的制约和支配，所以单位组成人员对于单位又具有依附性。换言之，单位组成人员相对于单位并不具有完全的独立性，因此单位组成人员与单位之间不构成共同犯罪。第二，单位犯罪中直接责任人员之间也不是共同犯罪。否定论者认为：首先，单位的犯罪意志虽然是通过单位组织决策机构成员共同决策后形成的，但是单位决策机构成员共同形成的意志不是为了单位决策成员的利益，而是为了单位的整体利益，因此该意志不是单位决策机构成员意志的简单相加，而是高于他们的意志，是单位意志的体现。②其次，将单位犯罪视为特殊共同犯罪，从根本上说否认了单位是客观存在的独立人格体。以前的单位人格否定说观点认为只有作为个人的自然人才具有认识和辨认能力，才可能承担刑事责任，而单位的刑事责任能力是虚拟的，单位之所以承担刑事责任，是自然人刑事责任的转嫁。所以，认识单位犯罪时要以自然人犯罪为出发点，因而自然得出单位犯罪是自然人共同犯罪的结论。但是否认单位是独立人格体的观点已经逐步没落，所以由此引申出来的单位犯罪是特殊的共同犯罪的观点也不能成立。再次，如果将单位犯罪视为特殊的共同犯罪，无异于将单位等同于犯罪组织，这不但与成立单位犯罪的前提条件单位具有合法性相矛盾，而且还会不适当地扩大刑事责任的范围，将对单位犯罪直接负责的主管人员和其他直接责任人员以外的单位组成人员也纳入刑法规制的范围内。最后，从我国刑法规定的情况看，单位犯罪并没有在共同犯罪一节中加以规定，而是在与共同犯罪并列的"单位犯罪"中加以规定。在制定新刑法的过程中，也有理论观点认为应当在共同犯罪中规定单位犯罪。该观点认为共同犯罪与单位犯罪存在一定联系，故应当在《刑法》总则第二章第三节"共同犯罪"中规定单位犯罪。③然而，立法者并没有采纳这一主张，而是将单位犯罪作为独立的一节加以规定，这说明立法者非常明确地认识到单位犯罪与共同犯罪是完全不同的两个概念。因此，否定者认为，单位犯罪不是一种特殊的共同犯罪，它是刑法规定的独立的一种犯罪形态。

应当说，否定论者所主张的理由在理论和立法层面是成立的，即一般情况下单位犯罪内部自然人之间不是一种共同犯罪关系。单位犯罪和共同犯罪的区别主要包括以下几个方面：（1）时间：产生犯意的时间不完全相同。单位犯罪中，犯意只能产生于犯罪行为实施以前。这是因为，单位犯罪总是在单位集体研究决定或单位负责人决定之后才去实施，因而必然是在犯意产生之后才去实施。共同犯罪中，犯意产生的时间是较为随意的，既可以是在实施犯罪以前，也可以在实施犯罪过程中。（2）犯意的种类不同。单位犯罪中的行为人在主观上表现为直接故意。共同犯罪的行为人在主观上既可以都表现为直接故意，也可以有的表现为直接故意，有的表现为间接故意，还可以都表现为间接故意。（3）主体承载犯意的最终主体不

① 龚培华. 刑法理论与司法实务[M]. 上海：上海社会科学院出版社，2002：92.

② 陈展鹏. 单位犯罪司法实务问题释疑[M]. 北京：中国法制出版社，2007：177.

③ 陈兴良. 刑法适用总论（上卷）[M]. 北京：法律出版社，1999：576.

同。单位犯罪中，除了存在直接负责的主管人员和其他直接责任人员的犯意外，还存在一个单位犯意，并且最终是以单位整体犯意来追究的，即在单位犯罪中，犯罪活动是以单位的名义实施的，个人意志要通过单位的意志表现出来。共同犯罪中，除了各个共同犯罪人的犯意外，不存在其他犯意，犯罪活动一般就是以犯罪分子的名义实施的，不存在以另一个单位的名义实施犯罪的情况，即使是以另一个单位的名义实施的，也不能代表该单位的意志。这是区分单位犯罪和共同犯罪的一个重要标准。（4）犯罪动机不同。单位犯罪中，各犯罪人实施犯罪活动的动机是为了实现单位利益。共同犯罪中，各共同犯罪人实施犯罪活动的动机是为了实现个人目的。这是区分单位犯罪和共同犯罪的另一个重要标准。当某些犯罪分子利用单位的名义实施犯罪时，究竟是按照单位犯罪处理，还是按照共同犯罪处理，必须考查是为了个人利益还是为了单位利益。（5）法律规定的模式不同。对于单位犯罪，刑法采取的是总则统一规定与分则具体规定相结合的模式。如果刑法分则没有对某种具体犯罪设立单位犯罪条款，即使行为符合单位犯罪的条件，也不能按单位犯罪处理。例如，某行政单位经集体讨论决定，挪用本单位 100 万元资金从事股票投机，希望给本单位谋取一些预算外资金，结果造成重大损失。这种行为完全符合单位犯罪的特征，但由于刑法没有对挪用公款罪规定单位犯罪，因而对该行为不得以单位犯罪论处。对此情况，如果该行为符合挪用公款罪的构成要件，可以按挪用公款罪追究有关人员的刑事责任。对于共同犯罪，刑法采取总则统一规定的模式，犯罪活动只要符合刑法总则有关共同犯罪的规定，就应当按共同犯罪处理，除非法律有特殊规定。

3. 关于"单位盗窃"的司法解释

"单位盗窃"如何处理的问题，有先后三个规定，分别是 1996 年、2002 年《最高人民法院有关单位盗窃的批复》和 2013 年的司法解释。1996 年《批复》规定："单位组织实施盗窃，获取财物归单位所有，数额巨大，影响恶劣的，应对其直接负责的主管人员和其他直接责任人员按照盗窃罪依法批捕、起诉。"最高人民检察院于 2002 施行的《关于单位有关人员组织实施盗窃行为如何适用法律问题的批复》更加明确规定："单位有关人员为谋取单位利益组织实施盗窃行为，情节严重的，应当依照刑法第二百六十四条的规定以盗窃罪追究直接责任人员的刑事责任。"而 2013 年《最高人民法院、最高人民检察院关于办理盗窃刑事案件适用法律若干问题的解释》第十三条中又规定："单位组织、指使盗窃，符合《刑法》第二百六十四条及本解释有关规定的，以盗窃罪追究组织者、指使者、直接实施者的刑事责任。"按照法理，新法的公布实施生效后，原有的相同内容的法自行失效。因此，这里主要解释的是 2013 年司法解释中对单位盗窃的定性。

对于上述司法解释中是否承认盗窃罪的单位犯罪的情形，有几种不同的认识：第一种观点认为，《刑法》第二百六十四条没有规定盗窃罪有单位犯罪的情形，但是司法解释却对此明确规定了盗窃罪中的单位犯罪，有越权解释之嫌，因此不能适用；还有一种观点认为，该司法解释是对刑法没有规定盗窃罪单位犯罪的补充，因此可以直接适用解决此案。笔者认为，这两种理解都是错误的。司法解释所称"单位组织、指使盗窃"，实际上是单位实施犯罪行为的事实概念，并非法律概念，是为了解决近年来大量单位窃电案件的发生，但司法者又不能区分单位实施非单位犯罪能否追究个体成员责任，因此不将此类案件作为犯罪处理的问题，故该司法解释并非是对盗窃罪单位犯罪做出明确规定，而仅仅是对刑法中盗窃罪的一种情况做出了具体的解释，是对盗窃罪法律适用的具体解释，并未越权解释，也非立法补充。

另外，关于司法解释如何适用的问题，《最高人民法院有关单位盗窃的批复》规定，司法文书中必须引用法律条款，如涉及司法解释的，应贯彻执行，但不宜直接作为定案唯一依据，故本案应该适用《刑法》第二百六十四条规定，再附司法解释，绝不可以放弃刑法单独引用司法解释，第二种意见直接使用司法解释定罪，混淆刑法与司法解释的关系，也没有正确引用法条规则。

所以，在本案中，邢某某等三人的盗窃行为不应被认为是单位盗窃罪，不属于单位犯罪的范畴，应该属于三人的共同犯罪。

（二）不构成犯罪之否定

既然盗窃罪不属于单位犯罪，有观点认为既然如此，就应该按照法无明文规定不处罚的原则，对邢某某等三人的盗窃行为不予处罚。

那么，对于单位实施非单位犯罪，能否直接追究责任成员个人的刑事责任？学界主要有以下几种观点：

1. 否定说

否定说认为，在刑法没有明文规定单位可以构成犯罪的情况下，不能追究单位犯罪中非犯罪主体的单位成员的刑事责任。否定说的理论依据有：（1）罪刑法定原则。单位犯罪是不同于自然人犯罪的犯罪形态，以刑法规定单位可以构成犯罪为前提，在单位犯罪的处罚中，自然人的罪责依附于单位，在刑法没有规定单位犯罪罪名的情况下，应坚持罪刑法定原则，不得追究其中自然人的刑事责任。（2）罪刑相适应原则。单位犯罪案件所涉数额往往很大，以单位盗窃的情形为例，盗窃数额很容易达到"数额巨大"的定罪量刑标准，依照自然人盗窃罪的标准追究单位盗窃相关责任人的刑事责任，可能导致对单位个人处罚过重，有悖于罪刑相适应原则。（3）无须刑法调整。对于单位组织实施的纯正自然人犯罪，如故意杀人等，不具备构成单位犯罪的单位意志，依然属于自然人犯罪，相关责任人员的刑事责任也容易认定；对于单位组织实施的普通财产犯罪，暂不宜对单位主体追究犯罪责任，按民事案件处理，对相关责任人给予相应的行政处分。[①]

2. 肯定说

肯定说认为，在刑法分则没有明文规定单位可以构成犯罪的情况下，并不禁止追究单位中自然人犯罪的刑事责任。理论依据有以下几个方面：（1）单位犯罪行为、犯罪意志实际上都是自然人的行为与意志的构成，单位犯罪是法律的拟制，单位犯罪的认定并不能否认其中的自然人犯罪。单位成员是因其自然人行为构成犯罪而承担刑事责任，与刑法是否规定处罚单位没有关系。[②]（2）犯罪的本质是法益侵害，单位实施的危害行为与自然人实施的危害行为没有实质区别，以单位名义和为单位利益的目的与动机，并不能赋予单位中自然人个人实施侵害法益的犯罪行为以正当性和可恕性，其行为完全符合自然人犯罪构成要件。（3）法条竞合论者的观点：单位犯罪不过是自然人行为的特别法律评价，"单位犯罪的规定与自然人犯罪的制裁条款之间实际上是特别法与普通法的关系"，当刑法规定了单位主体构成犯罪时，应适用特别规定，当不存在针对单位主体的特别规定时，则适用自然人犯罪的普通条款处罚。[③]

---

① 熊选国. 刑事审判中几个疑难问题的探讨[J]. 人民司法，2005（1）：22-23.

② 董玉庭. 论单位实施非单位犯罪问题[J]. 环球法律评论，2006（6）；张克文. 单位盗窃犯罪深究——法人犯罪拟制论的部分展开[J]. 政治与法律，2005（5）：63.

③ 张克文. 单位盗窃犯罪深究——法人犯罪拟制论的部分展开[J]. 政治与法律，2010（5）：63.

3. 折中说

折中说的观点主要体现在对单位实施贷款诈骗犯罪行为的处理中：应视具体情况具体分析，既不能违反罪刑法定原则，也不能放纵实施犯罪行为，单位实施贷款诈骗的，一般要通过合同形式进行，是符合合同诈骗罪构成要件的，且对单位主体的处罚只能适用罚金刑，以合同诈骗罪对单位定罪处罚，在量刑上没有实质性区别，如果只以贷款诈骗罪处罚单位中自然人，而不处罚单位，显然不能做到罪责刑相适应。并且，对单位中自然人的处罚，合同诈骗罪与贷款诈骗罪在犯罪数额上具有"特别巨大"或者其他特别严重的量刑情节，处罚是一致的。即使两罪名存在三年和五年有期徒刑量刑情节差别的情况，由于有单位的固定资产或者注册资金作为担保，可以抵销被诈骗的金融机构的损失，单位贷款诈骗损失相应就变得比较小了。此种折中的观点被最高人民法院所采纳，在《纪要》中明确规定单位贷款诈骗以合同诈骗罪定罪处罚，反映了最高人民法院对单位实施非单位犯罪的折中态度。

现在刑法学界的通说一般认为，单位中自然人承担刑事责任，与刑法是否规定了单位犯罪、是否处罚单位主体没有关系，因此，在单位主体无法归责的"非单位犯罪"中，单位成员也应该因其犯罪行为性质和行为程度构成犯罪，追究相应的刑事责任。所以上述第四种意见认为由于法律没有对盗窃罪规定为单位犯罪，因此本案行为不构成犯罪，错误之处在于混淆了单位犯罪和一般犯罪间的关系，单位犯罪仅仅是一般犯罪的特殊情况，目的在于对单位主体进行刑事处罚，而对于没有认定为单位犯罪的，按照一般的自然人犯罪处理即可，并非不认定为犯罪。

（三）盗窃罪之成立

根据《刑法》第二百六十四条的规定，盗窃罪是指以非法占有为目的，秘密窃取公私财物数额较大或者多次盗窃公私财物的行为。

1. 盗窃罪的构成要件

一般来说，成立盗窃罪需要具备以下几个条件：（1）客体条件。盗窃罪侵犯的客体是公私财物的所有权。所有权包括占有、使用、收益、处分等权能。这里的所有权一般指合法的所有权，但有时也有例外情况。（2）客观条件。本罪在客观方面表现为行为人具有窃取数额较大的公私财物或者多次窃取公私财物的行为。所谓窃取，是指行为人违反被害人的意志，将他人占有的财物转移为自己或第三者（包括单位）占有。（3）主体条件。本罪主体是一般主体，凡达到刑事责任年龄（16 周岁）且具备刑事责任能力的人均能构成。对主体的修改是对本罪修改的重要内容。（4）主观条件。本罪在主观方面表现为直接故意，且具有非法占有的目的。行为人明确地意识到其盗窃行为的对象是他人所有或占有的财物。行为人只要依据一般的认识能力和社会常识，推知该物为他人所有或占有即可。至于财物的所有人或占有人是谁，并不要求行为人有明确、具体的预见或认识。同时，非法占有不仅包括自己占有，也包括为第三者或集体占有。

2. 盗窃罪中非法占有的目的

（1）非法占有目的的含义

一般认为，构成盗窃罪、抢劫罪、诈骗罪、敲诈勒索罪、侵占罪等非法取得他人财物的取得罪，在客观方面必须要有非法取得他人财物的行为，在主观方面还要有取得他人财物的故意。至于是否要求行为人在主观上另有某种非法目的（或意图），各国刑法的规定不一。有些国家的刑法有明文规定，如德国刑法第二百四十二条把"意图自己不法所有"作为盗窃罪的构成要件要素；英国 1916 年《盗窃法》也把永久取得他人财物的意图，作为盗窃罪的成立条件；瑞士刑法第一百三十七条则把"为自己或第三人不法之利益"作为盗窃罪的要件；《俄罗斯联邦刑法典》第一百五十八条所规定的盗窃罪要求"以贪利为目的"。也有一些国家（如日本等国）的刑法没有这方面的规定。不过，即使在这类没有做明文规定的国家，法院的判例和刑法理论往往也把非法占有的目的作为盗窃等取得罪的成立要件。①

在大陆法系国家的刑法理论中，对非法占有的目的有三种不同理解：一是排除权利者的意思说。认为非法占有的目的，是指排除权利者行使所有权的内容，自己作为财物的所有者而行动的意思。二是利用处分的意思说。认为非法占有的目的，是指按财物经济的（本来的）用法利用、处分的意思。还有一种折中说，认为非法占有的目的，是指排除权利者对财物的占有，把他人之物作为自己的所有物，按其经济的用法利用或处分的意思。②

我国刑法没有明文规定盗窃等取得罪必须以非法占有为目的，但理论上的通说一直认为，应该要以非法占有为目的。③只不过对非法占有目的的理解，学者们的认识不完全一致。一种是"意图占有说"，认为"所谓非法占有目的，是指明知是公共的或他人的财物，而意图把它非法转归自己或第三者占有"。这是我国刑法理论界的通说。④另一种是"不法所有说"，认为"非法占有目的包括两种情况：一是以非法暂时占有（狭义）、使用为目的……二是以不法所有为目的"，对非法占有目的或不法所有目的，不能理解为只是意图占有或控制财物，而应按前述大陆法系国家的第三种学说（即折中说）来理解，即应该包括利用和处分财物的目的在内。⑤还有一种与此类似的观点认为，由于犯罪分子实施侵犯财产的犯罪，并不仅仅是为了占有或控制财物，而是为了使用或者处分财物，也就是说其目的是想得到所有权的全部内容，因此应该把"非法所有目的"（而不是把"非法占有目的"）作为盗窃等取得罪的要件。另外，还有一种"非法获利说"，认为盗窃等非法取得他人财物的犯罪都属于图利性的犯罪，其主观要件不是以非法占有或不法所有为目的，而是以非法获利为目的。这种观点实质上与前述大陆法系国家的第二种学说（即利用处分意思说）比较接近。从各国刑法的规定和中外刑法理论上的解释来看，非法占有目的的内涵并不十分清楚。如果仅从字面含义来理解，所谓"非法占有目的"，无非是指非法掌握控制财物的目的。

我国刑法理论界多数人采用的"意图占有说"就是从这种意义上来理解的。同时，关于非法占有的内容，学界通说认为，非法占有既包括为了自己而占有，也包括为了第三人占有。

（2）关于非法占有目的的学说说明

一般认为，构成盗窃罪、抢劫罪、诈骗罪、敲诈勒索罪、侵占罪等非法取得他人财物的取得罪，在客观方面必须要有非法取得他人财物的行为，在主观方面还要有取得他人财物的故意。至于是否要求行为人在主观上另有某种非法目的（或意图），存在以下几种学说。

非法占有目的必要说认为盗窃罪的成立，在主观上需要具有特殊的、超过故意之外的非法占有目的，其提出的依据大致有三：其一，从盗窃罪的保护法益入手，认为盗窃罪的保护法益是财产的所有权，而客观的盗窃行为仅仅是侵犯了财产的平稳占有，对于占有之外其他

① 刘明祥. 刑法中的非法占有目的[J]. 法学研究，2000（2）：44.

② 〔日〕曾根威彦. 刑法的重要问题（各论）[M]. 东京：成文堂，1996：130. 转引自张明楷. 论财产罪的非法占有目的[J]法商研究，2005（05）：45.

③ 高铭暄，马克昌主编. 刑法学下编[M]. 北京：中国法制出版社，1999：889.

④ 高铭暄主编. 中国刑法学[M]. 北京：中国人民大学出版社，1989：502.

⑤ 张明楷. 刑法学（下）[M]. 北京：法律出版社，1997：761.

诸如使用、收益、处分等所有权权能的侵犯，只能通过主观的非法占有目的来说明；其二，从犯罪个别化的角度来说，作为取得型财产犯罪的盗窃罪与毁弃、隐匿型财产犯罪，在客观上都表现为排除了原占有人的占有，它们的区别只能借助于主观上的非法占有目的的有无来判断；其三，从限定盗窃罪处罚范围的角度来说，对于一时使用的所谓使用盗窃情形的除罪化过程，也需要通过认定其不具有非法占有目的来实现。①

　　但是这种论证理由很快被发现是不妥当的。具体而言：①首先，非法占有目的的犯罪个别化机能主要是指其区分盗窃罪与毁弃、隐匿型财产犯罪的机能，如山口厚就认为如果不考虑非法占有目的，那么基于毁弃、隐匿意思而夺取财物的场合也会被认为成立盗窃罪，如果这样的话就没有办法从实质上来区别盗窃罪与毁弃罪了。"为了使实质的区别盗窃罪与毁弃罪成为可能，作为盗窃罪的主观要件，利用意思是必要的。其内容就是'享受由财物产生的任何效用的意思，'②其次，在刑法未把非法占有目的规定为取得罪的成立要件的国家，采用必要说是违反罪刑法定主义的。因为罪刑法定主义的基本要求是，犯罪成立的条件只能由法律明文规定，不能由司法人员或学者任意解释。在适用或解释法律时，无论是放弃犯罪成立的某种条件，还是给犯罪增加某种成立条件，都是与罪刑法定主义的要求不相符合的。再次，即使是在刑法明文将非法占有目的规定为取得罪的成立要件的国家，也应该从其本义上来理解，不能随意给它附加一些含义（但立法解释除外）。否则，就是越权解释（带有立法的性质），也同样与罪刑法定主义相悖。财产罪保护法益论中的本权说与占有说，是相对于客观方面的事实而言的，即财产罪在客观上是侵犯所有权及其他本权，还是仅仅只侵害占有权。而非法占有目的是不是盗窃等取得罪的构成要件属于主观方面的问题，用本权说或占有说来解释非法占有目的是否必要，实际上是把两个不同领域的问题搅和到了一起，本身在方法论上就有缺陷。这也是同样持本权说或占有说的学者，在非法占有目的是否必要的问题上，得出不同结论的原因所在。③②非法占有目的的内涵不清楚，日本等国法院前后判例的解释不完全相同，中外学者们的理解也有很大差别。如前所述，同样是持非法占有目的必要说的学者，对使用盗窃或基于毁坏目的而窃取财物的行为，却得出两种不同的结论，即有的认为有非法占有目的，另有的认为没有非法占有目的。而讨论是否有必要把非法占有目的作为盗窃等取得罪成立要件的前提是其内容必须确定，否则，各说各话的现象就不可避免。③即使非法占有目的的内涵按大陆法系国家的通说确定下来，也不能把它作为区分罪与非罪、此罪与彼罪的要件。因为按通说的解释，非法占有目的是故意之外的主观要件，实质上是一种犯罪动机，而财产罪的性质是由其主观方面的故意内容和客观方面侵害财产的行为方式所决定的，犯罪动机对说明这类行为的性质及社会危害性程度，并不起决定作用。例如，区分毁坏财物罪与盗窃罪时，如果不看客观方面有无窃取行为、有无占有的转移，仅以行为人内心有无非法占有目的作为划分的标准，显然是不妥当的。④必要说的提出，在很大程度上是为了把不可罚的一时使用行为与盗窃等取得罪以及毁坏财物罪与取得罪区分开来。④但是，如前所述，非法

　　① 王充. 论盗窃罪中的非法占有目的[J]. 当代法学，2012（3）：43.

　　②〔日〕山口厚. 刑法各论[M]. 东京：有斐阁，2003：199. 转引自〔日〕山口厚. 盗窃罪研究[J]. 王昭武译，东方法学，2011（6）：43.

　　③〔日〕内田文昭. 刑法各论[M]. 东京：青林书院，1996：255. 转引自王忠瑞，张笑忧. 财产犯罪中非法占有目的刍议[J]. 国家检察官学报，2010（6）：153.

　　④〔日〕大野真义编著. 演习刑法各论[J]. 日本：晃洋书房，1998：141. 转引自于佳佳. 论盗窃罪的边界[J]. 中外法学，2008（6）.

占有目的并不具有这种机能。相反，如果按必要说行事，还会带来理论上的混乱乃至实践上的无所适从。

非法占有目的不要说认为，盗窃罪的成立，主观条件只需要行为人主观上有故意即可，不要求有非法占有的目的。不要说的理由是：第一，就非法占有目的的犯罪个别化机能而言，仅仅通过主观上的非法占有目的难以区分盗窃罪与侵占罪、盗窃罪与毁弃、隐匿型财产犯罪；第二，就非法占有目的的限定处罚机能而言，非法占有的不具有这样的机能，对于盗窃罪的处罚范围主要还是应该通过客观方面要素的限定来实现；第三，主观违法要素的存在与否，不应该成为有罪和无罪的认定基准，在刑法没有把非法占有目的规定为盗窃罪成立要件的情况之下，根据是否有非法占有目的来判断犯罪成立与否违反罪刑法定原则。

笔者赞同不要说，理由在于，首先，就非法占有目的与盗窃罪保护法益的关系而言，不要说认为两者之间没有必然联系。如主张不要说的曾根威彦认为："自来，有关盗窃罪保护法益的本权说被理解为是与非法占有目的不可分的，但是这种结合未必是必然的。围绕保护法益的问题是有关被害者一方的情况，而非法占有目的内容中，被害者一方的情况只有消极的'权利者的排除'部分，其他都是属于积极的行为者一方的情况，两者在对象领域上是不同的。在仅仅追究本权侵害的侵占罪中有观点认为不需要领得意思，另外，在最彻底的以本权侵害为内容的器物损坏罪中非法占有目的也成为问题，这也是与上述结论相悖的。问题是'排除权利者的意思'这一（消极方面的）部分，对本权的侵害或者危险并行于对占有的侵害是客观上存在的事情，（与利益的转移共同）构成盗窃罪的独立的违法要素，如果这样理解的话，上述的部分就并非超过客观违法要素的意思，而只要作为（责任）故意的一部分就可以。非法占有目的的作为侵害、危及本权的认识，倒不如说在本权说中一开始就能够被消解在责任故意中。"[①]其次，就非法占有目的的犯罪个别化机能而言，不要说认为仅仅通过主观上的非法占有目的难以区分盗窃罪与侵占罪、盗窃罪与毁弃、隐匿型财产犯罪。对于盗窃罪和侵占罪来说，两者都属于获取型财产犯罪，作为获取型财产犯罪，两者在非法者占有目的上应该是共通的，这一点也是过去刑法学界的共识。但是，由于侵占罪在客观上没有占有的转移，因此侵占罪中的非法占有目的与盗窃罪中的非法占有目的在内容上应该是不同的。如佐久间修认为："依据现在的通说、判例，所谓非法占有目的是获取型财产犯罪的主观要件，这对于侵占罪来说也是妥当的。可是，与盗窃罪、抢劫罪等不同，作为非夺取罪的侵占罪来说，其没有伴随占有转移这样的事实，因此在主观方面当然应该（与盗窃罪）有所不同。"[②]由于非法占有目的在盗窃罪和侵占罪中有不同的内容，因此曾根威彦就认为非法占有目的其实不具有犯罪个别化的机能。再次，针对非法占有目的的犯罪个别化机能还涉及盗窃罪与毁弃、隐匿型财产犯罪的区别问题，有学者认为："作为非法占有目的必要说的最大的根据，可以举出要求非法占有目的的盗窃罪与不要求非法占有目的的器物损坏罪之间在法定刑上存在差异。可是，从那些不能通过客观事实证明的内心动机、意图来导出两罪法定刑的差异是不妥当的，对于盗窃罪法定刑较重的根据应该从客观的情形来寻找，即伴随着客体占有的转移利益也同时被转移，行为人取得了不正当利益（产生了这样的可能性）这样的客观事实。"[③]最后，就

①〔日〕曾根威彦. 刑法各论（第三版）[M]. 东京：弘文堂，2001：120-121. 转引自：张明楷. 论盗窃罪故意的认识内容[J]. 法学，2004（11）：62.

②〔日〕佐久间修. 横领罪における不法领得の意思，西田典之等编. 刑法の争点（第三版）[M]. 东京：有斐阁，2000：196. 转引自王充. 论盗窃罪的非法占有目的[J]. 当代法学，2012（3）：42-48.

③ 丁慕英，李淳，胡云腾主编. 刑法实施中的重点难点问题研究[M]. 北京：法律出版社，1998：127.

非法占有目的的限定处罚机能而言，不要说的观点认为非法占有目的不具有这样的机能，对于盗窃罪的处罚范围主要还是应该通过客观方面要素的限定来实现。如大塚仁认为："（必要说的见解）虽然在实际适用上会带来相当不同的结论，但是，总的来说，其解释论的目标可以说是想以是否存在非法占有目的为标准来区别盗窃罪与毁弃、隐匿型财产犯罪，以及想以不存在非法占有目的为理由给所谓使用盗窃的不可罚性奠定基础。但是无论在哪一点上，都不具有充分的理由。第一，关于盗窃罪与毁弃、隐匿型财产犯罪的区别，既然是以非法占有目的实施盗窃罪、以毁弃、隐匿的意思实施毁弃、隐匿型财产犯罪，那么，在行为人以毁弃、隐匿的意思夺取了他人对财物的占有时，按理必须认为成立毁弃、隐匿型财产犯罪，但是，这样的话，如何处理行为人以毁弃、隐匿的意思取得了他人财物的占有却没有实施毁弃、隐匿的行为，就成为问题。第二，从认为需要非法占有目的的立场出发，会提出因为所谓使用窃盗缺乏不法领得的意思，不构成盗窃罪，不可罚。的确，暂时擅自使用他人财物的行为，只要其财物的物体和价值都几乎未被夺取，就应该认为其不可罚，但是，其理由不是因为行为人缺乏非法占有目的，而是因为其行为本身不能被认为是可罚的财物窃取行为。"①

在本案中，邢某某等人没有为自己非法占有的目的，也没有从窃电中获利，但是，如果按照非法占有目的不要说的观点，其行为客观上已造成电力公司电费损失的结果，侵犯了电力公司对电力资源的财产权益，主观上是故意为之，已经符合盗窃罪的主客观条件，应当按照盗窃罪定罪处罚。即使按照非法占有目的必要说的观点，非法占有的目的既包括为了本人占有，也包括为第三人非法占有的目的，本案中邢某某的行可以看作将电力资源给业主无偿占有，并不影响盗窃罪的成立。

（3）从本案量刑看法官自由裁量权的应用

按照一般的规定预测本案的量刑结果，本案涉案案值达 120 余万元，若直接适用《刑法》第二百六十四条"数额特别巨大"的规定，犯罪嫌疑人邢某某等人的法定刑幅度在 10 年以上有期徒刑或者无期徒刑。由于犯罪嫌疑人的窃电行为具有单位犯罪的性质，且所获利益主要归属于社区全体小业主，他们本身并未从中获利，因此这样的处罚按照常理来看，明显罪刑不相适应，量刑畸重。

再来看法院的判决结果：犯罪嫌疑人邢某某、戴某某、李某某犯盗窃罪，数额特别巨大。认定邢某某有自首情节，依法减轻处罚；戴某某有自首情节和悔罪表现，依法减轻处罚并适用缓刑。最后判处邢某某有期徒刑 4 年，戴某某有期徒刑 3 年缓刑 3 年，李某某有期徒刑 2 年缓刑 2 年。

通过这样的比较。我们可以清楚地看到本案中法官的自由裁量权在刑事司法中的运用，或者说在量刑判决上的体现。虽然法院是根据三人的自首情节和悔罪表现，以三人都具有减轻或从轻的情节做出判决，但若非有自由裁判权的存在，本案的刑罚不可能直接从 10 年以上判到三四年甚至缓刑。毋庸置疑，法官的自由裁判权在刑事司法实践中是具有明显的意义和存在的必要的，这是法律规定的局限性、模糊性和滞后性等决定的，法官只有通过自由裁量活动才能使刑法由"死法"向"活法"转化。就如本案中，若法院确实判处三名犯罪嫌疑人10 年以上徒刑，其在法律适用上也并无错误，但这却会让人明显感觉罪刑不相适应，不符合一般人的情理。本案法院通过对量刑的内心判断，让做出的判决更使得他人信服，这点是可取的。另一方面，也可以看到法官的内心确信对一个犯罪嫌疑人起到的效果是有决定性作用

---

① 〔日〕大塚仁. 刑法概说（各论）第三版[M]. 冯军译，北京：中国人民大学出版社，2003：276.

的，因此法官必须以自己良好的业务素养和职业修养，正确运用这种自由裁量权，实现法律的公平正义。

五、结语

盗窃罪是最古老的侵犯财产犯罪，几乎与私有制的历史一样久远，但是盗窃罪又是《刑法》分则条文中最重点而又复杂的罪名，关于盗窃罪的认定学界有各种不同的标准，其中是否要求主观上的非法占有目的便是其一。另外，单位犯罪是刑法总论中复杂的一章，关于单位犯罪的认定也是莫衷一是，本案将单位犯罪与盗窃罪糅合在一起，因此法律在认定上存在疑难。在本案中，首先三被告行为属于盗窃行为，由于单位犯罪的法定性，所以首先排除了三人构成单位犯罪。其次，盗窃罪如果按照非法占有目的必要说，那么三被告并非为了自己而进行非法占有，而是为了小区居民利益，仍属于盗窃罪；按照非法占有目的不要说，三被告的行为更加属于盗窃罪。所以无论理论上采取何种观点，三被告的行为均可被认定为盗窃罪。

（撰稿人：李佩遥）

案例11 信用卡诈骗案

一、案情简介

犯罪嫌疑人马某的朋友李某于2005年10月1日，用马某的身份证在北京前门附近一农业银行办理了一张银行卡，后犯罪嫌疑人马某于2006年3月19日将该银行卡挂失、销户，并将卡内余额1789元人民币全部取走，后被查获。[①]

二、争议问题

对马某的行为如何定性，有四种意见：

第一种意见认为，犯罪嫌疑人马某的行为构成盗窃罪。因为马某是采取了相对于被害人李某的秘密手段，窃取了其财产，符合盗窃罪的特征，应认定为盗窃罪。

第二种意见认为，犯罪嫌疑人马某的行为是侵占行为，但数额较小，不构成侵占罪。因为李某将钱存入马某的账户，在李某与马某之间形成了一种委托管理的关系，而马某是实际上的、真正的卡内钱财控制占有者。马某挂失、销户、取款，是将合法占有的李某的财产非法占有的行为，是侵占，只是数额较小，不构成犯罪。

第三种意见认为，犯罪嫌疑人马某的行为是信用卡诈骗行为，但数额较小，不构成信用卡诈骗罪。因为马某虚构了"银行卡丢失"的事实，将银行卡挂失、销户，并取走卡中钱财，实际上是冒领了李某的钱财，符合信用卡诈骗的特征，只是数额较小，不构成犯罪。

第四种意见认为，犯罪嫌疑人马某的行为是诈骗行为，但不是信用卡诈骗。因为马某在银行卡挂失、销户、取款的过程中使用的是真实的身份信息，并不符合信用卡诈骗的四种行为特征中的任何一项，也没有侵害金融管理秩序，因而只是简单的诈骗行为，而不是信用卡诈骗罪。

本案存在的四种分歧意见，主要涉及盗窃罪、侵占罪、诈骗罪以及信用卡诈骗。[②]各罪之间的区别主要围绕以下几个焦点展开：第一，银行卡内钱财归谁占有，是银行、李某还是马某？第二，马某是否存在"代为保管"的情形，即马某有对存款的合法占有吗？第三，被骗人与被害人不是同一人的情形如何认定？是三角诈骗问题还是盗窃罪的间接正犯？第四，马某的行为是不是信用卡诈骗罪中的冒用行为？

三、相关法条

《中华人民共和国刑法（2020年修正）》

第二百六十四条 【盗窃罪】盗窃公私财物，数额较大的，或者多次盗窃、入户盗窃、

---

① 赵成主编. 检察疑难案例辨析[M]. 北京：中国人民公安大学出版社，2008：41.
② 此处本书暂且抛开数额问题，只对行为人的行为进行相关分析。

携带凶器盗窃、扒窃的，处三年以下有期徒刑、拘役或者管制，并处或者单处罚金；数额巨大或者有其他严重情节的，处三年以上十年以下有期徒刑，并处罚金；数额特别巨大或者有其他特别严重情节的，处十年以上有期徒刑或者无期徒刑，并处罚金或者没收财产。

第二百七十条 【侵占罪】将代为保管的他人财物非法占为己有，数额较大，拒不退还的，处二年以下有期徒刑、拘役或者罚金；数额巨大或者有其他严重情节的，处二年以上五年以下有期徒刑，并处罚金。

将他人的遗忘物或者埋藏物非法占为己有，数额较大，拒不交出的，依照前款的规定处罚。

本条罪，告诉的才处理。

第一百九十六条 【信用卡诈骗罪】有下列情形之一，进行信用卡诈骗活动，数额较大的，处五年以下有期徒刑或者拘役，并处二万元以上二十万元以下罚金；数额巨大或者有其他严重情节的，处五年以上十年以下有期徒刑，并处五万元以上五十万元以下罚金；数额特别巨大或者有其他特别严重情节的，处十年以上有期徒刑或者无期徒刑，并处五万元以上五十万元以下罚金或者没收财产：

（一）使用伪造的信用卡，或者使用以虚假的身份证明骗领的信用卡的；

（二）使用作废的信用卡的；

（三）冒用他人信用卡的；

（四）恶意透支的。

前款所称恶意透支，是指持卡人以非法占有为目的，超过规定限额或者规定期限透支，并且经发卡银行催收后仍不归还的行为。

【盗窃罪】盗窃信用卡并使用的，依照本法第二百六十四条的规定定罪处罚。

四、学理分析

（一）有关侵占罪的认定问题

侵占罪，是指将代为保管的他人财物非法占为己有，数额较大，拒不退还的，或者将他人的遗忘物或者埋藏物非法占为己有，数额较大，拒不交出的行为。侵占罪的主要特征是把自己已经占有的他人财物，通过侵占行为据为己有。本罪与其他各罪的区别主要在占有问题上。

1. 财产犯罪的类型化分析

关于财产犯罪的分类，德、日等大陆法系国家刑法理论上，较常见的分类主要有 8 种：[①] 取得罪与毁弃罪、直接取得罪与间接取得罪、占有转移罪与占有不转移罪、违反意思罪与利用瑕疵意思罪、财物罪与利益罪、动产罪与不动产罪、对个别财产的犯罪与对全体财产的犯罪、对所有权的犯罪与对财产的犯罪。我国刑法理论也对财产犯罪进行了各种分类。

不论是外国还是我国，可以说对财产罪从不同的角度、采用不同的标准做出各种不同的分类，最终都是为了揭示不同类型财产犯罪的特征，以便把不同的财产犯罪区别开来。而事实上，一国最终采取哪种分类比较合适，则要根据具体的刑事立法和刑法理论而确定。

---

① 刘明祥. 财产罪比较研究[M]. 北京：中国政法大学出版社，2001：2-5.

我国学者大多认为，日本的取得罪与毁弃罪的分类很值得借鉴。[①]取得罪，指行为人取得他人财物是为了利用财物本身的价值，以不法取得的意思而非法占有财物。而毁弃罪，指行为人主观上是为了妨碍财物的利用或者使这种利用变为不可能。其中，故意毁坏财物罪和破坏生产经营罪均属于毁弃罪。

而取得罪的情况要相对复杂，一般根据占有的状态，分为占有转移罪和非占有转移罪。占有转移罪，指通过财产犯罪的方法使财物的占有状态发生转移，即行为人通过其财产犯罪行为排除他人对财物的占有，建立或实现行为人自己对财物的新的占有。抢劫罪、抢夺罪、敲诈勒索罪、盗窃罪、诈骗罪，这些都是转移占有罪，只不过其转移的方法不同而已。非占有转移罪，指犯罪实施之前，财物已经处于行为人的控制之下，无须再发生占有转移，只需把占有的财物据为己有。这种犯罪主要有侵占罪和职务侵占罪。

在占有转移罪中，基于是否处于对方自愿，又可分为违反对方意思的占有转移罪和基于对方意思的占有转移罪。违反对方意思的占有转移罪，主要包括盗窃罪、抢劫罪、抢夺罪。此时行为人取得对方财产是违反对方意思的，只是表现形式不同，抢夺罪、抢劫罪一般都是采用公然的、暴力的方法；盗窃罪通常使用的都是一种秘密窃取的方法。基于对方意思的占有转移，是指财产是对方主动交付的，但是对方交付财产的意思是有瑕疵的。这类主要指诈骗罪、敲诈勒索罪，但其致使对方交付意思有瑕疵的原因却不同，诈骗罪是采用虚构事实、隐瞒真相的方法使对方受骗，出现认识上的瑕疵而错误交付；敲诈勒索罪是采用威胁的敲诈行为，使对方出现意志上的瑕疵而不得已交付。[②]

2. 占有问题

侵占罪是非占有转移罪，盗窃罪和诈骗罪则是占有转移罪，而区分占有转移型财产犯罪和非占有转移型财产犯罪的标志，在于犯罪之前财物是处于行为人本人占有状态还是处于他人（财产所有人或者财产保管人）占有状态。

我国刑法理论一般认为财产犯罪的占有，是指对财产事实上的控制、支配，并不要求一定是实际中现实持有，也承认一般观念上的占有。

（1）关于占有的有无

对占有有无的判断，学界总体上是围绕着占有的两个特征展开，即客观要素和主观要素[③]，这是判断占有有无的关键。

首先，从客观要素看，占有要具备实际支配或者控制财物的条件。直接表现为财物处于他人实际支配、控制范围之内，且具有排他性。具体形式可以是：随身携带或者亲自监控；通过器械、工具等加以控制；将财物放置于自己能够支配的场所。虽然刑法上的占有客观上要求事实的支配或者控制，但并不以现实掌握、持有为必要，因此应当包含某些观念上的占有。而这种占有不是典型的占有，通常必须综合考虑很多因素，诸如：财物自身的大小、形状，移动的难易程度，价值的高低等特性；财物所处的位置或区域；财物脱离控制的时间和距离；特殊事由；占有习惯等。这些因素是要通过参照社会生活的一般观念才能准确判断的，例如停放于宿舍楼下的自行车（所有人意识到物的所在，客观上可以推定出该物的所有人）。

其次，从主观要素看，对财物是否存在占有，还要看主观上有无占有的意思。占有意思，

① 陈兴良，陈子平. 两岸刑法案例比较研究[M]. 北京：北京大学出版社，2010：13.
② 陈兴良，陈子平. 两岸刑法案例比较研究[M]. 北京：北京大学出版社，2010：15.
③ 参见黎宏. 论财产犯中的占有[J]. 中国法学，2009（1）：112-115.

就是占有人意识到自己正在占有某物，但不要求达到正在将物据为己有的程度。占有的认定是否需要主观的占有意思，一直存在争议，现在的通说一般持肯定说，而事实上无意识的占有在法律上没有任何意义。虽然，占有意思强调的是对财物事实上支配的意思，但不要求对每件具体财物有特定的、具体的支配意思，而只要有概括的支配意思即可。①例如置于住宅、单位等排他性较强的场所，即便暂时忘记所在位置，也能认为具有占有意思。此外，占有的意思也不以对财物有明确的、不间断的支配意思为必要，只要占有人没有明示放弃就可以认定具有潜在的占有。②例如，火车上的乘客因为过于疲惫而睡着，其放在行李架上的提包处于无人看管状态的时候，此时的物主看起来似乎没有控制财物的意思和能力，但也不能否定其占有意思，偷拿财物的则构成盗窃罪。

最后，在占有的两个要素中，客观的"实际支配或者控制的事实"是起最终的决定作用的，占有意思一般是起着次要的补充作用。在占有支配事实极强的场合，即便占有意思很不明显，也不妨害占有的成立；相反，在占有支配事实很微弱的场合，则必须存在积极的占有意思。③

（2）存款占有问题

随着现代经济以及银行业的快速发展，货币呈现出多元化的发展趋势，银行卡、信用卡以及网银账户等充斥着我们的生活，由此也引发了一系列新型的财产犯罪。在以信用卡④为代表的财产犯罪中，如何认定存款的性质以及其占有归属问题，则成了首先要解决的难题。对此，学界主要有两种观点。

第一种观点，银行占有说。这一观点主要是由于错误汇款的占有问题而引起的，认为错误汇入存款人账户的金钱不属于存款名义人占有，而属于银行。持此说的大谷实教授认为，从银行取款必须在确认是真正的权利人之后才让取款，因此，存款的事实上、法律上的支配效力还是在银行手中。⑤

第二种观点，存款人占有说。该说认为银行存款属于存款人占有⑥，这是日本的通说和判例观点。这是因为考虑到，侵占罪中的占有不仅仅是对财物的事实支配，法律支配也包括在内，占有的内容比盗窃等夺取型犯罪要广。正是由于这种法律上的支配，在存款限度之内能够认可存款人对金钱的占有。⑦

事实上，上述两观点的区别本质在于事实占有与法律占有的区别。根据事实占有说，存款处于银行的占有之下；存款人虽然持有银行卡，但并没有在事实上占有存款，其要取出存款还必须通过一定的方法才能实现。而根据法律占有说，存款人持有存款，意味着对银行卡下存款的占有；存款人的取款行为并不是占有转移，而只是一种权利实现的行为。⑧笔者认为，储户与银行之间具有一种债权债务关系，对于储户而言，银行不过是一个保险箱或者一种保

---

① 刘明祥. 财产罪比较研究[M]. 北京：中国政法大学出版社，2001：42.
② 刘明祥. 论刑法中的占有[J]. 法商研究，2000（3）：36.
③ 黎宏. 论财产犯中的占有[J]. 中国法学，2009（1）：114.
④ 2004 年 12 月 29 日，全国人大常委会通过了《关于〈刑法〉有关信用卡规定的解释》，规定："刑法规定的信用卡，是指由商业银行或者其他金融机构发行的具有消费支付、信用贷款、转账结算、存取现金等全部功能或部分功能的电子支付卡。"也就是说，刑法意义上的信用卡是一种广义上概念，本案中的银行卡属于信用卡范畴。
⑤ 〔日〕大谷实. 刑法讲义各论（新版第二版）[M]. 黎宏译，北京：中国人民大学出版社，2008：271.
⑥ 〔日〕大谷实. 刑法讲义各论（新版第二版）[M]. 黎宏译，北京：中国人民大学出版社，2008：271.
⑦ 〔日〕大塚仁. 刑法概说（各论）（第三版）[M]. 冯军译，北京：中国人民大学出版社，2003：275.
⑧ 陈兴良，陈子平. 两岸刑法案例比较研究[M]. 北京：北京大学出版社，2010：219.

管财物的手段而已，尽管从形式上看，银行在占有财物，但实际上，在储户的银行账户范围之内，储户对其财物具有支配、控制权，因此银行占有说是站不住脚的。但是存款占有人说也并非天衣无缝，在违反实名制规定的情况下，即存款名义人和事实上的存款人不一致时，如何认定存款的占有人成为一个疑问。对此笔者认为，刑法更强调的是实质上的所有关系而不是形式上的所有关系，此时的存款占有应当归属于实际存款人。

3.“代为保管”的认定

代为保管情形下的侵占罪是指以非法占有为目的，将代为保管的他人财物非法占为己有，数额较大，拒不退还的行为。如何理解“代为保管”，即如何确定有无委托保管的关系？我国刑法学界主要有三种不同的解释①：一是狭义说，认为代为保管的他人财物是指受他人委托暂行代其保管的他人之物，而且这种委托关系必须是合法的；二是广义说，认为代为保管的他人财物是指所有的基于合法或非违法原因而持有的他人财物；三是折中说，认为代为保管是指行为人基于委托关系或是其他合同关系而将他人财物置于自己的管理之下，但不包括无因管理和不当得利。

对“代为保管”的理解的宽与窄直接关系到对侵占罪的犯罪对象的界定问题，过于狭隘的“代为保管”可能会导致侵占罪的调整范围过窄，不利于惩治犯罪，而在纷繁复杂的社会生活关系中，代为保管关系的形成形式也是多种多样的，因此广义说较为可取。广义说是对保管做出的较为宽泛的解释，保管不论基于何种目的或事由，是否受财物所有人主动委托，或者是根据事实上的管理以及习惯而成立的委托、信任关系所拥有的对他人财物的持有、管理，只要非违法即可。但是需要说明的是，不论客观上的“代为保管”的方式如何，委托保管人主观上必须有将自己的财物委托给他人，置于他人占有、控制之下的意思（包括可以推定的意思）。

4.李某用马某身份证办理的银行卡及卡内存款占有认定

从本案来看，首先，需要解决的是李某借用马某的身份证存款的法律性质问题。在民法上，根据存款实名制，存在谁的名下的款项应当归谁所有。显然，李某的行为明显违反实名制的规定。但事实上，这一规则并不能适用于刑法领域，刑法更强调的是实质上的所有关系而不是形式上的所有关系。在李某有证据表明他是借用马某的身份证而存款的情况下，该存款实质上仍然是李某所有。因而可以得出结论，银行卡内钱财是属于李某所有的。

其次，在确定了银行卡内钱财是属于李某所有的情况下，要进一步明确马某与李某之间是否存在“代为保管”的关系，即马某是否合法占有卡内存款。代为保管的本质特征在于占有或持有，即行为人基于某种非犯罪的原因，获得对他人财物的支配状态。这种支配状态，一般包括事实上的支配和法律上的支配。本案的关键在于判断马某是否已经持有存款。李某虽然以马某的名义办理了银行卡，事实上也将存款存在了马某的名义下，但从客观上看李某并没有将银行卡交付给马某保管，而主观上李某也没有放弃存款占有的意思，因而存款仍旧处于李某的占有之下，并不处于马某的占有状态。此外，李某作为银行卡的实际使用人，占有卡上的钱款并享有独立排他的支配权，如果认可马某是未经李某授权的保管，则银行卡上的存款同时存在互相排斥的两个占有，即李某基于正常使用银行卡的占有和马某基于保管的占有，这将造成逻辑上的混乱，事实上也不可能存在。据此，可以排除“代为保管”的侵占行为。

---

① 陈兴良，陈子平.两岸刑法案例比较研究[M].北京：北京大学出版社，2010：207.

　　最后，马某是出于非法占有李某存款的目的而实施的行为，是为了利用财物本身的价值，而非妨碍利用或者使利用变为不可能，因而马某的行为只能构成取得罪，分歧意见也是围绕这一点展开的。由于前述内容，已经可以确定银行卡内存款是李某占有，那么马某的行为就是转移财产占有的犯罪行为，属于占有转移型财产犯罪，可以排除侵占罪的成立。

　　（二）有关盗窃罪与诈骗罪的认定问题

　　盗窃罪与诈骗罪同属于占有转移罪，区别的关键在于此种转移是否是基于对方意思的自愿转移，而采取欺骗手段的盗窃行为，增加了这一判断的难度，在此必须对相关问题进行梳理。

　　1. 诈骗罪的欺骗行为与盗窃罪的欺骗手段

　　在现实当中，由于窃取行为的多样性，盗窃罪也可以采取欺骗的方法完成。但是，一般所说的使用诈术盗窃或欺诈性盗窃，是指使用欺诈的方法，使被害人放松或者迟缓对财物的占有和控制，从而使行为人趁机取走财物。[①]例如，以借打手机为名，趁他人放松警惕，拿着手机逃跑的行为，构成盗窃罪。与之不同，诈骗罪的欺骗行为，实质在于使被骗人陷入或继续维持处分财产的认识错误并进而处分财产。[②]欺骗行为本身可以使对方在不同程度上，产生一定的、与客观真实不相符的认识错误，但诈骗罪中基于欺骗行为而产生的认识错误，必须具有处分财产的内容。而在采取欺骗手段盗窃的情况下，对方不会产生处分财产的意思。换言之就是，盗窃罪与诈骗罪同属占有转移型财产犯罪，其区别的主要标准在于是否违背了被害人的意思。盗窃罪违背了被害人的意愿，破坏或者排除了被害人对财物的支配和控制；而诈骗罪在形式上并没有违背被害人的意愿，仅仅使被害人的意思表达出现瑕疵。[③]

　　2. 诈骗罪的处分行为

　　从本质上看，诈骗罪是基于被骗人的意思表达瑕疵而成立的犯罪，然而，被害人的意思实为一种内在因素，若要区分两罪最终还是要通过外在的行为，即被骗人是否实施了处分行为。

　　诈骗罪中的处分财产或财产处分行为，是指被骗人基于认识错误将财产转移给行为人或第三人占有的行为。[④]一般认为，处分行为的表现形式是多样的，具体而言，可以是直接交付财产、承诺行为人取得财产、转移财产性利益或免除行为人的债务等。行为人实施欺骗行为，使他人放弃财物、行为人拾取该财物的，一般也认定为诈骗罪。[⑤]

　　（1）处分行为必要性

　　由于处分行为是诈骗罪中没有记载的构成要件要素，大陆法系的刑法理论界对于处分行为是否必要问题，存在着不要说和必要说的对立。不要说认为，处分行为本身并不是诈骗罪独立的成立要件，只不过可以作为确认利益转移的一种因果性契机。必要说则认为，处分行为是诈骗罪成立的必不可少的要件。[⑥]我国理论界对此没有深入的研究。但是从目前情况来看，国内外通说均将处分行为作为诈骗罪的构成要件要素，仅有极少数学者提出异议。

① 陈兴良，陈子平. 两岸刑法案例比较研究[M]. 北京：北京大学出版社，2010：06.
② 张明楷. 诈骗罪与金融诈骗罪研究[M]. 北京：清华大学出版社，2006：59.
③ 陈兴良，陈子平. 两岸刑法案例比较研究[M]. 北京：北京大学出版社，2010：06.
④ 张明楷. 诈骗罪与金融诈骗罪研究[M]. 北京：清华大学出版社，2006：123.
⑤ 郑泽善. 诈骗罪中的处分行为[J]. 时代法学，2011（4）：56-57.
⑥ 郑泽善. 诈骗罪中的处分行为[J]. 时代法学，2011（4）：51.

事实上，处分行为不仅在因欺骗行为而产生的认识错误和财产损害之间起着连接作用，而且还表明了认识错误的内容。①处分行为的做出是由于被骗人认识错误，采用欺诈方法的盗窃行为也可能使被骗人产生某种认识错误，但是此时的认识错误达不到使被骗人处分财产的程度，即不具有处分行为的内容。因此，与一般意义上的认识错误不同，诈骗罪的认识错误的内容必须是有关处分或转移财产的认识错误。

另一方面，确定一个犯罪的构成要件内容，不可能不考虑该罪与相关犯罪的关系。唯此，才能在避免处罚空隙的前提下，使各罪的构成要件形成各自的分工。②通说为了避免诈骗罪与盗窃罪的竞合而将处分行为作为构成要件要素，是具有合理性的。可以说，处分行为对于诈骗罪的构成与盗窃罪等的区别，具有不可或缺的重要作用。

（2）处分意思

诈骗罪处分行为的处分意思，是指对转移财物的占有或财产性利益及其引起的结果的认识。其中涉及有无的必要及具体内容的问题。

①是否是处分行为构成的必要要素

在肯定了处分行为的必要性之后，需要进一步探讨处分意思对处分行为的成立与否是否产生影响，即处分行为是仅限于有意思的处分行为，还是包括无意思的处分行为。关于这一问题，中外刑法理论界有处分意思必要说与处分意思不要说的对立。③

第一，处分意思必要说。该观点认为，处分行为的成立，不仅要在客观上有处分财产的事实，主观上还必须要有处分财产的意思。如果只有表面上的处分形式而没有真正的基于意思的处分，就不构成诈骗罪。这是日本通说和判例所采取的立场。

第二，处分意思不要说。该观点认为，诈骗罪的成立，只要客观上有处分行为即可，不需要必须有处分意思。这是德国的通说，日本也有不少学者主张此说，如平野龙一、西田典之，"处分行为、交付行为不以意思表示为必要，事实行为即可……而且也包含没有意识到交付的内容的情况"④。

第三，折中说，又称缓和说。主张处分行为通常要有处分的意思，但在特殊的情况下可能发生无意思的处分现象，可以通过缓和处分意思内容的途径，将其解释为有处分行为而肯定诈骗罪的成立。⑤

我国刑法理论界虽没有详尽研究，但有部分观点倾向于处分意思必要说。⑥笔者亦倾向于处分意思必要说。

首先，不要求处分意思的必要性，势必会导致处分行为范围的无限扩大。在论述处分行为时，一般认为处分行为不仅包括作为，而且包括不作为，此时坚持处分意思不要说并不可取。⑦例如，现实存在的借打手机行为、调包行为等，只是转移了被害人的注意力，从疏忽大意的被害人处取得财物的行为，如果承认无意思的处分行为，则上述行为将被评价为诈骗罪。这是一种缩小盗窃罪以扩大诈骗罪处罚范围的做法，实在不可取。

① 张明楷. 诈骗罪与金融诈骗罪研究[M]. 北京：清华大学出版社，2006：126.
② 张明楷. 诈骗罪与金融诈骗罪研究[M]. 北京：清华大学出版社，2006：126.
③ 郑泽善. 诈骗罪中的处分行为[J]. 时代法学，2011（4）：52-53.
④ 转引自张明楷. 诈骗罪与金融诈骗罪研究[M]. 北京：清华大学出版社，2006：159.
⑤ 刘明祥. 论诈骗罪中的交付财产行为[J]. 法学评论，2001（2）：68.
⑥ 周光权. 刑法各论[M]. 北京：中国人民大学出版社，2008：131.
⑦ 郑泽善. 诈骗罪中的处分行为[J]. 时代法学，2011（4）：53.

其次，盗窃罪存在间接正犯的情形。盗窃罪间接正犯的被利用者是不知情的，如果认为处分行为仅限于客观的处分行为，而不要求有处分意思，就难以划定诈骗罪与盗窃罪的间接正犯的界限。从被害人角度来说，诈骗与盗窃的界限在于，前者基于被害人有瑕疵的意思而转移占有，后者是违反被害人的意志而转移占有。但在被害人没有处分意思的情况下，很难认为行为人是基于被害人有瑕疵的意思而转移占有。[①]因此，没有处分意思的处分行为不具有区别两罪的功能，会使很多类似行为的认定模糊不清，无法正确地定罪量刑，从而使法律失去公信力。

最后，出于认识错误因素的考虑，诈骗罪中的被骗人必须是具有处分能力的自然人。这不但排除了机器，还由于所谓的处分能力，并不是仅指客观上的交付能力，因此完全缺乏意识能力的幼儿、精神病人虽然也可以实施客观的交付行为，但是因其并不具有处分能力所要求的意识能力，因而这种行为也不是处分行为。"《日本刑法》第248条特别规定了以未成年人、心神耗弱者为对象的准诈骗罪，该规定也从另一角度表明了处分意思的必要性，如果不要求处分人具有处分意思该法条就形同虚设。"[②]

②处分意思的内容

根据主客观统一的观点，处分行为除了具有客观行为之外，还必须具有主观上的处分意思。那么，这种主观上的认识是否要求财产处分人对所处分财产有具体的认识，例如性质、种类、数量、价值方面完全的认识，还是只要求认识到财产外形转移的事实即可呢？

一般来说，作为处分意思的内容，需要有被骗人对财产转移的认识，即需要有能够发生财产处分结果的意思。事实上，处分意思不要说一般将"处分意思"理解为对处分财产的种类、数量、价值等方面的全面认识，因而认为不要求具备这样的认识，但其实在肯定被骗人"基于意思转移占有"问题上也是要求被骗人有某种转移的意思的。[③]相反，处分意思必要说即使要求财产处分人必须具有处分意思，但通常都会对处分意思做缓和的解释[④]，即在内容的认识范围、程度上做宽松处理。

从实际来看，要求处分人对财产的性质、种类、数量、价值做出全面、准确的认识，事实上是很困难的，多数情况下不可能完全认识。如果做出严格的认识要求，势必将大大缩小处分行为的成立，因而采取缓和的意思解释是妥当的。"根据诈骗罪的结构与特征，鉴于我国刑法理论与司法实践对诈骗与盗窃的通常理解，主张对处分意思作缓和理解，但这种缓和理解也有其限度。"[⑤]具体而言，财产处分人至少要认识到自己的行为是把某种财产转移给他人占有，并能根据自己的自由意识做出这种决定，因此可以认为具备了处分意思的内容。至于所处分的财产的种类、数量、价值等具体情况，则不一定要求有全面正确的认识，根据处分人的具体认识能力范围、客观环境可以对此有所认识，但没有具体的这些方面的认识不影响处分行为的认定。

① 张明楷. 诈骗罪与金融诈骗罪研究[M]. 北京：清华大学出版社，2006：161.

② 张明楷. 诈骗罪与金融诈骗罪研究[M]. 北京：清华大学出版社，2006：161.

③ 参见〔日〕山口厚. 刑法各论[M]. 有斐阁，2003：225. 转引自张明楷. 诈骗罪与金融诈骗罪研究[M]. 北京：清华大学出版社，2006：164.

④ 参见〔日〕山口厚. 刑法各论[M]. 有斐阁，2003：225. 转引自张明楷. 诈骗罪与金融诈骗罪研究[M]. 北京：清华大学出版社，2006：164.

⑤ 张明楷. 诈骗罪与金融诈骗罪研究[M]. 北京：清华大学出版社，2006：165-166.

3. 三角诈骗

通常的诈骗行为只有行为人与被害人,被害人因为被欺骗而产生认识错误,自己处分了自己的财产。此种情况下,被害人与被骗人是同一人,一般称为二者间诈骗。但事实上,诈骗罪也可能存在被害人与被骗人不是同一人的情况。例如,主人甲上班后,只有保姆乙在家,丙敲门后欺骗乙说甲让他上门取甲的西服去干洗,乙信以为真,将甲的西服交给丙,甲回家后才知乙被骗。乙为被骗人,但不是被害人;甲是被害人,但没有被骗。这种被骗人(财产处分人)与被害人不是同一人的情况,就是三角诈骗。但通常认为三角诈骗中,虽然被骗人与被害人可以不是同一人,但被骗人与财产处分人必须是同一人。[①]因为诈骗罪的核心在于"基于错误而处分财产"。

(1)诈骗罪的特殊形态

纵观各国刑法,并没有明文规定三角诈骗,然而从实质上、形式上或刑法体系上[②]均可以肯定其诈骗罪的属性。

首先,从本质上来说,三角诈骗与二者间诈骗对法益的侵害实质上是一致的。被骗人均有处分财产的行为,而处分行为也都是因为行为人的欺骗行为产生了认识错误所导致。只不过在二者间诈骗情况下,通常是被害人直接处分自己占有的财产;在三角诈骗的场合,通常表现为被骗人将被害人的财产转移为行为人或第三人占有。但被骗人处分财产的原因、结果都与二者间诈骗无异,其侵害的法益均是刑法所保护的公私财产,不能仅因为处分财产人(被骗人)不是被害人本人,而对被害人的财产不给予刑法上的保护。

其次,从构成要件上看,三角诈骗完全符合诈骗罪主客观构成要件。不仅主观上有明显的故意和非法占有的目的,而且客观上行为人同样实施了虚构事实、隐瞒真相的行为,被骗人也因被骗陷入了认识错误进而处分了财产。刑法条文并没有规定只能由被害人陷入认识错误或是处分财产,事实上从财产所有权各职能日益分离的现实经济环境考虑,处分人不必是财产所有人,只要具有财产处分权限或地位的人即可。何况诈骗罪中的处分行为,并非仅指民法上作为所有权权能之一的处分,而是指将财产转移给行为人或第三人占有,因此处分人不必具有转移所有权的意思。

最后,从刑法的体系上看,金融诈骗罪是诈骗罪的特殊罪,其被刑法特别规定,仅在于侵害法益对象的特殊性一点上,其他无异。因此,在金融诈骗罪的规定包含有三角诈骗的情况下,也能认定诈骗罪中三角诈骗的存在。例如,关于票据诈骗罪行为人甲冒用乙的支票,通过银行职员丙取得现金时,丙是被骗人而乙是被害人,但甲的行为仍然成立票据诈骗罪,这其实就是三角诈骗。"在刑法没有将票据诈骗、信用卡诈骗规定为独立犯罪时,司法实践一直将这种行为认定为普通诈骗罪,理论上也没有任何异议。"[③]这也说明,普通诈骗罪本身就有三角诈骗的情况存在,可以说三角诈骗是诈骗罪的特殊形态。

(2)与盗窃罪的间接正犯相区别

盗窃行为通常是由行为人亲自实施的,但也不排除行为人利用不知情或无刑事能力责任的第三人完成盗窃行为。例如,洗衣店经理 A 发现 B 家的走廊上晒着西服,便欺骗店里的临时工 C,说 B 要送洗西服但没时间过来,让 C 去把走廊上晒着的西服取来,C 信以为真将西

---

① 参见郑泽善. 诈骗罪中的处分行为[J]. 时代法学,2011(4):55.

② 张明楷. 诈骗罪与金融诈骗罪研究[M]. 北京:清华大学出版社,2006:110-112.

③ 张明楷. 诈骗罪与金融诈骗罪研究[M]. 北京:清华大学出版社,2006:111.

服取来交于 A，A 将西服据为己有。在这里，行为人同样是采用了欺骗的方法，被骗人与被害人也不是同一个人，但被骗人一般是作为工具存在的。这种利用他人作为工具而实施的盗窃行为的行为人，就是盗窃罪的间接正犯。

在采取欺骗方法利用被骗人作为工具而实施盗窃行为的场合，与三角诈骗一样，存在被骗人与被害人不是同一人情形，此时两罪极易混淆。但是不论两罪的形式怎样变化，归根到底还是盗窃罪和诈骗罪的区别问题，而区别的关键还是在于处分行为上。具体而言，被骗人是否具有处分被害人财产的地位与权限，如果具有即是诈骗罪（三角诈骗），否则是盗窃罪（间接正犯）。

（3）被骗人处分财产的权限与地位的认定

至于如何认定被骗人是否具有处分财产的地位和权限，德、日刑法理论对此存在四种观点：①

第一，主观说。以被骗人是否是为了被害人而处分财产为基准，如果是则构成诈骗罪，反之构成盗窃罪。但是，单纯依据不属于被害人的被骗人的心理决定行为人的行为性质，有悖于犯罪构成的基本原理。

第二，事实的介入可能性说。只要作为被骗人的第三人与财产之间具有客观的接近关系，对财产具有事实上的介入可能性，那么就可以成为处分者，因而成立三角诈骗。此观点本身导致处分行为的概念不明确，更无法区分盗窃罪与诈骗罪的界限。

第三，阵营说。以被骗人是与行为人的关系密切还是与被害人的关系密切为区分标准。换言之，如果被骗人属于被害人阵营，则行为人的行为成立诈骗罪，反之成立盗窃罪。事实上，这是前两个学说的结合，因为在阵营判断的两个标准上分别采用上述学说，即被骗人与财产之间是否具有客观的接近关系，以及处分行为是否为了占有人而实施。虽然这是一种较为具体的区分标准，但内容似乎与诈骗罪的本质要素缺乏必然联系。

第四，授权说或权限说。被骗人在被害人概括性授权范围内处分财产时，肯定其行为属于处分行为，因而行为人的行为构成诈骗罪；反之，被骗人处分财产的范围超出了被害人的概括性授权时，则不属于处分行为，因而行为人的行为成立盗窃罪。但是，如何判断是否存在授权以及授权范围的大小，还需具体标准。

从学说内容看，阵营说和授权说实为表里关系，在没有特别情况时可以来区别两罪，但单一的学说均存在问题，无法完全判断。因此还必须综合其他因素，根据社会一般观念，以其事实上是否得到了被害人的概括性授权为准；至于是否得到了被害人的概括性授权，则应根据被骗人是否属于被害人阵营、是否财产的占有者或辅助占有者、其转移财产的行为外观上（排除被骗因素）是否得到社会一般观念的认可、被骗人是否经常为被害人转移财产等因素进行判断。

4. 马某对银行职员谎称银行卡丢失进而挂失、注销、取款的行为

从本案来看，马某实施了一定的欺骗行为，即虚构银行卡丢失的事实，隐瞒卡内钱财为李某所有的真相，这主要涉及诈骗罪与盗窃罪的区分问题。

首先，虽然有欺骗行为存在，但银行并未陷入认识错误。银行卡是以马某的身份证办理的，李某在办理银行卡时隐瞒了是借用马某身份证办理的事实，但根据《银行卡业务管理办法》等有关规定，银行卡的"持卡人"（即所有人）是提供有效身份证办理银行卡的办理人。

---

① 张明楷. 诈骗罪与金融诈骗罪研究[M]. 北京：清华大学出版社，2006：133-134.

因此在银行方面，该卡是马某所有，银行在存取款等业务过程中，仅负有对相关凭证内容真实性的形式审查义务，对银行卡具体由谁使用不具有实质审查的义务。换言之，李某仅作为使用人而存在，该法律关系的主体仍是银行和马某，这是由民事行为的相对性决定的。银行卡的办理人以自己的身份证办理包括挂失在内的有关业务，是自己合法权利的行使，银行有义务提供相关服务。本案中银行卡是以马某名义开设的，马某提供自己的身份证办理挂失业务，银行当然会认为是银行卡的所有人提出的正当申请。虽然马某的恶意挂失行为向银行隐瞒了李某是银行卡的实际使用人的事实，但银行对银行卡的所有人没有错误认识，更不用说基于错误认识而处分财物的行为了。

其次，从处分行为来看，银行并不具有处分的权限和地位。具有处分权的人，可以根据自己的自由意志，选择是否处分其财产。而银行是通过存款、贷款、汇兑、储蓄等业务，承担信用中介的金融机构，具有的是中介地位，每一项业务的办理，都必须有办理人的明确指示，而在办理人没有申请相关业务时银行也不能自由处分办理人在银行的存款。实际上，在银行卡使用过程中，交易、取款等行为都需要通过账户、密码才能完成，看起来貌似银行是有某种处分的意思在内，但事实上，这一系列的行为只是银行为了确保持卡人的交易安全，对其进行的一种身份核实。根据一般观念，持卡人或办理人并没有授权银行处分其存款的意思，并不能说银行具有处分权限。因此本案中，银行只是完成其本身的业务行为，而并非是诈骗罪所要求的处分行为。综上两点，马某的行为不能构成诈骗罪。

最后，盗窃罪的行为，是行为人采取平和手段，违反财物占有人的意志，将财物转移为自己或第三者所有，是窃取他人占有财物的行为，属于取得型财产犯罪。本案中，办理银行卡后，银行卡和密码都由李某保管、使用，李某是银行卡的实际使用人，如无李某的请求，马某不应办理任何业务。马某出于非法占有的目的，利用自己"合法"持卡人的身份，恶意挂失，在李某不知情的情况下，窃取其卡上的钱款，这种行为完全符合盗窃行为。

这里有一个问题需要明确，马某的行为是构成一般盗窃罪还是盗窃罪的间接正犯呢？间接正犯，是大陆法系的概念，"是因严格限制的正犯概念和共犯只有在当正犯实施了符合构成要件、违法、有责行为时才能成立的极端从属性原则带来的弊端，即为了弥补处罚犯罪的'间隙'而产生的"[1]。利用不知情的第三者实施盗窃行为，是属于间接正犯的一种典型类型，即利用无过失行为实施犯罪。银行作为中立机构，只负有形式上的审查义务，也就是说，不论是什么人，只要可以提供形式上的要件，银行就推定其具有持卡人的身份，相应地为其办理各种业务。本案中，银行职员是根据银行卡的持有人的正当申请，而进行的完全合法的业务行为，因此银行职员的行为并不是盗窃行为。而且本案中，马某的盗窃行为能够完成，是基于利用了其"合法"持卡人的身份，而并非是利用银行职员作为工具，因此不符合盗窃罪的间接正犯。

综上所述，本案是马某利用"合法"持卡人的身份，采取欺骗的方法，违背李某的意愿，窃取了李某的存款，成立一般盗窃罪。

（三）有关信用卡诈骗罪的认定问题

我国在《刑法》中专门规定了金融诈骗罪，作为普通诈骗罪的特殊条文，其在性质上首先成立普通诈骗罪。但是综观各国地区刑事立法，像我国这样以专节按照犯罪客体的共性规

---

① 郑泽善. 刑法总论争议问题比较研究 I[M]. 北京：人民出版社，2008：430.

定金融诈骗犯罪的比较少见。例如，日本刑法典和我国台湾地区刑法典，都没有专门规定金融诈骗罪，"对金融欺诈犯罪以普通诈欺罪或常业诈欺罪定性"①。即便是规定金融诈骗罪，也只是规定了一部分，例如德国刑法典和意大利刑法典都规定了保险欺诈罪，很少像我国这样采取专节立法的模式。那么金融诈骗类的犯罪，有没有独立的必要呢？

1. 金融诈骗罪

金融诈骗罪，是指违反金融管理法规，采用虚构事实、隐瞒真相的手段，使用银行结算凭证和国债券骗取财产权益，或者在集资、信贷、保险领域内以非法占有为目的骗取特定资金数额较大的行为。②最开始，我国刑法中只有诈骗罪的规定，而没有专门规定金融诈骗罪。规定金融诈骗罪主要是因为，金融市场是在商品经济发展到一定水平以后，金融活动呈现出一定规模时产生的，随之而来越来越多地出现了一系列破坏金融市场秩序的犯罪行为，急需刑法规制。金融诈骗罪的立法过程就经历了在金融领域利用金融工具诈骗的行为都以诈骗罪论处，到将金融诈骗罪从诈骗罪中分离出来，再到在刑法中专节规定的三个阶段。③

可以说，金融诈骗罪是从普通的诈骗罪中分离出来的，其犯罪构成内容包含了诈骗罪构成要件的全部要素，但同时又具有诈骗罪所没有的自身特有属性：

第一，金融诈骗罪侵犯的是双重客体。"传统的诈骗罪是财产犯罪，以特定的财产作为诈骗的对象，侵害的是单一的财产所有权。"④而金融诈骗罪属于经济犯罪，发生在金融领域中，多以金融机构作为诈骗的对象，因此不仅侵害财产所有权，而且扰乱金融管理秩序，是对双重法益的侵害。

第二，金融诈骗罪的手段具有特殊性。例如以非法集资、借贷款之名，或是利用金融票据、有价证券、信用证、信用卡等金融工具，又或者在特定的金融领域如保险、贷款等领域实施诈骗活动。相比较普通诈骗罪的手段比较简单，即"采用一般的诈术，使相对人陷于错误，从而仿佛自愿地把财物交付给行骗人"。⑤

第三，金融诈骗罪社会危害性更大。普通诈骗罪只是针对一人一事的诈骗，而金融诈骗罪往往是针对金融机构或者投资人的，其诈骗的对象面向公众或社会，影响十分广泛。此外，相比一般诈骗，金融诈骗罪骗取的数额往往高出十几倍甚至几十倍，使得公私财产受到巨大损失，而且严重地扰乱了金融秩序，具有较大的社会危害性。

虽然，从犯罪构成的基本要素以及行为外延上，普通诈骗罪完全可以囊括金融诈骗罪，但不可否认金融诈骗罪本身存在着普通诈骗罪无法评价的要素，而且这些要素正在侵害特定的法益，具有相当的社会危害性，很有必要通过刑法规范明确规制。不可否认，现行刑法中，普通诈骗罪与金融诈骗罪可能在刑罚配置上存在着一定的不协调，这些还有待于通过立法上的不断完善来予以解决。

2. 信用卡诈骗罪的行为方式

《刑法》第一百九十六条规定，信用卡诈骗罪有四种客观行为："使用伪造的信用卡，或者使用以虚假的身份证明骗领的信用卡进行诈骗；使用作废的信用卡进行诈骗；冒用他人信用卡进行诈骗；使用信用卡恶意透支。"由于信用卡诈骗罪的犯罪行为方式是绝对法定的，除

---

① 刘远. 于改之. 金融诈骗罪立法评说——从欺诈犯罪说起[J]. 法学，2001（3）：34.
② 李邦友，高艳东. 金融诈骗罪研究[M]. 北京：人民法院出版社，2003：27.
③ 参见高铭暄，赵秉志编著. 新中国刑法学研究历程[M]. 北京：中国方正出版社，1999：466.
④ 陈兴良. 金融诈欺的法理分析[J]. 中外法学，1996（3）：13.
⑤ 陈兴良. 金融诈欺的法理分析[J]. 中外法学，1996（3）：13.

了上述四种行为以外，其他行为不构成本罪。①然而，本案中马某的行为明显不是使用伪造、作废的信用卡，也没有使用虚假的身份证明骗领，更不是恶意透支。那么，马某的行为是否是"冒用他人信用卡进行诈骗"呢？

"冒用他人信用卡"是指违反信用卡管理规定，未经合法持卡人的同意或授权，非持卡人擅自以持卡人的名义使用信用卡，骗取财物占为己有。此行为违反了信用卡仅限合法持卡人本人使用的规则，造成合法持卡人及发卡银行经济利益的巨大损失。我国刑法理论界一般认为，构成"冒用他人信用卡"而成立信用卡诈骗罪应具备以下条件②：第一，主观上明确认识到无权使用自己持有的他人信用卡；第二，行为人具有非法占有他人财物的目的，明知使用行为会发生破坏金融秩序、侵犯他人财产的后果，并且希望或者放任这种行为发生；第三，客观上必须实施利用其无权使用的、他人的信用卡进行骗取数额较大财物的行为；第四，主体必须为已满十六周岁具有辨认和控制能力的自然人，单位不能成为犯罪主体。事实上冒用行为可以分解为两部分，即"冒充他人身份"和"使用他人信用卡"。

3. 持卡人

冒用他人信用卡的前提是违反合法持卡人的意志，将他人信用卡当作自己的信用卡，也可以说是将自己当作真正的持卡人。因此，首先必须厘清的是持卡人的概念。根据《银行卡业务管理办法》等有关规定，个人申领银行卡，应当向发卡银行提供公安部门规定的本人有效身份证件，经发卡银行审查合格后，为其开立记名账户……银行卡及其账户只限经发卡银行批准的持卡人本人使用，不得出租和转借。因此，"持卡人"是一个形式上的概念，即为提供有效身份证办理银行卡的申请人。原则上，要求持卡人本人使用此信用卡，不得出租、转借，但即使出现类似的行为，也并不影响持卡人的身份，也就是说，持卡人的身份不会随着信用卡实际持有人的变化而改变，其从信用卡办理时起就已经确定了。

4. 冒用行为

实践中，冒用他人的信用卡有很多常见的表现形式。例如，捡拾他人的信用卡而冒用；擅自使用为持卡人代为保管的信用卡；以欺骗手段取得他人的信用卡、身份证后进行取款或消费；接受非法持卡人转手的信用卡而冒用；窃取或捡拾持卡人的"领卡通知"、身份证明进行冒领，之后大肆"透支"；特约商户人员、发卡行工作人员用各种持卡人的有效信用卡复制签购单，进行冒用等。③

但是无论什么样的冒用行为，冒用的信用卡都必须是他人的信用卡，这也就排除了使用自己名义的信用卡的情况。那么他人的信用卡是否必须是真实有效的，还是也包括伪造的信用卡、作废的信用卡？对此理论界有不同认识，大部分学者认为应当是以合法有效的信用卡为必要的，若是他人已经作废的信用卡，行为人再冒用他人的名义进行使用的，从行为整体性质上看属于"使用作废的信用卡"。持相反观点的学者提出，"他人的信用卡原则上是合法有效的真卡，但不排除在个别情况下是伪造的信用卡或作废的信用卡"④。笔者认为，既然刑法把使用作废的或伪造的信用卡的行为，和冒用他人信用卡的行为分别规定，那么冒用的他人信用卡就不应该再包含作废的或伪造的信用卡在内。因此，他人的信用卡仅指他人真实有效的信用卡。

① 张明楷. 刑事疑案演习[M]. 北京：中国人民大学出版社，2009：277.
② 任景辉. 信用卡诈骗罪之冒用行为定性分析[D]. 长春：吉林大学，2010：14.
③ 赵秉志. 中国刑法案例与学理研究（第三卷）[M]. 北京：法律出版社，2004：287.
④ 赵秉志. 中国刑法案例与学理研究（第三卷）[M]. 北京：法律出版社，2004：287-288.

这里容易出现主观认识错误的问题，例如行为人拾得一张作废的或伪造的信用卡，以为是真实有效的信用卡，持该卡购物。这种行为一般不宜认定为冒用他人信用卡，而应认定为使用伪造的或作废的信用卡。因为认定犯罪是从客观到主观的过程，在认定了行为人使用的是伪造或作废的信用卡的前提下，再进一考虑其主观归责的问题。①

此外，冒用他人的信用卡是否需要现实持有他人的信用卡？肯定说，认为必须持有。冒用他人信用卡，是指行为人以合法持卡人的名义使用所持他人信用卡的行为。②依此观点，信用卡账号、密码作为一种无形的信用卡信息资料，不同于信用卡本身，依据罪刑法定原则，冒用他人信用卡信息资料的行为，不能认定为信用卡诈骗罪。③否定说，认为冒用他人信用卡不需要行为人现实地持有他人信用卡。④有学者指出，利用虚拟信用卡和利用实体信用卡诈骗本质是相同的，二者形式上的差别并不能影响到定罪的不同。⑤对此问题，笔者认为冒用行为是由"冒"和"用"两个行为组成的，即只要非持卡人冒充了持卡人名义，非法使用进行交易结算，就构成"冒用他人信用卡"。在无卡冒用的情形中，仍然冒充持卡人的名义，通过使用持卡人的卡号和密码达到非法使用的效果，完全符合"冒"和"用"两个行为。此外，信用卡的核心是存储在信用卡磁条或芯片上的账户信息，持卡人从事相关业务主要是通过信用卡所包含的账号、密码等信息来发挥作用。更何况，随着网上银行的发展，信用卡正在越来越多地通过网络支付完成，无须刷卡，仅通过账号、密码即可进行交易，完全有可能造成与持有他人信用卡进行冒用同样的危害结果。因此，冒用他人信用卡不需要行为人现实地持有他人的信用卡，比较妥当。

5. 持卡人使用信用卡不能认定为冒用

本案当中，银行卡是用马某的有效身份证办理的，持卡人即为马某，不会随着信用卡实际持有人的变化而改变。而银行对于客户的存款、转账、销户等业务要求，仅具有形式上的审查，即只要是持卡人提出的业务要求，银行就会为其办理相关业务。马某挂失、销户的完全是自己名义下的银行卡，并不具有冒充他人身份以及使用他人的信用卡或信息的特征，因此不是"冒用他人信用卡"的行为，不能构成信用卡诈骗罪。

五、结语

财产犯罪，是现实生活中最常见、最多发的。在区分财产犯罪时，首先要从犯罪类型上加以区别，是取得型财产犯罪还是毁弃型犯罪。而在取得型中，关键要看行为人取得财物之前的占有关系，是处于他人占有之下还是处于自己的占有之下，这要综合主观要素和客观要素综合判断。是否发生占有的转移，是侵占罪区别于盗窃罪、诈骗罪的关键。在均发生占有转移的盗窃罪和诈骗罪的判断中，就需要进一步考察，行为人是违反了被害人的意志，排除其占有进而建立起新的占有，还是基于被害人的意思瑕疵（即认识错误），使其"自愿"处分了财产。而被害人的意志属于纯主观的内心因素，最终还需要依靠客观的、外在行为进行判断，因此，处分行为的有无则自然成为焦点，尤其是在处分人（即被骗人）与被害人不一致

---

① 张明楷. 诈骗罪与金融诈骗罪研究[M]. 北京：清华大学出版社，2006：659.

② 周道鸾，张军主编. 刑法罪名精释[M]. 北京：人民法院出版社，2003：277.

③ 彭德才. 冒用他人信用卡信息网上消费支付行为的认定[J]. 中国信用卡，2006（11）：39.

④ 张明楷. 诈骗罪与金融诈骗罪研究[M]. 北京：清华大学出版社，2006：660.

⑤ 黄书键. 信用卡诈骗罪犯罪对象的司法认定[J]. 中国信用卡，2004（6）：30.

的情况下。在此问题上，要综合各方面因素，根据社会一般观念，以被骗人事实上是否得到了被害人的概括性授权为准；至于是否得到了被害人的概括性授权，则应根据被骗人是否属于被害人阵营、是否财产的占有者或辅助占有者、其转移财产的行为外表上（排除被骗因素）是否得到社会一般观念的认可、被骗人是否经常为被害人转移财产等一系列的因素进行判断。

　　本案中，银行卡内的存款事实上是李某所有并占有，而双方之间也并不存在任何形式上的代为保管关系，因此即使马某是银行卡的持卡人，也并不占有卡内存款。马某通过采取欺骗的方法，利用自己"合法"持卡人的身份，违背李某的意愿，窃取了李某的存款的行为，应认定为盗窃罪。

（撰稿人：左华君）

案例12 盗窃罪与诈骗罪之区分

一、案情简介

被告人刘沁，男，27岁，汉族，无业。被告人刘沁曾因多次诈骗他人钱财而被处劳教2年，释放后仍恶习未改。2002年9月，被告人刘沁以我国"台湾人"的冒牌身份搭识了打扮入时的被害人李某，两人相约在一个茶室见面。喝茶之际，他向李某大肆吹嘘自己如何富有，并表示十分愿意和她成为朋友，李某欣然同意。被告人刘沁说："我会看相，你有霉气，按我国台湾地区的风俗，做朋友前必须把它驱走。"李某急切地问他有什么办法。被告人刘沁劝被害人将身上值钱的物品扔掉。李某果然将自己的价值人民币2580元的手机和价值人民币1450元的白金项链扔到了一旁花坛。此时，被告人刘沁突然谎称要解手，在李某背过身去时趁机取走了手机和项链。数日后被骗的李某在路上遇到被告人刘沁，将其扭送至公安机关。被告人刘沁以犯盗窃罪被诉至浦东新区人民法院，浦东新区人民法院以盗窃罪对其定罪量刑。

二、争议问题

在本案的审理过程中，有以下三种对立的观点。

第一种意见认为，被告人以虚构事实、隐瞒真相的方法，冒充我国台湾人，谎称为李某看相消除"霉气"，骗取被害人李某的财物，其行为已经构成诈骗罪。

第二种意见认为，被告人以非法占有为目的，冒充台湾人身份，以替被害人李某看相"去霉"为由，使被害人李某把手机和项链扔到一旁花坛。又谎称自己要解手，在被害人李某背过身之际，趁机取走了李某的手机和项链，数额较大，其行为已构成盗窃罪。

第三种意见则认为，被告人为非法占有手机和项链，既采用了欺骗行为又采用了盗窃行为，两种行为分别构成诈骗罪和盗窃罪。其中诈骗是手段，盗窃是目的，两者相互牵连，按照牵连犯从一罪重处罚的原则，应以其中法定刑较高的盗窃罪定罪处罚。①

三、相关法条

《中华人民共和国刑法（2020年修正）》

第二百六十四条 【盗窃罪】盗窃公私财物，数额较大的，或者多次盗窃、入户盗窃、携带凶器盗窃、扒窃的，处三年以下有期徒刑、拘役或者管制，并处或者单处罚金；数额巨大或者有其他严重情节的，处三年以上十年以下有期徒刑，并处罚金；数额特别巨大或者有其他特别严重情节的，处十年以上有期徒刑或者无期徒刑，并处罚金或者没收财产。

第二百六十六条 【诈骗罪】诈骗公私财物，数额较大的，处三年以下有期徒刑、拘役

---

① 陈兴良. 刑事疑案评析[M]. 北京：中国检察出版社，2004：366.

或者管制，并处或者单处罚金；数额巨大或者有其他严重情节的，处三年以上十年以下有期徒刑，并处罚金；数额特别巨大或者有其他特别严重情节的，处十年以上有期徒刑或者无期徒刑，并处罚金或者没收财产。本法另有规定的，依照规定。

四、学理分析

本案的争议主要是盗窃罪、诈骗罪以及盗窃与诈骗的牵连犯的认定问题，以下将围绕这三个问题进行详细论述。

（一）盗窃罪之否定

在我国刑法理论界，通说认为，盗窃罪是指以非法占有为目的，秘密窃取数额较大的公私财物或者多次秘密窃取公私财物的行为。

1. 盗窃罪的犯罪构成

盗窃罪的犯罪主体是达到法定刑事责任年龄、具有刑事责任能力的自然人；主观方面表现为直接故意，即明知自己实施的是秘密窃取的行为，并且希望以这种方式非法占有公私财物；犯罪客体是公私财物的所有权；客观方面则表现为行为人秘密窃取数额较大的公私财物或者多次秘密窃取公私财物的行为。通过分析盗窃罪的犯罪构成，可以看出，盗窃罪与诈骗罪客观方面的主要区别在于，盗窃罪是以秘密窃取的方式取得他人财物，而诈骗罪则表现为使被害人陷于错误认识而"自愿"交付财物。

所谓"秘密窃取"表现为行为人在不使用暴力手段的情况下，通过隐秘的方式，违背财物占有人的意思取得财物。在本案中，被害人李某将手机和项链扔到花坛后，被告人刘沁趁李某背过身之时，取走手机和项链，可以看出，该行为在形式上是符合"秘密窃取"的客观要求，因此，部分学者主张被告人刘沁的行为构成盗窃罪，之前的诈骗行为只不过是为最终实施盗窃提供掩护而已。然而，这种观点看似合理，实质上忽略了一个重要部分，那就是处分行为才是区分盗窃行为和诈骗行为的关键。如果将本案中被告人刘沁的行为看作一个整体来考虑，欺诈行为无疑才是被告人刘沁最终取得财物的关键，正是由于被害人李某因陷于认识错误而将财物抛弃，才造成了被告人刘沁趁机"拾得"该财物的最终结果。在本案中，诈骗行为并不只是为盗窃提供掩护，相反，它才是最终决定本案性质的关键所在。而之后的盗窃行为，只是诈骗实施成功之后的结果而已。

2. 盗窃罪的秘密性

我们一般称盗窃罪为"秘密窃取"，但秘密究竟是不是盗窃罪成立的必要要件，理论上是存在争议的。比如在本案中，被告人刘沁在取走手机和项链时虽然自认为没被发觉，但实际上很可能已被路人发现，那么这种行为是否还符合"秘密窃取"呢？

（1）通说观点

在许霆案中，一个重要的法律争议就在于，如果认为许霆的行为构成盗窃罪，是否有违盗窃行为秘密行为的特征。部分学者认为许霆的行为不具有秘密性，因为许霆插入取款机的是真实的提款卡，输入的是真实的密码，而且取款机上方有摄像头，取款行为都会被摄像头记录下来。由此，一些主张许霆的行为构成盗窃罪的学者认为，盗窃罪不需要具有秘密性的特征。[①]

---

① 陈兴良，陈子平. 两岸刑法案例比较研究[M]. 北京：北京大学出版社，2010：19.

通说认为，"秘密"是指实施盗窃行为的行为人采取隐蔽的、自认为不为财物所有人或保管人所知的方法将财物取走，即使在欠缺客观秘密性、被人知悉的情境下取得他人占有的财产，只要符合主观秘密性的要求即应成立盗窃罪，也就是说，应以行为人主观认识的秘密性作为盗窃罪"秘密"的认定标准。例如，有学者指出，"秘密窃取的实质在于行为人自认为行为是隐秘的，暗中的，至于事实上是否隐秘暗中，不影响行为的性质，所以，秘密窃取，不以必须在暗中窃取或在被害人不知晓的情况下取得财物为必要条件"。[1]更有学者进一步指出，秘密与公然之间的区别是相对的，秘密窃取之秘密，仅仅意味着行为人意图在财物所有人未察觉的情况下据为己有，但这并不排除盗窃罪也可能在光天化日之下实施。

可以说，"秘密窃取说"在很大程度上发挥了其惩治犯罪、保护公私财产进而维护社会基本财产秩序的正义作用，但是，随着社会的发展，出现了越来越多"公开盗窃"的现象，以致一些学者开始质疑盗窃行为"秘密性"的必要。日本学者认为秘密不是盗窃罪的必备要件，盗窃可以是公开、当面进行的，当然这很大程度上是因为日本刑法中并没有抢夺罪这个罪名。然而，我国台湾地区刑法和大陆刑法中都设定了抢夺罪，在这种情形下仍然有学者主张盗窃行为不需要具有秘密性。比如林山田教授就曾指出，窃取只要以非暴力之和平手段，违反持有人之意思，或未得持有人之同意，而取走其持有物，足以该当；并不以秘密和隐蔽之方法为必要。对此，我们有必要研究一番。

（2）对通说之反驳

对"秘密窃取说"提出质疑的典型代表是张明楷教授。张明楷教授认为，从秘密和公开的角度区分盗窃和抢夺的做法存在很多缺陷，进而主张取消盗窃行为秘密性的限制，承认公开盗窃，将没有使用暴力而公开取得财物的行为纳入盗窃罪当中。

张明楷教授认为，通说主要存在以下问题：首先，通说混淆了主观要素与客观要素的区别。因为通说都是在犯罪客观要件中论述盗窃罪必须表现为秘密窃取，但同时认为，只要行为人主观上自认为没有被所有人、占有人发觉即可，不必客观上具有秘密性。其次，根据通说，同样在客观上都是公开取得他人财物的行为，当行为人自认为所有人、占有人没有发觉时就成立盗窃罪，当行为人认识到所有人、占有人发觉时就成立抢夺罪。这种观点实际上是仅以行为人的主观认识内容区分盗窃罪与抢夺罪：不管客观上是秘密取得还是公开取得，只要行为人自认为秘密取得他人财物就成立盗窃罪，只要行为人自认为公开取得他人财物就构成抢夺罪，因此不能接受这种主观主义的观点。再次，实践中完全可能存在这样的情形：行为人在以平和方式取得他人财物时，根本不考虑自己的行为是否被他人发觉，换言之，行为人既可能认为所有人、占有人等发觉了自己的非法取得行为，也可能认为所有人、占有人等没有发觉自己的非法取得行为。根据通说，便无法确定该行为的性质。最后，仅凭行为人"自认为"秘密或公开决定犯罪性质，必然导致盗窃罪与抢夺罪的区分不具有客观标准，在绝大多数情况下仅取决于被告人的口供，从而造成盗窃罪与抢夺罪区分的随意性。[2]

在分析通说观点问题的基础上，张明楷教授进一步提出，盗窃行为不必具有秘密性。首先由于，在现实生活中公开盗窃的情形是大量存在的。"例如在公共汽车上、集贸市场明知有他人（包括被害人）看着自己的一举一动而'公然'实施扒窃的，从来都是作为盗窃罪处理，而不是定抢夺等罪；假装走路不稳，故意冲撞他人，趁机取得他人财物的，也具有公然性；

① 马克昌. 刑法学[M]. 北京：高等教育出版社，2003：530.
② 张明楷. 盗窃与抢夺的界限[J]. 法学家，2006（2）：119-131.

明知大型百货商店、银行等场所装有摄像监控设备且有多人来回巡查，而偷拿他人财物的，以及被害人特别胆小，眼睁睁看着他人行窃而不敢声张的，窃取行为都很难说是秘密进行的，但不失其为窃取。"[①]除此之外，盗窃行为不必具有秘密性，是由盗窃行为的本质决定的。盗窃的本质是侵害他人对财物的占有，即违反被害人的意志，将他人占有的财物转移为自己或第三者占有。而行为是否具有秘密性，并不直接决定是否存在排除占有与建立占有的事实。换言之，客观上的公开窃取行为，仍然可能实现排除他人对财物的占有和建立新的占有的效果。所以，秘密与否，并不影响盗窃罪的成立。[②]因此将"秘密性"作为盗窃行为的要件也就没有意义了。

事实上，探讨盗窃罪的手段是否限于"秘密窃取"，主要的意义在于确定盗窃与抢夺的界限。盗窃与抢夺的根本区分究竟是什么？虽然当今刑法理论诸种学说见仁见智，不能区分孰对孰错，然而可以确定的是，随着盗窃犯罪行为样态的日益复杂化，以"秘密窃取"作为确定罪与非罪的标准已经不合时宜。正如张明楷教授指出的，任何一种解释都不可能最终取代法律文本的开放性。任何一种解释结论的正义性，都只是相对于特定的时空、特定的生活事实而言的，生活事实的变化总是要求新的解释结论。[③]因此，对于盗窃罪的解读，不能拘泥于固有的理论，而应该根据现实状况做出新的解释。

（二）牵连犯之否定

在本案的认定上，存在这样一种观点，认为被告人刘沁在非法取得手机和项链的过程中，既采用了欺骗行为又采用了盗窃行为，已经分别构成诈骗罪和盗窃罪，并且二者具有牵连关系，应该按照牵连犯进行处罚。这就涉及牵连犯以及牵连关系的认定问题。

1. 牵连犯的成立要件

所谓牵连犯，是指犯罪人以实施某一犯罪为目的，而其犯罪的手段或者结果行为又触犯了其他罪名的犯罪。例如，行为人通过伪造公文证件来实施诈骗行为，便是典型的牵连犯。一般认为，要成立牵连犯，必须具备以下四个要件：

其一是行为的复数性。也即牵连犯的成立必须有数个犯罪行为的存在，而不仅仅只是触犯了数个罪名。如果一个行为触犯数罪名（如用放火的方法杀人或者放火导致他人被烧死），就不能以牵连犯加以认定，而只能以想象竞合犯论处。其二是行为的独立性。也即构成牵连犯的数个行为必须是在刑法分则上具备独立构成要件的犯罪行为。如果虽有数个独立行为，但其中只有一个行为可以成罪，而其他行为不可成罪（如以色相勾引抢劫他人钱财的，其中色相勾引不能独立成罪），则也无所谓牵连犯问题的存在。其三是行为的异质性。也即构成牵连犯的方法行为或者结果行为与目的行为必须触犯不同的罪名，相同的罪名不能构成牵连犯。例如，行为人以伪造证件印章的方法诈骗他人钱财，由于伪造证件印章的行为与诈骗的行为均可构成独立的犯罪，因而就可以牵连犯加以认定。反之，如果行为人连续实施几个相同的犯罪行为，尽管行为与行为之间具有一定的联系（如以窃得的交通工具去盗窃其他货物），也不能以牵连犯加以认定，而只能以连续犯论处。其四是行为的牵连性。也即构成牵连犯的数个独立的不同罪名的犯罪行为之间必须具有牵连关系，这种牵连关系既可以是目的行为与手

① 周光权. 刑法各论讲义[M]. 北京：清华大学出版社，2003：108.
② 张明楷. 盗窃与抢夺的界限[J]. 法学家，2006（2）：119-131.
③ 张明楷. 从生活事实中发现法[J]. 法律适用，2004（6）：33.

段行为的关系，也可以是原因行为与结果行为的关系。①由于在牵连关系的认定上存在诸多争议，所以将在后文进行详述。

在本案中，被告人刘沁能够非法取得被害人李某财物，正是由于欺诈行为使得李某陷于错误认识而将财物抛弃。从案件整体上看，被告人刘沁实施的欺诈行为已经决定了整个案件的性质。在被害人李某将财物处分之后，被告人刘沁趁机拾得财物的行为虽然也具有秘密性的特征，但是并不能够单独成立盗窃罪。因此，被告人的行为并不符合牵连犯成立所要求的数个行为必须分别独立成罪的特征，因此不能够认定成立诈骗罪与盗窃罪的牵连犯，而只能按照诈骗罪一罪来定罪处罚。

2. 牵连关系的认定

牵连关系是构成牵连犯的本质特征，目前，刑法学界对于牵连关系的认定问题仍然争议较大，主要存在以下几种观点：

（1）主观说（又称犯意继续说）

此说认为，牵连犯的数行为之间是否有牵连关系，应以行为人当时的主观意思为标准。即行为人行为时在主观意思上是否以手段或结果等关系使其与本罪发生牵连关系，有这种主观意思的就有牵连关系，没有这种主观意思的就不存在牵连关系。如日本著名学者牧野英一指出，牵连犯要件，就犯人之主观论之，只需犯人以手段、结果之关系使相牵连即可，且"以此为已足"。木村龟二也认为："牵连犯因在手段与结果之关系上，实现一个犯罪意思所综合、统一之两个部分的行为，故系一罪。其所以成立一罪者，乃系行为人曾在手段与结果之关系下，预见数个行为故也。"②

（2）客观说（又称客观事实说）

该说认为，在认定牵连关系犯的数行为之间有无牵连关系时，不应以行为人主观上的主观意图为准，而应以行为人所实施的本罪与其手段行为或结果行为在客观上是否存在牵连关系为准。在客观说内部，又有包容为一说、不可分离说、形成一部说和通常性质说之分。

包容为一说认为，在犯罪行为中，仅仅在客观上与其所实施的犯罪具有方法或者结果关系的，不一定都构成牵连犯，"以为犯一罪之方法或结果行为，必须为本罪实行行为之一部，换言之，方法或结果行为，所触犯之他罪，必须与所犯之本罪，包括于一个犯罪之具体构成事实之中，互为形成之一部，然后始有牵连关系之可言"。③不可分离说认为，某种犯罪行为与方法行为或结果行为之间牵连关系的存在，是因其具有不可分离的直接关系。如日本的泉二新熊即主张，"必须手段与结果有不可分离之直接关系存乎其间，尔后始可将手段与结果包括的视为一个行为，是则所谓犯罪之手段行为，仅以该项行为为实行该犯罪之手段行为，而不以该犯罪之法定构成要件为限"。④形成一部说主张，方法行为或结果行为与本罪行为应在法律上包含在一个行为之中，才能成立牵连关系。德国学者李斯特指出，"某种犯罪的手段行为从属于某构成要件，或者是作为通常手段而默示为一罪时"，才能构成牵连犯。⑤通常性质说则认为，在通常情况下，一行为为某种犯罪之普通方法，或者一行为为某种犯罪之当然结

① 刘宪权. 我国刑法理论上的牵连犯问题研究[J]. 政法论坛，2001（1）：54.

② 吴振兴. 罪数形态论[M]. 北京：中国检察出版社，1999：277.

③ 韩忠谟. 刑法原理[M]. 北京：中国政法大学出版社，2002：246.

④ 吴振兴. 罪数形态论[M]. 北京：中国检察出版社，1999：278.

⑤（日）泷川幸辰. 泷川幸辰刑法著作（第4卷）[M]. 京都：世界思想社，1981：420. 转引自刘宪权. 我国牵连犯问题研究，政法论坛，2001（1）：57.

果，即为存在牵连关系。有学者认为，所谓客观上的牵连关系，即是"自方法言，不外犯罪性质上普通所采之方法；自结果言，无非由某种犯罪所生之当然结果"。①

（3）折中说（主客观结合说）

此说认为，确定牵连关系的有无，应从主客观两方面的结合上来认定是否具有牵连关系。在客观上，行为要成为通常的手段或成为通常的结果，同时，在行为人主观上，也要有犯意的继续。在折中说当中，由于侧重点或者考虑问题的不同，还存在兼顾说、各顾说和综合说之分，这里不再讨论。

综上所述，被告人刘沁实施的欺诈行为使得李某上当受骗，并且基于认识错误而处分其财产，因此从犯罪整体上看，欺诈行为已经决定了本案中行为的性质，被告人刘沁后来秘密取走财物的行为并不能成立盗窃罪，因此，也就并不存在成立诈骗罪与盗窃罪的牵连犯的可能，更谈不上从一从重处断的问题，只能单独按照诈骗罪定罪处罚。

（三）诈骗罪之成立

通说认为，诈骗罪是以非法占有为目的，使用虚构事实或隐瞒真相的方法，骗取数额较大的公私财物的行为。

1. 诈骗罪的构成要件

诈骗罪的犯罪主体是达到法定刑事责任年龄、具有刑事责任能力的自然人；主观方面表现为直接故意，即明知自己是在实施诈骗，并且希望以这种方式非法占有公私财物；犯罪客体是公私财物的所有权；客观方面则表现为通过虚构事实或者隐瞒真相的方式，使被害人陷于认识错误并且基于这种认识错误做出行为人所希望的财产处分。

成立诈骗罪，一般需要五个要件：（1）行为人的诈骗行为；（2）被害人产生了错误认识；（3）被害人基于错误认识而进行财产处分；（4）行为人取得财产；（5）被害人的财产受到损失。以上一系列的因果关系，具体来说，就是行为人采用虚构事实或隐瞒真相的方法，使被害人信以为真并陷入错误认识，基于这种错误认识被害人自愿地做出行为人所希望的财产处分，行为人取得了对财物的占有，致使被害人受到财产上的损失。在这条因果关系链上，欺诈行为是起因，是行为人所有活动的集中，而错误认识不仅是连接欺诈行为和处分行为的中介，也是行为人的欺骗行为能否得逞之关键。如果欺诈行为不能使被害人对事实产生错误的认识，被害人自然不会做出对自己有害而对行为人有利的财产处分行为。处分行为是结果，它实现了财产在被害人与行为人之间的转移。因此如果欺诈的内容不能使被害人做出财产处分，则不是诈骗罪的欺诈行为。②

在本案中，被告人刘沁以取得李某财物的意思欺骗李某，在主观上满足了诈骗罪的构成要件。此外，被告人刘沁冒充我国台湾人，和被害人李某成为朋友，又以"驱除霉气"为由使李某上当，将手机和白金项链扔到花坛中。因此，被告人刘沁的行为已明显具有欺骗的性质，并且已经使得被害人李某产生了错误认识。并且，被害人李某正是由于错误认识而进行了财产处分，将自己的手机和项链抛弃，从而使被告人刘沁取得该财物而使被害人李某的财产受到损失，因此，这一行为在客观上也符合诈骗罪的构成要件。

---

① 赵琛. 新刑法原理[M]. 北京：中华书局，1993：403.

② 陈兴良. 刑事疑案评析[M]. 北京：中国检察出版社，2004：367-368.

2. 诈骗罪的处分行为

诈骗罪中被害人处分财产的行为，对于认定诈骗罪的成立与否非常重要。在本案中，被害人李某将财物抛弃的行为成为认定被告成立诈骗罪的关键因素。一般来说，处分行为是指被害人基于认识错误将财产转移给行为人或者第三者的行为。而在刑法理论界，有关处分行为是不是诈骗罪的构成要件，在承认处分行为的前提下，处分意思是否必要，以及对于处分意思的内容，都有着较大的争议。

（1）处分行为是否必要

关于处分行为对诈骗罪的成立是否必要，在大陆法系国家的刑法理论界，有处分行为必要说与不要说的对立。必要说认为，处分行为并非是诈骗罪的独立要件，特别是在骗取利益的场合，它只不过是为确认"利益转移"起因果联系的作用。①而必要说则主张，处分行为是成立诈骗罪必不可少的要件。首先，交付行为表明了受害者的认识错误与行为人取得财产的因果关系。诈骗罪的本质是骗取他人财产，骗取是在使对方陷于错误的基础上，得到其财物或财产性利益的，也就是说对方的错误与行为人取得财产之间必须要有因果关系，否则，就不能称之为骗取。而表明两者之间有因果关系的重要环节就是被欺诈者的交付行为。其次，在盗窃案件中，也可能掺杂有行为人的欺诈行为，此时确定行为性质的关键是看有无被害人处分财物的行为。由此可见，处分行为具有区分诈骗罪与盗窃罪的重要作用。②

我国刑法理论界对上述问题的研究还不够深入，但也存在类似的两种不同观点。其中，不要说认为，所谓诈骗罪是指"以非法占有他人财物所有权为目的，采用欺骗手段，使人陷于错误，或利用他人的错误，无偿取得数额较大的公私财物之行为"。③也就是说，被骗者处分财物并非是诈骗罪的必备要件。然而，必要说主张，"诈骗犯罪最突出的特点，就是行为人设法使被害人在认识上产生错觉，以致自愿地将自己所有或持有的财物交付给行为人，因此，被骗者交付行为是诈骗罪成立必不可少的要件。另外，在盗窃与诈骗并用的犯罪案件中，区分盗窃罪与诈骗罪的关键，就是看被害人是否因受骗而自愿地将财物交付给行为人，只要不是被害人因受蒙蔽而自愿交付财物给行为人，就不构成诈骗罪，而只能构成盗窃罪"。④这是我国目前的主流观点。

（2）处分意思是否必要

在肯定处分行为要件的前提下，还存在处分意思是否必要的问题。处分意思必要说认为，处分行为的成立，不仅要在客观方面有处分财产的事实，主观方面还必须要有处分财产的意思。作为处分行为主观要素的处分意思，是指对转移财物的占有或财产性利益及其所引起的结果的认识。如果只有表面上的处分形式而没有真正的基于意思的处分，就不构成诈骗罪。⑤这种观点是日本刑法理论的通说。而德国的通说则采用不要说，认为在诈骗罪中只要是被害者基于错误认识将财物或者财产性利益转移给行为人，那么就足以与盗窃罪相区分开来，不需要被害者对此有明确的认识。此外，还有一种折中说的观点，认为处分行为通常要有处分的意思，但在特殊场合可能发生无意思的处分现象，可以通过缓和处分意思内容的途径，将

① 〔日〕内田文昭. 刑法各论[M]. 东京：青林书院，1984：309. 转引自刘明祥《论诈骗罪中的交付财产行为》，法学评论，2001（2）：66-72.

② 刘明祥. 财产罪比较研究[M]. 北京：中国政法大学出版社，2001：223.

③ 赵秉志等编. 全国刑法硕士论文荟萃[M]. 北京：中国人民公安大学出版社，1989：717.

④ 高铭暄. 新编中国刑法学[M]. 北京：中国人民大学出版社，1998：783.

⑤ 刘明祥. 财产罪比较研究[M]. 北京：中国政法大学出版社，2001：226.

其解释为有处分行为的存在，认定诈骗罪成立。①

在我国，也有部分学者对该理论进行研究，例如张明楷教授就倾向于处分意思必要说。第一，处分行为的有无是区分盗窃罪与诈骗罪的关键要素。第二，处分行为不仅包括作为，而且还包括不作为、容忍类型的处分行为。但是，如果不要求有处分意思，那要么会否认不作为与容忍类型的处分行为，要么会无限扩大处分行为的范围。第三，诈骗罪的受骗者必须是具有处分能力的人，而所谓具有处分能力，并不仅指具有客观上的交付能力；完全缺乏意思能力的幼儿、精神障碍者，也可能实施客观的交付行为，但由于其不具有处分能力所要求的意思能力，故其行为不是财产处分行为。第四，刑法上的犯罪类型与犯罪学上的犯罪类型以及一般人心目中的犯罪类型，并不完全相同。第五，在行为不成立诈骗便成立盗窃的非此即彼的场合，承认无意思的处分行为，不会导致处罚范围的扩大，只是导致成立的罪名不同。但在行为不可能成立盗窃罪的场合，承认无意思的处分行为，则会不当扩大诈骗罪的处罚范围。②

（3）处分意思的内容

如何理解处分意思内容的焦点，在于是否允许对处分意思进行适度的缓和，即要求受害人对处分对象的数量、特性、价格等具有充分具体的认识，还是只要认识到财产外形的转移即可，或者从折中的角度，仅要求认识到相对具体的处分对象即可。对此，日本学者认为处分意思不要说将处分意思理解为财产处分者对所处分财产的价值、价格、数量、种类、性质有完全的认识，进而认为不要求这种完全的认识，受骗者只要具有某种缓和的转移占有意思或大体的认识就够了；持处分意思必要说的学者通常对处分意思做缓和的解释。二者的对立呈现表面化的局面。③

有的学者主张处分意思必要说，并且根据诈骗罪的结构与特征，对处分意思做缓和理解，但是这种缓和理解也有一定的限度。在受骗者基于转移意思而转移财物或财产性利益的情况下，即便对转移的财物、财产性利益的价值、内容、数量存在错误认识，也应认定为"基于意思而转移占有"，由于存在处分行为，进而肯定诈骗罪的成立。在对某种财物的整体具有转移意思的情况下，即便对其中具体的财物、财产性利益的转移没有认识，也应认定为具有处分意思。④

（4）欺骗他人放弃财物的认定

诈骗罪通常表现为行为人直接取得受骗者处分的财产，然而，欺骗行为导致受骗者放弃财物，从而行为人拾得该财物的，是否能够成立诈骗罪？正如本案之中，被害人李某基于错误认识将手机和项链扔进花坛，而后被告人刘沁趁机拾取，能否构成诈骗罪呢？

对此问题，日本刑法理论界存在三种观点。第一种观点认为，上述行为成立诈骗罪。如福田平指出，由于没有必要将交付解释为仅限于直接交到行为人手中，在欺骗他人放弃财物进而拾得该财物的场合，可以说通过介入对方的财产处分行为而取得了财物的占有，成立诈骗罪。这种观点可谓刑法理论的通说。第二种观点认为，上述行为成立盗窃罪。如团藤重光指出，在这样的场合，没有交付的形态便取得了事实上的支配，所以成立盗窃罪。因为诈骗罪的结构是行为人实施欺骗行为，使对方陷入认识错误，对方基于认识错误实施处分行为，

① 刘明祥. 财产罪比较研究[M]. 北京：中国政法大学出版社，2001：227.
② 张明楷. 诈骗罪与金融诈骗罪研究[M]. 北京：清华大学出版社，2006：160-162.
③ 〔日〕山口厚. 刑法各论[M]. 东京：有斐阁，2003：255.
④ 郑泽善. 诈骗罪中的处分行为[J]. 时代法学，2011（4）：54.

行为人通过对方的处分行为取得财产。所以，取得财产应是直接取得对方交付的财产，在对方放弃财产的情况下，行为人在另外的状态下取得对方放弃的财产，就缺乏处分行为与取得行为的关联性。而且，放弃财产的行为本身不能被评价为处分行为。第三种观点认为，上述行为成立侵占脱离占有物罪，因为他人丢弃或抛弃的财物，是脱离他人占有的财物。既然如此，行为人取得该财物的，只能成立侵占脱离占有物罪。①

近年来，该问题也开始引起我国刑法学界的关注，如有学者就指出："行为人实施欺诈行为，使他人放弃财物，行为人拾取该财物的，也宜认定为诈骗罪。"②可以说，上述争论实质是由于对处分行为含义的界定不同而引起的，后两种观点对处分行为理解较窄，认为处分行为必须是将财物交给对方或第三人，抛弃财物并不属于处分。然而，如果从案件整体上看，抓住了行为人取得财物的实质原因正是欺诈，对处分行为做宽泛理解，那么认定上述行为成立诈骗罪更具合理性。

3. 财产罪的保护法益

在本案中，被告人刘沁骗取的手机和项链是由被害人李某合法所有的，因此成立诈骗罪并无疑问。然而，如果手机和项链并不是由被害人李某合法所有，而是由其不法占有的，那么被告人刘沁骗取手机和项链的行为，是否还能够成立诈骗罪呢？

财产犯罪所保护的法益是他人的财产，然而，这里的财产究竟是指他人对财物的所有权及其他本权，还是仅仅指对财物的占有本身？在这一问题上，大陆法系的刑法理论界有本权说、占有说以及各种中间说之争。

（1）本权说

本权说认为财产罪的保护法益是所有权及其他本权。本权首先指所有权，除此之外还包括其他本权，例如租借权、抵押权、留置权等等。行为只有侵害了他人的这种本权时，才能构成财产犯罪。所以，作为盗窃罪被害者的所有人，从行为人那里取回赃物的行为，由于并未实质侵害盗窃罪所保护的法益，所以不构成盗窃罪。同样，在民事活动中，权利人采用不法手段行使权利的行为，也不能构成财产罪，只有对财产权造成实质上的侵害，才能构成该类犯罪。

本权说的理由主要有三点：第一，刑法在规定财产犯罪时，都是使用"他人的财物""他人动产""他人的动产"之类的用语，而不使用"他人占有的财物"之类的用语，德国、日本、奥地利、瑞士刑法都是如此。这就告诉人们，财产犯罪侵害的是所有权及其他本权，而不只是侵害一种单纯的占有。第二，只有采取本权说，才能说明不可罚的事后行为。即只有将盗窃、抢劫等财产犯罪的保护法益理解为所有权及其他本权，才能解释为什么行为人实施这些犯罪后又毁损财物的，另外不构成犯罪，而是评价在盗窃、抢劫等犯罪中，使事后的毁损行为成为不可罚的行为。如果将财产犯罪的保护法益仅仅理解为单纯的占有，则盗窃、抢劫财物后又毁损的，应当构成两罪。但是不管理论上还是审判实践上，都不认为这种情况构成两罪。第三，刑法所规定的财产犯罪，是遵从了宪法的精神，而宪法所重视的是对所有权的保护，所以刑法主要是保护财产的所有权，同时作为补充，也保护其他本权。③本权说强调成立财产犯罪必须要求行为对财产具有实质侵害，就这一点而言，该说具有限制财产罪成立范围

---

① 张明楷. 外国刑法纲要（第 2 版）[M]. 北京：清华大学出版社，2007：588-589.

② 张明楷. 刑法学（第 2 版）[M]. 北京：法律出版社，2003：776.

③ 张明楷. 外国刑法纲要（第 2 版）[M]. 北京：清华大学出版社，2007：534-535.

的积极意义。但是如果彻底贯彻该说，无疑将会导致财产秩序的显著混乱。因为盗窃犯对赃物并不享有合法权利，并且国家禁止私人持有违禁品，由此造成对于司法实践中发生的"第三人以不法手段盗窃、抢劫抢夺他人无权占有的赃物或违禁品案件"将无法认定为构成犯罪，这必然会给财产秩序乃至整个社会秩序造成混乱，因此，在德日等国的刑法理论界，如今真正坚持彻底的本权说的学者几乎没有。

（2）占有说

占有说认为，财产罪的保护法益是事实上的占有本身，即使是盗窃罪的被害人从盗窃犯处窃回自己的财物，也构成盗窃罪。占有说的主要理由是：第一，与本权说允许私力救济相反，由于民法禁止私力救济，因此在构成要件阶段没有必要考察法律根据问题，所有的占有均应成为保护的对象。第二，包括所有权人从盗窃犯那里取回自己财物的情况在内，在行使权利时，应综合考察行为的必要性、紧迫性、手段的相当性等因素，如能认定为自救行为等违法阻却即可，或者从实质的构成要件解释论角度考虑，将窃回自己的财物的行为解释为不具有构成要件该当性的行为。第三，就窃取违禁品，以及第三人从盗窃犯那里窃取赃物的行为，可以做统一的说明，均认定构成盗窃罪。第四，将刑法的盗窃罪条文"他人的财物"理解为"他人占有的物"也可以，未必要限定为"他人的所有物"。第五，虽然从历史上看，财产犯罪的保护法益是所有权及其他本权，但随着社会的复杂化，这种观点已经不能适应现在的形势。因为所有权只有一种抽象的权利，财物的经济效益主要是由对财物的占有、管理而取得的。为了保护所有权，首先必须保护占有本身。而且不管财物的所有者是谁，对财物的占有都应当给予保护，否则就不利于对所有权的保护。①

可见，与本权说强调对财产罪法益实质侵害不同，占有说主张对占有事实本身的关注。目前，所有权和占有权分离是一种客观存在的普遍社会经济现象，因此强调对占有事实的绝对保护有利于财产秩序的维护和社会的稳定。然而，占有说也并非没有缺陷，其面临的最大问题就是可能造成"即便是明显的不法利益也得予以保护的局面，这并不符合刑法所具有的维持社会秩序的本来目的及真实意图"。②此外，完全禁止私力救济，即使被害人窃回被盗财物的情况也会被认为构成盗窃罪，恐怕难以为人们心理所接受。

（3）中间说

由于本权说与占有说都无法圆满地解释财产犯罪所保护的法益问题，所以诸多学者提出了以本权说或者占有说为基础的"中间说"，例如"合理占有说""与本权无对抗关系的占有说"以及"平稳占有说"等。而在诸多的中间说之中，"平稳占有说"是最具有影响力的学说。

平稳占有说认为，财产罪的保护法益无疑是占有，但也不是全部的占有一概都是保护法益，而只是限于平稳占有的场合。例如，基于民事关系的财产管理人的占有、对违禁品的占有，都是平稳占有，对之予以侵害者，可能构成财产罪；租借期限已到但尚未返还时，所有者擅自取回，这就侵犯了他人对财物的平稳占有，构成盗窃罪；相反，所有者从盗窃犯那里取回自己的财物，则不侵害平稳占有，当然也不构成盗窃罪。③可以说，平稳占有说从占有说出发，试图对占有进行合理的限制。

然而，"平稳占有说"也受到了诸多批判。首先，根据该说，第三者从盗窃犯处夺取赃物

---

① 〔日〕齐藤信治. 刑法各论（第 2 版）[M]. 东京：有斐阁，2003：10. 转引自陈洪兵. 财产罪法益上的所有权说批判[J]. 金陵法律评论，2008：136-142.

② 〔日〕大谷实. 刑法各论[M]. 黎宏译. 北京：法律出版社，2003：139.

③ 刘明祥. 财产罪比较研究[M]. 北京：中国政法大学出版社，2001：15.

时，盗窃犯罪赃物的占有是平稳的占有，而所有者取回被盗物品时，盗窃犯的占有则不是平稳的占有。对此，批判的观点认为，占有根据对手情况存在或者不存在是很奇怪的，占有只能客观地存在。其次，平稳占有说可能保护完全无权利的占有者。根据该说，占有者取得占有时依据所有者的意思，在后来丧失占有泉源的前提下仍然是平稳的占有，应该得到刑法的保护，而这种情况下是否值得保护是值得怀疑的。

4. 非法占有的目的

在本案中，被告人刘沁是以非法占有的目的骗取被害人李某的手机和项链的。但是如果被告人刘沁并不是出于非法占有的目的，而仅仅是出于嫉妒，欺骗李某将自己的财物扔掉，并没有占有行为，那么是否还能够成立诈骗罪呢？

财产罪分为取得罪与毁弃罪，其中取得罪是指盗窃罪、抢劫罪、诈骗罪、敲诈勒索罪、侵占罪等非法取得他人财物的行为。对于取得罪，在客观方面必须要有非法取得他人财物的行为，在主观方面还要有取得他人财物的故意，至于是否要求行为人在主观上另有某种非法目的（或意图），各国刑法的规定不一。例如，同是大陆法系国家，德国刑法第二百四十二条规定，盗窃罪必须具有"以使自己或者第三者违法地占有的意图"，第二百六十三条明文规定，诈骗罪必须"意图使自己或第三者获得不法财产利益"；相反，日本刑法则没有明文规定财产罪必须出于某种特定目的，因为没有明确规定，造成了解释上的很大争论。

（1）"非法占有目的"的基本含义

关于非法占有目的的基本含义，日本刑法理论上存在不同的学说：一是"排除权利者的意思说"，该说认为非法占有目的，是指排除权利者行使所有权的内容，将自己作为财物的所有人进行支配的目的（仅有排除意思即可）。例如，有观点认为，盗窃罪的本质是侵犯所有权，所以，非法占有目的的内容应是作为所有人进行支配的意思。①二是"利用处分的意思说"，认为非法占有目的，是指遵从财物的"经济"用途进行利用的意图（仅有利用意思即可）。例如，有观点认为，非法占有目的并不要求有"作为所有人进行支配的意思"。但是，仅从客观方面还不能区分毁坏行为与盗窃、诈骗行为，所以，需要具有遵从财物的本性进行利用的意思。②此外还有一种折中说，该说综合以上两种观点，认为非法占有目的，是指排除权利人，将他人财物作为自己的所有物（排除意思），并遵从财物的（经济用途），对之进行利用或者处分的目的（利用意思）。

我国刑法虽然没有明文规定诈骗等取得罪必须以非法占有为目的，但是主流观点认为，取得罪应该要以非法占有为目的。而对于"非法占有目的"的理解，学界并未达成一致，通说采取"非法占有说"，指明知他人的财物，而意图非法地转归自己或他人占有。除此之外，还有"非法所有说""非法获利说""意图占有说"等观点，这些观点与大陆法系的"排除权利者的意思说""利用处分的意思说"以及"折中说"有相似之处。

（2）非法占有目的是否必要

关于诈骗罪等取得罪是否应以非法占有目的为必要，这在我国的刑法理论界一直没有异议，但是在大陆法系国家，历来存在非法占有目的的必要说与不要说两种学说的对立。

"非法占有目的必要说"认为，成立诈骗、盗窃等罪要求行为人在故意之外另具非法占有

---

① 〔日〕团藤重光. 刑法纲要各论[M]. 东京：创文社，1990：563. 转引自张明楷. 论财产罪的非法占有目的. 法商研究，2005（5）：72.

② 〔日〕前田雅英. 刑法总论讲义[M]. 东京：东京大学出版会，1998：161. 转引自张明楷. 论财产罪的非法占有目的. 法商研究，2005（5）：72.

目的。一方面，这些罪属于取得罪，其主观要件除了诈骗、盗窃故意外，还要求有非法占有的意思。毁弃罪是单纯导致对财物不能利用的犯罪，取得罪则是获取财物的利用可能性的犯罪，所以，后者的实行行为必须出于利用财物的目的。这个意义上的非法占有目的，具有区分取得罪与毁弃罪的机能，而且能够说明两者的法定刑差异。另一方面，行为对法益的侵害达到了值得科处刑罚的程度时，才能成立犯罪，而暂时使用他人财物的行为（如盗用行为、骗用行为）对法益的侵害还没有达到值得科处刑罚的程度，所以，非法占有目的具有限制处罚范围的机能（区分取得罪与非罪行为的机能）。正因为如此，非法占有目的成为取得罪的主观要素。①

与此相反，"非法占有目的不要说"认为，只要行为人具有诈骗、盗窃等罪的故意即可，不必具有非法占有目的。以盗窃罪为例，有观点认为，要求盗窃罪具有非法占有目的，是想以行为人是否具有该目的为标准来区分盗窃罪与毁坏财物罪、不可罚的盗用行为的界限。但是无论从哪个方面看，理由都不充分。首先，关于盗窃罪与毁坏财物罪的区别。既然以非法占有目的实施盗窃行为的构成盗窃罪、以毁坏财物的意思实施毁坏行为的构成毁坏财物罪，那么在行为人以毁坏的意思夺取他人财物时，理当成立毁坏财物罪，但是，果真如此，对于行为人以毁坏的意思取得他人财物后却没有毁坏财物的行为，就难以处理。此外，根据"非法占有目的必要说"，对于行为人当初以毁坏财物的意思夺取了他人财物，其后遵从财物的经济用途进行利用、处分的，也难以处理。其次，关于盗窃罪与不可罚的盗用行为的区别。诚然，暂时擅自使用他人财物的行为，只要几乎没有夺取他人财物的物体与价值，就不具有可罚性。但是，这种行为之所以不构成盗窃罪，并非因为行为人缺乏非法占有目的，而是因为行为本身不能被认定为盗窃行为。所以，不依赖非法占有目的，也能区分盗窃罪与不可罚的盗用行为。②

可以看出，这两种学说的对立，与有关财产罪的保护法益问题的认识分歧有密切关系。大塚仁教授就曾指出，如果对盗窃罪、诈骗罪的法益采取"本权说"，那么就会要求具有非法占有目的，如果采取"占有说"，则不会要求具有非法占有目的。由于本权说认为盗窃等取得罪的本质是侵犯所有权及其他本权，所以，要求行为人在主观方面有作为所有权者而行动的意思，即要有非法占有的目的；而占有说认为，财产罪的保护法益是占有本身，作为盗窃等取得罪的主观要件是对侵害占有的事实有认识（即有故意），并不要求有非法占有的目的。可以说，正是本权说和占有说为非法占有目的必要说与不要说提供了实质依据。不过，也有学者认为，非法占有的目的是否应作为取得罪的主观要件，与本权说、占有说并无必然的联系，即使是坚持本权说，也有采取非法占有目的不要说的余地。

五、结语

盗窃罪与诈骗罪在一般情况下是不难区分的。盗窃罪的客观方面主要表现为通过秘密窃取的手段实现非法占有公私财物的目的，在整个过程中被害人对财物的失控是不知情的；诈骗罪的客观方面主要表现为，通过虚构事实或隐瞒真相，使被害人产生错误认识而自愿交付

---

①〔日〕阿部纯二等编. 刑法基本讲座（第5卷）[M]. 东京：法学书院 1993：87. 转引自张明楷. 论财产罪的非法占有目的. 法商研究，2005（5）：69.

②〔日〕大塚仁. 刑法概说（总论）第3版[M]. 东京：有斐阁，1997：197. 转引自张明楷. 论财产罪的非法占有目的. 法商研究，2005（5）：70.

财物的方式，实现非法占有他人财物，被害人对其财物的失控是知情的。因此一般情况下，通过行为人取得财物所使用的手段，便可以将盗窃罪与诈骗罪区分开来。

然而，随着许多新型犯罪的出现，给司法实践的认定带来了困难。这些犯罪中往往既有诈骗因素又有盗窃成分，如有的行为人在盗窃过程中采用某种欺骗手段作掩护等等，依照传统理论便难以认定犯罪的性质。那么盗窃罪与诈骗罪的关键是什么呢？笔者主张，在行为人既使用了欺骗手段，又使用了秘密窃取手段的案件中，不妨将案件作为一个整体进行考察，看行为人最终取得财物的关键点在于什么，是在于被害人的处分行为还是行为人的秘密窃取行为，被害人是否基于认识错误而处分了财产。比如在本案当中，虽然被告人刘沁最终取走财物的手段具有秘密性，但是从案件整体来看，被告人取得财物的关键还是在于通过欺诈的方法使得被害人李某产生错误认识而抛弃财物。通过以上的分析，相信只要抓住了“处分行为”这一关键点，对这些诈骗和盗窃因素交织在一起的案件就不难认定了。

（撰稿人：贾怩）

案例 13 恶意欠债不还行为的刑法规制

一、案情简介

2015 年 10 月 6 日 10 时 20 分许，被告人黄淑芬驾驶×××号小型轿车沿唐丰路由南向北行驶至唐山市丰润区乡居假日小区南路段时，遇由东向西偏北方向横过公路被害人赵某骑行的自行车，在向北偏西方向避让过程中，轿车前部与自行车左后部在南行第一行车道内碰撞接触，赵某在撞击轿车前风窗玻璃后摔在公路上，致使赵某受伤。事故发生后，被告人黄淑芬在现场查看伤者的伤情后，及时报警和拨打 120 电话实施救助，并在现场等候交警处理。赵某被 120 救护车送往唐山市丰润区人民医院抢救。2017 年 12 月 1 日 9 时 37 分，赵某经抢救无效死亡。①

唐山市中级人民法院查明，赵某与黄淑芬机动车交通事故责任纠纷一案，唐山市丰润区人民法院于 2017 年 2 月 13 日立案受理，该院于 2017 年 6 月 8 日做出（2017）冀 0208 民初 943 号民事判决，判令被告黄淑芬赔偿原告赵某交通事故各项损失 935 935.37 元，已给付 76 000 元，再赔偿 859 935.37 元，限判决生效后十日内给付。因被执行人黄淑芬未全部履行法律文书所确定的义务，执行机构查明"黄淑芬自 2017 年 2 月 13 日（赵某第二次起诉黄淑芬机动车交通事故责任纠纷立案之日）起，通过微信、平安付等支付平台向刘某转款 275 207.66 元，刘某向黄淑芬转款 60 278.88 元，黄淑芬与刘某之间转款差额为 214 928.78 元"，于 2019 年 1 月 14 日做出（2017）冀 02 执 16952 号之二执行裁定，查封、扣押、冻结黄淑芬转给刘某的款项人民币 214 928.78 元或相应价值的财产。异议人对此不服，向唐山中院提出执行异议。另，异议人黄淑芬与刘某系母女关系。②

二、争议问题

黄淑芬一案，引起舆论高度关注。对于该案，法院早已判决被告人赔偿原告 93 万余元，然而该判决却迟迟得不到落实。对于该案，法院已然穷尽了现有的惩治"欠债不还者"的法律措施，如将被告人现有可供执行财产冻结查封，将其列入全国法院失信被执行人名单，将其以涉嫌拒不执行判决、裁定罪移交公安局侦查处理等。然而，实际效果对于此类人而言却收效甚微，受害人依然迟迟不能得到应有的赔偿，反而使受害人一次次饱受"二次伤害"的煎熬。该案再次折射出法院对"恶意欠债不还"者（亦称"失信被执行人"）执行难的问题，同时也反映出这一困扰社会及司法实务部门多年的老大难问题，仍然未能得到有效的解决。

对于"恶意欠债不还行为"该如何进行有效的法律规制，法律理论界与实务界有较大争

① 参见河北省唐山市中级人民法院（2018）冀 02 刑终 598 号刑事裁定书。

② 参见河北省高级人民法院（2019）冀执复 91 号执行裁定书。

议，如有学者坚持主张只能通过民事手段来加以解决①，有学者主张在刑法中增设"拒不偿还债务罪"②，有观点则主张将其纳入侵占罪的处罚范围之内③，等等。根据上述主张，对于恶意欠债不还行为能否犯罪化，大致可以分为两种观点，一是主张只能通过民事手段解决的观点，即否定说；二是主张恶意欠债不还行为犯罪化的观点，即肯定说。实际上肯定说内部具体又包含两种观点：一种观点主张的是增加新的罪名对其予以规制，即在刑法典中增设"侵犯债权罪"（或拒不执行债务罪、欠债不还罪），另一种观点主张的是，将这种恶意欠债不还行为视为非法占有、拒不返还的一种行为，即将其纳入侵占罪的处罚范围之内予以规制。

三、相关法条

《中华人民共和国刑法（2020 年修正）》

第一百三十三条　【交通肇事罪】违反交通运输管理法规，因而发生重大事故，致人重伤、死亡或者使公私财产遭受重大损失的，处三年以下有期徒刑或者拘役；交通运输肇事后逃逸或者有其他特别恶劣情节的，处三年以上七年以下有期徒刑；因逃逸致人死亡的，处七年以上有期徒刑。

第二百七十条　【侵占罪】将代为保管的他人财物非法占为己有，数额较大，拒不退还的，处二年以下有期徒刑、拘役或者罚金；数额巨大或者有其他严重情节的，处二年以上五年以下有期徒刑，并处罚金。

将他人的遗忘物或者埋藏物非法占为己有，数额较大，拒不交出的，依照前款的规定处罚。

本条罪，告诉的才处理。

第二百七十七条　【妨害公务罪】以暴力、威胁方法阻碍国家机关工作人员依法执行职务的，处三年以下有期徒刑、拘役、管制或者罚金。

以暴力、威胁方法阻碍全国人民代表大会和地方各级人民代表大会代表依法执行代表职务的，依照前款的规定处罚。

在自然灾害和突发事件中，以暴力、威胁方法阻碍红十字会工作人员依法履行职责的，依照第一款的规定处罚。

故意阻碍国家安全机关、公安机关依法执行国家安全工作任务，未使用暴力、威胁方法，造成严重后果的，依照第一款的规定处罚。

暴力袭击正在依法执行职务的人民警察的，处三年以下有期徒刑、拘役或者管制；使用枪支、管制刀具，或者以驾驶机动车撞击等手段，严重危及其人身安全的，处三年以上七年以下有期徒刑。

第三百一十三条　【拒不执行判决、裁定罪】对人民法院的判决、裁定有能力执行而拒不执行，情节严重的，处三年以下有期徒刑、拘役或者罚金；情节特别严重的，处三年以上七年以下有期徒刑，并处罚金。

单位犯前款罪的，对单位判处罚金，并对其直接负责的主管人员和其他直接责任人员，

① 王利明. 加强民事立法，保障社会信用[J]. 政法论坛，2002（5）：43.

② 陈小清. 试论债权的刑法保护[J]. 法商研究，1997（3）：58.

③ 赵俊新，何懿甫. 个人信用缺失的刑法对策一试论欠债不还可以构成侵占罪[J]. 华中科技大学学报（社会科学版），2001（3）：48.

依照前款的规定处罚。

第三百一十四条 【非法处置查封、扣押、冻结的财产罪】隐藏、转移、变卖、故意毁损已被司法机关查封、扣押、冻结的财产，情节严重的，处三年以下有期徒刑、拘役或者罚金。

四、学理分析

（一）否定说及其评析

持否定说的学者主张恶意欠债不还行为应当通过民事手段加以解决。该观点认为，通过刑法手段来解决恶意欠债不还的现象，或许能够在短期内取得打击"恶意欠债人"的明显效果，然而从法理上看仍面临诸多问题。

问题一，由于恶意欠债不还的现象通常存在于日常的经济贸易往来过程中，尤其是通过民间借贷来周转资金时所产生的恶意欠债不还现象更为突出，如果将这种现象全部纳入刑法中加以规制，则可能会造成处罚范围过宽的后果。对于该问题而言，将恶意欠债行为犯罪化只是将运用刑法作为一种补充手段，并非将所有的恶意欠债行为都予以犯罪化，对于一般的、数额不大、没有造成严重后果的恶意欠债不还行为不予犯罪化，可以通过民事诉讼、行政处罚等手段来解决。而对于恶意欠债不还数额较大、情节恶劣、造成严重后果的，则应当予以犯罪化处理。如果能够在司法实践中合理把握好恶意欠债不还行为入罪的具体标准，就可以有效防止出现处罚范围过宽的情况。在确定入罪的具体标准时，应当遵循先进行形式判断再进行实质判断的逻辑顺序，即"第一，若符合形式判断，再进行实质判断；第二，若不符合形式判断，就无须进行实质判断了"。①首先要判断恶意欠债不还行为是否符合侵占罪的形式构成要件，若符合，再进行实质判断，判断其是否具备实质违法性。

问题二，将恶意欠债不还行为予以犯罪化的做法有违《公民权利和政治权利国际公约》的相关规定，该公约第十一条规定："任何人不得仅仅由于无力履行约定义务而被监禁。"我国已经于 1998 年签署了该公约，一旦我国批准了这一规定，就违反了我国政府应当承担的义务。②对此，笔者认为，将恶意欠债不还行为犯罪化并没有违反该公约的相关规定，因为该公约强调的是"由于无力履行约定义务"的情形，其目的旨在保护正常的交易风险中出现的债务无力偿还者，而并非将恶意欠债不还者也纳入保护范围之列。

问题三，将恶意欠债不还行为予以犯罪化会导致刑民不分，因为债务问题通常属于当事人之间的民事法律问题。在经济交易过程中出现交易一方支付困难或无力支付，属于市场主体应当承担的正常的交易风险，因此，将这种问题通过民事诉讼予以解决更为合适。③然而，恶意欠债不还行为已然超越了交易者所应当正常承担的交易风险，正常交易中的债权人确实应当在交易之前慎重选择自己的交易对象是否有履行债务的能力，对于那些后来确实由于市场风险导致无力偿还债务的交易对象所造成的债务损失，应当属于交易中的债权人所应承担的正常的交易风险；但是，那些在交易过程当中企图通过恶意欠债不还来牟取不正当利益的

---

① 阳娇娆. 论刑法中的实行行为观念[J]. 广西社会科学，2017（01）：112.

② 黄太云.《关于〈中华人民共和国刑法〉第三百一十三条的解释》的理解与适用[J]. 人民检察，2002（10）：6-7.

③ 参见王利明. 加强民事立法，保障社会信用[J]. 政法论坛，2002（5）：50.

债务人，已然超出了正常的交易风险的范围。此外，单单通过民法中的合同违约责任来追究其民事责任，已然不能有效解决恶意欠债不还的问题。

在司法实践中，一些债权人通过民事诉讼起诉恶意欠债不还者，结果却是"赢了官司输了钱"，其原因在于，一些"恶意欠债人""死拖到底"，即面对法院的判决、裁定，会想尽一切办法拒不执行。一方面，这些"恶意欠债人"抱着侥幸的心理，事先积极转移、隐匿财产，让执行法官无财产可供执行；另一方面，更有甚者，一些"恶意欠债人"鼓动家中老弱妇幼，以各种手段阻碍执行法官执行其财产。对此，有学者认为，民事诉讼判决、裁定得不到切实有效的执行时，还有《刑法》第三百一十三条规定的拒不执行判决、裁定罪作为后盾。然而在司法实践中，依靠该罪并未有效解决恶意欠债不还这一问题。以 2015 年四川省关于拒不执行判决、裁定罪的适用情况为例，该省移送涉嫌拒不执行判决、裁定犯罪线索共 1005 人，而其中仅有 34 人以该罪受到刑事处罚。由此可见，拒不执行判决、裁定罪的适用率在四川全省仅有 3.3%，足见"恶意欠债人"获刑的概率有多低，以至于其"见了棺材也不落泪"。

另外，拒不执行判决、裁定罪的立法目的主要是用来维护司法权威，其侧重的是通过打击"恶意欠债人"来维护正常的司法秩序，而并非是侧重于债务的解决，即使其最终起到了保护债权人合法权益的效果也是一种附带品。拒不执行判决、裁定罪位于现行《刑法》第六章第二节"妨害司法罪"一节中，由此可见，该罪调整的主要对象是一种"妨害司法"的行为。在涉及有关债权债务案件中，在穷尽民事手段之后，通过援引该条款打击"恶意欠债人"，只是在打刑法的"擦边球"而已，并非是一种专门用来打击恶意欠债不还行为的刑法规制手段。

因此，在民事手段不能有效治理恶意欠债不还行为的前提下，就需要借用刑事手段来加以补充。民刑交错并不等于民刑不分，运用刑法手段将恶意欠债不还行为犯罪化是有严格的区分标准的，并非把所有的恶意欠债不还行为都予以犯罪化，对于一般的、数额不大、未造成严重后果的恶意欠债行为依然依靠民事等手段加以治理解决，而那些特殊的、数额较大、造成严重后果的恶意欠债不还行为，其社会危害性已经严重到了犯罪的程度，就有必要将其纳入《刑法》的处罚范围之内了。因此这样做，并不会导致民刑不分。

问题四，担心将恶意欠债不还行为犯罪化，将会给市场经济的建设发展带来严重的副作用，不利于人们大胆地投资、大胆地创业。①诚然，将恶意欠债不还行为犯罪化可能会使一些持投机侥幸心理的人不敢肆无忌惮地大胆举债、大胆创业，但整体来看，将这一行为犯罪化的做法，会起到大大净化投资市场环境的重要作用，同时给债权人以刑法的强有力后盾作保障，反而能够更好地为社会主义市场经济的健康有序发展保驾护航。

问题五，担心将恶意欠债不还行为犯罪化，在司法实务具体执行中缺乏实际的可操作性。在司法实践中，本身要证明恶意欠债不还者的主观故意即"恶意"是很难举证的，尤其是证明"恶意"的关键在于能否查清债务人的可供执行财产的具体情况，倘若能够查明的话，债权人直接通过民事手段就可以要求法院强制执行债务人的财产来实现自己的债权，无须再将恶意欠债不还行为犯罪化了。事实上，之所以"恶意欠债"现象层出不穷、屡禁不止以及法院经常出现执行难问题，很大一部分原因在于，目前我国尚未建立完备的失信联合惩戒体系，以及在司法实践中存在着一些司法工作人员消极协助执行可供执行财产，甚至有些案件的执行受到案外因素的干预等情形。

---

① 王利明. 加强民事立法，保障社会信用[J]. 政法论坛，2002（5）：50.

对于查明"恶意欠债人"的可供执行财产的具体情况，尽管相比债权人而言，法院等司法机关拥有更大的司法权力优势，但限于司法资源有限，不可能及时有效查明每个"恶意欠债人"财产的具体去向；对于债权人而言，通过自身的私立救济去查明"恶意欠债人"的财产去向，其难度和所需成本更大。然而，将恶意欠债不还行为予以犯罪化后，一方面可以给"恶意欠债人"们造成更强的刑罚威慑，另一方面可以更好地联合多部门合力查明恶意欠债不还者可供执行财产的具体情况。并且，债权人在掌握线索或充分证据的情况下，也可以直接要求公安机关对"恶意欠债人"进行立案侦查，从而更快更好地维护自己的合法债权。

（二）肯定说及其评述

在主张将恶意欠债不还行为犯罪化的观点中，有学者主张从立法论的角度出发，通过在"侵犯财产罪"一章中增设专门的罪名来规制恶意欠债不还行为。例如，主张在刑法中增设"侵犯债权罪""拒不偿还债务罪"等新的罪名。

1. 主张增设"侵犯债权罪"的解决路径

有学者建议在我国刑法中增设侵犯债权罪，[①]理由主要有：其一，古今中外的立法对于债权的刑事立法保护都有相关规定。"欠债还钱，天经地义"，尤其在我国古代法律中，民刑合一，不做区分，对于欠债不还者一律课以刑罚。而在现代社会，民刑二分，债务纠纷由民法来调整，而对于恶意欠债不还这种行为，其性质已经由合法占有转为非法占为己有，运用刑法手段予以规制实有必要且在法理上解释得通。其二，恶意欠债不还的行为与侵占罪中所规定的代为保管他人财物而拒不返还的行为相比而言，二者在本质上对财产法益所造成的损害并不存在明显区别，例如，捡到他人遗忘物而拒不返还都有可能成立侵占罪，而恶意欠债不还行为相比侵占遗忘物而言，其所拖欠不还的债款所侵害的法益通常更为重大，举轻以明重，将严重的恶意欠债不还行为予以犯罪化又有何不可呢？其三，这些恶意欠债不还的"恶意欠债人"并非是没有经济能力履行债务，而是故意赖债不还，其主观心理根本就不想清偿债务，由此可知，其主观方面明显具有非法占有的目的，并且，相比遗忘物，其非法占有的目的更为提前。由于这些"恶意欠债人"通常抱着侥幸心理，采取一拖二赖的办法来躲债赖债，如果不对其施加足够的压力（例如将其行为上升为刑事犯罪），则很难令这些"恶意欠债人"及时履行债务。

2. 主张增设"拒不偿还债务罪"的解决路径

有学者主张在我国刑法中增设"拒不偿还债务罪"，具体而言，对于"恶意拖欠、拒不偿还合法债务，经债权人催告，三个月仍不归还，数额较大的，构成拒不偿还债务罪"[②]，其理由主要如下：

其一，诚实信用原则在我国民法中被奉为帝王条款，在促进社会经济有序发展方面起着十分重要的调节作用。例如，一些民营的中小型企业在资金周转方面一旦遇到障碍，就会制约其进一步发展，甚至危及其生存，如果交易过程中遇到几百万元的赖账，其自身就很容易被难以预测的市场风险所击垮，从而面临破产倒闭的命运。该理由指出了恶意欠债不还行为对市场经济秩序有效运行所造成的不利影响，尤其是对民营经济的发展有时则会产生致命打

① 参见陈小清. 试论债权的刑法保护[J]. 法商研究，1997（3）：59-60.

② 赵俊新，何懿甫. 个人信用缺失的刑法对策—试论欠债不还可以构成侵占罪[J]. 华中科技大学学报（社会科学版），2001（3）：49.

击。尽管遇到这种恶意欠债不还的情况时，债权人可以通过走民事诉讼程序，向法院申请强制执行"恶意欠债人"目前可供执行的财产。然而，这种民事救济途径却有其自身难以逾越的障碍，由于当下我国法院在审理民事经济类案件时仍然采取审执合一的办案模式，这种办案模式把审理和执行的压力都传导至法院身上，进而造成法院执行庭法官经常面临着如下几个难题：被执行人难找、被执行财产难查、被执行财产难动、协助执行人难求。①从而不难看出，单靠民事手段不足以解决恶意欠债不还问题，需要通过刑法手段加以补充，即增设新的罪名来解决该问题。

其二，如果被执行人消极对待法院的判决、裁定，采取拖延的办法拒不履行债务，其本人又无拒不执行法院判决、裁定的行为，则法院往往无法以拒不执行判决、裁定罪追究这些"恶意欠债人"的刑事责任。因此，如果通过刑事立法增设拒不偿还债务罪，则不失为一条有效治理"恶意欠债人"的途径。该理由确实反映出拒执罪在应对恶意欠债不还行为所存在的漏洞与不足，但是，如果可以通过刑法解释运用现有罪名对其进行有效规制，则无须增设新罪名，否则将会导致刑法的过度膨胀，有违刑法的谦抑性原则。

其三，执行法官时常遇到被执行人财产难查的问题，并且有时很难发现被执行人转移、隐匿被执行财产，如果通过刑事立法规定拒不执行债务罪，则可以对被执行人形成刑罚的威慑，无论被执行人是否将其财产转移、隐匿，只要有证据足以证明被执行人主观上确实存在恶意不还，债权人就可以寻求司法机关追究其刑事责任。该理由可谓一语道破了拒执罪所面临的司法困境的症结所在，但不能因为执行财产难查，就以"被执行人主观上存在恶意不还"对其定罪，这样的做法明显从客观主义刑法又倒退到了主观主义刑法。

上述观点，皆主张将恶意欠债不还行为犯罪化，由刑法手段来加以规制，但都是从立法论的角度出发，通过增设新的罪名来解决恶意欠债不还行为。笔者认为，与其从立法论的角度增设新的罪名，不如从解释论的角度出发，合理运用现有的刑法解释方法，从现有的刑法规范条文出发，得出可以合理适用的解释结论。增设新的罪名往往面临诸多方面的难题和压力，一方面由于刑法典的积极扩张，目前我国的刑法修正案已达 11 个之多，罪名已达 483 个，刑法学界多数学者反对积极的刑法立法观，认为刑法在立法时应当保持冷静和克制；另一方面，通过立法新增罪名，相比在现有罪名中进行合理的扩大解释而言，其面临的难度更大，不仅需要经过专家学者的反复论证，还需全国人大代表表决通过后以刑法修正案的形式予以颁布，其对解决当下棘手的恶意欠债人问题具有明显的滞后性。

（三）折中说及其评析

由于恶意欠债不还行为不同于普通的债务纠纷，其"恶意"的客观体现通常表现为隐匿、转移财产而拒不履行债务，这在本质上已由先前的合法占有（借贷）转为非法占为己有。尤其是在法院进行判决后，债务人与其债务等值的那部分财产实际上已经被法院宣示，其所有权在法律上已经转移给了债权人，因此，债务人有偿还能力却拒不偿还，其转移、隐匿财产的行为实质上等同于侵占罪中的"拒不退还"。因此，有观点主张，通过立法将恶意欠债不还行为明文规定到侵占罪的行为对象之内。

---

① 单一良. 输了官司的"老赖"咋还是"大爷"[J]. 人民法治，2015（7）：69.

1. 主张将欠债不还行为规定为侵占罪的行为对象

有学者主张欠债不还行为可以成立侵占罪。[①]理由是：其一，对于欠债不还行为而言，以往的法律规制手段已不能有效解决"恶意欠债"问题。在经济贸易往来中，法律是用来维护合法经营者利益的强制手段，如果对欠债不还的"恶意欠债人"不能有效地予以规制，则会损害债权人的合法利益。并且，这种赖账不还的风气也会因此日益弥漫，进而动摇人们对诚实信用原则的信赖与遵守，最终会严重制约社会主义市场经济的健康有序发展。此理由强调欠债不还行为对市场经济中诚实信用原则的破坏，但违反诚实信用原则的欠债不还行为违反民法的规定，未必同时违反刑法的规定。在这里，还要进一步判断能否将诚信关系作为侵占罪的保护法益，只有当债务人对诚信关系的破坏，达到严重扰乱社会经济秩序的程度，才能上升到刑法层面予以规制。因此，需要对欠债不还行为加以区分，只有严重的恶意欠债不还行为才能运用刑法手段予以规制。

其二，将欠债不还行为纳入侵占罪的处罚范围之内，国外早已有相关的刑事立法。例如，瑞士刑法第一百四十条第 1 款对侵占罪规定为"为自己或第三人不法利益，而侵占自己受托保管之他人动产，或对自己受托保管之财物，尤其是金钱，使自己或第三人不法使用者⋯⋯"，意大利刑法（1994 年）第六百四十一条规定："⋯⋯侵占自己所占有他人之金钱或其他动产⋯⋯"[②]。此理由提供了国外通过侵占罪对欠债不还行为进行规制的立法先例，即当通过民事诉讼手段对欠债不还行为不能予以有效治理时，完全可以通过运用刑法手段来进行更为有效的治理，从而有效打击"恶意欠债"现象，进而重塑诚实信用的良好经济环境。

笔者认为，恶意欠债不还行为可以成立侵占罪，但并不是所有的欠债不还行为都一律成立侵占罪。对于欠债不还行为应当区分为确实无力偿还行为与恶意欠债不还行为，对于在正常交易风险中，债务人因破产等原因而导致无力偿还债务的，不应予以刑事处罚。对于恶意欠债不还数额不大，未造成严重后果的，也不宜以刑法手段进行处罚，可以通过民事诉讼、计入失信被执行人名单、行政处罚等手段加以解决。而对于恶意欠债不还数额较大、情节恶劣、造成严重后果的，则应当予以犯罪化处理。

2. 主张将恶意欠债不还行为作为侵占罪的客观行为方式

有观点主张将恶意欠债不还行为归为侵占罪的一种客观行为方式，以侵占罪追究"恶意欠债人"的刑事责任。[③]主要理由是：

其一，恶意欠债不还的债务人是基于合法的借贷而占有债权人钱款的，从其形式与本质来看与侵占行为并无实质区别，二者皆产生于合法的占有行为。此理由与陈小清教授的观点一致，都指出了恶意欠债不还行为与侵占行为的本质相同之处。笔者也认同这一点，例如在《刑法》第二百七十条侵占罪中规定的"将代为保管的他人财物非法占为己有，数额较大，拒不退还的"，[④]构成侵占罪；第二百七十一条职务侵占罪中，行为人"利用职务便利，将本单位财物非法占为己有，数额较大的"，[⑤]则构成职务侵占罪；而这两条中的"财物"明显包括金钱等财产，而恶意欠债不还的欠款也是"金钱"，其在行为对象上并无区别。

其二，恶意欠债不还的债务人与侵占行为人一样均负有返还财物的义务却不予返还财

① 陈小清. 试论债权的刑法保护[J]. 法商研究, 1997（3）：58.
② 赵秉志, 刘志伟. 各国侵占罪立法比较研究[J]. 中国刑事法杂志, 2000（44）：114.
③ 于雪婷. 恶意欠债不还行为犯罪化初探[J]. 湖南公安高等专科学校学报, 2010（6）：135.
④《中华人民共和国刑法》第 270 条第 1 款.
⑤《中华人民共和国刑法》第 271 条第 1 款.

物。恶意欠债不还者基于借款合同到期而负有返还所借钱款的义务，当债权人要求其返还所借钱款而拒不返还时，此时债务人便已经由先前的合法占有变为非法占有了。此理由指出了恶意欠债不还行为在行为性质上与侵占罪中的拒不返还行为一致，其实质都是由合法占有转为非法占为己有。

其三，恶意欠债不还者侵害了债权人所借出钱款的所有权，其性质与侵占所有权一样。民法所规定的所有权含占有、使用、收益、处分四部分内容，恶意欠债不还的债务人占有所借钱款而拒不返还，导致债权人无法行使其对所借出钱款的所有权。此理由表明恶意欠债不还者由先前的合法占有转为了非法占为己有，已然侵害到了债权人对其所借出钱款的所有权的行使。此外，"当同一物上既存在债权，又存在其他本权时，其他本权的效力优先于债权的效力，此时债权不能对抗其他本权"。①由此可见，恶意欠债不还者尽管同时侵犯到了债权人的债权和所有权，但此时作为侵占罪所要保护的法益是债权人对其钱款的所有权，因为当法院判决宣示后，债务人所隐匿、转移的与债务等值的那部分财产，其所有权在法律上已经转移到了债权人手中。

其四，侵占罪中所规定的"财物"，应包含金钱这种特定的种类物。林山田教授认为，"行为人只要在客观上明确显示其不法的取得意图，即可该当侵占行为，而成立本罪，故如拒不交还借用物、将持有的他人金钱抵充债务或寄存银行……均可认为是侵占行为"。②根据该观点，金钱这种特殊的种类物也可以成为侵占罪的行为对象。而在恶意欠债不还的情形下，债务人所拒不返还的是所借的金钱，而金钱这类种类物从本质上看，在实际价值上同侵占罪规定的财物所具有的价值基本上可以等价交换，既然普通的具体财物可以成为侵占罪的行为对象，那么将恶意欠债不还所涉及的金钱这类种类物归入为侵占罪的行为对象不应成为一种障碍。③

对于种类物能否成为侵占罪的行为对象，刘志伟教授认为："借用、借贷人是基于消费的目的而持有出借人的种类物，因此，该种类物的所有权已转移于借用、借贷人，借用、借贷人以自己的意思使用、处分该种类物的，自不生侵占的问题。"④金钱等种类物属于占有即所有一致原则，丧失占有即意味着同时丧失所有权。对此，陈兴良教授也持相同观点，即"借贷关系出借人转移的是所有权或处分权"。⑤因此，陈兴良教授认为，"在借贷关系中，行为人在借贷期满拒不归还或者无力归还的，只能按照债务纠纷处理，不能构成侵占罪"。⑥笔者认为，该观点过于绝对，按照债务纠纷处理并不能完全解决"恶意欠债"问题。此外，当债务纠纷被法院判决宣示后，债务人所隐匿、转移的与债务等值的那部分财产，其所有权在法律上已经转移到了债权人手中，此时，完全可以适用侵占罪予以规制。有观点认为，此种情况下可以适用拒不执行判决、裁定罪予以解决，然而，此罪保护的法益并非是财产法益，而是出于对司法秩序和司法权威的维护。

此外，笔者认为，将恶意欠债不还行为作为侵占罪的一种行为对象，并且认为金钱这种种类物可以成为侵占罪中的财物，从解释论的角度确实行得通，例如农民甲将自己一年的收

① 申伟，黄武基. 财产犯罪法益新论——从《刑法》第 238 条第 3 款说起[J]. 广西社会科学，2018（09）：91.
② 林山田. 刑法各罪论（上册）[M]. 北京：北京大学出版社，2012：295.
③ 参见于雪婷. 恶意欠债不还行为犯罪化初探[J]. 湖南公安高等专科学校学报，2010（6）：136.
④ 刘志伟. 侵占犯罪的理论与司法适用[M]. 北京：中国检察出版社，2000：88.
⑤ 陈兴良，周光权. 刑法学的现代展开Ⅰ（第二版）[M]. 北京：中国人民大学出版社，2015：534.
⑥ 陈兴良，周光权. 刑法学的现代展开Ⅰ（第二版）[M]. 北京：中国人民大学出版社，2015：535.

成 5000 斤小麦交给农民乙保管，结果农民乙将该批小麦非法占为己有，并将其磨成面粉全部消费掉，此时，将小麦认定为侵占罪中的财物，不存在争议。然而事实上，小麦也是一种种类物，如果农民甲要求农民乙偿还原小麦，农民乙不可能偿还农民家原来的那 5000 斤小麦，对于农民乙而言，要么从自家粮仓或别处购买赔偿农民甲的 5000 斤小麦，要么以 5000 斤小麦的折价款赔给农民甲，此性质在本质上与金钱无异。对此，有学者认为，从本质上看，侵占罪是"为了保护他人对财物所体现的使用价值和价值所拥有的占有、使用、收益和处分的权利"。①据此，对侵占罪的行为对象的理解不应限于原物，而应对其所保护的法益进行实质理解。

但是从立法论的角度出发，将恶意欠债不还行为增设为侵占罪的客观行为方式之一并不妥当。笔者认为，既然可以从解释论的角度出发，将恶意欠债不还行为通过合理的扩张解释纳入侵占罪现有的行为对象之内，何必又要大费周章地通过立法的方式加以解决？诚如该观点所言，如果通过立法明文将恶意欠债不还行为规定在侵占罪法条之中，则其遇到的难题和阻力不亚于增设新的罪名来规制恶意欠债不还行为。

（四）笔者观点——基于解释论的侵占罪规制路径

在司法实践中，对于恶意欠债不还行为，单单依靠民事手段已然不能得到有效治理。对此，需要借用刑法手段作为补充手段，对其加以解决。尽管现行《刑法》第三百一十三条规定了拒不执行判决、裁定罪，然而该罪的立法初衷是作为一种处罚"妨害司法"行为的手段而设立的，其主要保护的法益是司法权威（抑或是司法公信力），而并非是专门针对保护债权人合法债权的实现而设立的，即使其起到了保护债权人合法利益的作用，亦不过是维护司法权威的过程中所附带产生的一种"副产品"。②实质上，恶意欠债不还行为是一种侵犯财产权利的行为，从运用刑法手段对其进行规制的角度来看，理应将其视为一种财产犯罪，而在财产犯罪一节中，其行为特征更符合侵占罪的构成要件。另外，从解释论的角度而言，更容易将恶意欠债不还行为合理解释进侵占罪的行为对象之内。理由有三：其一，将恶意欠债不还行为通过合理的扩大解释，解释进侵占罪的处罚对象之内，并不违反罪刑法定原则；其二，将恶意欠债不还行为解释进侵占罪的处罚对象之内，同时可以兼顾刑法谦抑性原则；其三，从不作为犯罪的视角分析，恶意欠债不还行为属于典型的应还而不还的消极不作为。

1. 恶意欠债不还行为与罪刑法定原则

从刑法理论的角度分析，将恶意欠债不还行为解释为侵占罪的行为对象，是符合罪刑法定原则要求的。恶意欠债不还行为能否成立侵占罪，需要首先解决的关键问题在于：金钱（或货币）是否可以成为侵占罪的犯罪对象？亦即将金钱解释为侵占罪中所规定的"财物"，是否属于类推解释，从而是否涉嫌违反罪刑法定原则。

从民法的角度而言，金钱（或货币）被归为一类种类物，尽管在侵占罪中所规定的代为保管的他人财物通常指的是欠缺实体物权获得根据而负返还义务的他人财物。③然而，金钱也可以作为一种特定的种类物交由行为人来保管。对此，张明楷教授认为："由于现金只要转移占有便转移所有（封缄物中的现金除外），所以，乙将现金委托给甲管理时，即使甲使用了该

---

① 刘志伟. 关于侵占罪中"拒不退还或交出"问题的探讨[J]. 云南法学，2001（01）：96.

② 参见彭立庭. 恶意"欠债不还"应由刑法调整[N]. 中国企业报，2006-4-24（6）.

③ 袁国何. 错误汇款的占有归属及其定性[J]. 政法论坛，2016（2）：121.

现金，也因为不属于'他人财物'而不直接成立委托物侵占；只有当乙要求甲退还而甲不退还时，才能认定为委托物侵占。"①根据该观点，金钱也可以成为侵占罪的行为对象，但必须区分侵用和侵占，只有当委托人向被委托人索要现金，被委托人拒不返还时，才能认定为侵占行为。此外，王立志教授亦认为："货币可以成为侵占罪的犯罪对象，不仅占有他人遗忘或埋藏的货币而拒不归还的行为能够成立侵占罪，而且代为保管他人货币不予归还的行为也属侵占，因该行为具备实质处罚性故而对其也应以侵占罪定罪处罚。"②但是王立志教授反对将债权债务关系中的供于借贷所用的货币解释为侵占罪中所规定的"财物"。其理由是，在借贷关系中，货币这一种类物并没有被特定化，货币一经借贷给债务人，便丧失了对货币原物的物权请求权，出借人若想索回所借出钱款只能通过债权请求权加以实现，若债务人拒不履行债务则属于民事侵权。对此，张明楷教授则认为："事实上的支配（或占有）不同于民法上的占有，只要根据社会的一般观念可以评价为行为人占有，即使在民法上不认为是占有，也可能成为本罪的对象。"③例如，甲和乙在同一工厂上班，关系密切，甲由于身份证丢失，暂时办不了工资卡，于是基于信任关系便和乙共用工资卡，结果乙将甲的工资取出占为己有，拒不归还，这种情况下，乙的行为则构成侵占罪。

事实上，货币在借贷关系与保管关系中其所有权都发生了转移，因为在民法中，货币遵循占有即所有一致原则，此时也可以说借贷货币与保管货币转移的都是占有权。不能因为在借贷关系中债权人有允许债务人使用的同意，而在保管关系中委托人没有允诺被委托人使用货币的同意，就否定借贷的货币不能成为侵占罪的犯罪对象。侵占行为的本质是变合法占有为非法占有，而借贷货币逾期的情况下，债务人有能力还债却拒不偿还债务的行为，也是一种由合法占有变为非法占有的行为。而且从社会一般观念来看，将自己价值10万元的金银交给行为人占有保管，与将自己积攒的10万元现金交给行为人占有保管并无实质上的差异。与此同理，借贷他人10万元现金拒不归还与侵占代为保管的他人10万元现金拒不归还的行为，仅是在对现金的处分方式上有所差别。例如，"村主任将由自己保管的该村所有的现金存入银行，该款项是归银行占有，还是村主任占有，还是村民占有？一般认为，该存款应归存款人占有，从而，如果村主任出于不法领得的意思提取该款项，则构成侵占罪"。④村干部对于村集体收入的现金非法占为己有的行为，明显不符合贪污罪的构成要件，对此适用侵占罪予以规制最为恰当。再如，将10万元借给他人使用，借钱者则获得了占有、使用权，同样，将10万元存到银行交由银行保管，实际上银行通常会将该10万元放贷出去，银行同样获得了这10万元的占有、使用权（通常还获得了部分收益权）。二者之间的区别实际上在于银行有着更为可靠的还款能力，如果银行在储户到期取款时，有钱却拒不兑现、返还所存钱款，则其性质与侵占罪无异（只是法律没有规定单位可以成为侵占罪的犯罪主体而已）。而刑法将借贷他人10万元拒不返还视为民事纠纷，却将保管他人10万元拒不返还犯罪化，其合理性存在疑问。

车剑锋认为："谨慎运用解释权力是符合罪刑法定原则保护公民的预测可能性的要求的，但是由于担心违反罪刑法定而不敢解释法律同样会破坏公民的预测可能性。"⑤实际上，将金钱（或货币）解释为侵占罪中的财物是一种合理的扩大解释，而非类推解释，并且这样解释

① 张明楷. 刑法学（第五版）[M]. 北京：法律出版社，2016：969.
② 王立志. 货币可以成为侵占罪的犯罪对象[J]. 河南师范大学学报（哲学社会科学版），2009（3）：124.
③ 张明楷. 刑法学（第五版）[M]. 北京：法律出版社，2016：966.
④ 陈兴良主编. 刑法各论精释（上）[M]. 北京：人民法院出版社，2015：517.
⑤ 车剑锋. 罪刑法定原则司法化问题研究[M]. 天津：天津社会科学院出版社，2016：85.

并未超出社会一般人对侵占罪中的财物的理解，也不会超出公民对该解释的预测可能性。此外，在区分扩大解释和类推解释时，必须要在行为者所具有的预测可能性范围之内进行解释，但这并不意味着预测可能性是决定扩大解释外延的唯一要素。并且，"刑法上犯罪成立与否不应与民法上有无必要保护问题相提并论，即便委托关系在民法上不受保护，也并不影响刑法上侵占罪的成立"。①对于法益的保护和处罚的必要性，即使民法上不受保护，还必须在刑法上考虑法益的保护和处罚的必要性，从这一点出发，将恶意欠债不还行为解释进侵占罪的规制范围之内，正是出于对财产法益的保护和处罚的必要性，这是对侵占罪进行的合理扩大解释而非类推解释。

随着社会的发展，对财产的占有方式日益多元化，不再局限于物理意义上的支配。"刑法中的占有，是指'对财物的支配意思的客观化了的状态'，即对财物的事实上的支配状态，它不仅包括物理意义上的支配，而且还包括社会观念上可以推知财物的支配人的状态。"②换言之，侵占罪中的"占有"既包括物理意义上的占有状态，还包括观念意义上的占有状态。如果仍然坚持只认可"物理占有"而排斥"权利占有"，只认可"价值占有"而排斥"物理占有"都不属于侵占罪的观点，则不符合社会发展的现实需求。那么将"借贷行为"解释为"代为保管"，是否可行？关键在于如何理解侵占罪中的"代为保管"。对此，张明楷教授认为："'代为保管'是指受委托而占有，即基于委托关系对他人财物具有事实上或者法律上的支配力的状态。易言之，包括事实上的占有与法律上的占有。"③该观点将"代为保管"限定于存在委托关系。对此，有学者提出异议，"'代为保管'不是指财物所有人委托的目的，而是指行为人取得财物后对财物的合法管理状态"。④此外，有学者认为："行为人欲通过侵占行为非法获取他人财物的所有权，也即完整的所有权，包括占有、使用、收益以及处分权，这是其本质。"⑤该观点强调侵占罪所保护的客体是完整的所有权，只是侵犯了其中的部分权能，则不构成侵占罪。与此相反，赵俊新教授则认为："尽管从侵占罪第二百七十条法律条文所规定的字面含义来看，代为保管并没有包含借贷，但在消费借贷合同中，借用人对出借物形成的占有事实即可视为'代为保管'的一种。"⑥事实上，代为保管的范围很广，并不限于委托关系中委托人与受托人之间的代为保管关系。对此，陈洪兵教授认为："不应将'代为保管'限定于存在委托信任关系。"⑦同样，租赁、担保、借贷、无因管理等关系中也存在代为保管的关系，只是在借贷关系中相比普通的代为保管，又多了一项使用权，亦即借用人在使用他人钱款的同时代为保管该钱款，等使用完毕后，仍需归还所借（亦所代为保管）的钱款。因而在理论上，将借贷解释为代为保管并无不妥，也不会违反罪刑法定原则。

2. 恶意欠债不还行为与刑法谦抑性原则

黎宏教授认为："刑法的谦抑性是指，在使用民事救济或者行政制裁等其他手段能够解决问题的时候，就应当使用其他制裁手段。只有在具有不得不使用刑罚进行处罚的法益侵害或

①　郑泽善. 刑法分论争议问题研究[M]. 北京：中国人民大学出版社，2013：379.

②　郑泽善. 刑法争议问题探索[M]. 北京：人民出版社，2009：355-356.

③　张明楷. 刑法学（第五版）[M]. 北京：法律出版社，2016：966.

④　马松建编著. 侵占罪专题整理[M]. 北京：中国人民公安大学出版社，2007：389.

⑤　马克昌主编. 百罪通论（下卷）[M]. 北京：北京大学出版社，2014：827.

⑥　赵俊新，何懿甫. 个人信用缺失的刑法对策—试论欠债不还可以构成侵占罪[J]. 华中科技大学学报（社会科学版），2001（3）：49.

⑦　陈洪兵. 财产犯罪之间的界限与竞合研究[M]. 北京：中国政法大学出版社，2014：228.

者威胁的时候，才可以将该行为作为犯罪。"①换言之，只有在穷尽非刑法手段仍无法规制的前提之下，才能将该问题予以犯罪化处理。另有学者认为："我国刑法的谦抑性主要体现在刑的谦抑而不是罪的谦抑，这是现阶段我国刑法发展的重要特点。"②所谓刑的谦抑指的是在量刑上的"慎刑"，这是一种有利于保护被告人人权的观念；所谓罪的谦抑强调刑法是保障法、补充法，在穷尽其他民事、行政等手段的前提下，才能动用刑法，才能将其上升为犯罪的高度。

笔者认为，将恶意欠债不还行为纳入侵占罪的处罚范围之内，并不违反刑法的谦抑性原则。首先，对于恶意欠债不还行为，现有的民事救济或行政制裁等手段已经不能有效解决"恶意欠债人"赖账不还现象了。以"教科书式老赖"为例，受害人穷尽了民事救济和行政制裁等手段，被告人却以各种理由耍赖不履行法院判决，致使受害人迟迟得不到赔偿，反而不断遭受一次次的"二次伤害"。于世忠教授认为："代为保管的民事关系应由民事法律规范调整，但该民事关系当事人对承担违反民事义务的法律责任无所畏惧已经很普遍的情形下，刑法的干涉就成为必要了。"③在这种情况下，受害人就应当使用刑法手段来维护自身合法权益，此时刑法就应该发挥其补充性的作用，将这种特殊的、数额巨大、造成严重社会危害后果的恶意欠债不还行为犯罪化，将其合理扩大解释进侵占罪的行为对象之内，这样做也符合我国刑法谦抑性的着重点，即体现刑的谦抑而不是罪的谦抑。

正如前述通过增设新的罪名并且规定较重的法定刑来解决恶意欠债不还行为的立法论路径，其着重点既违反了罪的谦抑也违反了刑的谦抑，这种积极的立法进路恰恰反映出现阶段我国刑法呈现出的重要特点是，相当一部分学者所持的是一种积极的刑法立法观，而不是立足于现有刑法的解释论路径去规制社会出现的新问题。

而主张从解释论的角度将其纳入侵占罪的行为对象则恰好符合刑法的谦抑性原则。一方面侵占罪的法定刑是："对于数额较大、拒不退还的，处二年以下有期徒刑、拘役或者罚金；数额巨大或者有其他严重情节的，处二年以上五年以下有期徒刑，并处罚金。"④相比其他财产犯罪而言，侵占罪的法定刑幅度是较轻的，将恶意欠债不还行为纳入侵占罪中，符合我国刑法现阶段的特点。另一方面，侵占罪属于自诉罪即告诉的才处理⑤，这样一来，即使将恶意欠债不还行为犯罪化，也不会使国家公权力过度地介入经济、生活领域，从而更好地贯彻刑法的谦抑性原则。

3. 恶意欠债不还行为与不作为犯罪

"不作为，是指行为人在能够履行自己应尽义务的情况下不履行该义务。"⑥简言之，不作为是指行为人没有履行作为义务，即"应为而不为"。在侵占罪中，侵占行为既可以是作为，也可以是不作为。能否将恶意欠债不还行为解释为不作为的侵占行为，需要注意区分恶意欠债不还行为是否属于"应为而不为"的情形。

应为：侵占罪与恶意欠债不还行为，其原本对于财物的占有均是基于合法的占有，在返还义务上具有相通性。在恶意欠债不还案件中，"恶意欠债人"是基于合法的手段占有被害人

---

① 黎宏. 日本刑法精义[M]. 北京：法律出版社，2008：36.

② 储槐植，何群. 刑法谦抑性实践理性辨析[J]. 苏州大学学报（哲学社会科学版），2016（3）：59.

③ 于世忠. 侵占罪研究[M]. 长春：吉林人民出版社，2002：93.

④《中华人民共和国刑法》第270条第1款。

⑤《中华人民共和国刑法》第270条第3款。

⑥ 张明楷. 刑法学（第五版）[M]. 北京：法律出版社，2016：146.

财物的，当被害人向"恶意欠债人"发出偿还债务的请求后，其负有应当履行债务的义务，即符合"应为"的这一前提条件。这也是说明为什么可以将恶意欠债不还行为纳入侵占罪规制范围的前提之一。

可为：可以归还，这是区分恶意欠债不还与确实无力偿还债务的标准，也是民事解决方案与刑事解决方案差异化的依据。"可还而不还"体现出"恶意欠债人"具有非法占有目的的主观恶性，在理论上可以限缩对欠债不还行为的处罚范围。对于欠债不还行为应当区分为确实无力偿还行为与恶意欠债不还行为，对于在正常交易风险中，债务人因破产等原因而导致无力偿还债务的，不应予以刑事处罚。对于恶意欠债不还数额不大，未造成严重后果的，也不宜以刑法手段进行处罚，对此可以通过民事诉讼、计入失信被执行人名单、行政处罚等手段加以解决。而对于恶意欠债不还数额较大、情节恶劣、造成严重后果的，则应当予以犯罪化处理。简而言之，恶意欠债不还行为本质上属于一种"可为而不为"的行为。

不为：经催告后拒不归还与经法院判决后拒不执行判决裁定的相通之处，体现在客观行为方面。经催告后拒不归还是侵占罪的客观行为表现，而恶意欠债不还行为表现为经债权人多次催告后仍拒不偿还债务的行为，其在本质上与侵占罪的逻辑结构一致，主观见之于客观，主客观一致，即客观方面存在"拒不归还"的客观行为表现，主观方面存在"恶意不还"亦即具有非法占有目的。对于经法院判决后拒不执行判决裁定的行为，从拒不执行判决、裁定罪的立法目的来看，其目的主要是用来维护司法权威的，侧重的是通过打击"恶意欠债人"来维护正常的司法秩序，而非侧重于债务的解决。此外，拒不执行判决、裁定罪位于现行《刑法》第六章第二节"妨害司法罪"一节中，由此可见，经法院判决后拒不执行判决裁定的行为，其客观行为主要体现为一种"妨害司法"的行为。对于经法院判决后拒不执行判决裁定的行为，虽然可以通过拒不执行判决、裁定罪来实现维护司法权威，保障司法机关正常活动的目的，但并未从根本上解决"老赖"侵犯被害人财产法益的问题。在"教科书式老赖"一案中，被告具有履行能力，却置原告的诉讼债权于不顾，采取转移、隐匿等种种手段，表明其"拒不履行（返还）"的意图明显，并且经被害人多次催告后，被告仍拒不返还，其行为完全符合侵占罪的构成要件。在该案中，被告恶意欠债不还的行为属于一行为触犯数罪名，即属于想象竞合犯，择一重处罚。被告恶意欠债不还的数额明显已经达到了数额巨大的标准，因此，在被告不存在拒不执行判决、裁定罪中的"情节特别严重"的情形下，应适用侵占罪的第二档量刑幅度，即"数额巨大或者有其他严重情节的，处二年以上五年以下有期徒刑，并处罚金"。

五、结语

在"教科书式老赖"一案中，原告几乎穷尽了现有的法律手段，如司法机关的民事判决、查封冻结其财产、强制执行、以交通肇事罪追究其刑事责任等，然而，被告采取了长达数年的"拖延战"，依然拖欠近 75 万元赔偿未履行。该案再次折射出我国目前现有的民事救济或行政制裁等手段不能有效解决恶意欠债不还行为的窘况，而这种"恶意欠债"行为是制约社会经济健康有序发展的毒瘤，如果不能有效治理的话，势必会阻碍社会主义市场经济的健康发展，也会影响国家司法机关的正常工作开展以及司法公信力。因而，对于这种恶意欠债不还行为，在穷尽民事等非刑法手段不能有效治理的情况下，有必要发挥刑法的补充性作用，将该行为予以犯罪化。但将恶意欠债不还行为犯罪化不等于直接用拒不执行判决、裁定罪对其予以规制就可以了，因为该罪的保护法益强调的是对司法秩序和司法权威的维护，而并非专门用来规制财产犯罪的。此外，也不宜采用通过立法增设新的罪名（例如侵犯债权罪）的方法加以解决，这种积极的刑法立法观不仅会导致刑法典的过度膨胀，而且在现有罪名能够规制的前提下，其立法成本明显高于解释成本。相较而言，在侵占罪视域下对恶意欠债不还行为进行规制较为可行。并且，目前已有不少学者进行了探索，但大都强调在立法上对侵占罪的行为对象进行修改，这种做法与上述增设新罪名所遇到的阻力基本相当。因此，笔者认为，应当从解释论的路径出发，通过合理地扩大解释，将恶意欠债不还行为解释进侵占罪的行为对象之中。对于"教科书式老赖"一案而言，被告具有履行能力，却置原告的诉讼债权于不顾，采取转移、隐匿等种种手段，表明其"拒不履行（返还）"的意图明显，符合侵占罪的构成要件，原告可依据侵占罪追究其刑事责任附带民事责任。

（撰稿人：王文明）

案例 14　司机擅自拿走所驾车辆内公司钱款行为应如何定性

一、案情简介

某公司总经理（即法定代表人）的专职驾驶员吴某，受该总经理指派，单独一人驾驶总经理的专车去某厂取回属于公司所有的 100 万现金，然后驾车回到公司，向总经理报告钱已取回，总经理让财务人员去车内取。吴某因赌债逼迫又无力还款，就想到用这 100 万元中的钱款去还赌债，遂趁财务人员将钱拿走之前从车内拿走 50 万，然后不辞而别并关闭手机电源。后因找不到且联系不上吴某，公司其他人员报告总经理，并用总经理掌管的另一枚车钥匙打开车门，发现 50 万现金不知去向。几天后，吴某想到自己对不起总经理，但又无力还款，就在一公园内企图自杀，但未成功即被发现，故案发。吴某到案后承认，其拿钱之后，将其中的约 20 万元用于偿还以前的赌债以及继续赌博并输光，其余钱款则被自己挥霍殆尽。

二、争议问题

对于吴某行为该如何定性，主要有以下几种分歧意见：

第一种意见认为，吴某的行为构成职务侵占罪。其主要理由在于：吴某作为公司员工，利用保管、经手公司钱款的机会，侵占公司 50 万元，符合职务侵占罪的构成要件。

第二种意见认为，吴某的行为构成侵占罪。其主要理由在于：总经理指派吴某去取回公司 100 万钱款，实际上是委托吴某"代为保管"该钱款。吴某偷拿其中的 50 万，并因无力返还而自杀，属于"拒不交出"的行为，故而符合侵占罪的构成要件。

第三种意见认为，吴某的行为构成挪用资金罪。其主要理由在于：吴某偷拿走车内钱款，没有做任何掩饰隐瞒，即没有所谓的将账本"轧平"，且不清楚其今后是否会归还，因此在主观上尚不足以认定吴某具有"非法占有"的故意。另外，吴某将钱款用于归还赌债和继续赌博，属于挪用资金罪构成要件中的"进行非法活动"行为，没有数额和时间限制，故吴某的行为构成挪用资金罪。

第四种意见认为，吴某的行为构成盗窃罪。其主要理由在于：吴某作为驾驶员，没有保管公司钱款的职权，其偷拿公司钱款的行为，只是利用了掌管车钥匙的工作便利而非职务上的便利，故构成盗窃罪。

三、相关法条

《中华人民共和国刑法（2020 年修正）》

第二百七十一条　【职务侵占罪】公司、企业或者其他单位的工作人员，利用职务上的便利，将本单位财物非法占为己有，数额较大的，处三年以下有期徒刑或者拘役，并处罚金；数额巨大的，处三年以上十年以下有期徒刑，并处罚金；数额特别巨大的，处十年以上有期徒刑或者无期徒刑，并处罚金。

第二百七十条 【侵占罪】将代为保管的他人财物非法占为己有，数额较大，拒不退还的，处二年以下有期徒刑、拘役或者罚金；数额巨大或者有其他严重情节的，处二年以上五年以下有期徒刑，并处罚金。

将他人的遗忘物或者埋藏物非法占为己有，数额较大，拒不交出的，依照前款的规定处罚。

本条罪，告诉的才处理。

第二百七十二条 【挪用资金罪】公司、企业或者其他单位的工作人员，利用职务上的便利，挪用本单位资金归个人使用或者借贷给他人，数额较大、超过三个月未还的，或者虽未超过三个月，但数额较大、进行营利活动的，或者进行非法活动的，处三年以下有期徒刑或者拘役；挪用本单位资金数额巨大的，处三年以上七年以下有期徒刑；数额特别巨大的，处七年以上有期徒刑。

【挪用公款罪】国有公司、企业或者其他国有单位中从事公务的人员和国有公司、企业或者其他国有单位委派到非国有公司、企业以及其他单位从事公务的人员有前款行为的，依照本法第三百八十四条的规定定罪处罚。

有第一款行为，在提起公诉前将挪用的资金退还的，可以从轻或者减轻处罚。其中，犯罪较轻的，可以减轻或者免除处罚。

第二百六十四条 【盗窃罪】盗窃公私财物，数额较大的，或者多次盗窃、入户盗窃、携带凶器盗窃、扒窃的，处三年以下有期徒刑、拘役或者管制，并处或者单处罚金；数额巨大或者有其他严重情节的，处三年以上十年以下有期徒刑，并处罚金；数额特别巨大或者有其他特别严重情节的，处十年以上有期徒刑或者无期徒刑，并处罚金或者没收财产。

四、学理分析

结合前述基本案情，笔者认为吴某的行为符合侵占罪的构成要件。以下将结合其他几种相关意见，再结合本案案情，就侵占罪与其他几种罪名进行对比分析并对笔者观点加以论证。为了论证及阐述的便利，在下文中将首先评述第四种意见，即吴某的行为是否构成盗窃罪；其次评析第三种意见，即吴某的行为有无成立挪用资金罪的可能；最后，将结合职务侵占罪与侵占罪的区别，重点分析第二种意见，并对笔者所持的观点进行论证。

（一）吴某是否构成盗窃罪

1. 盗窃罪与侵占罪在构成要件上的界限

一般认为，盗窃罪是指以非法占有为目的，窃取他人占有的数额较大的财物或者多次盗窃、入户盗窃、携带凶器盗窃、扒窃的行为。[①]盗窃罪与侵占罪均为财产犯罪，犯罪主体均为一般主体，犯罪客体相同，罪过形式相同即均是直接故意，在较为复杂的实践中，两者亦存在着诸多联系。在理论研究上，两者之间的不同之处主要表现在：（1）故意的内容不同。侵占罪的故意内容是将自己所占有的他人之物非法据为己有，即取得对该物的所有权、剥夺他人财物的所有权。以一时的利用为目的而擅自使用他人之物或以毁弃、隐匿为目的而侵犯他

---

① 张明楷. 刑法学（第四版）[M]. 北京：法律出版社，2011：873.

人财物使用权、处分权的故意并不是侵占罪的故意；盗窃罪的故意既包括永久剥夺财物所有权即返还请求权的意图，也包括为一时的利用目的而侵犯他人的使用权之意图，或为毁弃、隐匿目的而侵犯他人的处分权之意图。因为在盗窃罪的成立要件中，不以行为人拒不返还盗窃的财物为必要要件。① （2）犯罪对象不同。侵占罪的对象仅限于自己持有的他人之动产或不动产以及他人的遗忘物、埋藏物；而盗窃罪的对象仅限于他人持有的动产，正如林山田教授所述，侵占罪之对象，本已在行为人持有之中，而盗窃罪的对象，则须行为人之窃取。② 易言之，前者的对象只能是行为人在犯罪以前业已持有的他人财物，而后者的对象则只能是行为人在犯罪之前并不持有的他人财物。③ （3）客观方面不同。主要表现在以下几个方面：对他人之物持有的原因不同，侵占罪通常基于一定的法律关系而形式合法地持有犯罪对象，而盗窃罪是以窃取手段取得他人之物的持有。侵占罪不以非法据为己有的行为例如擅自使用、处分等行使所有权的行为为终结，还必须具有或征表出拒不退还或拒不交出的行为；盗窃罪以非法据为己有的行为为终结，不以拒不退还或拒不交出为必要。侵占罪的构成要求数额较大；盗窃罪的成立除要求数额较大外，如果多次盗窃，即使未达到数额较大，也不影响盗窃罪的成立，实施侵占罪的手段既可以是秘密的也可以是公开或半公开的，盗窃罪的手段则是秘密的。（4）犯罪故意的内容和产生的时间不同。侵占罪中行为人认识到自己是以非暴力的手段非法占有自己业已持有的他人财物，且犯罪故意只能产生于持有他人财物之后；盗窃罪中行为人认识到自己是以不为财物所有人或占有人知道的秘密方法非法获取他人财物，且犯罪故意只能产生于获取他人财物之前。④

2. 转移占有与两罪的认定

事实上，侵占罪与盗窃罪最大的区别在于是否转移占有，也即 "区分一行为构成盗窃罪还是侵占罪，关键是判断行为人在非法占有财物时，该财物受谁的占有控制"。⑤ 对于盗窃罪而言，其对象必须是他人占有的财物，对于自己占有的他人财物则不可能成立盗窃罪。通常而言，占有是指对物的事实上的支配，不仅包括物理意义上的支配，也包括社会观念上可以推知财物的支配人的状态。⑥ 申言之，对占有概念理论的理解，将直接影响相关罪名成立的条件和范围。在不同的法学领域，如民法和刑法中，占有的概念是有较大区别的，总体而言，民法中占有的概念范围更大。一般而言，在刑法中，占有即行为人主观上意图排除权利人而使自己以所有人自居，对财物依经济上的用途而予以使用、收益或处分，也即形成事实及法律上支配。不过，支配的意思不是个别的、具体的意思，特定场所的控制者对该场所内的财物存在概括的、抽象的支配意思。所有人的控制丧失以后，特定场所内的有关人员被认为有概括、抽象、持续的占有意思，占有、支配关系也在事实上存在。例如乘客遗忘财物在出租车上，司机则对该财物具有支配力，若他非法占有该财物并拒不归还，则构成侵占罪；·若他未发觉，后来的乘客将财物侵占的，则构成盗窃罪。

对于装入容器或加以特别包装的财物，加锁或封固，委托他人保管或运送的，其占有关系如何，存在着受托人占有说、委托人占有说与区别占有说三种主张。"区别占有说" 把包装

① 于世忠. 侵占罪与盗窃罪的界定[J]. 法制与社会发展，2002，03.

② 参见林山田. 刑法特论[M]. 台北：三民书局，1978：290.

③ 赵秉志. 侵犯财产罪[M]. 北京：中国人民公安大学出版社，2003：280.

④ 赵秉志. 当代刑法学[M]. 北京：中国政法大学出版社，2009：630.

⑤ 董玉庭. 盗窃罪与侵占罪界限研究[J]. 人民检察，2001（4）：10-11.

⑥ 张明楷. 刑法学（第四版）[M]. 北京：法律出版社，2011：873.

物的整体与内容完全割裂开来，依取得物的整体或其一部而异其结论，难以被人认同，且会导致刑罚的不均衡。占有的归属，应重点考查行为人对物的支配地位，不应过分强调包装物整体与个别内容物的区别，而应就其全体加以认定。"委托者占有说"片面强调包装物在法律上的特殊性，忽视了受托者实际掌握财物的现实。依该说，受托人占有包装物、内容物的，一律构成盗窃罪，不免有失公允。"受托人占有说"则对事实上支配力的存在，行为人对物的实际地位做了考虑，所以较为合理。①

3. 占有辅助人与两罪的认定

在对盗窃罪和侵占罪进行区分时，很重要的一个方面就是要区分占有人和占有辅助人。占有辅助制度在认定财产犯罪上的意义是：对于数人之间存在上下主从关系的财产犯罪问题上，通常认为占有属于上位者，而下位者只是占有辅助人而不存在占有，因此下位者基于非法占有目的取走财物的，不成立侵占罪而成立盗窃罪。②所谓的占有辅助，是与自己占有相对应的概念。自己占有，指占有人自己对物为事实上的管领；占有辅助，指基于特定的从属关系，受他人之指示，而对于物为事实上的管领。占有辅助人虽然对于标的物具有一定的控制力，但由于其实施占有并非是为自己占有，而是接受他人指示进行的占有，缺乏占有的意思，其进行占有的行为依附于他人的占有意思之上，因此在占有辅助关系中，指示占有辅助人进行占有的人才是占有人，占有辅助人仅是占有人的辅助者，其自身不能取得对物的占有。那么他对自身基于指示对物的管领不具有法律上的支配，对其进行侵夺并非侵占而应当认定为盗窃等行为。如码头搬运工人临时受雇为客人搬运行李，乘客人打电话未留意行李之机，携行李离开。在该例中，码头搬运工为行李的占有辅助人，客人仍为行李的自主占有人，则搬运工的行为可构成盗窃罪而非侵占罪。

4. 案中吴某的行为不构成盗窃罪

在本案中，司机吴某在将现金转交给财务人员之前，自己实际控制着该100万现金，且这种控制是建立在委托、指示的基础之上。因此吴某基于指示且具有占有意思，为该100万现金的现实占有人而非占有辅助人。故而其后吴某产生变占有为所有的意图（即案中"想到用钱款去还赌债"）并实施的处分行为，不能根据占有辅助理论把它作为成立盗窃罪的条件；更为重要的是，盗窃的对象须为他人之物或他人合法占有的自己所有之物，而不能是自己占有的财物。所以在本案中，吴某所取走的50万元钱款，为自己业已占有的财物，不能成为吴某自己实施盗窃行为的对象，也即在本案中吴某不构成盗窃罪。在该前提下，第四种意见中区分职务便利与工作便利其实在此处并无探讨分析的意义，故而不在此处作论述。综上所述，吴某的行为并不能构成盗窃罪。

（二）吴某是否构成挪用资金罪

根据我国《刑法》规定，挪用资金罪是指公司、企业或者其他单位的工作人员利用职务上的便利，挪用本单位资金归个人使用或者借贷给他人，数额较大、超过3个月未还的，或者虽未超过3个月，但数额较大、进行营利活动的，或者进行非法活动的行为。

从行为内容上看，挪用资金罪必须是"利用职务上的便利"而非"工作上的便利"而实施的行为；从主观目的上看，挪用资金罪要求行为人具有"挪作他用"而不能是"非法据为

---

① 周光权，李志强. 刑法上的财产占有概念[J]. 法律科学，2003（2）：44.

② 张明楷. 刑法学（第四版）[M]. 北京：法律出版社，2011：876.

己有"的目的，这也是挪用资金罪与职务侵占罪的主要区别。简言之，挪用资金罪行为人的目的在于非法取得本单位资金的使用权，但并不企图永久非法占有，而是准备用后归还；职务侵占罪的行为人的目的在于非法取得本单位财物的所有权，而并非暂时使用。

挪用本单位资金数额较大不退还情形中的不退还，是指在挪用本单位资金案发后，人民检察院起诉前不退还。一般认为，在实际生活中，挪用本单位资金不退还的，分为两种情况：一种是主观上想退还，但客观上无能力退还；另一种是客观上虽有能力退还，但主观上已发生变化，先前的挪用本单位资金的故意已经转化为侵占该资金的故意。这里的主观是一种可推定的主观意思，即归还意思因在行为上得到特定程度的体现，符合社会上一般人的标准，而非行为人的单纯言语陈述。也即如果行为人实施侵占行为后，对物进行了使之难以回复的处分行为，本身又无偿还能力且不积极履行归还义务，可以推定行为人主观上具有非法占有的目的和故意。

本案中，吴某取走 50 万元钱款后，将钱款用以偿还赌债、继续赌博并将余款挥霍殆尽，在明知自己无力还款的情形下，选择自杀以逃避责任，由此可以推知吴某取走 50 万元钱款的行为并非"挪作他用以待日后归还"，而是意图非法占为己有。据此可以认定，吴某的行为并不构成挪用资金罪。至于案中行为人吴某是"利用职务上的便利"还是"利用工作上的便利"，出于论述的方便，笔者将在后文论述职务侵占罪与侵占罪的区分中加以详述，此处暂不作论述。

（三）职务侵占罪与侵占罪

1. 职务侵占罪与侵占罪在构成要件上的界限

我国《刑法》第二百七十条和第二百七十一条分别规定了侵占罪和职务侵占罪：侵占罪是指以非法占有为目的，将自己代为保管的他人财物非法占为己有，数额较大，拒不退还或将他人遗忘物或埋藏物非法占为己有，数额较大，拒不交出的行为。职务侵占罪是指公司、企业或者其他单位的人员，利用职务上的便利，将本单位财物非法占为己有，数额较大的行为。

职务侵占罪和侵占罪都是以财物为对象的犯罪，都侵犯了他人财物的所有权。主观上都具有非法占有的目的，客观上都具有变合法持有为非法占有的特点，但两者也存在诸多区别。首先，犯罪主体不同，职务侵占罪的主体只能是公司、企业或其他单位中主管、管理、经手本单位财物的人员，而侵占罪的主体是持有他人财物的人员。其次，犯罪的客观表现不同，职务侵占罪是利用职务上主管、管理、经手本单位财物的便利，而侵占罪无须利用职务上的便利。再次，犯罪对象不同。职务侵占罪的犯罪对象只能为单位财物，而侵占罪的犯罪对象则包括行为人代管的他人财物，也包括他人的遗忘物和埋藏物。就两罪的区别而言，最为主要也是最为复杂的是行为人是否利用了职务上的便利。

2. 职务侵占罪中"利用职务上的便利"的内涵

（1）"利用职务上的便利"的概念

对职务侵占罪中"利用职务上的便利"，学界有不同的理解，大致可分为以下三种观点：第一种观点认为，"利用职务上的便利"是指行为人在管理本单位经营、生产过程中所进行的领导、指挥、监督的职权。即将"职务上的便利"理解为"公务上的便利"。第二种观点认为，"利用职务上的便利"是指行为人利用工作上拥有的主管、管理、经手本单位财物的权利，不管是从事公务活动的便利还是从事劳务活动的便利均包括在内，即理解为"公务上的便利和劳务上的便利"。第三种观点认为，"职务上的便利"是指行为人因工作或业务而合法持有、控制、管理、支配单位财产的便利。①第一种和第三种观点在界定"利用职务上的便利"范围时或失于过宽或失于过窄，第二种观点基本上为多数学者所赞同。

事实上，我国刑法以及司法解释并没有对职务侵占罪中"利用职务的便利"加以明确规定，理论上一般以贪污罪中"利用职务的便利"的相关解释作为参照。一般而言，职务侵占罪与贪污罪因主体不同而行为方式相似，而侵占罪与贪污罪在"利用职务上的便利"的含义上没有实质区别。首先，职务侵占罪的主体中有一部分是由原来贪污罪的主体中分离出来的，立法者设立职务侵占罪的主要目的是从主体上将贪污罪与职务侵占罪区分开来，两罪的客观方面其实是相同的。很难想象，非国有公司、企业以及其他单位中受委派从事公务的人员利用职务的便利实施的侵吞单位财物行为，与同处一个单位的非受委派从事公务的人员实施上述行为会存在质的不同。②

其次，从《刑法》第二百七十一条第一款与第二款的逻辑关系上分析，依据《刑法》第二百七十一条第二款的规定，国有公司、企业或者其他国有单位中从事公务的人员和国有公司、企业或者其他国有单位委派到非国有公司、企业及其他单位从事公务的人员有前款行为的，依照《刑法》有关贪污罪的规定定罪处罚。而前款行为正是非从事公务人员的职务侵占行为。因此从逻辑上讲，贪污行为与职务侵占行为在客观表现上是一致的。此外，从相关司法解释中也可得出同样的结论。1995年最高人民检察院《关于办理公司、企业人员受贿、侵占和挪用公司、企业资金犯罪案件适用法律的几个问题的通知》明确指出，所谓职务侵占罪中的"利用职务上的便利"，是指公司董事、监事或者职工利用自己主管、经管或者参与公司工作的便利条件。而1999年最高人民检察院《人民检察院直接受理立案侦查案件立案标准的规定（试行）》将贪污罪中的"利用职务上的便利"解释为利用职务上主管、管理、经手公共财物的权力及方便条件。不难看出，上述两项司法解释对于职务侵占罪和贪污罪的"利用职务上的便利"的理解基本是一致的。

一般而言，所谓"利用职务上的便利"，是指行为人在实施犯罪时，利用自身的职权，或者利用自身因执行职务而获取的主管、管理、经手本单位财物的便利条件。这里的"主管"，是指行为人在一定范围内拥有调配、处置本单位财产的权力；所谓"管理"，是指行为人对本单位财物直接负有保管、处理、使用的职责，亦即对本单位财产具有一定的处分权；所谓"经手"，是指行为人虽然不负有主管或者管理本单位财物的职责，但因工作需要而在特定的时间、空间内实际控制本单位财物。需要指出，"经手"不能等同于"过手"，"过手"只是单纯对财物有接触，对财物并没有管理权。③因此，构成职务侵占罪就必然要求行为人在非法占有本单位财产时，以其本人职务范围内的权限、职责为基础，利用其对本单位财产具有一定的主管、管理或者经手的职责，在实际支配、控制、处置本单位财物时实施非法占有行为。

（2）"利用职务上的便利"与"利用工作上的便利"概念辨析

在认定职务侵占罪时，一个重要的方面是要区分利用"职务上的便利"和利用"工作上的便利"。从范围上讲，"工作上的便利"的外延要广于"职务上的便利"。"工作上的便利"系指利用从事劳务即直接从事生产劳动和劳动服务活动的方便条件，如对工作环境的熟悉、对其他劳动者的熟识、有接触他人管理或经手的单位财物的机会、因为工作关系容易取得他

---

① 卢建平，邢永杰. 职务侵占罪"利用职务便利"认定中的若干争议问题[J]. 黑龙江社会科学，2012（2）：99.
② 郭泽强. 关于职务侵占罪主体问题的思考——以对"利用职务上的便利"之理解为基点[J]. 法学评论，2008（6）：147.
③ 郭泽强. 于职务侵占罪主体问题的思考——以对"利用职务上的便利"之理解为基点[J]. 法学评论，2008（6）：149.

人信任、易于进出作案地点、在工作单位偶然获得的某种消息，等等。①职务活动的本质在于管理性，与此相对应，其主体必须是有资格从事管理活动的人员。如果行为人仅仅是在自身工作中易于接触他人主管、管理、经手的本单位财物，或者熟悉作案环境、容易混入现场、易接近目标等，则不属于"利用职务上的便利"，可能属于"利用工作上的便利"或利用其他便利条件。

（3）"利用职务上的便利"的认定

在司法实践中，认定行为人是否"利用职务上的便利"实施侵占行为是较为复杂的，理论上的认定标准亦差别较大，多主张针对具体情形进行综合分析判断。有学者主张在认定中考虑两个方面：一是结合职责进行判断。实践中，对于管理相对规范的公司、企业或其他单位而言，要重点审查单位内部的规章制度对行为人相关职责的具体规定。对于管理不规范、对人员职责缺乏相关具体规定的公司、企业或其他单位，应从行为人实际工作的具体内容、工作的来源、从事这些工作的时间长短、行为人因工作失误等原因所承担的具体责任及类型等综合判断。二是结合财物所处的具体状态进行判断，从财物所处空间、财物的大小、所有人是否采取监控监管措施、财物是否为封缄物等方面综合认定。②笔者认为该分析在司法实践中具有一定的可操作性。从理论上讲，认定行为人是否"利用职务上的便利"实施侵占行为，要把握其核心概念——职务。一般而言，职务是一项由单位分配给行为人持续地、反复地从事的工作，即担当职务往往具有相对稳定的特点。如果是单位临时一次性地委托行为人从事某项事务，行为人乘机实施侵占行为的，一般不宜认定为"利用职务上的便利"而实施的职务侵占罪。③

（4）吴某不构成职务侵占罪

本案中，司机吴某受总经理指派去收取账款，然后驾车回到公司，总经理让财务人员去车内取。吴某趁财务人员将钱拿走之前从车内拿走 50 万。吴某为公司总经理的司机，工作任务当然限定于按公司指示完成出车等任务，吴某基于总经理指派，是种临时性的委托，不具有职务性，只是临时去收取账款然后交给公司财务部门，在此过程中所形成的对金钱的占有，只是"过手"而非"经手"；吴某所利用的便利，是工作上的便利而非职务上的便利，所以吴某的行为并不符合职务侵占罪的构成要件，吴某的行为不能认定为职务侵占罪。

3. 侵占罪的构成要件及其认定

如前所述，侵占罪是指将代为保管的他人财物非法占为己有数额较大，拒不退还或者将他人的遗忘物或者埋藏物非法占为己有，数额较大，拒不交出的行为。侵占，从狭义上来说是指将他人之物作为本人之物而予以处分，即变"持有"为"占有"。持有，指他人之物依一定原因归于自己实际支配，占有则是指以本人之物予以处分。因此，侵占之义可以概括为"合法持有，非法占有"。④以下从侵占罪的构成要件入手分析该罪的一般构成。

（1）代为保管

构成侵占罪的先决条件是行为人基于《刑法》第二百七十条"代为保管"而形成的对特定财物的有效控制，关于该条所规定的"代人保管"的含义，理论上存在较大争议，较具代表性的主要有以下观点：①代为保管是指受他人的委托暂时替其保管；②代为保管是指受财

① 王作富. 刑法分则实务研究（下册）[M]. 北京：中国方正出版社，2003：1327
② 卢建平，邢永杰. 职务侵占罪"利用职务便利"认定中的若干争议问题[J]. 黑龙江社会科学，2012（2）：103.
③ 黄祥青. 职务侵占罪的立法分析与司法认定[J]. 法学评论，2005（1）：84.
④ 参见陈兴良. 侵占罪与贪污罪之比较[J]. 法学家，1996（4）：23-28.

物所有人或相关权利人的委托，因而暂时占有他人的财物；③代为保管是指接受他人委托或者根据事实上的管理而成立的对他人财物的持有与管理；④将代为保管理解为占有，即对物有事实上或法律上的支配状态。①

综合以上观点，学者们在这一问题认识上存在的根本分歧是"代为保管"是否必须基于所有人或占有人的委托（当然这里的委托是一种广义上的委托，包括但不限于基于委托关系形成的委托，基于留置、抵押、无因管理等也属于其范畴）。然而《刑法》第二百七十条第一款规定的"代为保管"，从语言表述的逻辑上来看是为了说明占有物的来源，一则该物为"他人财物"而非自己财物，二则取得对该物的控制具有合法的权利外观。至于是否必须基于所有人或占有人的委托并非该问题的核心，如果严格从字面解释，就把有些实际上也是合法持有他人财物而后占为己有的行为排除在侵占行为之外了，这不符合惩治侵占罪的立法精神。"代为保管"不是指财物所有人委托的目的，而是指行为人取得财物后对财物的合法管理的状态。在这种状态之下，将他人财物占为己有，拒不退还，即构成侵占。②所以从理论上讲，代为保管的外延可以包含事实上对他人财物的管理与控制。

（2）非法占为己有

《刑法》第二百七十条使用了"占为己有"而并未直接使用"占有"一词，但学者在对其进行理论分析时仍使用"占有"这一概念对该罪的相关问题进行理论上的阐述。

一般而言，把他主占有变为不法所有是侵占罪的本质特征，也是该罪区别于转移占有的盗窃、抢劫、诈骗等其他财产犯罪的关键所在。在分析"占有"这一概念时，很多学者都论及刑法上占有与民法上占有的区别。尽管学者力图摆脱民法概念的束缚，主张刑法上的占有更注重对财物的事实性支配，不同于民法上的占有；但在讨论具体问题的时候，还是会引用民法上占有制度的有关内容。③

可以说，侵占罪就是犯罪行为人改变占有事实而将他人财物加以不法领得的行为，本罪的成立，要求原财物所有人、占有人已经失去对该财物的控制权。所以，侵占罪中的非法占有即行为人主观上意图排除权利人而使自己以所有人自居，对财物依经济上的用途而予以使用、收益或处分，也即形成事实及法律上支配。不过，支配的意思不是个别的、具体的意思，特定场所的控制者对该场所内的财物存在概括的、抽象的支配意思。所有人的控制丧失以后，特定场所内的有关人员被认为有概括、抽象、持续的占有意思，占有、支配关系也在事实上存在。

（3）拒不退还、拒不交出

有学者根据实践中拒不交出的常见形态，将拒不退还、拒不交出概括为"公然型"和基于不法所有的"推定型"。所谓的"公然型"主要是指在口头或书面明确予以拒绝，"推定型"是指通过转移、隐匿、逃避等方式表现出拒不退还、拒不交出的行为。司法实践中，如果在认定拒不退还时排除推定的方法，将会造成行为人避免以直接的方式表示拒不退还的意思，无疑是在为犯罪分子提供逃避法律制裁的机会，其结果只能是对任何侵占犯罪行为都无法追究刑事责任。④尽管"公然型"和"推定型"两者在表现方式上有差异，但它们的实质则是相同的，即行为人具有非法占有他人财物的目的，拒不退还、拒不交出，以实现对财物的非法

① 参见肖中华，闵凯. 侵占罪中"代为保管的他人财物"之含义[J]. 法学家，2006（5）：71.
② 王作富. 略论侵占罪的几个问题[J]. 法学杂志，1998（1）：4.
③ 高国其. 论侵占罪中的占有与代为保管[J]. 政治与法律，2014（4）：45.
④ 臧东斌. 侵占罪中"拒不退还"的法律分析[J]. 郑州大学学报（哲学社会科学版），2005（4）：60.

侵占。

（4）非法占为己有与拒不退还、拒不交出之间的关系

关于非法占为己有与拒不退还、拒不交出之间是何种关系，理论上存在着分歧。有人认为两者是并列关系，非法占为己有强调占有行为，拒不退还、拒不交出关乎侵占结果。也有人认为二者是包容关系，非法占为己有与拒不退还、拒不交出相比，前者是主要的，能够包容后续的"拒不退还""拒不交出"，即持有人以所有人自居，对财物加以处分，这既表明了其非法占有持有物的意图，也说明了拒不退还、拒不交出事实的存在。换言之，能够判明是非法占为己有，就足以说明是拒不退还、拒不交出，有前者就一定有后者，后者处于从属地位。拒不退还、拒不交出不是侵占罪中构成要件客观方面的内容，而只是对非法占为己有的强调和进一步说明，是为确认、固定持有人非法占为己有的意图提供充足的依据。所以，从持有人将自己暂时持有的他人财物不法转变为自己所有之时，拒不退还、拒不交出的意思已经昭然若揭，没有必要再在司法上证明"拒不退还""拒不交出"情节的存在与否，这样能够适度减轻司法证明的负担，也可以克服证明上的一些难题。[①] 笔者觉得后者较为合理，但依包容关系的解释会导致刑法条文"拒不退还""拒不交出"的规定，事实上没有意义，这一表述就显得多余。所以，更宜认同两者之间是一种主从关系。

4. 本案中吴某构成侵占罪

首先在本案中，司机吴某受总经理指派，去某厂取回属于公司所有的钱款 100 万元，符合前述"代为保管的他人财物"统摄的范围。其次，吴某本身为专职司机，并无主管、管理或经手公司资金的职权，取回行为是基于偶然的临时性委托，继而形成了对该钱款事实上的支配。最后，吴某临时起意将其中 50 万元拿走，并用于偿还赌债、继续赌博和任意挥霍等，该种行为既表明其具有非法占为己有的目的，也说明了拒不退还、拒不交出事实的存在。故而，吴某的行为构成侵占罪。

五、结语

对于本案中吴某行为的定性存在着较大的争议，形成了前述多种意见。对争议罪名进行对比分析，能够更为清晰地界定司机吴某行为的性质。

首先，侵占罪与盗窃罪最大的区别在于是否转移占有，且该占有是指对物的事实上的支配，不仅包括物理意义上的支配，也包括社会观念上可以推知财物的支配人的状态。在本案中，司机吴某在将现金转交给财务人员之前，自己实际控制着该 100 万现金，是该 100 万现金的现实占有人而非占有辅助人。因为盗窃的对象须为他人之物或他人合法占有的自己所有之物，而不能是自己占有的财物。所以在本案中，吴某所取走的 50 万元钱款，为自己业已占有的财物，其不能成为吴某自己实施盗窃行为的对象，也即在本案中吴某不构成盗窃罪。

其次，挪用资金罪行为人的目的在于非法取得本单位资金的使用权，但并不企图永久非法占有，而是准备用后归还。如果行为人实施侵占行为后，对物进行了使之难以回复的处分行为，本身又无偿还能力且不积极履行归还义务，可以推定行为人主观上具有非法占有的目的和故意。本案中，吴某取走 50 万元钱款后，将钱款用以偿还赌债、继续赌博并将余款挥霍殆尽，在明知自己无力还款的情形下，选择自杀以逃避责任，由此可以推知吴某取走 50 万元

[①] 周光权. 侵占罪疑难问题研究[J]. 法学研究，2002（3）：139.

钱款的行为并非"挪作他用以待日后归还",而是意图非法占为己有,故而其行为不构成挪用资金罪。

再次,职务侵占罪是指公司、企业或者其他单位的人员,利用职务上的便利,将本单位财物非法占为己有,数额较大的行为。所谓"利用职务上的便利",是指行为人在实施犯罪时,利用自身的职权,或者利用自身因执行职务而获取的主管、管理、经手本单位财物的便利条件。也即构成职务侵占罪,必然要求行为人在非法占有本单位财产时,以其本人职务范围内的权限、职责为基础,利用其对本单位财产具有一定的主管、管理或者经手的职责,在实际支配、控制、处置本单位财物时实施非法占有行为。本案中,司机吴某受总经理指派去收取账款,然后驾车回到公司,总经理让财务人员去车内取。吴某趁财务人员将钱拿走之前从车内拿走 50 万。吴某作为公司总经理的司机,工作任务当然限定于按公司指示完成出车等任务,吴某基于总经理指派,是种临时性的委托,不具有职务性,只是临时去收取账款然后交给公司财务部门,在此过程中所形成的对金钱的占有,只是"过手"而非"经手";吴某所利用的便利,是工作上的便利而非职务上的便利,所以吴某的行为并不符合职务侵占罪的构成要件,吴某的行为不能认定为职务侵占罪。

最后,在本案中,司机吴某受总经理指派,去某厂取回属于公司所有的钱款 100 万元,符合侵占罪中"代为保管的他人财物"的范围。且吴某本身为公司总经理的专职司机,并无主管、管理或经手公司资金的职权,取回行为是基于偶然的临时性委托,继而形成了对该钱款事实上的支配。吴某临时起意将其中 50 万元拿走,并用于偿还赌债、继续赌博和任意挥霍等,该种行为既表明其具有非法占为己有的目的,也说明了拒不退还、拒不交出事实的存在。故而,吴某的行为构成职务侵占罪。

综上所述,司机吴某的行为构成侵占罪。

(撰稿人:贾浩强)

案例 15 寻衅滋事罪疑案

一、案情简介

2008 年 11 月 5 日晚 7 时许，犯罪嫌疑人王甲与王乙饮酒时谈起本市某土菜馆服务员张某让其表妹抽烟之事非常气愤，遂提议教训张某，王乙当即表示同意。当晚 9 时许，王甲、王乙及王甲纠集的余某、彭甲、彭乙一同前往该土菜馆。王甲先进入大堂高声喧闹，并上前击打刚用餐完毕下楼的顾客陈某脸部，将陈佩戴的眼镜打落在地，同行顾客吴某见状上前劝阻，亦被王甲打倒在地，导致吴某的手机被摔坏。此时，等候在外的王乙、余某、彭甲、彭乙冲入店内围殴陈某，王甲与王乙更是推搡、脚踢前来维持秩序的民警，引起群众围观。其间，王甲等 5 人还先后将该店内的电脑显示器、电子考勤钟、烟灰缸、对讲机等物品砸毁。经验伤，两名被害人虽未构成轻微伤，但财物损失共计价值人民币 1180 元，土菜馆财物毁损共计价值人民币 2120 元。

二、争议问题

对王甲、王乙、余某、彭甲、彭乙的行为是否均构成寻衅滋事罪及具体适用法定情形存在以下不同的观点：

第一种观点认为，王甲等 5 人的行为均构成寻衅滋事罪，理由是：王甲等人至土菜馆打人、毁物的起因仅是该饭馆服务员张某让王甲表妹抽烟，且被殴对象不是事先商定的张某，而是其他用餐顾客，反映了王甲等人主观上具有殴打他人的随意性，均构成寻衅滋事罪。但在具体适用寻衅滋事罪法定情形上存有不同意见：一种意见认为，王甲等人既实施了随意殴打他人的行为，又实施了毁损财物的行为，两种行为同时发生是一个整体，可视为一个行为，故被害人财产损失数额可相加计算。王甲等人随意殴打他人的行为，造成包括两被害人及土菜馆财物损失合计价值人民币 3300 元，属于情节严重。为此，本案应适用《刑法》第二百九十三条第一、三项，即随意殴打他人，情节恶劣；任意毁损公私财物，情节严重。另一种意见认为，根据王甲等人预谋的内容看，行为人事先商议去土菜馆的目的是殴打张某，在未找到张的情况下，则以其他人员为殴打对象，而毁损财物系行为人临时起意所为。因此，本案中王甲等人殴打他人的行为系主要行为，应适用《刑法》第二百九十三条第一项，即随意殴打他人，情节恶劣。至于"情节恶劣"属何种情形，一种观点认为，王甲等人主观上有聚众意图，客观上实施了聚众殴打行为，应属"聚众殴打他人"的恶劣情形；另一种观点认为，被害人及土菜馆财物损失均因王甲等人殴打行为所致，不能予以割裂，属"造成直接经济损失数额在 3000 元以上"的恶劣情形。

第二种观点认为，王甲、王乙的行为构成寻衅滋事罪，余某、彭甲、彭乙的行为不构成犯罪。理由是：本案中王甲、王乙系酒后聚众随意殴打他人，土菜馆内财物也主要由王甲毁坏，其与王乙又有推搡、脚踢执勤民警的行为，故二人行为属于"聚众、持械殴打他人"的恶劣情形，构成寻衅滋事罪。余某、彭甲、彭乙虽参与殴打他人，但三人参与程度较轻，可认定为情节显著轻微、危害不大，不认为是犯罪。

第三种观点认为，王甲的行为构成寻衅滋事罪，王乙、余某、彭甲、彭乙的行为均不构成犯罪。理由是：寻衅滋事罪中的"聚众殴打他人"，应专指殴打他人这一行为的组织者、策划者。在本案中，王甲系作案的组织者、实行者，其行为构成寻衅滋事罪，应属于"聚众、持械殴打他人"的恶劣情形；其余四人虽参与作案，但均系被纠集者、尾随者，故均不构成犯罪。

三、相关法条

《中华人民共和国刑法（2020 年修正）》

第二百九十三条　【寻衅滋事罪】有下列寻衅滋事行为之一，破坏社会秩序的，处五年以下有期徒刑、拘役或者管制：

（一）随意殴打他人，情节恶劣的；

（二）追逐、拦截、辱骂、恐吓他人，情节恶劣的；

（三）强拿硬要或者任意损毁、占用公私财物，情节严重的；

（四）在公共场所起哄闹事，造成公共场所秩序严重混乱的。

纠集他人多次实施前款行为，严重破坏社会秩序的，处五年以上十年以下有期徒刑，可以并处罚金。

《最高人民法院、最高人民检察院关于办理寻衅滋事刑事案件适用法律若干问题的解释》法释〔2013〕18 号

第一条　行为人为寻求刺激、发泄情绪、逞强耍横等，无事生非，实施刑法第二百九十三条规定的行为的，应当认定为"寻衅滋事"。

行为人因日常生活中的偶发矛盾纠纷，借故生非，实施刑法第二百九十三条规定的行为的，应当认定为"寻衅滋事"，但矛盾系由被害人故意引发或者被害人对矛盾激化负有主要责任的除外。

行为人因婚恋、家庭、邻里、债务等纠纷，实施殴打、辱骂、恐吓他人或者损毁、占用他人财物等行为的，一般不认定为"寻衅滋事"，但经有关部门批评制止或者处理处罚后，继续实施前列行为，破坏社会秩序的除外。

第二条　随意殴打他人，破坏社会秩序，具有下列情形之一的，应当认定为刑法第二百九十三条第一款第一项规定的"情节恶劣"：

（一）致一人以上轻伤或者二人以上轻微伤的；

（二）引起他人精神失常、自杀等严重后果的；

（三）多次随意殴打他人的；

（四）持凶器随意殴打他人的；

（五）随意殴打精神病人、残疾人、流浪乞讨人员、老年人、孕妇、未成年人，造成恶劣社会影响的；

（六）在公共场所随意殴打他人，造成公共场所秩序严重混乱的；

（七）其他情节恶劣的情形。

第三条　追逐、拦截、辱骂、恐吓他人，破坏社会秩序，具有下列情形之一的，应当认

定为刑法第二百九十三条第一款第二项规定的"情节恶劣":

（一）多次追逐、拦截、辱骂、恐吓他人，造成恶劣社会影响的；

（二）持凶器追逐、拦截、辱骂、恐吓他人的；

（三）追逐、拦截、辱骂、恐吓精神病人、残疾人、流浪乞讨人员、老年人、孕妇、未成年人，造成恶劣社会影响的；

（四）引起他人精神失常、自杀等严重后果的；

（五）严重影响他人的工作、生活、生产、经营的；

（六）其他情节恶劣的情形。

第四条　强拿硬要或者任意损毁、占用公私财物，破坏社会秩序，具有下列情形之一的，应当认定为刑法第二百九十三条第一款第三项规定的"情节严重"：

（一）强拿硬要公私财物价值一千元以上，或者任意损毁、占用公私财物价值二千元以上的；

（二）多次强拿硬要或者任意损毁、占用公私财物，造成恶劣社会影响的；

（三）强拿硬要或者任意损毁、占用精神病人、残疾人、流浪乞讨人员、老年人、孕妇、未成年人的财物，造成恶劣社会影响的；

（四）引起他人精神失常、自杀等严重后果的；

（五）严重影响他人的工作、生活、生产、经营的；

（六）其他情节严重的情形。

四、学理分析

对于本案而言，认定为寻衅滋事罪应该不存在什么争议，甚至于在上述分歧意见中，对于情节的认定也因 2013 年 7 月 15 日最高人民法院、最高人民检察院《关于办理寻衅滋事刑事案件适用法律若干问题的解释》（以下简称《解释》）的公布，而变得标准明确、认定简单。但是这并没有从根本上使得寻衅滋事罪走出困境，在司法实践中对于本罪认识把握不精准和滥用的情况仍然大量存在。究其本质，既存在观念上的误区，又有着大量不当的实践操作；既存在着基于实质正义与形式正义分歧下的罪与非罪之界分，又存在着多种行为样态下对此罪与彼罪之准确认定的困惑。

（一）如何理解"社会秩序"和"公共秩序"

从立法的安排上看，《中华人民共和国刑法》（以下简称《刑法》）将寻衅滋事罪规定在《刑法》分则第六章"妨害社会管理秩序罪"的第一节"扰乱公共秩序罪"中；同时《刑法》第二百九十三条规定，"破坏社会秩序"的行为才成立寻衅滋事罪。表明立法者所希望达到的立法目的就是通过设置寻衅滋事罪，来保护社会秩序或者公共秩序，同时兼顾保护公民的人身权利以及财产权利。这是立法者的价值判断，同时也是区分此罪与彼罪的核心标准。[①]因此，从犯罪分类角度而言，本罪的认定与准确定位"公共秩序"和"社会秩序"有着天然的内在联系；结合本案例来看，土菜馆是否属于公共场所？在此打人毁物的行为是否属于扰乱社会秩序？这就有必要对"公共秩序"和"社会秩序"进行界定。

---

① 刘红艳. 随意殴打型寻衅滋事罪研究[J]. 中国刑事法杂志，2014（7）：43.

应当指出，在力求精准的法律条文中使用"公共秩序"和"社会秩序"这样的概念很容易造成语义含混，并进而导致司法认定的不准确，这也为本罪在无形之中扩大为"口袋罪"提供了内倾动力。有学者指出，表面上看，寻衅滋事罪的目的在于保护公共秩序或社会秩序。然而，无论是公共秩序或是社会秩序都是非常抽象的概念，将寻衅滋事罪的法益界定为公共秩序或者社会秩序，不仅不利于指导本罪的构成要件的解释，而且也有损于罪刑法定原则的贯彻。[①]就"社会秩序"而言，其范围过于宽泛。在我国《刑法》第二条刑法的任务中曾使用过"社会秩序"一词，其含义应当包括刑法分则第二章危害公共安全罪和第六章妨害社会管理秩序罪的全部内容。[②]即便将本罪的限定范围进一步明确为"公共秩序"，但是"公共秩序"和"社会秩序"二者的逻辑关系到底如何，在概念的外延和内涵上如何界分开二者，仍然诚非易事。更为纠结的是，"公共秩序"本身也是个不甚准确的限定词，对其理解也存在分歧。

第一种观点认为，"公共秩序"就是"公共场所秩序"。一般认为，公共场所就是指社会公众聚集在一起进行公众性活动的场所，如车站、码头、机场、商场、公园、影剧院、展览会、运动场馆，等等，这些地方人员相对比较集中，社会活动比较频繁。为了准确认定某场所是否属于公共场所，一般应注意考察两个因素：一是地点的因素，即公共场所是社会公众共同进行活动的场所；二是人群的因素，即公共场所是人群聚集的地方。只有这两个因素同时具备，才能被称为公共场所。例如散场后的影剧院空无一人，缺少了人群的因素，就不能称之为公共场所。因此，持社会秩序说的学者认为，本罪所保护的法益应是涵括了公共场所秩序的广义社会秩序。[③]公共场所秩序从属于社会秩序，是社会秩序的一种特殊表现形式，侵害公共场所秩序的行为必然会侵害社会秩序。

第二种观点认为，公共秩序是指根据法律和社会公德确立的公共生活规则所维持的社会正常秩序，包括"公共场所秩序"和"非公共场所秩序"。正如有学者指出，公共秩序一般表现为公共场所的秩序，但不是所有的寻衅滋事行为均要发生在公共场所。刑法对寻衅滋事罪规定也只在第四项明确规定"在公共场所"，在其余三项并未明确规定，所以寻衅滋事罪并不要求必须是侵犯公共场所的秩序。[④]这里的"非公共场所秩序"主要是为了填补这样的空白：公众的活动场所不仅包括人员集中、公众活动频繁的地方，还应包括人员分散、人们活动不多和不经常活动的地方，如小街、荒郊等，人们同样也可以在这样的地方从事生产、工作、休息等活动，进行自由往来。但是这样的场所既不属私人所有，也不完全符合一般观念中公共场所的概念，如果不将之纳入保护之列，很可能导致轻纵犯罪。例如某甲在农贸市场强行索要郊区瓜农某乙的西瓜未果，遂尾随某乙，在其回家的小路上拦截殴打某乙，并打砸运输车辆及尚未卖完的西瓜。这种情形如果机械套用观点一的标准，就很难认定为寻衅滋事罪，应视具体损害结果认定为故意伤害或故意毁损财物罪，或者就是尚不构成犯罪。而如果依据观点二，则可认定属于寻衅滋事案件，但却发生在非公共场所。

因此，比较而言，是否属于公共场所并不是准确界定公共秩序的关键，本罪所指向的客体是人们因为遵守共同生活规则所形成的有条不紊的秩序状态。尽管这样的表述仍不可避免地带来语义含混、指向不明的缺点，但却对合理解释本罪罪状所列的四种情形的逻辑关系有所裨益，同时这样的表述对于关于网络寻衅滋事行为的司法解释提供了合理的依据。

① 江海洋. 寻衅滋事罪法益新解——以随意殴打型寻衅滋事为视角[J]. 法治社会，2021（1）：79.
② 张维. 寻衅滋事罪问题研究[D]. 长春：吉林大学，2012：21.
③ 陈兴良主编. 刑法各论精释（下）[M]. 北京：人民法院出版社，2015：986-987.
④ 孟庆华. 寻衅滋事罪的理论与实践[M]. 北京：人民出版社，2014：56.

于前者而言，在本罪所列的四种情形中，第四种情形特别指出："在公共场所起哄闹事，造成公共场所秩序严重混乱的。"这里明确强调"在公共场所""起哄闹事"，前者是强调空间位置，后者是强调行为样态，两者其实共同指向"造成公共场所秩序严重混乱的"结果。从根本而言，"结果"才是最具备区分意义的标准。但是，针对第四种情形对"在公共场所"的特别强调，也可以推知，对于其他三种情形来说，就既可以在公共场所，也可以在非公共场所，否则在逻辑关系上，就没有必要在第四种情形中对其加以特别强调。进而言之，在第四种情形中特别指出的"在公共场所起哄闹事"仅仅是特别强调的条件，毕竟与前三者对比而言，第四种情形的侧重点在于后者，即"造成公共场所秩序严重混乱的"结果。而且如果去掉前述特别强调的条件，比如在"非公共场所"，想要达到"造成公共场所秩序严重混乱的"结果是很难想象的，在情理上和逻辑上都很难说得通。因此，将寻衅滋事罪认定为必然发生在公共场所，是毫无根据的。

于后者而言，网络寻衅滋事是社会现实中的寻衅滋事行为在网络领域的延伸，经最高人民法院、最高人民检察院于 2013 年 5 月 6 日发布的《关于办理利用信息网络实施诽谤等刑事案件适用法律若干问题的解释》确认为一种新的行为方式。该解释第五条规定了网络寻衅滋事行为的表现方式："利用信息网络辱骂、恐吓他人，情节恶劣，破坏社会秩序的，依照《刑法》第二百九十三条第一款第（二）项的规定，以寻衅滋事罪定罪处罚。编造虚假信息，或者明知是编造的虚假信息，在信息网络上散布，或者组织、指使人员在信息网络上散布，起哄闹事，造成公共秩序严重混乱的，依照《刑法》第二百九十三条第一款第（四）项的规定，以寻衅滋事罪定罪处罚。"由此可见，网络寻衅滋事行为侵犯的客体仍然是基于网络共同生活规则所形成的秩序状态，只不过行为的发生场所和环境由现实转向了网络，但是其行为所导致的结果还是真实地存在于现实生活中。"两高"就该司法解释答记者问中"网络空间属于公共空间，网络秩序也是社会公共秩序的重要组成部分。随着信息技术的快速发展，信息网络与人们的现实生活已经融为一体，密不可分"的说法也表明，司法机关认为网上与网下的寻衅滋事并无实质区别。

（二）本罪是否必须有超过的主观要素

在本案例中，王甲、王乙等人随意殴打他人、任意毁损财物的行为不难认定，但是对于"随意""任意"的理解却颇有分歧，比如本案中王甲等人本拟教训张某，后发展成为在土菜馆内殴打无辜顾客陈某、吴某，并打砸毁损土菜馆财物，此时的主观心态是否完全可以由故意所涵盖？是否可将其视之为"流氓动机"？认定本罪时是否需要具备动机？

从该法条的原文表述来看："有下列寻衅滋事行为之一，破坏社会秩序的，处 5 年以下有期徒刑、拘役或者管制：随意殴打他人，情节恶劣的；追逐、拦截、辱骂、恐吓他人，情节恶劣的；强拿硬要或者任意毁损、占用公私财物，情节严重的；在公共场所起哄闹事，造成公共场所秩序严重混乱的。纠集他人多次实施前款行为，严重破坏社会秩序的，处 5 年以上10 年以下有期徒刑，可以并处罚金。"

由此可见，所谓四种情形从单个表述来看，都仅仅只是一种行为模式，若干种行为模式被统称为寻衅滋事，因此一般而言，我们并不能直观地理解寻衅滋事这一概念，而是要通过对这一概念子概念的分化组合来理解某一行为是否构成寻衅滋事行为。很显然这种罗列式的条文表述方式最大的弊端在于难免挂一漏万，且在应对新情况、新问题时灵活程度欠缺，这才是该法条表述用语模糊的原因所在，也是在全面和精准的两难取舍中的妥协之举。

　　其实，《刑法》第二百九十三条所规定的四种行为，在其他国家也基本上都是犯罪，只不过成立其他具体犯罪。例如，随意殴打他人的，在其他国家成立暴行罪；追逐、拦截、辱骂他人的，在其他国家会分别成立暴行、非法拘禁、侮辱等罪；强拿硬要或者任意损毁、占用公私财物的，在其他国家会分别成立敲诈勒索、故意毁坏财物、盗窃等罪；在公共场所起哄闹事，造成公共秩序严重混乱的，在其他国家也会视具体情形成立相关的具体犯罪。①

　　当我们没有将本罪的若干情形直接明确地规定为相关犯罪，而是以寻衅滋事罪统而言之时，我们是以什么样的标准区分本罪与相关犯罪的呢？也就是说，在客观行为表现几乎没有什么区别的情况下，本罪是否需要出于特定目的？换言之，本罪是否在故意之外另要求特定的主观要素？

　　首先，寻衅滋事罪的罪过形式应包含直接故意与间接故意。从《刑法》总则性条款中对于犯罪故意的界定来看，认定寻衅滋事罪的主观方面为直接故意，不存在争议，如有学者界定为："本罪在主观方面是故意，即明知自己的行为会发生破坏社会秩序的后果，而积极希望并促使这种结果发生。"②很明显均符合认识因素上的"明知"与意志因素上的"希望"。但对于本罪是否包含间接故意有所争议，笔者认为，从本罪法条表述中的"随意""任意"等字眼来看，符合间接故意的主要特点——放任。"随意殴打他人"表明行为人对殴打他人危害结果的发生所持的"放任"态度，即无论发生多重多轻的伤害都不违背行为人的主观意愿，这明显带有"听之任之"和"无所谓"的间接故意特点。③而"任意毁损公私财物"意味着无论他人怎样劝说、阻止，行为人都会以自己固有的想法来"毁损公私财物"，"毁损公私财物"的程度轻重、数额大小等因素均在所不问。这同样也反映出间接故意的特征。

　　其次，对于寻衅滋事罪是否需具备犯罪目的存在肯定说与否定说，前者主张本罪需具有寻求精神刺激的目的，④并且认为，该目的通过随意殴打等客观行为来表现，并非是主观上的超过要素，从司法实践来看，若忽略本罪的主观上的特殊性，就否定了该罪存在的独立价值。⑤后者认为本罪从流氓罪发展而来，而流氓罪不仅强调主观上的故意，更要求具备流氓动机，从思维习惯而言可谓一脉相承，但这种描述在帮助理解本罪本质的同时也有误导之嫌。笔者认为，从刑法条文原文看，并没有要求本罪要出于何种目的、动机，只要行为人存在主观故意，客观行为符合罪行的描述，就可以构成本罪。在主观方面无特殊规定的情况下，突出强调犯罪目的，很容易陷入主观归罪，有违主客观相统一原则。

　　最后，关于寻衅滋事罪的犯罪动机存在"流氓动机说""刺激说（寻求精神刺激）"和"藐视说（公然藐视社会）"三种观点。关于流氓动机，当流氓罪业已被废止之后，在一个新罪名中还要求具备"流氓动机"（尽管这一新罪名确由流氓罪演化而来），总给人"新瓶装旧酒"的感觉。寻求精神刺激也不应成为本罪的主观要素，因为行为是否侵犯了公共秩序与他人的身体安全、行动自由、名誉以及财产，并不取决于行为人在主观上有无该动机，而且并非所有的寻衅滋事行为都是为了追求精神刺激，这种说法具有极大的片面性。⑥公然藐视社会所要藐视的对象在范围上概括得太广，如将"社会主流文化所确定的人与人之间日常交往所必须

　　① 张明楷. 寻衅滋事罪探究（上篇）[J]. 政治与法律，2008（1）：88.
　　② 周光权. 刑法各论[M]. 北京：中国人民大学出版社，2008：375.
　　③ 孟庆华. 寻衅滋事罪的理论与实践[M]. 北京：人民出版社，2014：101.
　　④ 陈兴良. 规范刑法学[M]. 北京：中国政法大学出版社，2003：555.
　　⑤ 张学军. 《民间纠纷引发的寻衅滋事案件主观方面的司法认定》. 江苏法院网，2012-8-14：7.
　　⑥ 孟庆华. 寻衅滋事罪的理论与实践[M]. 北京：人民出版社，2014：110-113.

遵循的行为规范"作为本罪的主观要件，其实并未指明是否属于故意或者过失的罪过，因而对于确定本罪的主观方面不具可取性。

据此，笔者认为，本罪的罪过形式可以是直接故意，也可以是间接故意，这是成立本罪的必备构成要件，至于犯罪目的属于选择构成要件，但在本罪中并没有被法定化，而犯罪动机只能作为量刑情节供参考。从本案案情表述来看，王甲等人本拟教训张某，后发展成为在土菜馆内殴打无辜顾客陈某、吴某，并打砸毁损土菜馆财物，这种随意找人撒气、任意打砸他人财物很明显符合间接故意的特征，但从中很难看出行为人具有挑战社会道德和法制、挑战公共秩序的特定目的，以及寻求精神刺激和公然蔑视社会的犯罪动机。而且对于后两者本身也不是认定本罪的必要要素，只要结合王甲等人的行为表现，可以确定为故意，即可完成对本罪主观层面的判断。

（三）综合评价还是具体评价

《刑法》第二百九十三条共规定了四种行为类型，①但在现实生活中，行为人可能同时实施了两种或两种以上的行为，比如在本案例中，王甲、王乙等人既有随意殴打他人的行为，也有任意毁损财物的行为。随着 2013 年 7 月 15 日最高人民法院、最高人民检察院（以下简称"两高"）《关于办理寻衅滋事刑事案件适用法律若干问题的解释》的公布，对于每一种行为类型"情节"的把握已经有了相对明确的标准，那么如果出现了类似本案中多个行为类型并存的现象，是应该予以单独评价还是综合评价，这是司法实践上经常遇到因而需要展开讨论的问题。

对于一个分则条文规定多种具体行为类型的情形，有的可以进行综合评价，而有的则不能进行综合评价，这要结合条文的具体表述区别对待。《刑法》第二百九十三条规定的四种行为类型，可谓完整的犯罪类型，换言之，其规定的每一行为类型都是一个完整的罪状。从本罪条文表述来看，"有下列寻衅滋事行为之一，破坏社会秩序的，……"，其下罗列了四种行为类型，这是一种典型的总分式表述结构，要求在符合总体条件的情况下，只要可以明确符合下属行为类型之一，即可认定成立该罪。反之，倘若行为人同时实施了若干种行为，但对其中任何一种行为的评价都达不到情节严重或情节恶劣的标准，则不能认定为本罪。例如，行为人随意殴打甲但没有造成任何伤害，辱骂乙一次且情节轻微，强拿硬要丙的一个水果，在公共场所闹事但没有造成公共秩序的严重混乱。显然，上述行为不符合《刑法》第二百九十三条的任何一项罪状，因而不可能成立寻衅滋事罪。

对于上述破坏社会秩序的行为，尽管严格按照罪刑法定原则并不符合寻衅滋事罪的犯罪构成，但司法机关往往会从维护社会成员感情的目的出发，心存解决有罪不能罚问题的冲动，在实现刑法的形式正义与实质正义之间，往往会偏向后者。②这往往容易导致本罪的滥用，成为本罪向新口袋罪迈进而招致口诛笔伐的原因所在。

那么，能否在严格遵守罪刑法定原则的基础之上，通过规范评价实现有罪认定呢？也就是说当行为人实施了《刑法》第二百九十三条所列举的多项行为，虽然各项行为本身并未达到情节恶劣、情节严重等要求，但经过规范评价，可以认定行为人达到了其中一项要求时，

---

① 关于网络寻衅滋事行为是否可以单列为一种行为类型尚存在争议，就最高人民法院、最高人民检察院于 2013 年 5 月 6 日发布的《关于办理利用信息网络实施诽谤等刑事案件适用法律若干问题的解释》的答记者问来看，倾向于认定为四种行为类型的网络化表现形态，而并未明确认可为一种新的行为方式。

② 王霖. 寻衅滋事罪司法适用的限定——以最高法相关司法解释为视角[J]. 云南警官学院学报，2014（2）：94.

仍然可以认定为寻衅滋事罪。这里的规范评价的操作模式，实际是在平行的四种行为类型中，通过不同类型之间所具备的涵盖关系而进行的转换评价。比如，对于使用轻微暴力的强拿硬要行为，尽管它可能达不到司法解释所提供的"情节严重"的标准，但是如果其强拿硬要行为中的轻微暴力导致了"随意殴打他人"之"情节恶劣"的标准之一，则完全可以评价为随意殴打他人。因为使用轻微暴力强拿硬要，不仅侵犯了他人身体安全，而且侵犯了他人财物。将其评价为殴打他人，并没有重复评价，相反没有评价其侵犯财产部分。这是对行为人有利的一种评价。所以，以"随意殴打他人，情节恶劣"来认定其构成寻衅滋事罪并不违反罪刑法定原则。

应当指出，转换评价必须是符合罪刑法定原则的规范评价，必须做到在四个平行的行为类型中的转换评价认定要有据可查，即当事人的行为确实符合对应评价类型中"情节恶劣""情节严重"的标准，而不能凭空捏造，或者任意转换，否则，很可能使得本罪在认定上更加混乱不堪。因此，如果行为人的若干行为的确不具备转换评价的可能性，就应该认定其不符合《刑法》第二百九十三条的任何一项规定，不成立寻衅滋事罪。

显然，这种评价模式与修订前的《刑法》中对流氓罪的评价模式有所不同，在流氓罪笼统的概括中，并没有对行为类型进行细化，而是综合地、整体性地进行评价。这样就很容易出现若干个行为的累加，可能将若干个破坏社会秩序的违法行为叠加为犯罪行为，实现量变到质变的飞跃，从而认定具有严重的社会危害性，进而以犯罪论处。

现行《刑法》将寻衅滋事具体化为不同的行为类型后，法官不得离开具体类型中的具体要素进行整体判断，而只能进行具体判断。具体判断的结局就是是否构成本罪只能依据罪刑法定原则进行单项逐一认定，而不可累加。这就使得一些"大错不犯，小错不断"的行为人不能以犯罪论处，当人们习惯于认为现行《刑法》第二百九十三条的规定导致对此类行为人的放纵，因而存在缺陷之时，罪刑法定原则的光芒正在这些看似缺陷之处熠熠生辉。罪刑法定主义原本就意味着部分值得科处刑罚的行为因为缺乏法律明文规定而不成立犯罪。换言之，这种所谓的"缺陷"正是贯彻罪刑法定主义进而实现刑法的人权保障机能的必要代价。[①]

以本案案情对这种评价模式加以验证，就是要对王甲、王乙等人的随意殴打他人的行为和任意毁损财物的行为进行分别评价。依据2013年7月15日"两高"《解释》的相关规定，王甲等人是因为日常生活中的偶发矛盾纠纷，即土菜馆服务员张某强迫王甲的表妹抽烟一事，借故生非、发泄情绪，实施了《刑法》第二百九十三条规定的行为，应当认定为"寻衅滋事"。从具体实施的行为来看，既有随意殴打他人的行为（本拟教训张某，后发展成为在土菜馆内殴打无辜顾客陈某、吴某），又有任意毁损公私财物的行为（造成两被害人财物损失共计价值人民币1180元，土菜馆财物毁损共计价值人民币2120元）。

按照《解释》的第二条来看，王甲等人的随意殴打行为并未达到"情节恶劣"的七项标准中的任何一个，最可能接近的标准有二：致1人以上轻伤或者2人以上轻微伤和在公共场所随意殴打他人，造成公共场所秩序严重混乱。从案情表述来看，均不符合："经验伤，两名被害人均未构成轻微伤"可以直接否定标准一，从土菜馆的营业秩序来看，也并未达到"严重混乱"的程度。也有观点可能会将"王甲与王乙更是推搡、脚踢前来维持秩序的民警，引起群众围观"作为评价对象，笔者认为，认定行为是否达到随意殴打他人的"情节恶劣"标准，应该以《解释》的明文规定为限，如没有达到则不应该因警察身份带来的主观倾向而进

① 张明楷. 寻衅滋事罪探究（上篇）[J]. 政治与法律，2008（1）：93.

行任意评价。

按照《解释》的第四条来看，王甲等人任意毁损公私财物的行为共有两项，两被害人的财物损失共计价值人民币 1180 元，土菜馆财物毁损共计价值人民币 2120 元。从《解释》的第四条关于"情节严重"的认定标准第一项来看：强拿硬要公私财物价值 1000 元以上，或者任意损毁、占用公私财物价值 2000 元以上。单从土菜馆的损失状况（2120 元）来看，已经达到了情节严重的标准，据此认定构成寻衅滋事罪已经没有疑问。问题是如果土菜馆的损失并未达到 2000 元，但是当将其和两被害人的财物损失数额累加后超过了 2000 元这一标准时，可否进行累加，并据此而认定构成寻衅滋事罪？笔者认为，在这种情况下，应该可以累计计算，这不同于前述所指的综合评价，而是就同一完整罪状的具体评价，从根本上而言，它还是基于同一行为所造成的不同对象的财产损失，如同盗窃罪对于多次盗窃数额进行累加计算一样，此时的任意毁损、占用公私财物的数额也应该累加，否则不能全面反映同一行为所造成的法益侵害程度。

另外结合本案案情来看，本案中并不存在可以转换评价的条件，王甲等人所实施的两种行为类型之间并不存在可以涵盖的关系，因此应该严格按照罪刑法定原则的要求，仅以任意毁损、占有公私财物已达到"情节严重"为准，认定构成寻衅滋事罪。

（四）寻衅滋事罪中的共犯责任认定

本案中的分歧观点还主要集中在对王甲、王乙等五人的责任认定上，对于王甲认定为寻衅滋事罪当无异议，对于附随参加的余某、彭甲与彭乙以情节显著轻微、危害不大，而不必认定为犯罪也基本达成一致意见，分歧意见二和意见三的主要区别在于对于王乙的认定上。

近现代以来，犯罪论体系的争论渐趋明朗化，[①]每一种体系中规范的构成要件要素都渐趋明确，无疑非常有利于罪名的确定和责任的追究。然而在进行规范的构成要件要素选择时，各理论所选择的样本都是单个犯罪人个体实施的行为事实，这是刑法评价关系的最基本结构样态。然而现实生活中存在的犯罪行为不可能如设计者所愿仅由单个个体实施，往往交织着复杂的犯罪参与形态，因此共犯理论一直是刑法理论中的一个疑难问题。

就本罪而言，要想厘清共同寻衅滋事行为的责任分配，实际上就是依据共犯人分类标准理论，明确各共犯人的主犯或从犯地位，从而进一步明确责任认定。《刑法》第二十六条第一款规定：组织、领导犯罪集团进行犯罪活动的或者在共同犯罪中起主要作用的，是主犯。从本案来看，王甲所纠集的其他四人均为临时召集，而犯罪集团一般要求组织更严密，成员固定或基本固定，因此不能认为王甲等五人组建了犯罪集团，也就不能认定王甲等是犯罪集团的首要分子，最终指向的是王甲等人不是组织、领导犯罪集团进行犯罪活动的主犯，而只是普通共同犯罪中的犯罪分子。至于是否可以认为在普通共同犯罪中对共同犯罪的形成、实施与完成起决定或者重要作用而成为主犯，则一方面要分析犯罪分子实施了哪些具体犯罪行为，对结果的发生起什么作用，另一方面还要分析犯罪分子对其他共犯人的支配作用。[②]

回归到本案，王甲是整个寻衅滋事行为的发起者、组织者和主要实施者，认定为主犯不存在多大争议，而对于王乙是属于主犯还是从犯则有较大分歧。从案情表述来看，王甲邀约

---

① 张明楷教授将这种趋势归纳为：从一元体系到多元体系，从单纯批判到相互借鉴，从纯粹说理到解决问题，从形式表达到实质内容。参见张明楷. 犯罪构成体系与构成要件要素[M]. 北京：北京大学出版社，2010：3-32.

② 张明楷. 刑法学（第五版）[M]. 北京：法律出版社，2016：451.

王乙在前，纠集余某、彭甲与彭乙在后，但是在时间上均发生于实施寻衅滋事行为之前。在随意殴打他人和任意毁损财物行为的行动中，是王甲率先进入土菜馆内实施上述行为，王乙与其余三人均等候在外，随后一起进入店内围殴陈某，打砸毁损店内财物。如果说王乙与其余三人在行为表现上有何不同之处，案情表述中唯一的差别在于王乙曾与王甲一起推搡、脚踢前来维持秩序的民警，引起群众围观，而余某等其他三人则没有此情节。但是单从该情节来看，它不符合寻衅滋事罪的四种行为类型中的任何一项。因此按照严格意义上的罪刑法定原则的要求，在可纳入刑法评价的行为表现来看，王乙与余某等其余三人并无本质差别，应同等评价。即在结论上与第三种观点相一致：王甲的行为构成寻衅滋事罪，王乙、余某、彭甲、彭乙的行为均不构成犯罪。但是本书对于第三种观点中认定王乙不构成犯罪的原因并不赞同，第三种观点据以认为王乙不构成犯罪的缘由在于"聚众殴打他人"应专指殴打他人这一行为的组织者、策划者，显然本案中这一角色应是王甲而不是王乙，遵照《刑法》分则对于聚众犯罪只处罚首要分子的规定，据此认定王乙不构成犯罪，对此笔者有不同的认识。

　　根据《刑法》第九十七条规定，首要分子分为两类：一是犯罪集团中的首要分子，二是聚众犯罪中的首要分子。如前所述，既然不能认为王甲等五人组建了犯罪集团，那么王甲等是否属于聚众犯罪中的首要分子呢？结合《刑法》第二百九十三条第二款规定来看：纠集他人多次实施前款行为，严重破坏社会秩序的，处五年以上十年以下有期徒刑，可以并处罚金。显然相较于第一款，这是对加重情节的加重处罚，而且在《解释》的第六条进一步明确了标准：纠集他人3次以上实施寻衅滋事犯罪，未经处理的，应当依照《刑法》第二百九十三条第二款的规定处罚。但是，这里的"纠集他人"是否与聚众犯罪中的"聚众"内涵一致尚有待商榷，一般而言，聚众的情况下，参与者往往处于随时增多或减少的状态。而结合本案案例来看，王甲等五人在实施整个行为过程中并不具备这种人员变动的随意性。因此能否以刑法分则中对于聚众犯罪首要分子的处罚规定来适用于纠集他人实施寻衅滋事的行为尚存疑。

　　退一步而言，首要分子与主犯也并非完全对应或者等同的概念，既然王甲等五人不构成犯罪集团，那就无从认定谁是犯罪集团的首要分子，既然纠集他人实施寻衅滋事是否属于聚众犯罪也不能确定，同样无须认定谁是聚众犯罪的首要分子。换句话说，以首要分子的标准来界定本案中各行为人的身份地位是不准确的，更切合实际的方法是以主犯、从犯的标准来界定。即要根据行为人在共同犯罪中所处的地位、对共同故意形成的作用、实际参与的程度、具体行为的样态、对结果所起的作用等进行具体分析，判断其在共同犯罪中起主要、决定作用还是次要或辅助作用。因此，从王乙的行为表现来看，认定为从犯更为切合实际。根据《刑法》第二十七条第二款规定，对于从犯，应当从轻、减轻处罚后者免除处罚。即刑法对从犯采取的是必减原则。综合全部案情来看，认定王乙属于从犯，且参与程度较轻，情节显著轻微，危害结果不大，予以免除处罚是适当的。

　　在共犯责任认定中，还可能涉及实行过限问题。一般认为，在认识因素上，"共同犯罪故意的认识因素是指行为人对自己实施的危害社会行为的性质、侵犯的客体、将会造成的危害后果，以及行为与结果之间的因果关系等都必须有明确的认识"。[①]如果共同犯罪人对于共同行为明确约定只限于实施寻衅滋事行为，且所实施的行为确已符合本罪的认定标准，则应在明确约定的共同故意范围内成立本罪的共犯。如有共同犯罪人实行过限，根据主客观相统一原则和罪责自负原则，过限行为已经超出了预先协同的共同故意的内容，只能由实行该行为

---

① 刘芳，单民，沈宏伟编著. 刑法适用疑难问题[M]. 北京：法律出版社，2004：160.

的人承担刑事责任，其他的共犯不承担责任。但是现实生活中更多的状况是共同犯罪人在事前并没有明确约定故意内容，此时的实行过限则较为复杂，如果其他共犯人事前不知情、现场不参与则不应对过限造成的结果承担责任，但是如果事前知晓其他共犯人将要实施过限行为且明知过限行为将造成怎么样的危害后果，而只是自己不参与，放任他人实施，此时则应对该过限行为承担责任。当然，如果行为人参与了他人的实行过限行为，则已经表明就该过限行为达成了新的合意，成了共犯行为，那么显然应当就此承担责任。

（五）本案行为类型的司法判断

寻衅滋事罪在司法实践中一直存在争议多、难认定的问题，这主要源于本罪的行为类型与其他罪名的行为类型往往相似或相同。在以往的思维观念中，为了准确定性、合理量刑，一般注重强调本罪与其他相关犯罪的区别，结果往往削足适履，所得出的结论并不能得到大家的首肯。

相反，如果我们的刑法理论不过于强调此罪与彼罪之间的区别与区分标准，而更多地关注于此罪与彼罪的想象竞合，并根据想象竞合犯的处罚原则，从一重罪处罚，则很多问题将迎刃而解。因为刑法虽然具有不完整性，但刑法所规定的犯罪之间不可能都具有绝对明确的界限。大部分犯罪之间并不是非此即彼的关系，一个案件完全可能亦此亦彼。换言之，由于用语具有多义性、边缘模糊性等特征，使得一个案件事实符合多个构成要件的现象极为普遍。在这种情况下，刑法理论与司法实践不应为了区分两罪之间的界限而随意添加构成要件要素，相反，应当承认一个案件事实可能触犯多个罪名。①对此，《解释》在第七条中做出了明确回应：实施寻衅滋事行为，同时符合寻衅滋事罪和故意杀人罪、故意伤害罪、故意毁坏财物罪、敲诈勒索罪、抢夺罪、抢劫罪等罪的构成要件的，依照处罚较重的犯罪定罪处罚。

限于篇幅和紧扣案例分析法理的宗旨，下面仅结合本案案例所涉及的随意殴打他人和任意毁损公私财物的行为类型，试分析这两种行为类型与相关犯罪之间的关系。

1. 随意殴打类型的寻衅滋事罪与故意伤害罪的关系

寻衅滋事罪所包含的四种行为类型与刑法分则中诸多罪名具有关联性，在随意殴打型寻衅滋事罪中如果出现致伤、致死的结果，那么如何区分本罪与故意伤害罪以及故意杀人罪则较为棘手。

从行为表现来看，随意殴打他人造成轻伤结果符合随意殴打型寻衅滋事罪的构成要件，同时也符合故意伤害罪的构成，二者在一定程度上存在竞合关系，属于想象竞合。该竞合关系的形成源自殴打行为与伤害行为之间存在部分重叠关系，殴打他人同时符合两罪的行为要件，殴打行为也体现出行为人主观的故意性，符合两罪的主观要件。

在这种情况下，非要区分出两者的差别并非易事。一方面，不必为了强调两罪的区别，而主张故意伤害罪不得出于流氓动机，因为出于可以理解的动机故意造成轻伤的，能够成立故意伤害罪，出于流氓动机故意造成轻伤的，更能够成立故意伤害罪。能够说明这一点的是，主张寻衅滋事罪必须出于流氓动机的刑法理论同时公认，如果寻衅滋事行为致人重伤、死亡的，不能认定为寻衅滋事罪，而应认定为故意伤害罪或者故意杀人罪。这一逻辑思路表明，故意杀人、故意伤害（重伤）罪也是可以出于流氓动机的。既然如此，同属于故意伤害罪中的故意轻伤，当然也可能出于流氓动机。所以，刑法理论只需说明，成立故意伤害罪不需要

---

① 张明楷. 寻衅滋事罪探究（下篇）[J]. 政治与法律，2008（2）：126.

出于特定动机。另一方面，不应为了强调寻衅滋事与故意伤害罪的区别，而主张凡是造成轻伤以上结果的都不成立寻衅滋事罪，因为既然没有造成轻伤的行为都能构成寻衅滋事罪，那么造成轻伤以上结果的行为更能成立寻衅滋事罪。刑法理论只需要说明，随意殴打他人构成寻衅滋事罪的，不以造成轻伤结果为前提。①

因此，此处可供选择的区分标准是根本性的，即应判断该行为在侵犯人身权利的同时，是否侵犯了社会公共秩序，这是两罪区分的关键点。②就该类型犯罪而言，"随意"所表现出的违法行为并不针对特定的个人，只是通过侵害公民个体人身权利的方式给社会秩序增加威胁，才是对社会公共秩序的一种挑衅。③在轻伤或者轻微伤的层面，这要比单纯的故意伤害致人轻伤，性质上更为恶劣，正基于此，随意殴打致人轻伤的法定刑一般会高于故意伤害罪中轻伤的法定刑，这实际就是贯彻按想象竞合犯从一重罪论处的思路。《解释》第七条规定当实施寻衅滋事行为同时符合寻衅滋事罪和故意伤害罪的构成要件的，依照处罚较重的犯罪定罪处罚，显然是与这一思路一致的。

随着伤害程度的加大，如果严重到致人重伤、死亡的，是认定为故意伤害罪、故意杀人罪还是认定为本罪，则需要进一步探讨。笔者认为在法律没有明文规定将重结果加以排除的情况下，没有理由将其从本罪中剔除出去。"殴打"是指行为人实施的损害他人身体健康的打人行为。行为方式一般表现为使用拳打脚踢，或者使用棍棒等器具殴打他人。殴打虽是行为而非结果，但殴打行为当然性地包括造成被害人一般疼痛、轻微伤、轻伤、重伤以及死亡的结果，不能因结果的不同而否定行为本身的性质，将造成重结果的殴打不再认定为殴打行为而是其他行为，如伤害行为。但伤害和殴打之间并不是截然对立的，而是交叉重叠的关系，造成重结果的殴打虽属于伤害行为，但就其行为本质而言仍是殴打行为，与造成轻伤害的殴打性质无异。

同时，转化犯具有法定性，将特定结果发生与否作为区分此罪与彼罪的基本界限，《刑法》第二百九十二条第二款关于聚众斗殴致人重伤、死亡的，依照《刑法》第二百三十四、二百三十二条定罪处罚的规定属于法律拟制，而法律拟制是一种特别规定，是国家出于刑事政策的考虑将不同的两种行为等同视之，因而不能推而广之。刑法对随意殴打型寻衅滋事罪的规制中，并没有类似于《刑法》第二百九十二条的法律拟制的规定，不符合转化犯的成立条件。笔者认为，即使殴打行为出现了重伤甚至死亡的结果，同样不能排除寻衅滋事罪的成立，但这并不意味着最终以本罪论处，根据行为人对重结果所持的心理态度是故意还是过失，运用想象竞合的原理分别予以处理即可，并不会导致罪刑失衡。

2. 任意损毁财物类型的寻衅滋事罪与故意毁坏财物罪的关系

任意损毁公私财物的行为，既可能构成故意毁坏财物罪，也可能构成寻衅滋事罪。尽管在类罪名归属上，前者属《刑法》第五章的侵犯财产罪，后者属于《刑法》第六章的妨害社会管理秩序罪中的扰乱公共秩序罪；在侵犯的客体上前者侵犯的是公私财物的所有权，而后者侵犯的是公共秩序。表面上看起来两者之间的区别应该是相当明显的，但是由于两罪都是一般主体，都具有侵犯他人财产权利的特征，所以在审判实践中准确区隔开两者并非易事。

---

① 张明楷. 寻衅滋事罪探究（下篇）[J]. 政治与法律, 2008（2）：126.

② 究其原因，有学者指出，随意殴打他人之所以是侵犯社会法益类型的犯罪并配置比一般的殴打更重的法定刑，是因为随意殴打这种打人方式严重挑战了"信赖原则"。只有当行为人所实施的行为违反了包括被害人在内的社会一般人信赖其不会实施该侵害行为的信赖利益时，才能认定该行为具有随意性。参见李世阳. 寻衅滋事罪构成要件的分化[J]. 法学评论, 2021（2）：178、187.

③ 刘红艳. 随意殴打型寻衅滋事罪研究[J]. 中国刑事法杂志, 2014（1）：48.

如果不以犯罪动机作为区分标准，一般认为故意毁坏公私财物罪中的"故意"较之任意损毁财物型寻衅滋事罪中的"任意"所包含的原因力更为直接，在理论推断上似乎应该更加事出有因，但这只是一种理论推断或者司法实践中的一种潜在认识倾向，既没有理论佐证，也缺乏法条依据。

还有观点以侵害对象的特定化与否对两者加以区分，认为寻衅滋事犯罪的对象一般是不特定的，而故意毁损财物的犯罪对象一般是特定的。这里所讲的犯罪对象的不特定，是指犯罪人在实施犯罪之前，对犯罪对象并没有明确的选择，其行为最终指向谁带有很大的偶然性和随意性。而犯罪对象的特定性，是指犯罪人在实施犯罪之前，对犯罪对象已有明确的选择，其行为针对的目标是明确具体的。但是这里所指的犯罪对象的特定与否，必须把犯罪人的主观认识和犯罪行为联系在一起，而不能脱离后者单纯地谈论前者。

假设在公路收费站，甲驾驶的汽车与乙驾驶的汽车抢道，乙非常愤怒，过了收费站即将甲的汽车拦下，并用随车携带的工具砸碎甲车的挡风玻璃，造成严重损失（达到故意毁坏财物罪的数额标准）。显然本案中乙的行为指向了特定人及物，应当以故意毁损财物罪论处，但是这种因为日常生活中的偶然碰撞引发的矛盾，行为人仅为了发泄当时的情绪而为之的行为，又很难说完全可以排除在寻衅滋事罪之外。毕竟选择甲车作为犯罪对象，也是在偶然情境下的特定化。在这种情况下，任意损毁公私财物的行为，实际上同时触犯上述两罪，构成了想象竞合，此时与其非要找出两罪之间的区别以某一罪定论，不如以想象竞合犯从一重罪论处。

这种解决之道尤其在面对损失数额、毁损次数等均符合两罪预设标准之时，不失为一种搁置争议、准确论处的有效方法。比如毁损数额既达到《解释》第四条设定的"任意毁损、占用公私财物价值 2000 元以上的"标准，又达到 2008 年 6 月 25 日最高人民检察院、公安部《关于公安机关管辖的刑事案件立案追诉标准的规定（一）》第三十四条第一款"造成公私财物损失 5000 元以上的"标准；再比如毁损次数既符合《解释》第四条第二款"多次强拿硬要或者任意毁损、占用公私财物，造成恶劣社会影响的"，又符合前述《规定（一）》第三十四条第二款"毁坏公私财物 3 次以上的"。在上述情形下，以犯罪动机、原因力以及犯罪对象特定化与否加以评判均失之偏颇，而是应该从行为的客观表现样态来准确定性，并且在认识上应该走出这样的误区，即不能认为一旦属于"任意"损毁公私财物，就不成立故意毁坏财物罪；因为成立故意毁坏公私财物罪，并不以"非任意"为要件。反之也不能认为，任意损毁公私财物数额较大的，就不成立寻衅滋事罪；因为既然任意损毁数额较小财物的行为都可能成立寻衅滋事罪，那么任意损毁数额较大财物的，更应该可以成立寻衅滋事罪。所以，当任意损毁公私财物的行为同时触犯上述两罪时，司法机关的任务不应是在两罪之间找出区别，而应是以想象竞合犯从一重罪论处。

五、结语

众所周知，寻衅滋事罪源于修订前《刑法》第一百六十条规定的流氓罪，由于流氓罪罪状表述宽泛、外延不清，致使该罪在适用中被扩大化而被批评为"口袋罪"。1997 年《刑法》将该罪分解为寻衅滋事罪，强制猥亵、侮辱妇女罪，聚众淫乱罪，猥亵儿童罪，聚众斗殴罪。很明显这是对原来流氓罪的细化，这的确使有些犯罪行为的区分和认定明晰了许多。但在立法中，对于寻衅滋事罪的界定却又回到了当年流氓罪的老路，尽管剥离出一部分行为，但是对于剩下的无法再加以细化的部分行为只能通过笼统的表述为其设置一个兜底性质的条款，从而解决模糊地带以及新问题带来的争议，因此即便新刑法典颁布实施以来，涉及寻衅滋事罪的司法解释已经不少，但是这些力图进一步细化寻衅滋事行为的努力也无力抗争本罪走向"新口袋罪"的趋势。致使寻衅滋事罪名被大量适用于那些破坏社会秩序的严重违法行为上，适用范围不断扩大，最终异化和突破了条文字面意思，用于处罚社会治安领域内没有明确罪名处罚的几乎所有行为。①

这种缘起于立法，滥觞于司法的倾向使得寻衅滋事罪的处境颇为尴尬。为此有学者提出，针对寻衅滋事罪的不断口袋化，要在明确该罪法益内容包括社会秩序与个体权利的基础上，对法益内容之间的逻辑关系做出说明，进而以法益关系来制约该罪在司法适用过程中的成立范围。②甚至有学者直接提出，由于寻衅滋事罪欠缺必要性和正当性，其构成要件不具有独特性，司法适用也缺乏可操作性，因而建议废止该罪名。③诚然，作为一个集合了多种行为类型的罪名，并非可以简单地一废了事，只有在立法上对寻衅滋事罪所涉多种行为类型予以逐步分解、吸收和弱化，在司法适用上尽量保持克制，当可能涉及寻衅滋事罪的法条适用时，要以寻衅滋事和相关犯罪的法益为指导，正确解释各种犯罪的构成要件，合理归纳案件事实，妥当判断案件事实符合哪种或哪些犯罪的构成要件，并善于运用想象竞合犯的原理，认定寻衅滋事罪及其相关犯罪。

（撰稿人：陈国坤）

---

① 于志刚. 口袋罪的时代变迁、当前乱象与消减思路[J]. 法学家，2013（3）：68.

② 刘浩. 寻衅滋事罪口袋化的司法限缩路径[J]. 北京理工大学学报（社会科学版），2021（2）. 本文为网络首发论文，尚无期刊页码.

③ 参见王良顺. 寻衅滋事罪废止论[J]. 法商研究，2005（4）：110.

案例 16　开设赌场罪

一、案情简介①

2015 年 9 月至 2015 年 11 月，向某（已判决）在杭州市萧山区活动期间，分别伙同被告人谢某、高某 1、高某 2、杨某等人，以营利为目的，邀请他人加入其建立的微信群，组织他人在微信群里采用"抢红包"的方式进行赌博。其间，被告人谢某、高某 1、高某 2、杨某分别帮助向某在赌博"红包群"内代发红包，并根据发出"赌博红包"的个数，从抽头款中分得好处费。

二、争议问题

本案争议核心在于微信赌博"红包群"是否属于赌场范畴。即被告人谢某等人通过邀请人员加入微信群，利用微信群进行控制管理，以抢红包方式进行赌博，是否属于开设赌场行为。

第一种意见认为：犯罪扩容应当严格坚守罪刑法定原则底线。赌场是指物理性的专供赌博之用的空间场所，如赌窟赌坊等。虚拟性的网络空间是否为开设赌场罪的赌场，司法解释已明确做了扩容处理，但只限于"建立赌博网站"，并不包括在微信群里组织赌博的行为②，即谢某等人的行为属于聚众赌博，构成赌博罪。

第二种意见认为：司法实务面对各类新型犯罪，为了维护社会秩序和稳定，在急于打击而又没有直接刑法依据的情况下，可以对既有法定犯构成要件进行扩容。以营利为目的，通过邀请人员加入微信群，利用微信群进行控制管理，以抢红包方式进行赌博，在一段时间内持续组织赌博活动的行为，属于《刑法》第三百零三条第二款规定的"开设赌场"③，即谢某等人的行为属于开设赌场，构成开设赌场罪。

三、相关法条

《中华人民共和国刑法（2020 年修正）》

第三百零三条　【赌博罪】以营利为目的，聚众赌博或者以赌博为业的，处三年以下有期徒刑、拘役或者管制，并处罚金。

【开设赌场罪】开设赌场的，处五年以下有期徒刑、拘役或者管制，并处罚金；情节严重

---

① 一审：浙江省杭州市萧山区人民法院（2016）浙 0109 刑初 1736 号（2016 年 11 月 9 日），二审：浙江省杭州市中级人民法院（2016）浙 01 刑终 1143 号（2016 年 12 月 29 日），本案同为最高人民法院发布第 20 批指导性案例中的第 106 号案例（2018 年 12 月 25 日）。

② 刘艳红. 刑法理论因应时代发展需处理好五种关系[J]. 东方法学，2020（02）：6-19.

③ 2018 年 12 月 25 日，最高人民法院发布第 20 批指导性案例，其中第 106 号案例立场。

的，处五年以上十年以下有期徒刑，并处罚金。

【组织参与国（境）外赌博罪】组织中华人民共和国公民参与国（境）外赌博，数额巨大或者有其他严重情节的，依照前款的规定处罚。

《最高人民法院、最高人民检察院关于办理赌博刑事案件具体应用法律若干问题的解释》（法释〔2005〕3号）

第二条　以营利为目的，在计算机网络上建立赌博网站，或者为赌博网站担任代理，接受投注的，属于刑法第三百零三条规定的"开设赌场"。

《最高人民法院、最高人民检察院、公安部关于办理网络赌博犯罪案件适用法律若干问题的意见》（公通字〔2010〕40号）

一、关于网上开设赌场犯罪的定罪量刑标准

利用互联网、移动通讯终端等传输赌博视频、数据，组织赌博活动，具有下列情形之一的，属于刑法第三百零三条第二款规定的"开设赌场"行为：

（一）建立赌博网站并接受投注的；

（二）建立赌博网站并提供给他人组织赌博的；

（三）为赌博网站担任代理并接受投注的；

（四）参与赌博网站利润分成的。

实施前款规定的行为，具有下列情形之一的，应当认定为刑法第三百零三条第二款规定的"情节严重"：

（一）抽头渔利数额累计达到3万元以上的；

（二）赌资数额累计达到30万元以上的；

（三）参赌人数累计达到120人以上的；

（四）建立赌博网站后通过提供给他人组织赌博，违法所得数额在3万元以上的；

（五）参与赌博网站利润分成，违法所得数额在3万元以上的；

（六）为赌博网站招募下级代理，由下级代理接受投注的；

（七）招揽未成年人参与网络赌博的；

（八）其他情节严重的情形。

二、关于网上开设赌场共同犯罪的认定和处罚

明知是赌博网站，而为其提供下列服务或者帮助的，属于开设赌场罪的共同犯罪，依照刑法第三百零三条第二款的规定处罚：

（一）为赌博网站提供互联网接入、服务器托管、网络存储空间、通讯传输通道、投放广告、发展会员、软件开发、技术支持等服务，收取服务费数额在2万元以上的；

（二）为赌博网站提供资金支付结算服务，收取服务费数额在1万元以上或者帮助收取赌资20万元以上的；

（三）为10个以上赌博网站投放与网址、赔率等信息有关的广告或者为赌博网站投放广告累计100条以上的。

实施前款规定的行为，数量或者数额达到前款规定标准5倍以上的，应当认定为刑法第三百零三条第二款规定的"情节严重"。

实施本条第一款规定的行为，具有下列情形之一的，应当认定行为人"明知"，但是有证据证明确实不知道的除外：

（一）收到行政主管机关书面等方式的告知后，仍然实施上述行为的；

（二）为赌博网站提供互联网接入、服务器托管、网络存储空间、通讯传输通道、投放广告、软件开发、技术支持、资金支付结算等服务，收取服务费明显异常的；

（三）在执法人员调查时，通过销毁、修改数据、账本等方式故意规避调查或者向犯罪嫌疑人通风报信的；

（四）其他有证据证明行为人明知的。

如果有开设赌场的犯罪嫌疑人尚未到案，但是不影响对已到案共同犯罪嫌疑人、被告人的犯罪事实认定的，可以依法对已到案者定罪处罚。

《最高人民法院、最高人民检察院、公安部关于办理利用赌博机开设赌场案件适用法律若干问题的意见》（公通字〔2014〕17号）

一、关于利用赌博机组织赌博的性质认定

设置具有退币、退分、退钢珠等赌博功能的电子游戏设施设备，并以现金、有价证券等贵重款物作为奖品，或者以回购奖品方式给予他人现金、有价证券等贵重款物（以下简称设置赌博机）组织赌博活动的，应当认定为《刑法》第三百零三条第二款规定的"开设赌场"行为。

四、学理分析

（一）对"赌场"及"开设赌场"行为的理解

对"赌场"的理解对于开设赌场罪的认定有重要意义，司法实践部门在"赌场"的认定上经常出现困扰，主要涉及如下问题：

1. 对"赌场"特征的讨论

我国《刑法》第三百零三条没有明确规定"赌场"的具体含义，有观点认为，开设赌场中的"赌场"不是指一般进行赌博的场所，而是指由行为人所控制，具有一定的连续性和稳定性，专门用于赌博活动，并且在一定范围内为他人所知晓的地方。[①]也有观点认为，开设赌场罪中的"赌场"是行为人单独或伙同他人共同设立专门用于赌博活动，可为行为人控制、支配的场所。[②]以上两种观点从不同侧面对"赌场"下了定义。概括来讲，开设赌场中的"赌场"一般具有控制性、固定性、持续性、公开性等特征。

赌场通常具有固定性、持续性、公开性，但上述特征并非赌场的必要特征。从赌场的固定性来看，一般认为，开设赌场中赌场的开设地点、开场时间比较固定，但事实上网上开设赌场中的赌博网站为逃避打击，网站的域名和名称可能随时变化，所谓的赌场也不固定。从赌场的持续、稳定性来看，一般认为，开设赌场中的赌场是持续存在、相对稳定的。但事实上何为持续时间长且稳定，法律上没有明确的标准。开设赌场罪中的赌场有可能临时设立，也有可能长期稳定存在。从赌场的公开性来看，一般认为开设赌场中的赌场是向不特定的公众对外开放的，人员流动性强。但如微信群需要邀请或申请才能进群，相对比较封闭，具有一定隐蔽性，成员相对固定。由此而言，赌场的固定性、持续性、公开性特征并不能从根本

---

① 邱利军，廖慧兰. 开设赌场犯罪的认定及相关问题研究——以《刑法修正案（六）》和"两高"关于赌博罪司法解释为视角[J]. 人民检察，2007（06）：21-22.

② 邵海凤.《刑法》第303条的司法适用及立法完善——以"两高一部"关于网络赌博犯罪司法解释为视角[J]. 上海政法学院学报（法治论丛），2011，26（01）：116.

上界定赌场的范围。

刑法理论对赌场特征的主要争议焦点在于提供的场所与提供者具备什么样的关系才可以称之为开设赌场，即赌场的实际控制性问题。有的观点认为，这里的场所是否由提供者进行支配可以在所不问[①]，还有观点认为，提供的场所至少是提供者能够实际控制的，否则提供人的行为就不是开设赌场[②]。《刑法修正案（六）》单列开设赌场行为的处罚幅度，其目的就是为了打击创建并控制赌场，为赌场提供条件的行为[③]。笔者认为，之所以开设赌场行为相较于聚众赌博或者以赌博为业具有更高的处罚幅度，正是由于开设赌场的行为具有严重的社会危害性，而这种社会危害性体现在赌场在行为人的实际控制下得以成立，并由其不断推动发展与蔓延，进而成为诱发其他犯罪的温床。因此，提供的场所与提供者之间需要存在控制关系，开设赌场罪的处罚对象正是赌场的控制人，如行为人不能实际控制该场所，则行为人的行为充其量是聚众赌博，而不能认定为提供赌博场所的开设行为。

2. 微信赌博"红包群"是否属于网络"赌场"范畴

从规范层面看，1997 年《刑法》第三百零三条将"开设赌场"行为作为赌博罪处理。2005年《最高人民法院、最高人民检察院关于办理赌博刑事案件具体应用法律若干问题的解释》第二条规定"以营利为目的，在计算机网络上建立赌博网站，或者为赌博网站担任代理，接受投注的，属于《刑法》第三百零三条规定的'开设赌场'"。由此可见，在这个阶段，赌场的载体既可以是物理空间也可以是虚拟网络空间。传统的开设赌场罪一般发生在物理空间，随着信息网络技术的发展，网络虚拟空间逐渐成为刑法意义上"场所"的一部分。根据此司法解释，可以看出司法机关认为建立赌博网站是可以构成开设赌场罪的，也即在虚拟空间也可以开设赌场，与此同时，将用于赌博的网站解释为赌场的观点已逐渐为人们普遍接受。

2006 年《刑法修正案（六）》将"开设赌场"行为单独成罪。2010 年《最高人民法院、最高人民检察院、公安部关于办理网络赌博犯罪案件适用法律若干问题的意见》列举了四种"开设赌场"的行为："利用互联网、移动通信终端等传输赌博视频、数据，组织赌博活动，具有下列情形之一的，属于《刑法》第三百零三条第二款规定的'开设赌场'行为：（一）建立赌博网站并接受投注的；（二）建立赌博网站并提供给他人组织赌博的；（三）为赌博网站担任代理并接受投注的；（四）参与赌博网站利润分成的。"由此，在这个阶段，虚拟网络空间中的赌场是否仅限于"赌博网站"是重点探讨对象。有观点认为："根据《解释》和《意见》的规定，网络赌场就是指利用互联网、移动通信终端等传输赌博视频、数据，组织赌博活动的赌博网站。"[④]也有观点认为："尽管司法解释中采用列举的方式规定了赌博网站的网络赌场形式，但并不限定于赌博网站。从开设赌场的规范内涵出发，对'赌场'作赌博网站之外的扩张解释，将网络空间中能用于赌博的场所认定为'赌场'，并未超出《刑法》条文本身的含义和国民预测可能性，也不违反罪刑法定原则。"[⑤]

目前，我国《刑法》第三百零三条第二款，仍采用简单罪状，罪状即等同于罪名，对于开设赌场行为没有过多描述，且司法解释只列举了以"赌博网站"为"赌场"的网络空间开设赌场行为，因此若是认为创建微信群组织抢红包赌博的行为构成开设赌场罪，则需要检视

① 李希慧. 妨害社会管理秩序罪新论[M]. 武汉：武汉大学出版社，2001：181.
② 董玉庭. 赌博犯罪研究[J]. 当代法学，1999（04）：29.
③ 李少平，朱孝清，李伟主编. 公检法办案标准与适用（第三卷）[M]. 北京：人民法院出版社，2014.4：2397-2398.
④ 于志刚. 网络开设赌场犯罪的规律分析与制裁思路——基于 100 个随机案例的分析和思索[J]. 法学，2015（03）：146.
⑤ 周立波. 建立微信群组织他人抢红包赌博的定性分析[J]. 华东政法大学学报，2017，20（03）：110-115.

创建微信群是否可以认定为建立网站，是否可以同等对待微信群与网站①。简单来说，网站是一种沟通工具，而微信群是网络互动平台，二者均为信息交换传播的途径，因此从实质上讲二者并无差异，可以等同对待。认定微信赌博"红包群"是否属于网络"赌场"范畴，要结合开设赌场的规范内涵，透过现象看到"微信群"与"网站"相同的传播本质，不能仅凭"微信群"特殊的形式特征而否定其可以作为"赌场"的理由。

3. 对开设网络赌场行为的探讨

有观点认为，网络"开设赌场"有两种客观表现形式，分为作为形式的"开设赌场"和不作为形式的"开设赌场"②。作为形式的"开设赌场"，具体包括两种：一种是以营利为目的，在境内开设赌博网站，为参与赌博的人提供赌博的网络平台。第二种是担任境内外赌博网站代理，接受他人投注，从中渔利的。对担任境内赌博网站代理的，可以从"开设赌场"的共犯角度加以认定。对担任境外赌博网站代理的，可以从间接实行犯角度加以解释。③不作为形式的"开设赌场"，是指行为人（网主）以营利为目的，明知赌徒利用其所开合法网站的某一功能进行赌博，在有能力停止提供服务的情况下仍为犯罪行为提供服务的行为，即被动的自愿提供④。

还有观点认为，"建立赌博网站或者为赌博网站担任代理并且接受投注的，才属于刑法规定的开设赌场的行为。如果仅建立赌博网站或者仅为赌博网站担任代理，但不接受投注，不属于刑法规定的开设赌场的行为"⑤。

另有观点认为，网络开设赌场犯罪的行为方式，分为设立型、代理型和辅助型三种⑥。其中，设立型是指开设、组织维护赌博网站，组织赌博的行为。代理型是指以网络代理人的身份，提供网络赌博服务，主要包括两种模式：其一，以代理人的身份组织网络赌博；其二，利用网络虚拟空间与境外赌博网站相连，或利用链接、手机短信、提供赌球等盘口信息的行为。辅助型是指不直接组织或参与网络赌博，为网络赌博提供帮助服务以便于进行网络赌博行为。

笔者认为，开设赌场罪打击的是开设赌场用来赌博的行为。开设网络赌场包含四个要点：（1）行为人开设了赌场；（2）行为人能够控制赌场；（3）赌场中存在赌博行为；（4）在虚拟网络中进行。开设网络赌场，是指开设并控制存在赌博行为的赌博网站的行为。至于开设的是临时性的赌博网站还是长期性的赌博网站、开设方式如何、赌博网站是否以营利为目的，都不影响本罪成立。

（二）开设赌场罪与赌博罪的界分

创建微信群用于组织赌博虽然符合司法解释建立赌博网站的条件，但是并不能直接得出创建微信群用于组织赌博的行为构成开设赌场罪的结论。从形式上看，开设赌场罪与赌博罪中的聚众赌博往往具有高度的重合性，而两罪的法定刑之间却相差巨大，因此有必要透过现

---

① 江海洋. 论创建微信群组织抢红包赌博行为之定性[J]. 西北民族大学学报（哲学社会科学版），2020（03）：105.

② 罗开卷. 关于网络赌博的刑法学思考[J]. 犯罪研究，2006（04）：16-22.

③ 许成磊. 网络赌博犯罪的定性与处理[N]. 人民法院报，2005-06-06：3.

④ 罗开卷. 关于网络赌博的刑法学思考[J]. 犯罪研究，2006（04）：19.

⑤ 高贵君，张明，吴光侠，邓克珠. 《关于办理网络赌博犯罪案件适用法律若干问题的意见》的理解与适用[J]. 人民司法，2010（21）：24-25.

⑥ 于志刚. 网络开设赌场犯罪的规律分析与制裁思路——基于100个随机案例的分析和思索[J]. 法学，2015（03）：136-152.

象窥破两者的本质区别，进而实现合理的界分。特别是在当今互联网时代，建立网站、微信群异常简单，若只是因为行为人建立微信群组织几次赌博就将其行为认定为开设赌场罪，明显有违比例原则与罪刑相适应原则之嫌[1]。因此，创设微信群组组织抢红包是否应认定开设赌场罪，仍然需要从实质角度进行判断。目前学界关于开设赌场与聚众赌博的区分标准，可谓仁者见仁，智者见智。

1. 开设赌场与聚众赌博界分学说分析

对于开设赌场罪的定义，学者众说纷纭。有学者认为，开设赌场罪，是指开设以行为人为中心，在其支配下供他人赌博的场所的行为[2]。也有学者认为，开设赌场罪，是指为赌博提供场所，设定赌博方式，提供赌具、筹码、资金等组织赌博的行为[3]。对于赌博罪的定义，较为统一。通常认为，赌博罪是指以营利为目的聚众赌博或者以赌博为业的行为。关于如何界分开设赌场罪中的开设赌场行为与赌博罪中的聚众赌博行为，学界主要观点可归纳为以下几种：

（1）危险源中心说

有学者认为，开设赌场的行为人属于易于引诱他人实施违法行为的危险源地位，一个开设赌场的行为可能会引起成千上万起聚众赌博的发生，开设赌场的行为对法益侵害具有潜在增幅作用，亦即开设赌场的行为可以反复为赌博者提供机会并促成赌博。相对应地，聚众赌博行为则通常不会具备这种法益侵害的增幅作用，聚众赌博往往都是不连续的偶发行为，即使多次聚集，也不具有开设赌场法益侵害扩散的属性[4]。二者的区别在于是否为危险源中心。

笔者认为开设赌场行为确实存在较高的成为其他犯罪危险源的隐患，这也正是立法者将开设赌场行为从赌博罪中独立出来提高最高法定刑期的主要原因之一，但这并不意味着聚众赌博就不具有这种法益侵害的作用。

（2）开放性标准说

认为应基于以下两点进行判断，即赌场公开程度与参赌人员是否特定。开设赌场的地点、时间等信息应被一定范围的人员知晓，以便吸引更多参赌人员。聚众赌博则一般会避免外人知道，有较强隐秘性。此外，聚众赌博的参赌人员范围基本固定，范围较小且可控；而开设赌场对参赌人员的范围一般并无限制，参赌人员通常不具有特定性，来者不拒、多多益善[5]。

笔者认为，一方面《刑法》及其司法解释未对开设赌场的开放性做出明确规定，并非只有公开程度高才能认定为开设赌场罪。另一方面，聚众赌博确实存在较强隐秘性，但实践中"微信赌博群"通常也需要群主审核同意才能进入该群，故开设微信赌场不必然具有开放性。

（3）综合性标准说

基于开设赌场罪的立法演变，应从多方面区分开设赌场罪与赌博罪中聚众赌博行为，即开设赌场具有支配性、规模性、持续稳定性、赌博方式多样性、非营利性等特征[6]。值得强调的是，考虑《刑法修正案（六）》单设开设赌场罪的立法目的就是为了扩大打击范围，得出开设赌场罪的入罪门槛应低于赌博罪，开设赌场罪不再将"以营利为目的"作为其构成要件。

① 江海洋. 论创建微信群组织抢红包赌博行为之定性[J]. 西北民族大学学报（哲学社会科学版），2020（3）：100-107.
② 张明楷. 刑法学（第5版）[M]. 北京：法律出版社，2016：1079.
③ 张军主编. 刑法[分则]及配套规定新释新解：第9版（中）[M]. 北京：人民法院出版社，2016：2396.
④ 江海洋. 论创建微信群组织抢红包赌博行为之定性[J]. 西北民族大学学报（哲学社会科学版），2020（3）：100-107.
⑤ 吴卫. 聚众类赌博行为的定性标准认定——以组织微信红包赌博为路径[N]. 人民法院报，2019-06-20：6.
⑥ 罗开卷，赵拥军. 组织他人抢发微信红包并抽头营利的应以开设赌场罪论处[J]. 中国检察官，2016（18）：11-13.

"以营利为目的"究其性质乃主观要件，开设赌场罪的条文既然已经明确取消该要件，那么本罪就应该变为行为犯，即只要有开设赌场的行为，就可认定构成开设赌场罪[①]。

笔者赞同基于开设赌场罪的立法演变，应从多方面区分开设赌场罪与赌博罪中聚众赌博行为，但认为该说主张开设赌场具有规模性、持续稳定性、赌博方式多样性、非营利性等特征的观点有待商榷。

（4）经营性标准说

有学者指出，"经营"是开设赌场的本质特征，也是区别于聚众赌博的本质所在。开设赌场与聚众赌博之间的区分以行为是否具有经营性为准，开设赌场是一种经营赌场的行为，而聚众赌博缺乏此种经营性。经营性是否存在，关注的重点应是行为人对赌博场所的控制支配关系以及赌场内部的经营管理情况。根据文义解释，开设赌场的"开设"是指开办和设立，其本身就具有设立、运营赌场之义，而聚众赌博中"聚众"的行为特征应是召集、聚集相关参赌人员一起赌博。开设赌场的行为体现了经营性，聚众赌博行为则体现对参赌人员赌博行为的组织性[②]。

笔者部分赞同经营性标准说，认为行为人应具有经营赌场的行为，对赌场经营过程具有控制性。但除经营之外，行为人还应当对赌场具有控制支配关系。

（5）控制性标准说

有学者认为，聚众赌博与开设赌场的关键区别在于行为人是否对整个赌博经营活动具有明显的控制性，此种控制性既包括行为人对赌博场所的物理控制性，也包括行为人对赌场内部组织的组织控制性，还包括行为人对赌场营业的营业控制性。虽然网络赌场的场所、赌具、赌博方式等存在于虚拟空间中，但虚拟只是形式上，实质上行为人仍然是以赌博网站的形式为赌博提供确定的场所、空间，并通过对网络的维护、管理来进行经营，赌博方式、规则都是行为人事先设定的规则，也就是行为人对赌博网站的整个运作具有很强的控制性，并从中获利，其本质上仍然是开设赌场的行为[③]。

笔者赞同控制性标准说，认为开设赌场的重要特征是行为人对整个赌博经营活动具有明显的控制性。换言之行为人有能力实际控制赌场或停止提供非法服务的情况，对赌场的发展、蔓延起至关重要的作用。

2. 开设赌场与聚众赌博界分标准

笔者认为，开设赌场与聚众赌博的核心区别，在于是否对整个赌博经营活动具有明显的控制性，具体表现方式为：

（1）对赌博场所的控制性区别

开设赌场行为人创建并控制赌场，支配管理赌博运营场地。聚众赌博通常不具有固定赌场，且行为人通常只作为一场赌博行为的发起人，和其他参赌人员地位相似，不具有对赌场的控制性。

（2）对赌场内部组织的控制性区别

开设赌场往往雇佣专门的赌场工作人员，分工较为固定、明确，具有较为严密的组织结构，确定的上下级关系和工作制度，赌博活动在赌场组织人员的管理下持续、规律进行。聚

---

① 许晓娟，张龙. 对在住宅中开设赌场的认定分析[J]. 法学杂志，2015，36（11）：111.

② 周立波. 建立微信群组织他人抢红包赌博的定性分析[J]. 华东政法大学学报，2017（3）：113.

③ 宋君华，邢宏伟，陈启辉. 开设赌场罪与聚众赌博罪之区分应重点判断行为人对赌博活动的控制性[J]. 中国检察官，2012（24）：61-63.

众赌博人员关系松散，缺乏严密的组织性。

（3）对赌场经营的控制性区别

开设赌场往往表现为赌场经营有相对固定的规则，如确定营业时间、提供赌具、制定赌博规则、固定营利方式等。聚众赌博往往没有严格的规则，参赌人员可以自行商定赌博时间、地点、规则和方式。

综上所述，开设赌场罪的法定刑期高于聚众赌博罪是由于开设赌场行为的社会危害性较赌博而言更大。开设赌场不仅具有更高的成为危险源中心的风险，对赌场具有控制力，而且通常具有规模大、参赌人数多、时间持续稳定性及方式多样的特点。因此，要准确界分开设赌场罪与非罪、此罪与彼罪，就要综合分析探讨多种因素对法益的侵害，其中最主要的判断标准在于，行为人是否对于整个赌博经营活动具有明显的控制性。

五、结语

就本案案情来看，谢某等人邀请他人加入其建立的微信群，组织他人在微信群里采用"抢红包"的方式进行赌博，实际上是以"微信群"的形式为赌博提供确定的场所，人员分工明确，并通过预先制定具体的赌博方式、规则来经营整个赌博活动，行为人对赌博微信群的整个运作具有很强的控制性，不能仅凭"微信群"特殊的形式特征而否定其开设"赌场"的实质，应当认定为开设赌场罪的既遂。

作为信息网络时代的特殊产物，建立微信群组织他人抢红包进行赌博的行为之所以在司法实践中出现争议，关键在于开设赌场罪采用简单罪状，对于行为没有过多描述，司法解释对开设赌场行为模式的列举又滞后于犯罪形式的不断更新换代，从而导致司法实务对于法律条文存在不同理解，引发了"将微信赌博群视为赌场"是否突破罪刑法定原则的思考。笔者通过实际案例展开论证，讨论将"建立微信群组织他人在微信群里进行赌博"认定为开设赌场属于扩大解释还是类比解释，回溯开设赌场罪制定的历史沿革，对"赌场"这一核心概念展开讨论，厘清了开设赌场行为认定上存在的问题，并对开设赌场罪与聚众赌博罪的区分标准进行了探讨，综合考察行为人在建立微信群进行赌博的过程中是否具有"开设赌场"的实质特征，目光不断往返于规范与事实之间，力求做出准确的区分认定，确立判断的标准，以期加强对实践的指导意义。

（撰稿人：崔仙）

案例 17 聚众赌博与开设赌场的司法判定

一、案情简介

被告人彭某有正当职业，但平时好赌成性，自 2016 年 8 月下旬开始，经常在下班后召集同事在单位棋牌室赌"三公"，起初无论是参赌人数还是赌资均较小，但随着时间推移规模逐渐扩大，参赌人数动辄十几二十人以上，过程中还吸引了非同事加入其中。由于彭某赌技不佳，在频繁的赌博过程中并没有赚到钱，反而亏了钱。因此彭某在组织参赌过程中逐渐被边缘化，而由吴某、刘某、骆某等主导大家的赌博活动，由吴某负责经营，由刘某负责组织人员参赌，由骆某负责每局抽水，赌注最少 100 元，上不封顶，每盘抽水 100 元。

2016 年 9 月 14 日晚至次日凌晨，被告人吴某、刘某、骆某等人招引同事以及少数社会人员在单位棋牌室参赌，从中抽头渔利，共计获利 2.9 万余元；2016 年 9 月 16 日晚，三被告人再次召集众人转赴某度假村聚赌，从中抽头渔利，共计获利 3.6 万余元。2016 年 9 月 21 日晚，当这群人又一次在骆某家中赌博时，被群众举报，公安民警当场抓获包括彭某、吴某、刘某、骆某在内的参赌人员 25 人（其中社会人员 11 人），收缴赌资 26.19 万元、尚未分割的抽头渔利 1.41 万元以及扑克等用于赌博的工具。另查明，已获得的抽头由被告人吴某分得 2.55 万余元、刘某分得 2.05 万余元、骆某分得 2 万余元。而在此三场赌博中，被告人彭某由于此时已无赌资参与其中，只得在旁观战，并顺便帮助维持赌场秩序以及做一些服务工作，吴某等三人亦未将抽头获利分给彭某，但考虑到彭某在组织招揽大家参赌中的贡献，给了彭某半条中华牌香烟。

二、争议问题

对于本案的争议主要集中在如下几个问题：

（一）被告人彭某是否构成赌博罪

争议焦点在于彭某确有组织聚众赌博行为，但其并没有抽头渔利，在频繁的赌博过程中非但没有赚到钱，反而亏了钱。那么能否认定其具有"营利目的"？

一种观点认为，"以营利为目的"要求行为人能够在赌博活动中现实地获得持续稳定的收益，最典型的莫过于抽头渔利，即在赌博活动中找一个名义收取固定的费用，不论输赢，行为人都能从中获得固定、持续的收益。因此，"以营利为目的"中的"利"必须是跳脱出赌博输赢的不确定性，能够实实在在获得的持续、固定的收益。本案中由于彭某并没有在赌博活动中现实地获得持续、稳定的收益，其追求的是一种射幸利益，在主观上不具有"以营利为目的"，故彭某不构成赌博罪。

另一种观点认为，"以营利为目的"只要求行为人主观上追求参赌赢利即可，并不要求行为人必须能够在赌博活动中现实地获得持续稳定的收益。原则上，除非是群众间带有少量财物输赢的正常娱乐活动,其他凡是参与赌博的行为人均应认定其主观上具有"以营利为目的",因为每一个参与赌博的行为人主观上都是追求赢钱的(如果行为人意图通过赌博的方式来行贿则另当别论)。结合本案中参赌的次数、人数及赌资数额来看,彭某聚众赌博的行为早已超出群众间正常的文娱活动,其意图参赌获利、聚众赌博的人数及赌资均达到了司法解释规定的入罪门槛,应认定彭某主观上具有"以营利为目的",构成赌博罪。

(二)被告人吴某、刘某、骆某等是构成赌博罪还是开设赌场罪

其中很重要的问题在于对聚众赌博行为中的"聚众"与开设赌场招揽汇聚多人赌博的行为如何加以区分,或者进而在客观层面可否以及如何区分两者。

一种观点认为吴某、刘某、骆某等人的行为构成赌博罪,不构成开设赌场罪。理由在于:聚众赌博相较开设赌场,其规模较小、场所不固定、持续时间较短、人员分工不明确、招揽参赌人员方式较简单。本案中吴某、刘某、骆某等人聚众参与赌博,并从中抽取水钱,参与赌博的人员相对固定,多为被告人同事,且聚赌时间不长,符合聚众赌博的行为特征,应当以赌博罪追究其刑事责任。

另一种观点认为该三人的行为构成开设赌场罪,不构成赌博罪。理由在于:开设赌场一般开放性高、规模较大、场所固定、时间固定、人员分工明确。本案中尽管赌博场所不固定,但这只是逃避打击之策。吴某、刘某、骆某等三人分工明确,且参赌人员的社会开放性较高,可以达到较大的规模。同时,以民警在现场查获的赌资及抽头渔利来看,已具有一定的规模,应当对三被告人的行为以开设赌场罪追究其刑事责任。

(三)倘若被告人吴某、刘某、骆某等构成开设赌场罪,那么可否适用开设赌场罪的"情节严重"标准

一种观点认为,法无明文规定不为罪,刑法条文并未明确规定开设赌场情节严重的具体情形,司法解释只是明确了网上赌博和利用赌博机赌博情节严重的具体情形,特殊规定不能普遍适用于一般情形,不能随意扩大司法解释的适用范围;而且开设赌场的社会危险性不是特别严重,社会上开设赌场的情况基本普遍存在,如棋牌室、茶楼等地普遍有赌博行为,如果参照网络赌博和利用赌博机赌博的标准认定情节严重,会造成打击面过大,导致罪刑不相适应。

另一种观点认为,虽然网上赌博和利用赌博机赌博具有传播面广、打击难度大的社会危险性,但从其他开设赌场行为的以上特点可以看出,其开设赌场行为,对社会秩序和风气的影响程度、对法益的侵害程度,不比网上开设赌场和利用赌博机开设赌场轻微,因此前一种观点的理由并不充分,网上开设赌场和利用赌博机开设赌场的情节严重认定标准可以适用于本案和其他开设赌场行为。

三、相关法条

《中华人民共和国刑法(2020 年修正)》

第三百零三条 **【赌博罪】**以营利为目的,聚众赌博或者以赌博为业的,处三年以下有期徒刑、拘役或者管制,并处罚金。

【开设赌场罪】开设赌场的,处五年以下有期徒刑、拘役或者管制,并处罚金;情节严重

的，处五年以上十年以下有期徒刑，并处罚金。

【组织参与国（境）外赌博罪】组织中华人民共和国公民参与国（境）外赌博，数额巨大或者有其他严重情节的，依照前款的规定处罚。

《最高人民法院、最高人民检察院关于办理赌博刑事案件具体应用法律若干问题的解释》（法释〔2005〕3 号）

第二条　以营利为目的，在计算机网络上建立赌博网站，或者为赌博网站担任代理，接受投注的，属于刑法第三百零三条规定的"开设赌场"。

《最高人民法院、最高人民检察院、公安部关于办理网络赌博犯罪案件适用法律若干问题的意见》（公通字〔2010〕40 号）

一、关于网上开设赌场犯罪的定罪量刑标准

利用互联网、移动通信终端等传输赌博视频、数据，组织赌博活动，具有下列情形之一的，属于刑法第三百零三条第二款规定的"开设赌场"行为：

（一）建立赌博网站并接受投注的；

（二）建立赌博网站并提供给他人组织赌博的；

（三）为赌博网站担任代理并接受投注的；

（四）参与赌博网站利润分成的。

实施前款规定的行为，具有下列情形之一的，应当认定为刑法第三百零三条第二款规定的"情节严重"：

（一）抽头渔利数额累计达到 3 万元以上的；

（二）赌资数额累计达到 30 万元以上的；

（三）参赌人数累计达到 120 人以上的；

（四）建立赌博网站后通过提供给他人组织赌博，违法所得数额在 3 万元以上的；

（五）参与赌博网站利润分成，违法所得数额在 3 万元以上的；

（六）为赌博网站招募下级代理，由下级代理接受投注的；

（七）招揽未成年人参与网络赌博的；

（八）其他情节严重的情形。

二、关于网上开设赌场共同犯罪的认定和处罚

明知是赌博网站，而为其提供下列服务或者帮助的，属于开设赌场罪的共同犯罪，依照刑法第三百零三条第二款的规定处罚：

（一）为赌博网站提供互联网接入、服务器托管、网络存储空间、通讯传输通道、投放广告、发展会员、软件开发、技术支持等服务，收取服务费数额在 2 万元以上的；

（二）为赌博网站提供资金支付结算服务，收取服务费数额在 1 万元以上或者帮助收取赌资 20 万元以上的；

（三）为 10 个以上赌博网站投放与网址、赔率等信息有关的广告或者为赌博网站投放广告累计 100 条以上的。

实施前款规定的行为，数量或者数额达到前款规定标准 5 倍以上的，应当认定为刑法第三百零三条第二款规定的"情节严重"。

实施本条第一款规定的行为，具有下列情形之一的，应当认定行为人"明知"，但是有证据证明确实不知道的除外：

（一）收到行政主管机关书面等方式的告知后，仍然实施上述行为的；

（二）为赌博网站提供互联网接入、服务器托管、网络存储空间、通讯传输通道、投放广告、软件开发、技术支持、资金支付结算等服务，收取服务费明显异常的；

（三）在执法人员调查时，通过销毁、修改数据、账本等方式故意规避调查或者向犯罪嫌疑人通风报信的；

（四）其他有证据证明行为人明知的。

如果有开设赌场的犯罪嫌疑人尚未到案，但是不影响对已到案共同犯罪嫌疑人、被告人的犯罪事实认定的，可以依法对已到案者定罪处罚。

《最高人民法院、最高人民检察院、公安部关于办理利用赌博机开设赌场案件适用法律若干问题的意见》（公通字［2014］17 号）

一、关于利用赌博机组织赌博的性质认定

设置具有退币、退分、退钢珠等赌博功能的电子游戏设施设备，并以现金、有价证券等贵重款物作为奖品，或者以回购奖品方式给予他人现金、有价证券等贵重款物（以下简称设置赌博机）组织赌博活动的，应当认定为刑法第三百零三条第二款规定的"开设赌场"行为

四、学理分析

（一）"以营利为目的"的界定

无论是在理论上还是在司法实践中，确定各种赌博行为的法律性质，即在娱乐、违法和犯罪之间确定其各自准确的边界从来都不是一件容易的事情。这一方面是由于赌博财物的价值容易受到地区经济发展、个人经济状况等因素的影响而致使认定标准不明晰；另一方面，各种赌博行为的排列实际上"存在着一个从量变到质变的过程，但量变到何种程度才发生质变，也许法律对于这个问题本身就不宜或不可能做出一个十分精准的统一规定"。[①]正是在这个意义上，试图以行为的客观表现样态为标准来界定不同赌博活动的法律性质注定是行不通的。然而，罪与非罪、娱乐还是违法终究需要法律给出一个可供操作的标准，因此往往在遵循主客观相一致原则的基础上，在主观构成要件要素之外添加一个主观的超过要素作为区分标准，在赌博罪中这个超过要素就表述为"以营利为目的"。

尽管《刑法修正案（六）》将开设赌场行为单列出去之后并没有继续强调需要具备"以营利为目的"，但是对于聚众赌博和以赌博为业而言，"以营利为目的"还是对行为性质界定的前提性要件。尤其当"两高"《关于办理赌博刑事案件具体应用法律若干问题的解释》（以下简称《解释》）第九条确定了"不以营利为目的，……不以赌博论处"的排除规则，以及公安部《关于办理赌博违法案件适用法律若干问题的通知》之第九条所规定的"不以营利为目的，……不予处罚"之后，是否"以营利为目的"成为区分罪与非罪的重要标准。

追溯赌博历史，在人类早期的赌博活动中赌注的价值可能并不是关注的重点，随着财物货币逐步成为社会价值衡量的主要标准，赌注的价值也逐步受到重视。当通过赌博可以获得利益，尤其是获得超出预期的利益时，"以营利为目的"的赌博逐步成为一些人攫取利益的重要手段。然而，尽管赌博与谋求利益、获得财物存在紧密的联系，但是纵观世界各国，鲜有

---

① 徐德华. 赌博：娱乐、违法还是犯罪——兼论《刑法修正案（六）》对赌博罪的修改[J]. 江西公安专科学校学报，2007（5）：63.

将赌博犯罪规定为侵犯财产犯罪。①从赌博犯罪所规制的主要行为方式来看，聚众赌博、以赌博为业和开设赌场基本涵盖了通过赌博行为攫取利益的所有"营利"方式，比如直接参赌以谋利、抽头渔利、收取回扣、通过开设赌场获得非法收益等。应该说这也是赌博者谋求利益的经验总结，就风险控制和利润最大化角度而言，刑法所规制的聚众赌博、以赌博为业和开设赌场这三种行为方式，恰恰也是赌博者谋求利益的最佳理性选择。

1. 聚众赌博中的"营利目的"

聚众赌博者当然可以通过直接参赌而获取射幸利益，不过受概率的影响，直接参赌并不能确保获得持续稳定的收益，但这并不否认聚众参赌者通过直接参赌在主观上追求赚钱的目的。为了更好地实现谋利，聚众赌博者"营利目的"的实现虽然与赌博有关，却并非是由赌博概率所决定，其传统的实现方式是作为组织者通过抽头而渔利。因而在《解释》中对"聚众赌博"的界定②首先确认了大家公认的抽头行为，这表明刑法在界定赌博罪时也将之作为打击的重点。但其后的三个认定标准则存在扩张解释的嫌疑，严格来说，即便赌资数额累计超过了 5 万元，或者组织参赌人数超过了 20 人，如果聚众赌博者并未从中抽头渔利，要认定其具有"营利目的"确有困难。现实中也的确存在不以营利为目的但赌资数额总数或参赌人员总数达到认定标准的情形，例如以消遣、娱乐为目的，对于输赢结果无所谓，此时如果严格遵循罪刑法定原则，则只能认定无罪。两高一部《关于开展集中打击赌博违法犯罪活动专项行动有关工作的通知》（以下简称《通知》）中提到，"要严格区分赌博违法犯罪活动与群众正常文娱活动的界限，对不以营利为目的，进行带有少量财物输赢的娱乐活动，以及提供棋牌室等娱乐场所并只收取固定的场所和服务费用的经营行为等，不得以赌博论处"，所要表达的意思即在于此。

但是在立法者的预设中，显然已经主观上认定如此巨大赌资数额和众多的参赌人数岂有不能从中渔利之理，提供一个数字标准只是为了更方便在司法中有据可查；至于组织中国公民 10 人以上赴境外赌博而收取回扣、介绍费的，尽管在形式上似乎与组织出国劳务而收取回扣、介绍费差别不大，但是实际上是将之作为赌博犯罪的帮助行为来处理的，因而此时的收取回扣、介绍费，在性质上就基本等同于抽头渔利了，问题在于如果境外赌博地的法律规定赌博不为罪，而作为帮助犯却要因此被追究刑事责任，显然违反了共犯处罚的一般原理。

值得关注的是，在 2005 年的《解释》中，该行为被界定为"聚众赌博"，以赌博罪处罚，但是在 2020 年底的《刑法修正案（十一）》中已将该行为纳入开设赌场罪范畴，并且删除了"收取回扣、介绍费"的限定，而将行为设定为"组织中华人民共和国公民参与国（境）外赌博，数额巨大或者有其他严重情节的，依照前款的规定处罚"，由此该行为已无须考察收取回扣、介绍费在性质上是否等同于抽头渔利。同时，将之纳入开设赌场罪范畴，也意味着无须考察该行为是否需具备"以营利为目的"。但是从《刑法》第三百零三条第一款的规定来看，倘若聚众赌博而不以营利为目的，则无法认定为赌博罪。因此在聚众赌博中"以营利为目的"

---

① 从现行各国刑法典对于赌博犯罪的立法来看，只有奥地利联邦共和国刑法典将之规定为侵害他人财产的应受刑罚处罚的行为。

② 2005 年最高人民法院、最高人民检察院颁布的《关于办理赌博刑事案件具体应用法律若干问题的解释》中第一条规定，以营利为目的，有下列情形之一的，属于刑法第三百零三条规定的"聚众赌博"：

（一）组织 3 人以上赌博，抽头渔利数额累计达到 5000 元以上的；

（二）组织 3 人以上赌博，赌资数额累计达到 5 万元以上的；

（三）组织 3 人以上赌博，参赌人数累计达到 20 人以上的；

（四）组织中华人民共和国公民 10 人以上赴境外赌博，从中收取回扣、介绍费的。

这一主观的超过要素具有区分罪与非罪的作用。

2. 开设赌场中的"营利目的"

开设赌场罪是《刑法修正案（六）》从原赌博罪中析出的新罪名，并没有继续将"以营利为目的"作为开设赌场罪的法定构成要件。然而，在《解释》之第二条却强调对于网络虚拟赌场的开设，必须具有非法营利的目的才能构成犯罪。问题在于，《解释》出台于 2005 年 5 月，而《刑法修正案（六）》出台于 2006 年 6 月，更何况《解释》属于司法解释，而《刑法修正案（六）》属于《刑法》正文，无论是从后法优于前法角度，还是从效力等级上来看，均应以《刑法修正案（六）》为准，即开设赌场罪的成立不需要具备营利目的。

在规定有开设赌场罪的各国立法中，对于是否需要具备营利目的各国的认识不尽一致。有的规定不仅要有开设行为还必须具备营利目的，如日本刑法典第一百八十六条第二款对于"开设赌场营利罪"就明确要求具备营利目的，日本学者的解释是："成立本罪，必须要有图利的意思即图利的目的。所谓图利，就是通过开设赌博场所而获取利益的目的。"① 有的则对营利目的没有要求，只要有开设行为即可，如德国刑法典第二百八十四条之规定和意大利刑法典第七百一十八条之规定均属此例。是否强调营利目的可以体现国家对于开设赌场罪成立要件的宽严倾向，相比较而言，附加"以营利为目的"提高了犯罪成立的条件，因此在对待赌博犯罪和非犯罪化态度上，是趋于轻缓的；与之相对，不要求"以营利为目的"，则犯罪成立只要认定有开设行为即可，故而其态度是趋于严厉的。

然而，单纯依据上述理由而得出日本刑法对于开设赌场犯罪较为宽缓而德国和意大利刑法较为严苛则是片面的，之所以如此规定是因为，在日本刑法中存在着普通赌博罪，如果开设赌场者自己也参加了赌博，则构成开设赌场营利罪与普通赌博罪的并合罪，需要被数罪并罚，正是因为有此处之"严"，才可以在开设赌场认定时与须具备营利目的之"宽"相调和。同样道理，在德国和意大利，经过官方许可是可以公开开设赌场的，因此未获得官方许可而开设赌场的行为侵害的实际是国家对于博彩业的监管秩序，故而德国刑法典第二百八十四条只强调的是"未经官方许可而公开开设、经营赌场"，显然正是因为前述对开设赌场要求之"宽"才不必再附加"以营利为目的"之"严"。换而言之，以是否具备营利目的而体现于开设赌场罪中的宽严倾向，在各国关于赌博犯罪的其他规定中都有与之相呼应的相关立法，以实现宽严相济的政策效果。

从形式上看，我国关于开设赌场行为的立法模式类似于德国，即只要存在开设经营行为，并不要求开设者在主观上有非法营利的目的，因此在对于赌博犯罪的非犯罪化态度上，是趋于严厉的。这种倾向在《刑法修正案（六）》中通过对开设赌场行为单列和加重法定刑已经得以体现。但是，我国并没有像德国那样允许合法赌场的存在，因此也就不存在德国模式中的宽严相济。另一方面，由于我国刑法采取的是"小而严"的立法模式，一些在外国刑法中属于犯罪的行为，在我国却是由行政机关认定为一般违法行为，但对这种行为的处罚却未必轻于刑罚，② 因而我们在违法赌博的认定和处罚上尽管没有像日本刑法那样规定为犯罪，却达到了与之类似的严厉效果。因而，在开设赌场罪认定中不要求有非法营利的目的，实际上是"严"上加"严"，并没有体现出宽严相济的态度，这不能不说与我们一直以来对于赌博犯罪严厉打击的态度倾向有关。更为重要的是，当聚众赌博却又没有所谓的营利目的时，无法以赌博罪

---

① 〔日〕大谷实. 日本刑法各论[M]. 黎宏译. 北京：法律出版社，2003：381.

② 张明楷. 犯罪定义与犯罪化[J]. 法学研究，2008（3）：144.

论处，如果不想放纵此种行为，那么不需要具备营利目的的开设赌场罪即可以实现罪名的递补，严密了刑罚的体系。

诚然，营利目的是驱使行为人积极主动、反复继续实施犯罪行为的动因。①而事实也证明绝大多数情况下，开设赌场的行为人也都存在着营利目的。但是我们无法完全否认在现实生活中，的确存在有人开设赌场并非完全出于营利的目的，还有如为获得荒唐的名声、为俱乐部会员提供交际的方式，或者通过开设赌场招揽更多的客流量来刺激赌场之外的相关消费以获取利润，如此种种，如果将开设赌场行为笼统地划入犯罪圈，而不在刑罚轻重上加以区分则也似有不妥。因而开设赌场中的营利目的并非该罪成立的必要条件，并不具备像聚众赌博那样成为罪与非罪的区分条件，换而言之，即便并非出于营利目的，同样可能符合开设赌场罪的构成要件。当然，如果确证开设赌场并非"以营利为目的"，从理论上来说，予以减轻或者从轻处罚似乎更为妥当。

3. 本案中彭某是否属于"以营利为目的"的聚众赌博

对于彭某是否具有"营利目的"的争议，实质上是客观判断还是主观判断的区分，即聚众赌博中的"以营利为目的"到底是只要有谋取利益的目的或想法即可判定，还是必须实际取得盈余利益方可判定，如此则理应先对"营利"的概念予以准确把握。在生活用语中，经常出现对于"赢利""盈利"以及"营利"的混淆运用，但在赌博罪中强调"以营利为目的"，这里的"营利"即为谋利，表达了最终的目的是赚钱，但最终未必赚到钱，因此它强调的是一种目的或理想，侧重于过程，而不管结果是获利还是亏损；但是"盈利"是指有盈余而不存在亏损，即在扣除成本的情况下，还赚到了钱；而"赢利"则表达收益有增加，但是未必有利润，即在收益增加的前提下，可能有盈余，也可能亏损，因此"赢利"与"盈利"强调的是结果或事实上的状态，即是否有盈余，而不强调过程。

结合本案来看，彭某是直接参赌以谋利，不过事与愿违，彭某因赌技不佳并未从参赌中获取射幸利益；从结果来说彭某并未赚到钱，但是这并不能否认彭某直接参赌的最终目的是赚钱。我们不能因为刑法在规定赌博罪时重点打击抽头获利行为，就忽视或否认直接参赌人员同样具有谋利这一主观超过要素。这是因为对于直接参赌的聚众赌博者强调这一主观超过要素，其作用在于区分群众间带有少量财物输赢的正常娱乐活动与赌博违法犯罪活动。从前文中提到的《解释》和《通知》中两次提到"不以营利为目的，……不予处罚"来看，"不以营利为目的""带有少量财物输赢"是界定群众间正常文娱活动的核心要件。例如行为人进行带有少量财物输赢的赌博活动，虽然其主观上也有为了赢取少量财物的获利成分，但其主要目的是消遣、娱乐，输赢对其无所谓，或者意义不大，此时应认定这是群众正常的文娱活动，行为人主观上不具有"以营利为目的"。相反，假如现有证据能够证明行为人参与的赌博活动已经不属于群众正常的文娱活动，那么就应当认定行为人主观上是以营利为目的。

而彭某在整个赌博活动中，虽然未能从抽头获利中分得一杯羹，这与《解释》中对于聚众赌博的规定"组织 3 人以上赌博，抽头渔利数额累计达到 5000 元以上的"明显不符。但是彭某的行为既符合"组织 3 人以上赌博，赌资数额累计达到 5 万元以上的"，又符合"组织 3 人以上赌博，参赌人数累计达到 20 人以上的"。如前所述，立法者显然认为赌资数额的巨大与参赌人数的众多是与"以营利为目的"有着内在联系的，毕竟这两种情况下，要满足"聚众"的条件，只要符合其前半款"组织 3 人以上赌博"之规定即可，而作为"聚众赌博"的

① 张明楷. 论刑法中的"以营利为目的"[J]. 检察理论研究，1995（4）：41.

整体考量，正是要打击通过聚众赌博而从中营利的行为。据此，彭某的聚众赌博行为已经不属于群众正常的文娱活动，应当肯定其主观上是以营利为目的。故而，将彭某认定为聚众赌博行为无疑更加适宜。

（二）聚众赌博与开设赌场行为的区分

1. 刑法中的"聚众犯罪"

在马克思主义哲学框架之下，人的本质是一切社会关系的总和，人们总是通过结成一定的社会关系去促进个人发展、推动社会进步，因而人的本质属性被归结为社会性。从这个意义来说，聚众（聚集群众，将许多人聚集在一起）正是社会性的表现形式，人们常说的"人多力量大"就是对这种社会性的客观描述。但是这种"多数人的集合"而形成的能量既能在积极意义上对于促进社会发展功效卓著，同样在消极意义上对于阻碍社会发展也不可小觑。正如我们对共同犯罪的打击惩处要严厉于对个人犯罪的惩处，聚众犯罪也因为其聚集起来的巨大能量对社会秩序的破坏和威胁而被刑法格外关注。然而，尽管我国《刑法》分则中不乏明确规定以"聚众"为要件的罪名，但无论在总则还是在具体罪名中都未对"聚众"这一概念做出解释以明确其具体含义，在司法实践中也没有统一通行的认定标准。[①]在《刑法》条文中大多表述为"聚众……"的客观行为，这使得在理论和实务上长期以来对于聚众性的认识都存在偏差。尤其对于聚众犯罪和普通的多人共同犯罪，在形式上都表现为多人同向实施同一犯罪行为，致使区分标准只有求助于《刑法》条文有没有规定该犯罪的构成必须由多数人共同实施。

对现行法条梳理后可将《刑法》中规定的"聚众"犯罪分为三类：第一类是必要的聚众犯罪，即聚众是该罪名成立的必备条件，缺乏聚众性则难以构成该罪，如聚众淫乱罪、聚众斗殴罪、聚众哄抢罪等。第二类是选择的聚众犯罪，即聚众实施是该类犯罪的行为方式之一，当然行为人也可以通过实施其他行为方式而被定罪，如除了聚众赌博之外，以赌博为业也可以构成赌博罪；再如扰乱法庭秩序罪中除了聚众哄闹、冲击法庭的，还有三种行为方式可以实现。[②]应该强调的是，尽管这里的"聚众实施"只是行为方式之一，却也是该行为方式下该罪名成立的必备条件。第三类是将聚众作为加重处罚的条件，这种情况下，无论是否聚众都构成同一罪名，但"聚众"会导致加重处罚，比如《刑法》第二百三十七条对于强制猥亵、侮辱妇女的行为，聚众实施的法定刑升格。总的看来，除了第三类，前两种类型都体现了聚众犯罪的特点，即"基于法律的特别规定，以聚众作为犯罪成立要件的犯罪类型。"[③]

2. "聚众参与赌博"与"聚众赌博"

应该明确的是，聚众犯罪所要打击的重点在于聚众行为的召集人而非被聚集而来的普通民众，这种区别对待是符合刑事政策目的的，正是因为在同一空间中不特定多数人的叠加和聚合（包括行为上的和心理上的），使得行为性质和行为程度容易溢出社会容忍限度，因而才

---

① 苏雄华. 不只是行为：关于聚众的另行解读[J]. 重庆理工大学学报（社会科学版），2010（5）：65.

② 《刑法修正案（九）》对第三百零九条扰乱法庭秩序罪做了进一步的修改补充，现条文表述为："有下列扰乱法庭秩序情形之一的，处三年以下有期徒刑、拘役、管制或者罚金：

（一）聚众哄闹、冲击法庭的；

（二）以殴打司法工作人员或者诉讼参与人的；

（三）侮辱、诽谤、威胁司法工作人员或者诉讼参与人，不听法庭制止，严重扰乱法庭秩序的；

（四）有毁坏法庭设施，抢夺、损毁诉讼文书、证据等扰乱法庭秩序行为，情节严重的。

③ 邹江江. 聚众犯罪与聚众性之解构[J]. 湖北大学学报（哲学社会科学版），2012（3）：87.

需要对召集者、组织者予以刑法规制。有鉴于此，聚众犯罪要求在时空上具备同一性，即不特定多数人同时同向实施同一犯罪行为。就传统的聚众赌博而言，这也是不可或缺的要素，这意味着被聚的众多参赌人员要求或必须在一起进行赌博，即共同参与到同一个赌局中赌博。这在其他聚众性犯罪中也能得以验证，如聚众哄抢、聚众斗殴、聚众淫乱等，无一不要求被聚集的众人共同参与到违法犯罪中来，这是由其必要共犯的基本属性所决定的。如果被召集的参赌人员并非在一起共同赌博，而是分别实施赌博行为，如被召集的参赌人员分散在多处，两两对赌，则很难认定成立聚众赌博，召集者也不构成赌博罪。

由于网络赌博的发展，使得聚众赌博中时空同一性的认定更加复杂。如果犯罪嫌疑人组织网络赌博的参赌人员存在时间上的先后顺序，而且那些被介绍或被召集而来的参赌人员之间并不曾有意思联络，而是各自单独下注赌博，如此则该聚众者的介绍、召集行为在性质上就很难被确定为聚众赌博。①因为在这种情况下，尽管客观上的确召集了许多人，但是却没有形成不特定多数人的叠加和聚合（包括行为上的和心理上的），因而其聚合性很难认定。应该指出的是，此处赌博行为并非泛指抽象的、概括的赌博行为，而应该被具体到某次赌博行为或某个赌局。因为赌博网站可被视为是个昼夜不息运营大赌场，但它不是一个赌局，也不是一次具体的某个赌博行为。这里的赌局是具体的某一场赌博，即只能基于某一场赌博的时空延续性，所有在某一场赌博期间投注参赌之人方可被认定参加了同一场赌博。因此，不能认为在同一个赌博网站下注赌博，就认定被招集的参赌人员都进入了同一场赌局。

综上，并非任何聚众参与赌博的行为都构成聚众赌博。

3. 开设赌场中的招揽聚集众人

一般而言，达到一定规模的赌场除了所有者、组织者，大多还会由相应的责任分工明确、组织架构完整的人员组成，这种外在表现形态对于区分聚众赌博和开设赌场有一定的区分作用，但是开设赌场中的招揽聚集众人显然并非是指这些工作人员，而是指赌客。而作为赌场，其开放性决定了必然要招揽、聚集、接待众多赌客，而传统意义上的赌场也必然要为众多赌客的聚集提供必要的场所和处所。

关于"赌场"，遍览世界各国之刑法典，只有极少数国家对之做了明确规定。②就一般观念中的赌场而言，是指供参赌者进行赌博的场所或处所。但是笔者认为，以"场所或处所"来界定赌场，只是契合了传统观念中赌场物理空间的特征。在网络赌博尚未出现之前，参赌者必须聚集在一起方能开始赌博，而诸多参赌者聚集在一起必然需要占据一定的空间或区域，这种空间上的依赖性要求该空间或区域必须具备在其中进行赌博活动的物质条件，尽管这些条件可能华美，也可能简陋，因而无论是赌摊、赌档，还是生活场所、麻将馆、棋牌室，都只是为赌博活动的进行提供了物质条件。随着网络赌博的兴起，这种物质条件的依赖性逐渐转变了存在方式，它不再需要聚集在一起而占据一定的空间区域，而是通过电脑、手机等现代化的网络通信工具以网络、电话、短信、微信等方式进行赌博，因而开设赌博网站或者接受赌博网站的委托，代为受理参赌者投注的，同样可以满足将诸多参赌者聚集在一起的效果，因此，同样构成开设赌场。因为它同样能够连续为不特定多数人提供赌博机会，只是该赌博机会的实现方式与传统赌场所提供的方式有所不同。在这种情况下，尽管网络虚拟空间也属

---

① 杜永浩. 聚众参与赌博不一定是"聚众赌博" [N]. 检察日报，2015-2-11（3）.

② 如加拿大刑法第一百九十七条规定，"赌场是指为下列目的而开设、经营或者使用的场所：（a）促成、鼓励或帮助以该场地为基地而与他人或该场所管理人从事赌博；（b）促成他人收受、记录、登记、传达或者交付赌注或报告赌博结果。"参见加拿大刑事法典[M]. 罗文波、冯凡英译. 北京：北京大学出版社，2008：149.

于广义的"空间"概念，但是传统意义上的"场所或处所"之物理空间属性是无法涵盖网络、电话、短信等新型投注方式的，因此"场所或处所"仅仅是传统意义上赌场的一个特征，且无法涵盖"网络赌场"之存在，因而有必要另行解读。

究其本质而言，赌场无论是作为一个"场所或处所"，还是以建立或代理赌博网站的方式接受投注，它都只是在为参赌者提供一个共同赌博的机会，而且他们做得更专业、更开放、更有连续性。就专业性而言，开设"赌场"就意味着要专门为参赌者提供赌博机会，因此专业化程度要求更高，比如需要提供多种多样的赌博方式、制定输赢规则、提供技术支持、资金结算等专业化的服务；就开放性而言，赌场所接纳的参赌者应该是不特定的多数人，这意味着赌场只要开门就必须笑迎八方客，能够为这些不特定的多数人提供"同场竞技"的机会。这一特点使之可以与仅限定于较为固定的参赌者中进行的聚众赌博相区别，而且"同时"共同赌博的机会将一些单机赌博游戏从赌场中被区分出来，比如游艺场提供一台老虎机，该老虎机尽管为不特定的多数人都提供了赌博机会，但由于每次仅能供一人使用，因而不能被认定为赌场。就连续性而言，是指在赌场存续期间应当能够连续性地为不特定的多数人提供共同赌博的机会，因而那些暂时性的赌摊或赌档以及偶尔供赌博使用的住宅、办公室等尚不足以被认定为赌场。

结合本案案情来看，吴某、刘某、骆某等三人多次招揽聚集多人赌博，从抽头渔利、参赌人数、赌资数额等几个方面均符合聚众赌博的标准；但是同时三人的设赌是以不特定多数人为目标群体，因而人员具有较强的流动性和随意性。这从查获当晚的参赌人员中可见端倪，参赌人员 25 人，而社会人员 11 人，即吸引了不特定的多数人，并为之提供赌博机会，这也符合开设赌场罪对于人员聚集的规定。因此，单从聚集众人的角度难以对两类行为进行区分，尚需结合更多、更为精准的条件予以区分。

4. 聚众赌博与开设赌场的区分标准

实践中聚众赌博与开设赌场较难区分，且更多的案例倾向于定开设赌场罪。这是由于两罪在实践中确实难以区分造成的，为此学术界和司法实务界提出的区分标准甚多，且这些区分标准大多都集中于在客观方面。有司法实务人员指出，开设赌场罪与赌博罪的主要区别在于客观方面。因此应综合行为人对场所的控制力、组织的严密性以及赌博的规模等因素来考虑，不能仅仅因赌场地点的变换而认定为聚众赌博行为。[①]还有司法实务人员认为可以通过赌场内人员的组织架构完整性与否，来区分聚众赌博与开设赌场。[②]也有学者提出，从裁判说理的角度，总体上开设赌场具有开放性、持续性、场所固定性、人员不特定性、组织性（分工）、稳定性、较大规模性等特点，聚众赌博反之；开设赌场具有经营性、控制性，是通过场所吸聚不特定赌客，而聚众赌博具有"人合性"，主要依靠人际关系吸聚相对特定的赌客。[③]当然，最高人民法院《刑事审判参考》第 58 集（2007 年第 5 集）也对此提出了区分标准，具体包括

---

① 刘海东. 开设赌场与聚众赌博有三个区别[N]. 检察日报：2015-6-8（3）.

② 林丹丹. 从组织架构谈聚众赌博与开设赌场罪的区别[J]. 中国检察官，2017（16）：70.

③ 刘强. 十六个被改判案件看开设赌场罪与聚众赌博罪的区别. 参见网易刑事实务"开设赌场罪被改判为赌博罪的判例梳理" 2018-6-4.

六个方面。①

笔者认为，这些区分标准在应对传统开设赌场罪认定时应该具有指导意义，但是随着网络赌博尤其是开设网上赌场的兴起和泛滥，上述区分标准恐怕未必奏效。承接上文将"赌场"界定为提供赌博机会的"方式"或平台，因而"开设赌场"的含义也自然与传统的观念相异，笔者认为"开设赌场"是指为实现能够让不特定多数人共同赌博的机会而设立或维持某种"方式"或平台的运营行为。如此界定正是考虑到如今赌博形式的多样性，由于博彩业中信息化的推广普及以及电子化金融结算业务的发展，赌场尤其是网络赌场不再要求参赌者现实地在同一场所或处所中同场竞技，通过识别和验证账号等个人身份信息即可在赌博网站实现线上赌博线下交易。因而赌场开设者所要做的工作就是提供这样的机会和平台并维持运营，以方便不特定的多数人参与赌博，比如组织众人通过网络、短信、电话方式进行赌博，甚至通过微信抢红包也能被认定为"开设赌场"。日本学者大谷实教授曾举例："在股票交易所的看台上，为了用金钱赌交易所的股市涨落而设置场所的时候，为了赌棒球输赢而在办公室设置电话，接受赌客申请的时候，即便赌博的人没有在该场所聚集，也是开设赌场的行为。"②有鉴于此，早在 1974 年形成的《日本改正刑法草案》第二百五十二条就建议以"举办赌博"来替代"开设赌场"，当然由于种种原因这部草案未获通过，已成为历史文献。

即便对于传统的提供赌博场所或处所的赌场，也不能认为多人同时赌博必然位于同一固定场所或处所，因为网络的存在，使得分散于不同场所或处所的参赌人员也能形成多人共赌的赌局。还以前述超市摆放游戏机为例，在一所超市摆放一台游戏机，每次仅容纳一人赌博，不能被认定为"赌场"，但是如果在十家超市摆放十台游戏机，则能够同时让不特定的多数人（10 人）进行赌博，虽然此时参赌者分散在各个不同的超市，但此时应当可以认定已经构成"开设赌场"。此外，由于赌博的方式多种多样，赌博并不必然依赖赌具、筹码、场所等条件才可进行。比如赌博网站的代理，仅需负责组织"所辖范围"人员的下注和赌资结算，并不需要赌具、筹码、场所等。

因此，与其在区分聚众赌博与开设赌场时人为设定许多未必适用的所谓标准，不如结合现实发展的新情况，提炼总结出开设赌场罪的基本特征，以此为凭进行甄别。笔者认为，开设赌场应包含如下特征：

首先，开设赌场应该是开放的、兼容的。开设赌场是以不特定多数人为目标群体，因而人员具有很大的流动性和随意性。而能够容纳不特定的多数人同时赌博的特征，意味着虽然针对不特定的人但不能同时接纳多人赌博的情形应当不属于"开设赌场"。如前述仅摆放一台游戏机，尽管谁都可以去玩两把，但每次只能接纳一人，这种情况就应该被排除在"开设赌场"之外。

其次，开设赌场是一种专业化运营行为。尽管从词性上说，"开设"是个瞬间性动词，但这并不意味着开设者完成了"开设"行为之后就终结，它必然要求能够按照一定的规则在一

---

① 这六个方面为：（1）聚众赌博的规模一般较小，而开设赌场的规模一般较大，其营业场所大，赌博的工具齐全，赌博方式多样，有专门为赌场服务的人员；（2）聚众赌博的场所具有不固定性，有时是临时租赁，有时是临时在宾馆里开房进行的，而开设赌场的赌博场所一般具有固定的营业地点和场所；（3）聚众赌博的时间一般具有临时性、短暂性的特点，而开设赌场的时间具有持续性和稳定性特点；（4）聚众赌博一般具有隐秘性，而开设赌场一般具有半公开性；（5）聚众赌博的赌头往往会利用其人际关系和人际资源来召集、组织每一次的具体赌博活动，而开设赌场的经营者一般情况下不亲自参与召集、组织人员参与赌博；（6）聚众赌博的赌头本人有时会参与赌博，开设赌场的经营者本人一般不会参与赌博。参见最高人民法院刑事审判庭编. 刑事审判参考（总第 58 集）[J]. 北京：法律出版社，2008：198.

② 〔日〕大谷实. 日本刑法各论[M]. 黎宏译. 北京：法律出版社，2003：380-381.

定时期内反复、一贯地维持这种"方式"或平台以持续性地为不特定多数人提供赌博机会。一般而言，运营行为是为了实现营利目的，但不能排除不以营利为目的的开设赌场行为，现实生活中确实存在不以营利为目的而开设赌场，通过招引参赌人员赌博来拉动其他消费，比如赚取参赌人员的食宿费用而实现营利的事例。

最后，开设赌场应该具有公开性。公开性不同于前述的开放性，"开放"是与"专门""特定"相对应的概念，如果吸引招集特定的或相对固定的人进行赌博，这属于聚众赌博；只有吸引不特定的多数人进行赌博才显示出开设赌场之兼收并蓄、开放包容的特征。而公开性是指所开设的赌场能够被广而告之，能够被不特定的多数人所知晓，至少不反对将赌场存在的信息向外传播。至于不特定的多数人如何知晓，既可能是参赌者之间互相传递的赌场信息，也可能是通过特定的宣传方式使不特定多数人知晓该赌场的存在。当然这种公开性也是相对的，显然对于处于非法状态的赌场而言，它并不希望因积极地将自己展示暴露在公众视野之中，而迅速招致被处罚。

从本案来看，吴某、刘某、骆某等三人召集组织聚赌，同时接纳多人赌博，且参赌人员并非仅限于同事，已出现向不特定社会人员扩散的趋向，因此符合开设赌场罪的兼容性和公开性特征。但是三人所组织的赌博，赌博方式较为单一，输赢规则遵循约定俗成，也未提供技术支持、资金结算等专业化的服务，赌博的场所、时间也不固定，多为临时性、短暂性聚赌，且所召集聚拢的参赌人员在主体上多为同事，尽管也存在抽头渔利行为以及任务分工，但距离开设赌场所要求的专业化运营行为尚有差距，在司法实践中不能因为存在抽头渔利、参赌人数较多、赌资数额较大就认为法益侵害程度更大，就要往设定更高法定刑的开设赌场罪上靠。因此，如果摒弃这种重刑化思维倾向，将吴某、刘某、骆某等三人的行为认定为聚众赌博行为无疑更为妥当。

（三）开设赌场罪中"情节严重"的认定

1. 开设赌场罪中"情节严重"的由来

从立法渊源来看，开设赌场罪属于赌博罪的衍生罪名，《刑法修正案（六）》将开设赌场行为从赌博罪中分离出来，单独成罪，命名为开设赌场罪。该罪与赌博罪比较有以下变化：一是开设赌场罪不要求以营利为目的；二是规定了两档法定刑，第一档与赌博罪的法定刑一致，第二档规定"情节严重的，处三年以上十年以下有期徒刑，并处罚金"。《刑法修正案（十一）》对此又做了进一步修正，一是开设赌场罪的法定刑从"处三年以下有期徒刑、拘役或者管制，并处罚金"提高为"处五年以下有期徒刑、拘役或者管制，并处罚金"；二是对于情节严重的行为，起刑点从原来的三年也提高到了五年，变成"情节严重的，处五年以上十年以下有期徒刑，并处罚金"；三是新增第三款，"组织中华人民共和国公民参与国（境）外赌博，数额巨大或者有其他严重情节的，依照前款的规定处罚"。这原本是《解释》第九条中对于聚众赌博第四种情形的规定，现已转隶为开设赌场罪，并且删除了之前"以营利为目的"的前提要求。刑法的修正使得司法机关能够更加有力地打击开设赌场行为，但同时也产生了如何认定开设赌场罪情节严重的新问题。

为了解决司法适用问题，最高人民法院、最高人民检察院和公安部相继出台了《关于办理网络赌博犯罪案件适用法律若干问题的意见》和《关于办理利用赌博机开设赌场案件适用法律若干问题的意见》（以下简称两《意见》），分别对开设网络赌场和利用赌博机开设赌场的情节严重情形做出规定。除去两种行为的特殊性规定外，根据两《意见》，可以总结出具有一一般借鉴意义的情节严重的情形，主要有：①违法所得累计达到 3 万元以上的；②赌资数额累计达到 30 万元以上的；③参赌人数累计达到 120 人以上的；④招揽未成年人参与赌博的。

2. 开设赌场罪中"情节严重"的司法适用现状

由于两《意见》所针对的对象是开设网络赌场和利用赌博机开设赌场行为，因此并不能当然地适用于传统的开设赌场行为。而刑法条文及相关司法解释并未明确"情节严重"的具体情形，基于特殊规定不能普遍适用于一般情形的基本法理，因而不能随意扩大司法解释的适用范围；从司法实践来看，当前开设赌场案件的违法所得、赌资数额和参赌人数很容易达到和超过两《意见》所规定的标准，如果借鉴上述两《意见》的标准，大量案件将被认定为情节严重，这就会使量刑从过轻走向另一个极端——畸重，造成新的罪刑不均衡，所以法官基于朴素的正义观和量刑轻缓化理念，通常会以没有明确法律法规为由，不认定行为人为情节严重。

究其原因，主要还是两《意见》中情节严重的标准与当前传统型开设赌场罪的司法现实不相适应。首先，从法理来看，情节严重作为法定刑的升格条件，在我国定罪加定量的立法模式下，采用情节严重的表述是为了预留法律应对社会发展变化的空间，从而保持法律的稳定性和灵活性。其次，从立法原意来看，情节严重内容应契合社会发展和司法现实，特别是以数额作为情节严重标准的情况下，该数额的确定应随着社会经济的发展而不断调整。《关于办理网络赌博犯罪案件适用法律若干问题的意见》的数额标准是立足于 2010 年的开设网络赌场案件的司法现实制定的，《关于办理利用赌博机开设赌场案件适用法律若干问题的意见》沿用了该标准。但是随着社会经济水平的迅猛发展和经济因素的影响，该标准已经不能适应当前的司法现实，这一点毋庸置疑。最后，司法实践中对赌博罪与开设赌场罪的区别界定并不明确，单从违法所得、赌资数额和参赌人数等方面来判断很有可能将聚众赌博行为认定为开设赌场行为，如果再以违法所得、赌资数额和参赌人数为标准将之认定为"情节严重"，很可能造成错上加错；因为对于开设赌场及其"情节严重"行为，刑法修正案已经为之配置了更高的法定刑，一方面显示了对于此类行为的高度重视和打击决心、力度，但另一方面对于司法人员在认定时也提出了更高的要求，因为刑罚配置越严厉在办案时就应该越慎重，以谨防错案对被告人基本权利造成侵犯。

3. 两《意见》中"情节严重"可否适用于其他开设赌场案件

对于这一问题的支持者甚多，理由主要有：第一，对比《解释》和两《意见》，情节严重的认定标准从抽头渔利金额和违法所得、参赌人数、赌资累计金额等方面需达到《解释》规定的赌博案件立案标准的 6 倍。[①]表明从 2005《解释》年到 2010 年《意见（一）》再到 2014 年《意见（二）》，考虑了数额的确定应随着社会经济的发展而不断调整，认定标准一致，体现了立法的一致性、关联性，这为该"情节严重"标准适用于一般开设赌场行为提供了现实依据。第二，虽然网上赌博和利用赌博机赌博具有传播面广、打击难度大的社会危险性，但从其他开设赌场行为的特点可以看出，其开设赌场行为对社会秩序和风气的影响程度、对法益的侵害程度，不比网上开设赌场和利用赌博机开设赌场轻微，没有必要对一般的开设赌场行为设定更高的认定标准。第三，北京市房山区人民检察院向最高人民检察院研究室请示

---

① 即《解释》第一条的规定，"聚众赌博"的定罪标准为：（一）组织 3 人以上赌博，抽头渔利数额累计达到 5000 元以上的；（二）组织 3 人以上赌博，赌资数额累计达到 5 万元以上的；（三）组织 3 人以上赌博，参赌人员累计达到 20 人以上的；而两《意见》规定的情节严重标准为：（一）违法所得累计达到 3 万元以上的；（二）赌资数额累计达到 30 万元以上的；（三）参赌人数累计达到 120 人以上的；

"《关于办理赌博机开设赌场案件适用法律若干问题的意见》第七条的规定，能否类推适用于其他开设赌场案件"，该答复意见已经明确，办理赌博机开设赌场以外的其他开设赌场案件，应当参照适用"两高"、公安部《关于办理利用赌博机开设赌场案件适用法律若干问题的意见》第七条"关于宽严相济刑事政策的把握"的有关规定。该答复意见体现了一般情形可以参照适用司法解释对于特殊情况的规定。第四，个案裁判的结果应当符合社会公众朴素的认知程度。对于某些案件倘若仅因普通开设赌场犯罪中法律无明确的"情节严重"认定标准，而按一般开设赌场犯罪情节予以惩治，明显有失法律的公正性，容易造成与办理网络赌博犯罪案件、利用赌博机开设赌场案件相比，明显区别过大，适用法律失公。

笔者认为，对于开设赌场罪的"情节严重"标准，是应该考虑出台新的司法解释。一是对相关的标准、条件理应随着社会经济的发展而不断调整，即便两《意见》中的规定现在看来也已经滞后于当前的社会经济发展水平；二是两《意见》中的规定无论怎么推究其立法原意，无论实现解释结论的实质合理，均无法掩盖其类推解释的本来面目，而这是有违罪刑法定原则本意的；三是《刑法修正案（十一）》新增的第三款规定"组织中华人民共和国公民参与国（境）外赌博，数额巨大或者有其他严重情节的，依照前款的规定处罚"，又再次出现了"其他严重情节"的规定，倘若仅针对此再出台司法解释则陷入头痛医头脚痛医脚的怪圈，倘若不就此出台相应的司法解释，势必在司法实践中造成更多的混乱。因此就赌博犯罪中的"情节严重"出台新的司法解释非常必要，如此方能统一认识，减少司法办案人员在法律依据与司法现实之间的困惑，真正实现罚当其罪。

结合本案案情来看，由于笔者认为吴某等三人并非构成开设赌场罪，因此尽管依据两《意见》的标准来看，已符合"情节严重"的要件，但按照罪刑法定原则，自然也不会被认定为开设赌场罪的"情节严重"行为。

五、结语

1997年《刑法》原本将聚众赌博、以赌博为业和开设赌场并列规定为赌博罪的三种行为方式，但基于开设赌场行为较大的社会危害性有必要加大惩治力度的考虑，《刑法修正案（六）》将开设赌场行为从赌博罪中剥离，规定为独立的罪名。在司法实践中，由于聚众赌博型赌博罪与开设赌场罪往往都有为赌博提供场所、赌具等物质便利条件的行为，因而界限容易混淆，在打击赌博犯罪的导向下，往往更倾向于定开设赌场罪。

信息网络时代的来临，使得网络赌博成为一种成本更低、惩治更难的赌博方式，给赌博犯罪的行为方式认定带来不少新问题，最为突出的是给开设赌场罪行为方式的认定带来了困扰。对于网络赌博犯罪的司法解释是基于信息网络时代赌博犯罪的实施场所从现实空间向网络空间延伸的新形势，对开设赌场行为做出了必要的扩大解释。但在刑法理论和司法实务中，对两《意见》适用范围还是很难做出准确理解，即该司法解释的规定只是从正面说明建立赌博网站以及相关行为属于开设赌场的表现形式，并没有说信息网络时代的开设赌场行为仅限于建立赌博网站以及相关行为。而除了建立赌博网站以及相关行为之外，在信息网络时代还存在开设赌场行为的其他表现形式。诸如利用微信红包、游戏软件等赌博就是该司法解释不能涵括的开设赌场新形式，即以设立聊天群组的方式开设赌场。可以预见，在信息网络时代，将来必然还会出现开设赌场的其他新形式。因此对两者的区分不应纠结于是否存在盈利目的、是否招揽聚集众人、是否提供便利赌博的条件等问题，而应该对于"赌场"以及开设赌场做出合理的界定，以此来纠正面对赌博犯罪时的重刑化倾向，并准确区分聚众赌博型赌博罪和开设赌场罪。

（撰稿人：陈国坤）

案例18 挪用公款罪

一、案情简介

王某，男，中共党员，在担任某市盐务局直属二分局副局长、某市盐业公司福山分公司副经理兼财务科长期间，利用职务便利，为了帮助朋友杜某（某银行工作人员）完成银行揽储任务，于2010年1月23日擅自决定将单位"小金库"款项180 000元存入王某个人中国农业银行账户，后又应银行工作人员要求将该款以个人存单形式继续存放于银行，使用超过3个月。案发前王某已将挪用款项本息全部退还。2010年4月17日至2010年5月5日，累计挪用单位"小金库"款项399 470元用于购买福山区福海路ＸＸ号23座2单元7层701户房屋及其丈夫钟某支付事故赔偿款。2010年5月12至24日期间，钟某三次还款207 000元，挪用公款192 470元超过3个月。案发前已全部退还。2011年6月30日，私自挪用单位"小金库"款项89 000元给其嫂子李某使用，当年国庆节前还款39 000元，挪用公款50 000元超过3个月。案发前王某已将挪用款项全部退还。

二、争议问题

关于王某的行为如何定性，司法实务中有不同的观点。主要争议在于对"小金库"如何定性，态度不一。

第一种观点认为，但凡"小金库"都属于违规设立，因为无法反映在账面上，所以只要是挪用"小金库"的资金就应当一律推定行为人主观上具备非法占有的目的。本案中，王某明知"小金库"中的资金不反映在账务上而进行挪用，应判定自挪出资金时起即不考虑归还，应以贪污罪论处。

第二种观点认为，应当对"小金库"加以区分，对于挪用虽属违规设立，但实质上依然受制于单位支取规则的"小金库"，不能因其设立行为的违法性且资金未反映在账务上，而一律判定行为人具有贪污罪的犯罪故意，要看有没有后续事实肯定行为人具有非法占有目的。王某虽然对"小金库"的使用情况具备一定程度的支配力，但是挪用资金归个人使用，并非用于公务支出，可认定其主观有非法占有的故意，应认定王某犯贪污罪。

第三种观点则认为，是否挪用"小金库"中的资金，不是评判罪与非罪、此罪与彼罪的关键，关键在于，要具体分析行为人挪用"小金库"资金作何用途、挪用后是否有主动归还的意图等多种因素作综合判断。王某挪用"小金库"的资金后，主动归还部分资金，应认定其主观上没有非法占有目的，仅仅是非法使用公款，应认定王某构成挪用公款罪。

三、相关法条

《中华人民共和国刑法（2020年修正）》
第九十一条 【公共财产的范围】本法所称公共财产，是指下列财产：

（一）国有财产；

（二）劳动群众集体所有的财产；

（三）用于扶贫和其他公益事业的社会捐助或者专项基金的财产。

在国家机关、国有公司、企业、集体企业和人民团体管理、使用或者运输中的私人财产，以公共财产论。

第九十三条 【国家工作人员的范围】本法所称国家工作人员，是指国家机关中从事公务的人员。

国有公司、企业、事业单位、人民团体中从事公务的人员和国家机关、国有公司、企业、事业单位委派到非国有公司、企业、事业单位、社会团体从事公务的人员，以及其他依照法律从事公务的人员，以国家工作人员论。

第三百八十四条 【挪用公款罪】：国家工作人员利用职务上的便利，挪用公款归个人使用，进行非法活动的，或者挪用公款数额较大、进行营利活动的，或者挪用公款数额较大、超过三个月未还的，是挪用公款罪，处五年以下有期徒刑或者拘役；情节严重的，处五年以上有期徒刑。挪用公款数额巨大不退还的，处十年以上有期徒刑或者无期徒刑。

挪用用于救灾、抢险、防汛、优抚、扶贫、移民、救济款物归个人使用的，从重处罚。

第三百八十二条 【贪污罪】："国家工作人员利用职务上的便利，侵吞、窃取、骗取或者以其他手段非法占有公共财物的，是贪污罪。受国家机关、国有公司、企业、事业单位、人民团体委托管理、经营国有财产的人员，利用职务上的便利，侵吞、窃取、骗取或者以其他手段非法占有国有财物的，以贪污论。与前两款所列人员勾结，伙同贪污的，以共犯论处。"

四、学理分析

（一）挪用公款罪

挪用公款罪，是指国家工作人员利用职务上的便利，挪用公款归个人使用、进行非法活动的，或者挪用公款数额较大、进行营利活动的，或者挪用公款数额较大、超过 3 个月未还的行为。本罪的法益是公款的占有权、使用权、收益权以及职务行为的廉洁性。从《刑法》看，本罪所禁止的是国家工作人员利用单位所赋予的经手、管理公款的权力条件，违反单位财务管理制度，将公款置于个人支配之下，擅自改变公款的用途的行为。本罪所侵犯的客体是国家公职人员公务行为的廉洁性和公款的占有权、使用权，该罪的本质特征是公款私用。

1. 主体要求

挪用公款罪是身份犯，行为人必须有国家工作人员的身份。我国《刑法》第九十三条对国家工作人员（挪用公款罪的犯罪主体）进行了规定：国家工作人员（挪用公款罪的犯罪主体）是指在国家机构中从事公务（工作）的人员，还有在国有公司和企业中从事公务的人员，以及经过国有公司和企业委派到一般公司从事公务（进行工作）的人员，以上的主体都可以称之为国家工作人员。

单位不能成为挪用公款罪的主体。挪用公款的特殊性决定了单位（即使是单位一把手拍板）为了单位利益（个人从中牟取了个人利益除外）在权力职责、业务范围内集体研究、决策、讨论决定或者经过规定的审批程序用款、向外出借款项等行为，不涉及挪用问题，不能构罪。但致使单位遭受重大损失，构成其他犯罪的，依照《刑法》有关规定对相关责任人员定罪处罚。①

2. 挪用行为

行为人利用职务上的便利实施了挪用行为。挪用，是指未经合法批准，或者违反财经纪律，擅自使公款脱离单位的行为。行为人使公款脱离单位后，即使尚未使用该公款的，也属于挪用②。例如，行为人将公款转出，准备日后用来炒股，但后来发现最近股市不太景气，遂放弃，但该例中即使行为人未用公款，也属于挪用。笔者不赞成"'挪而未用''挪而不用'不属于挪用公款"的观点。但是没有使公款脱离单位的，不应认定为挪用。例如，国有公司会计甲，为了帮助 B 银行工作人员乙完成揽存任务，擅自将公款从 A 银行转入 B 银行，户名依然为国有公司的，不应认定为挪用公款罪。另一方面，使公款脱离单位占有也包括使公款由单位与他人共同占有的情形。换言之，当公款原本由单位占有支配，但行为人利用职务上的便利，导致公款由单位与其他个人共同占有支配（单位不能独立占有支配）时，也能认定为挪用公款。③

3. 公款的认定

《刑法》第三百八十四条将挪用公款罪的犯罪对象限定于公款和特定公物。公款一般是指公共货币资金，包括国有财产、劳动群众集体所有的财产、用于扶贫和其他公益事业的社会捐助或者专项基金的财产；国家机关、国有公司、企业、集体企业和人民团体管理、使用或者运输中的私人财产，公款不等于现金。挪用公有国库券的行为，以挪用公款论处；挪用金融凭证、有价证券用于质押，使公款处于风险之中，与挪用公款为他人提供担保没有实质的区别，应以挪用公款罪论处，挪用公款数额以实际或者可能承担的风险数额认定。

侵犯公款使用权是构成本罪的必备要件。该罪的本质特征在于使单位的公款失去控制、处于风险之中。被挪用资金的性质须明确、清晰。所挪用公款应严格限定为公共财物或者国有财产。实践中，如果被挪用资金来源及组成情况不明，尤其是否属于公款事实不清，主要证据之间存在严重矛盾，不能排除合理怀疑，均不应该被认定为国有财产或者公共财产即"公款"，而成为认定挪用公款罪的依据。

法律意义上的"公款"即为国家机关、国有公司、企业、事业单位、人民团体所控制的资金。那么单位私自设立的小金库是否属于公款的范畴呢？这首先需要对小金库加以界定。

"小金库"，是指违反法律法规及其他有关规定，应列入而未列入符合规定的单位账簿的各项资金（含有价证券）及其形成的资产。也有人将"小金库"定义为：侵占、截留国家和单位收入，未在本单位财务会计部门列收列支，而进行私存私放的各种资金。还有人认为"小金库"也叫"小钱柜"，是指在单位财务以外另设账目的公款。一些单位违反国家有关规定，在正常的财政财务收支之外，采取隐匿收入、截留利润或化公为私、公款私存、虚列成本和支出等不正当手段，将资金转移到本单位法定会计账册和财务会计报告之外，私存私放，由本单位用于滥发资金等违规的或不合法的支付。

2009 年 7 月 24 日，中纪委在《设立"小金库"和使用"小金库"款项违纪行为适用〈中国共产党纪律处分条例〉若干问题的解释》中指出："小金库"是指违反法律法规及其他有关规定，应列入而未列入符合规定的单位账簿的各项资金（含有价证券）及其形成的资产。小

---

① 陈波. 认定挪用公款罪必须把握的要件[J]. 人民检察，2017（10）：21-24.
② 张明楷. 刑法学（第五版）[M]. 北京：法律出版社，2016：1189.
③ 张明楷. 刑法学（第五版）[M]. 北京：法律出版社，2016：1189.

金库指侵占、截留国家和单位收入，化大公为小公、化小公为私有，未在本单位财务会计部门列收列支和私存私放的各种资金。主要来源包括：以各种名义挪用、转移国家预算内、预算外收入；截留销售收入、营业收入、营业外收入和其他收入；高价倒卖、非法牟取价差收入；一些经济主管部门和监督部门侵占、截留罚没收入。不包括党委、团委、工会会费，稿费提成和职工互助金等项目。①全国人大常委会委员刘锡荣在审议《刑法修正案（七）草案》时提出了集体腐败的概念，并表示可考虑首先把私立"小金库"列入刑法犯罪中。

关于"小金库"的外延含义，有学者认为"小金库"的资金来源主要包括七种形式：（1）通过违规罚款、收费或摊派费用的方式设立"小金库"；（2）通过处置资产、收入租赁费用的方式设立"小金库"；（3）通过套取会议费、培训费、咨询费和劳务费的方式设立"小金库"；（4）将经营收入违法留存；（5）以需列的支出项目将资金转出设立"小金库"；（6）通过虚开发票的方式骗取资金设立"小金库"；（7）上下级单位串通设立"小金库"。②也有学者认为"小金库"还应包括：（1）单位在采购过程中收受的回扣，本应上交，但因为单位小团体利益将其私设为"小金库"；（2）单位对外进行交易时将应付给对方的相关费用截留设立"小金库"；（3）单位在废旧物资变现的过程中没有将所得资金纳入正规财务系统，私设"小金库"；（4）单位弄虚作假，将债权变现设立"小金库"。综合以上可以看出，"小金库"的资金来源主要包括 11 种形式，但通过对这些名目繁多的"小金库"设立形式进行分析可以看出，其主要包括三类形式：（1）套取国家正规经费类；（2）截留应该上交的费用类；（3）违规收取的费用类。因此，可以说"小金库"的外延为三类。

也有人将"小金库"定义为：侵占、截留国家和单位收入，未在本单位财务会计部门列收列支而私存私放的各种资金。还有人认为"小金库"也叫"小钱柜"，是指在单位财务以外另设账目的公款。一些单位违反国家有关规定，在正常的财政财务收支之外，采取隐匿收入、截留利润或化公为私、公款私存、虚列成本和支出等不正当手段，将资金转移到本单位法定会计账册和财务会计报告之外，私存私放，由本单位用于滥发资金等违规的或不合法的支付。尽管表达不一，但其对"小金库"本质特征的概括是一致的，即应入账而未入账。从《会计法》③的规定来看，上述对"小金库"的定义尽管有些还需要进一步界定，但核心是符合法律规定的。从这些定义中可以看到"小金库"的资金范围是有限定的，并不是所有违规设立的资金、所有违规事项产生的资金都会被划入"小金库"，因为如此一来，势必会扩大"小金库"的外延，导致"小金库"的泛化。

笔者认为，小金库属于公款，理由如下：首先，"小金库"在形式上不具有合法性，属于违规设立的资金，不法的设立行为固然值得行政法给予否定评价，但归根结底"小金库"依然属于公共货币资金。对于设立主体清晰，如领导默许、单位决策设立，且支取需遵守一定规则的"小金库"，其实质上已具备与能够反映在账务上的公款一般无二的"外观"，因为账务本质上也属于规则的一种，不论资金是否完整展现在账务上经受审计，其依然处在本单位控制和支配之下，不会由于未经审计而公款私用，所以其类型是公款。如果具备了其他要件，挪用"小金库"中的资金，有可能构成挪用公款罪的。

<hr>

① 《中纪委对小金库违纪行为问题的解释》. 新华网，2009-8-23.

② 韩映新、刘兴成. "小金库"猖獗及其治理的法律路径[J]. 学理论，2010（9）：152.

③ 《会计法》第九条规定："各单位必须根据实际发生的经济业务事项进行会计核算，填制会计凭证，登记会计账簿，编制财务会计报告。任何单位不得以虚假的经济业务事项或者资料进行会计核算。"第 16 条规定："各单位发生的各项经济业务事项应当在依法设置的会计账簿上统一登记、核算，不得违反本法和国家统一的会计制度的规定私设会计账簿。"

4. 关于利用"职务之便"的理解

挪用人必须利用自己的职务便利，即利用职务权力与地位所形成的主管、管理、经营、经手公款或特定款物的便利条件实施挪用行为。

实践中，对"职务之便"与"工作之便"的把握容易出现偏差。"利用职务"便利中的"职务"，是指具有一定管理权限的职务。"职务"仅指担负单位的组织、领导、监督、管理等职责，强调"特定（监管）职责"即职务性。"利用职务之便"是指利用自己职务范围内权力和地位所形成的有利条件，均以该行为人所担负的单位职责为基础，只要该行为人利用本人职责范围内的、对单位财物的一定权限而实施的占有、处置行为，就属于"利用职务便利"而实施的侵害单位财物的行为。"利用工作之便"则是指利用与其"特定（监管）职责"无关的，仅因工作关系熟悉环境、熟悉情况，了解内情、知晓管理程序漏洞，或者行为人拥有职务身份（有可能造成外部人员的误解、错觉）等形成的特殊条件。如单纯的没有管理权的装卸工、搬运工、分拣员，不是这里的"职务"。但单位里的会计、出纳具有一定管理权限，属于这里的"职务"。

5. "归个人使用"的理解适用

根据《刑法》第三百八十条的规定，挪用公款罪是指挪用公款归个人使用，且符合以下三种情形之一的行为：①进行非法活动；②数额较大，进行营利活动；③数额较大，超过 3 个月未还。

理论上一直有人把归"个人"使用限定为归自然人使用或者私营企业使用。例如，有学者认为，"'归个人使用'包括归本人以外的自然人使用；'归个人使用'包括归其他私有单位使用；'归个人使用'不包括归其他公有单位使用"。①司法实务中也一直纠缠于公款的使用者是自然人还是单位，是私营企业还是非私营企业②。为"统一司法"，2002 年 4 月 28 日，第九届全国人民代表大会常务委员会第二十七次会议通过的《关于〈中华人民共和国刑法〉第三百八十四条第一款的解释》规定："有下列情形之一的，属于挪用公款'归个人使用'：（一）将公款供本人、亲友或者其他自然人使用的；（二）以个人名义将公款供其他单位使用的；（三）个人决定以单位名义将公款供其他单位使用，谋取个人利益的。"对此规定，学界普遍认为，将公款供本人、亲友或者其他自然人使用，是一种典型的挪用公款归个人使用的表现形式。上述立法解释只是对《刑法》第三百八十四条第一款"归个人使用"进行了文理解释，对其理解在实践中不存争议。③

其实，并不是公款的最终使用者是自然人，就一定符合挪用公款"归个人使用"这一要件。因为挪用公款"归个人使用"的本质在于，将公款非法置于个人的支配控制之下，即公款私用。④ 这里的"私"用，并不意味着最终的使用者必须是自然人，而是指将原本属于单位支配下的"公"款非法改变为"个人"支配。至于个人非法支配公款后是自己使用，还是给其他自然人或者单位使用，均符合"归个人使用"的本质。尽管有学者认为，立法解释已

① 胡虎，黄恒学，胡海. 挪用公款罪客观认定评述[J]. 西南民族大学学报（人文社科版），2009（6）：167.

② 1998 年 4 月 29 日最高人民法院《关于审理挪用公款案件具体应用法律若干问题的解释》；江苏省高级人民法院（2009）苏刑审监字第 036 号刑事裁定书。

③ 赵震. 职务犯罪重点疑难精解[M]. 北京：法律出版社，2013：208-209；王良顺. 论挪用公款罪中的将公款供其他单位使用[J]. 法学，2010（1）：97.

④ 王作富. 刑法分则实务研究（下）（第五版）[M]. 北京：中国方正出版社，2013

经改变了"归个人使用"的本义①，但应认为，"立法解释的意义在于突出挪用公款罪公款私用的本质，并未突破归个人使用的立法定位，更不意味着归单位使用也是挪用公款罪的客观构成要件"。也就是说，"以个人名义将公款供其他单位使用，其实质是先将公款挪给自己使用，然后自己再处分公款；个人决定以单位名义将公款供其他单位使用，实际上是个人将公款作为谋取利益的手段。因此，两者本质上仍然属于挪用公款归个人使用"。②

（二）贪污罪

贪污罪，是指国家工作人员利用职务上的便利，侵吞、窃取、骗取或者以其他手段非法占有公共财物的行为。

1. 贪污罪的构成要件

贪污罪在旧《刑法》中属于侵犯财产罪，侵犯的法益是财产类法益（不包含国家法益）。随着党和国家反腐败斗争的决心不断加强，现行《刑法》将贪污罪和贿赂罪规定为了一类独立的犯罪，故贪污罪侵犯的法益就多了职务的廉洁性③。

国外关于贪污罪的规定，更多是包含在侵占罪里面，比如日本和德国。德国刑法认为"非法剥夺已在自己占有或保管下的他人之物"属于贪污类型，而日本刑法则认为除了侵占自己占有的他人之物外，侵占公署命令保管的个人财物也构成贪污罪。蒙古和意大利的刑法中，关于贪污的定义跟中国有些类似，都提到了公职人员侵占罪，从而给贪污罪限定了一定的主体。通过对各国贪污罪定义的比较，我们既看到了该罪的共性，也看到了不同国家由于自身社会文化不同，最终产生的对法益保护的差别。

（1）行为主体的身份认定

目前我国对贪污罪主体做出规定的有《刑法》第九十三条、第一百八十三条、第二百七十一条和第三百八十二条共计 4 条刑法条文。其中《刑法》第三百八十二条第一款、三百八十二条第二款中贪污罪的主体提炼出来是"国家工作人员"以及"受委托管理、经营国有财产的人员"，这是一般概念意义上的贪污罪主体，而出现《刑法》第九十三条第二款规定农村基层组织人员从事协助政府进行行政管理工作，第一百八十三条第二款国有公司保险人员委派到非国有公司从事公务，第二百七十一条第二款国有公司、企业或者其他国有单位委派到非国有公司、企业以及其他单位从事公务，第三百九十四条国家工作人员在国内外公务活动交往中接受礼物数额较大依照规定应该上交而未上交这四种情形犯《刑法》第三百八十二条第一款、三百八十二条第二款的，都将以贪污罪论处。

由此也引出了学界对国家工作人员的本质问题所持有的两种不同观点："身份说"和"公务说"。持有"身份说"观点的学者强调，行为人本身必须具有特殊的身份主体——国家工作人员，若行为人不具备该身份主体，纵然其行为具有开展公务活动性质也不能构成职务犯罪；而持有"公务说"观点学者侧重于强调行为人的实际行为具有国家工作人员的公务性质，不要求行为人是否具有国家工作人员的特定身份。④

（2）犯罪客体的认定

刑法学界普遍认为本罪的客体是复杂客体，但在客体内容表述上存在差别，至今没有形

---

① 孙万怀. 挪用公款罪判例体系中的司法展拓[J]. 法学评论，2011（6）：45.

② 孔德学，包遵耀. 挪用公款罪与滥用职权罪的区别[J]. 人民司法，2008（14）：60.

③ 张明楷. 刑法学（第五版）[M]. 法律出版社，2016：1181.

④ 陈洪兵. "国家工作人员"司法认定的困境与出路[J]. 东方法学，2015（2）：114.

成统一的定论。相比于理论界对本罪客体的不明确性，司法实践中贪污罪的客体相对比较确定，通常认为本罪侵犯的客体是公共财物或是国有财物的所有权。这里所称的公共财物等同于《刑法》第九十一条规定的公共财产。根据本罪主体的不同（是指不同类型的国家工作人员），本罪的犯罪对象也会有所变化。当本罪的犯罪主体是国家机关工作人员时，那么犯罪的对象就是公共财物；当本罪的犯罪主体是受国有单位委派到非国有单位从事公务的人员时，那么犯罪的对象就是国有单位财物或者非国有单位财物。犯罪对象作为犯罪行为所侵犯的人或物，是犯罪客体的直接体现，同时也是犯罪客体的物质表现。作为贪污罪客体的物质表现，本罪的犯罪对象主要包括公共财物或非国有单位的财物。其中公共财物又可以分为当然的公共财物和国有财物，而非国有财物就包括非国有公司和企事业单位所有的财物，这些都属于贪污罪的犯罪对象。

（3）客观方面

本罪的客观方面表现为行为人利用职务之便，侵吞、窃取、骗取或以其他手段非法占有公共财物的行为。

利用职务上的便利，是指利用职务上主管、管理、经营、经手公共财物的权力及方便条件。主管，主要是指负责调拨、处置及其他支配公共财物的职务活动；管理，是指负责保管处理及其他使公共财物不流失的职务活动；经营，是指将公共财物作为生产流通手段等使公共财物增值的职务活动；经手，是指领取、支出等经办公共财物因而占有公共财物的职务活动。此外，利用职务上的便利，既包括利用本人职务上主管、管理公共财物的职务便利，也包括利用职务上有隶属关系的其他国家工作人员的职务便利。

在实行行为上，行为人采取了以下几种行为模式：侵吞、骗取、窃取和其他的方式。

侵吞有三种表现形式，一是本人基于职务行为而占有的行为，二是将管理的公共财物非法据为己有的行为，三是让第三者所有的行为。值得注意的是，贪污罪的侵占行为既包括对公共财物进行事实上的处分，也包括法律上的处分。相对于侵吞形式的贪污而言，国有公司的会计尽管没有利用其手里的钥匙，而是利用盗窃工具打开保险柜取走现金的，也属于侵吞形式的贪污，而不是盗窃罪。

窃取是指利用职务上的便利，把他人占有的公共财物转移给自己或者第三人所有的行为。不能简单地将窃取理解为监守自盗这种行为，因为监守自盗的行为其实就是采取侵吞的行为方式。由于贪污罪中利用职务上的便利要求公共财物必须处于行为人自己占有的状态，因此笔者认为这里所指的窃取行为要么是公共财物处于行为人管理、经营或经手等而非直接所占有，要么就是与他人共同占有，否则的话，就应当以一般意义上的盗窃罪进行论处。例如，当某国有单位的保险柜只能由钥匙和密码一起才能打开，钥匙由甲负责保管，密码只有乙自己知道，甲偷看了乙的密码，后利用自己的钥匙和乙的密码取得保险柜中的现金，该种行为可以认定为利用职务上的便利窃取。

骗取是指假借服务上的合法形式，采用欺骗手段，使具有处分权的受骗人产生认识错误，进而取得公共财物。利用职务上的便利骗取财物时，行为人并不具有处分财物的权限与地位，所以必须欺骗具有处分权限与地位的人使之处分财物，并且在实施欺骗行为时利用了职务上的便利。会计、出纳等通过做假账直接取得公共财物的，不属于骗取，而是侵吞。[①]

其他手段是指除侵吞、窃取、骗取以外的其他利用职务之便的手段。这种不法占有，表

---

① 张明楷. 刑法学（第五版）[M]. 北京：法律出版社，2016：1184-1185.

现为行为人在法律形式上或者事实上不法占有了公共财物或者处分了公共财物，但不包括单纯毁坏公共财物的行为。贪污行为既可能表现为利用职务之便将自己占有的公共财物转变为自己不法所有的财物，也可能表现为利用职务的便利将自己没有占有的公共财物转变为自己不法占有的财物。

3. 必须非法占有公共财物

行为对象必须是公共财物①，而非公民私人所有的财物，但不限于国有财物，因为贪污罪的主体包括国家机关国有单位委派到非国有单位从事公务的人员，这些主体完全可能贪污国有财物以外的公共财物。但是，受国家机关、国有公司、企业事业单位、人民团体委托管理经营国有财产的人员成立贪污罪，必须是非法占有了国有财物。另一方面，不要求单位对公共财物的占有具备合法性。

（三）"挪转贪"的认定

最初，挪用公款罪由贪污罪转化而来，因为二者外在表现形式上具有极大的相似性，因此在司法实践中容易造成混淆。一般贪污罪的客观外在表现形式，主要是犯罪人实施了侵吞、窃取、骗取或以扣留、私分、涂改账目、收入不入账、假发票平账等其他非法手段占有公共财物的行为。②这些行为手段在挪用公款犯罪中也常常出现，行为人为了掩盖挪用行为拖延时间也会暂时性地使用上述手段，只不过该罪的行为人主观上没有非法占有公款的目的，客观上也会经过一段时间后归还被挪用款项。但在具体而复杂的司法案件中，有些行为人挪用款项后并未及时归还，在此类情形下，由于外在行为表现相同，只能对行为人的主观层面进行考量分析。实务中，对于贪污的认定很困难，因为在量刑上，挪用公款罪比贪污罪处罚要轻，行为人为了避重就轻，会极力掩盖自己的不法目的，而不承认非法占有目的。《全国法院审理经济犯罪案件工作座谈会纪要》第四条规定了多种因挪用行为实施后而发生的犯罪转化情形，涉及：（1）根据《最高人民法院关于审理挪用公款案件具体应用法律若干问题的解释》第六条的规定，行为人"携带挪用的公款潜逃的"，对其携带挪用的公款部分，以贪污罪定罪处罚。（2）行为人挪用公款后采取虚假发票平账、销毁有关账目等手段，使所挪用的公款已难以在单位财务账目上反映出来，且没有归还行为的，应当以贪污罪定罪处罚。（3）行为人截取单位收入不入账，非法占有，使所占有的公款难以在单位财务账目上反映出来，且没有归还行为的，应当以贪污罪定罪处罚。（4）有证据证明行为人有能力归还所挪用的公款而拒不归还，并隐瞒挪用的公款去向的，应当以贪污罪定罪处罚。2003年《全国法院审理经济犯罪案件工作座谈会纪要》（以下简称为《纪要》）用列举的方式将行为人挪用公款发生犯意转化的行为表现形式总结为四类，其中行为人采取平账、销账等手段使公款难以在账目上有所反映且不予归还、截取单位收入不入账且不归还、有能力归还而拒不归还且隐瞒公款去向这三种情形，是对挪用公款不退还转化为贪污罪的规定。笔者认为，要确定行为人是否有非法占有目的，

---

① 《刑法》第九十一条规定：本法所称公共财产，是指下列财产：（一）国有财产；（二）劳动群众集体所有的财产；用于扶贫和其他公益事业的社会捐助或者专项基金的财产。在国家机关、国有公司、企业、集体企业和人民团体管理、使用或者运输中的私人财产，以公共财产论。公共财产指所有权属于国家的各种财产。包括国有的土地、森林、山岭、草原、荒地、滩涂和其他海陆自然资源；国家控制国计民生的专有财产，如铁路、航空、公路、水运、港口、银行、邮电、广播等部门的装备、设备和其他财产；各级国家机关和各类全民所有制企业、事业单位的财产；历史文物、名胜古迹、风景游览区、自然保护区，以及不能证实属于个人或集体所有的、具有经济、文化和科学价值的财产；国家在国外的财产和属于国家所有的其他财产。

② 王在胜. 贪污贿赂案件取证参考与依据[M]. 北京：中国检察出版社，2010：16.

还要看行为人有没有继续实行转换犯意的行为，如实施了携款潜逃、虚假平账等能够体现其主观非法目的的行为。而不应该认为只要行为人挪用公款后，发生了不退还的结果就是主观上具有非法占有目的。

司法实践中对挪用公款罪转化为贪污"非法占有目的"的判断主要是两种方式，一种是行为人主动供述；另一种是通过办案人员对犯罪嫌疑人的行为表现进行的判断，这是基于客观事实的经验和逻辑判断去推定行为人的主观目的。第一种情况下，犯罪主体作为职务犯罪主体，更清楚挪用公款罪与贪污罪的区别与量刑轻重，往往避重就轻，否认其主观上具有非法占有目的，这样一来，在实践中加大了司法机关的办案阻力。而在第二种情况下，对行为人的客观表现所进行的判断，需要综合考量各个方面的因素，为了避免客观归罪，对挪用公款转化为贪污罪的认定应坚持主客观相统一，综合判断行为人主观方面是否具有"非法占有目的"。实践中，行为人以下几个方面的行为可作为推定行为人主观具有"非法占有目的"的重要参考依据。

1. 行为方式

行为方式是指通过行为人挪用公款后的行为、手段来推定其主观上已经不再是暂时使用公款，而是要非法占有公款，不再具有归还公款的意思。以下几方面的行为可以作为推定行为人具有非法占有公款目的的参考：其一，行为人利用职务上的便利截留公款，应上交而未上交，或者挪用公款归个人使用，未及时归还，后采用虚假财务凭证平账或者销毁财务账目，使所挪用的公款难以在单位财务账目上反映出来；其二，行为人利用职务上的便利挪用公款归个人使用，未及时归还，后携带挪用的公款潜逃的；其三，共同犯罪中，行为人将挪用的公款予以私分的。

2. 处分公款情况

行为人挪用公款后，如何进行处分也是认定是否具有"非法占有目的"的关键。行为人挪用公款数额巨大，远超其归还能力，却对公款肆意挥霍；或者行为人挪用公款数额巨大，远超其归还能力，用于赌博等收回公款风险极高的违法犯罪活动，如果行为人没有任何归还行为，我们更倾向推定其主观上不再只是暂时挪用公款，而是本就不打算归还，即使行为人并没有采取平账等手段掩饰其挪用公款的行为。司法实践中便有行为人挪用公款数额巨大远超其归还能力进行赌博而被判处贪污罪的案例。

3. 归还能力

认定挪用公款罪的前提是要求行为人具有归还能力，只有在其具有归还能力的前提下，主观上才可认定为暂时使用公款，而不具有非法占有公款的目的。行为人明知不具有归还能力而挪用数额巨大的公款，且挪用后进行肆意挥霍，很难认定行为人不具有非法占有目的。但该种推定也要根据客观事实进行判断和具体分析，不能将所有该类型的挪用公款都认为具有非法占有目的。比如，行为人挪用公款远超其归还能力，但是公款仅是用于经营行为，虽然可能存在经营不善导致无法归还全部公款的风险,但是也不宜认定为具有非法占有的目的，因为其本意是要盈利后归还公款的。

4. 归还意图

行为人挪用公款后，经过相当长一段时间是否已归还部分公款，或者有归还公款的意思表示。其一，如果行为人挪用公款后虽然没有采取平账、销账等非法手段掩盖其挪用公款的行为，但是经过相当长一段时间，行为人一直未归还挪用的公款；其二，行为人数次挪用公款，用后挪用公款归还前次款项，后一次数额巨大，由于害怕被追究而携款潜逃。以上两种情况下便可以认定行为人已经不再是非法使用公款，主观上已然产生非法占用的目的，已经没有归还公款的意图。

（四）对于本案行为人王某的具体分析

1. 王某构成挪用公款罪还是贪污罪

从挪用公款罪的产生过程可以看出，挪用公款罪和贪污罪存在十分密切的联系。通过对两罪构成要件的分析，可以看出两罪的犯罪主体相似，主要都是国家工作人员；犯罪客观方面都需要利用职务之便，犯罪对象都可以是公款。特别是行为人以挪用公款的手段转化为贪污时，两个罪很容易混淆。具体到本案中，王某的行为应当如何定性，关键在于王某主观上是否具有非法占有"小金库"资金的目的。王某作为盐务局副局长，具有国家工作人员身份，此身份同时符合贪污罪和挪用公款罪的主体要件。其对单位"小金库"资金所有权的侵犯也同时满足贪污罪和挪用公款罪的客体要件。利用职务之便把公款置于自己的控制之下的行为也能达到构成两罪客观方面的要求。所以对王某行为定性产生的分歧，实质上是对行为人的主观目的认定的分歧。本案中，王某第一次挪用公款用来帮助朋友完成银行揽储任务，且案发前已将全部挪用款项退还；王某第二次挪用公款用于个人购买房屋及供其家人偿还事故款，但一个月后主动归还 207 000 元；王某第三次私自挪用单位"小金库"款项给其嫂子李某使用，但在国庆节前归还部分款项，应认定其主观没有非法占有公款的目的。且通过分析《全国法院审理经济犯罪案件工作座谈会纪要》对于多种因挪用行为实施后而发生的犯罪转化情形的规定以及其他认定方法，可以认定王某事后并未采取"销账"、"平账"、做假账甚至携款潜逃的实行行为，不应认定王某主观上具有非法占有的目的。综上所述，笔者赞成第三种观点，即不能将挪用"小金库"中的资金一律认为具有非法占有的目的，关键要具体分析行为人挪用"小金库"资金作何用途，挪用后是否有主动归还的意图等多种因素做综合判断。本案中，王某虽多次挪用"小金库"的资金，但也在部分时间内主动归还部分资金，应认定其主观上没有非法占有目的，仅仅是非法使用公款，应认定王某构成挪用公款罪。

2. 王某第一次挪用公款用来帮助朋友完成银行任务是否属于营利活动

关于本案王某第一次的挪用行为是否属于进行营利活动，主要有两种观点。第一种观点认为构成营利活动。1998 年最高人民法院《关于审理挪用公款案件具体应用法律若干问题的解释》（法释〔1998〕9 号，以下简称《解释》）第二条第二款规定："挪用公款数额较大，归个人进行营利活动的，构成挪用公款罪，不受挪用时间和是否归还的限制。在案发前部分或者全部归还本息的，可以从轻处罚；情节轻微的，可以免除处罚。挪用公款存入银行、用于集资、购买股票、国债等，属于挪用公款进行营利活动。所获取的利息、收益等违法所得，应当追缴，但不计入挪用公款的数额。"该解释明确规定挪用公款存入银行属于进行营利活动。第二种观点认为不构成营利活动。理由是本案中王某只是为了帮助在银行工作的朋友完成揽储任务，主观上没有获取利息的目的，且案发前积极退还本息，没有其他证据显示王某将利息据为己有或者获取其他收益，这并不能说明王某将公款存入银行是为了获利。

笔者认同第二种意见，理由如下：（1）《解释》中关于营利活动的规定是对法律的一种阐释。但无论对于法律还是司法解释来说，都无法涵盖整个社会关于法律适用的问题，所以不能机械地逐字地理解司法解释的含义，要根据实践中不同的情况具体问题具体分析，不能一概而论。例如有的行为人存入银行确实是为了赚取利息，有的行为人是出于隐秘性考量，为了不被相关单位发现，而暂时性地将单位资金转移到个人账户，也有的行为人是为了帮助亲友完成银行揽储任务而挪用公款转存个人账户等。"营利活动"是指"使用人利用被挪用的公款进行获取经济利益的行为。"①挪用公款存入银行的确能够产生利息，《解释》规定存入银行属于进行营利活动，指的就是当事人获取所挪用公款孳息的行为。但是对于本案行为人来说，主观上无营利故意，客观上也未得利，不应认定为挪用公款进行营利活动，只有那些主观上为了获取利息等个人利益的，将挪用的公款存入银行才能视为进行营利活动。其次，从《解释》规定来看，规定"挪用公款存入银行、用于集资、购买股票、国债等，属于挪用公款进行营利活动。所获取的利息、收益等违法所得，应当追缴，但不计入挪用公款的数额"。从该条文可以看出，存入银行是与用于集资、购买股票、国债并列的关系，而用于集资、购买股票、国债具有非常明显的营利特征，因此存入银行必须要达到该种程度，才是《解释》所规定的属于营利活动的行为。

（2）根据主客观相统一原则，结合挪用人的主观意图、公款用途及使用方式，具体加以分析。行为人本人不具有营利目的，明知他人进行营利活动而挪用公款给他人使用，同样也应认定为进行营利活动。本案中，行为人王某公款私存帮助他人完成揽储任务，主观上不具有营利目的，所获取的利息也已退还，亦无其他证据证明王某通过挪用行为从中获益。银行工作人员既未将公款实际用于生产经营、投资理财等经济活动以获取利润，也非为了进行经营活动做准备，即使存在完成揽储任务进而提高业绩、获取考核资金等情况，也不属于以公款为资本进行营利性活动。因此综合来看，王某第一次挪用公款存入自己私人账户不属于挪用公款进行营利活动。

（3）本案被告人的行为属于挪用公款归个人使用

挪用公款罪所侵害的法益是国家工作人员职务行为的廉洁性及单位对公款的占有权、使用权、收益权，行为人利用职务之便将公款挪用归个人使用，使得公款处于流失及不可回收的风险状态，由于侵害了上述法益而被科处刑罚。因此，应当从是否侵害法益角度判断行为是否属于挪用公款归个人使用。本案中，一方面王某为帮助银行工作人员完成揽储任务而将公款以个人名义存入银行，个人通过对公款的支配达到了帮助他人的目的，银行工作人员则通过对公款的支配实现了完成揽储任务的目标，均符合"使用"的文义。更重要的是，该挪用行为将公款存放于个人名下，使得公款脱离单位控制，存在一定的风险。其挪用公款超过3个月未还，属于挪用公款归个人使用。

3. 王某多次挪用公款又在案发前全部退还，其挪用"数额"如何确定

我国《刑法》第三百八十四条第一款规定："国家工作人员利用职务上的便利，挪用公款归个人使用，进行非法活动的，或者挪用公款数额较大、进行营利活动的，或者挪用公款数额较大、超过三个月未还的，是挪用公款罪，处五年以下有期徒刑或者拘役；情节严重的，处五年以上有期徒刑。挪用公款数额巨大不退还的，处十年以上有期徒刑或者无期徒刑。"

挪用公款的数额既是定罪的重要标准，也是量刑的重要尺度。在司法实践中，对仅一次挪用公款的数额比较容易认定，但是对于多次挪用公款的，由于每次挪用的公款的用途、是否归还和归还时间等情况不尽相同，因而其数额计算起来比较复杂。多次挪用公款的情况主要有以下四类②：一是多次挪用公款在案发前均未归还。二是多次挪用公款，部分已归还，部分未归还。三是多次挪用公款，并以后次挪用的归还前次挪用的公款。可分为两种情况：第

---

① 张凤艳. 挪用公款罪若干问题研究[J]. 中国刑事法杂，2000（4）：58-64.

② 参见石金山. 刍议多次挪用公款的数额认定[J]. 国家检察官学院学报，1999（5）：45-47.

一种情况是前次挪用的公款全部由后次挪用的公款归还；第二种情况是前次挪用的公款，部分由后次挪用的公款归还，部分由挪用人自筹归还。四是多次挪用公款均已分别归还。又可分为两种情况：一是每次挪用的公款归还后隔一段时间再次挪用公款；二是在每次归还前挪用公款时再次挪用公款，名义上已还，实际上未还。但是对于如何认定各种类型的多次挪用公款的数额，实务和理论界一直没有达成统一的标准。

关于数额计算，最高人民法院于 1998 年 4 月 6 日通过的《最高人民法院关于审理挪用公款案件具体应用法律若干问题的解释》（以下简称《解释》），在第四条中做了如下规定："多次挪用公款不还，挪用公款数额累计计算；多次挪用公款，并以后次挪用的公款归还前次挪用的公款，挪用公款数额以案发时未还的实际数额认定。"另外，还在第三条第一款中把多次挪用公款的行为归于"情节严重"的情形之一。

但是有学者认为，《解释》对多次挪用公款的规定至少存在以下不足。第一，《解释》只列举了多次挪用公款的其中两类，不够全面。第二，《解释》中关于"以案发时未还的数额认定"的规定，实际上是把实践中的问题简单化了，只适用于每次挪用的公款都没有进行营利活动和非法活动的情况，因为用途不同，成立犯罪的条件也不同。[①]有的学者认为应当累计计算数额，"多次挪用公款行为，系出于一个犯罪目的连续实施犯罪，符合连续犯或徐行犯的特征，我国刑法理论认为，对侵犯财产类犯罪的'连续犯'和'徐行犯'应累计计算数额"。[②]有的学者则认为："若每一次挪用的数额均未达到定罪标准，则不作为犯罪处理（不用刑罚惩罚不意味着不惩罚，可以用行政方式惩处）。"[③]

笔者认为不应该机械地理解《解释》中的规定，应当分为几种情况讨论：

第一种情形是多次挪用公款从事一般活动且未归还，但每次挪用的数额未达定罪标准，在该类案件中，因为行为人多次挪用公款是用于单一同种用途，每次挪用造成的社会危害性的性质是相同的，我们可以将同一用途的数额进行相加，即便单独认定每次的挪用行为不构成犯罪，但最终会量变引起质变。所以只要将每次挪用公款的数额进行累计，达到该用途规定的入罪标准，就构成该种用途的挪用公款罪。刑法规定"营利活动型""超期未还型"挪用公款罪均有"数额较大"的限制，但不是指每次挪用的数额均达到"较大"标准，只要多次挪用总数达到"数额较大"的标准即可。其次，从严厉查处贪污贿赂犯罪的现实出发，贯彻落实罪责刑相适应的原则，累计计算数额才不会让不法之徒逃脱法律的制裁。例如，国家工作人员甲分三次挪用公款进行营利活动，每次挪用数额一万元。这种情况如果不累计计算数额，甲就逃避了刑法应有的制裁。

第二种情形是挪用涉及多种用途，在该类型案件中，若每次挪用公款均单独构成犯罪的，应先对每次犯罪分别定罪量刑，再根据同种数罪实行并罚，而不应简单地将挪用数额累计计算，因为公款的用途不同，成立犯罪的条件也不同。例如：行为人乙多次挪用公款，分别进行非法活动，营利活动或个人一般消费，应对乙的三次行为分别评价，再根据同种数罪实行并罚。

第三种情形是多次挪用公款，挪用公款进行非法活动或营利活动，数额较大，以后又挪用公款用来归还前次挪用的公款，至案发时，挪用的公款已全部归还的，应当按其用于进行

① 劳娃. 谈谈挪用公款罪适用中的三个疑难问题[J]. 青海社会科学，2003（1）：106.

② 张伟. 数额犯若干问题研究[J]. 中国刑事法杂志，2010（3）：55.

③ 田宏杰. 挪用公款罪司法认定中的疑难问题研究[J]. 人民检察，2001（7）：21-23.

上述活动的公款数额，依法追究其刑事责任。如果后次挪用的数额超过前次挪用的数额，则应当按照前次挪用的数额加上后次挪用尚未归还的数额来定罪处罚。多次挪用公款用于个人生活消费，数额较大，以后又挪用公款用来归还前次挪用的公款，各次挪用的时间应分别计算。这样的处理才最符合刑法罪责刑相适应的原则。

因公款使用方式不同，危险程度及法益侵害程度不同，成立条件及刑罚轻重也不同。相比挪用公款进行非法活动，刑法对进行营利活动增加了数额较大的要求，对进行其他个人活动增加了数额较大及超过 3 个月未还的要求。因本案不属于挪用公款进行营利活动，应认定本案王某的犯罪数额为挪用公款超过 3 个月未还的部分，即 422 470 元。对于其他挪用公款情况均未超过 3 个月即归还，由于不属于进行营利活动，不应计入犯罪数额，只作为量刑情节酌情予以考虑。《挪用公款案件解释》第二条规定，挪用公款"在案发前部分或者全部归还本息的，可以从轻处罚；情节轻微的，可以免除处罚"。由此可见，归还所挪用的公款为重要的量刑情节，但不应影响定罪。

五、结语

贪污罪和挪用公款罪的犯罪主体、客体、客观方面虽然有所不同，但又有很多相同和相似的部分，所以仅仅从主体、客体、客观方面是无法对两罪进行区分的。贪污罪和挪用公款罪的本质区别在于行为人主观上是否具有非法占有的目的。因此准确界定行为人的主观目的是区分两罪的关键所在。挪用公款罪的主观目的是非法使用公款，而贪污罪的主观目的是非法占有公共财物。笔者通过具体案例展开论证，针对涉及两罪中的客观行为、客观方面进行详细分析，厘清了"挪转贪"认定上存在的一些疑惑，并对如何认定非法占有目的进行了探讨，确立了判断的标准。

笔者认为，在处理挪用公款转化为贪污罪的案件中，要特别结合案件具体事实去判断和认定行为人主观上是否具有非法占有公款的目的。所以在"司法实践中，要准确判断行为人的行为性质，关键仍应以《纪要》对挪用公款是否转化为贪污所做的原则性规定为依据"。[①] 犯罪构成的主观方面和客观方面并不是各自孤立的，而是相互关联、相互统一的，要想准确区分和界定挪用公款罪与贪污罪，还需根据主客观相一致的原则，结合具体案件事实情况具体分析，这样才能准确认定案件的性质。

（撰稿人：褚文仙）

---

① 姚光银. 挪用公款后平账不宜一律认定为贪污罪[J]. 中国检察官，2012（20）：55.

案例 19　交警明知是盗抢车辆而徇私舞弊擅自放行的行为如何认定

一、案情简介

陈某以 2 万元人民币在外地购买了一辆被盗窃的套牌轿车(经鉴定价值人民币 10 万元)。2007 年 3 月陈某驾驶该车被公安交警拦车检查后,交警发现陈某系酒后驾车,遂当场暂扣轿车并开具违法行为处理通知单。后陈某到公安交警支队接受处理,负责处理酒后驾车的承办民警王某根据公安交通信息网反映内容,发现上述轿车涉嫌盗抢车辆。王某遂告知陈某该车不能放行需接受进一步调查。嗣后,陈某请托朋友帮忙说情,王某碍于私情,违反规定未做进一步调查,只对陈某处以罚款 300 元,并将暂扣的轿车予以放行。2007 年 11 月,陈某驾驶该车在高速公路道口被查获,后被法院以掩饰、隐瞒犯罪所得罪判处有期徒刑 8 个月。

二、争议问题

对于如何认定交警王某行为的性质,存在以下三种不同意见:

第一种意见认为,王某的行为构成徇私舞弊不移交刑事案件罪。公安交警王某在履行处理酒后驾车这一行政执法职责中,明知暂扣的轿车系盗抢赃车,却徇私情擅自放行车辆,对陈某仅处以行政罚款,不作为刑事案件移交公安刑侦部门,情节严重,应以徇私舞弊不移交刑事案件罪追究其刑事责任。

第二种意见认为,王某的行为构成徇私枉法罪。王某作为公安人员,负有预防、制止违法犯罪活动、维护社会管理秩序的职责,其身份符合徇私枉法罪的主体要件。王某为徇私情,明知陈某驾驶的是涉嫌盗抢的车辆,在接受请托后故意包庇以使其不受刑事责任的追究,其行为应构成徇私枉法罪。

第三种意见认为,王某的行为不构成犯罪。徇私舞弊不移交刑事案件罪的主体是行政执法人员,王某是公安交警,将公安交警列入行政执法人员,没有法律和司法解释依据。陈某仅被法院判处有期徒刑 8 个月,未达到徇私舞弊不移交刑事案件罪的立案标准。徇私枉法罪的主体要求是"具有侦查、检查、审判、监管职责的司法人员",王某是公安交警,其对刑事案件不具有侦查职责,因此也不构成徇私枉法罪。

三、相关法条

《中华人民共和国刑法(2020 年修正)》

第四百零二条　【徇私舞弊不移交刑事案件罪】行政执法人员徇私舞弊,对依法应当移交司法机关追究刑事责任的不移交,情节严重的,处三年以下有期徒刑或者拘役;造成严重后果的，处三年以上七年以下有期徒刑。

　　第三百九十九条　【徇私枉法罪】司法工作人员徇私枉法、徇情枉法，对明知是无罪的人而使他受追诉、对明知是有罪的人而故意包庇不使他受追诉，或者在刑事审判活动中故意违背事实和法律作枉法裁判的，处五年以下有期徒刑或者拘役；情节严重的，处五年以上十年以下有期徒刑；情节特别严重的，处十年以上有期徒刑。

　　【民事、行政枉法裁判罪】在民事、行政审判活动中故意违背事实和法律作枉法裁判，情节严重的，处五年以下有期徒刑或者拘役；情节特别严重的，处五年以上十年以下有期徒刑。

　　【执行判决、裁定失职罪】【执行判决、裁定滥用职权罪】在执行判决、裁定活动中，严重不负责任或者滥用职权，不依法采取诉讼保全措施、不履行法定执行职责，或者违法采取诉讼保全措施、强制执行措施，致使当事人或者其他人的利益遭受重大损失的，处五年以下有期徒刑或者拘役；致使当事人或者其他人的利益遭受特别重大损失的，处五年以上十年以下有期徒刑。

　　司法工作人员收受贿赂，有前三款行为的，同时又构成本法第三百八十五条规定之罪的，依照处罚较重的规定定罪处罚。

四、学理分析

（一）徇私舞弊不移交刑事案件罪与徇私枉法罪的构成要件

1. 徇私舞弊不移交刑事案件罪

　　徇私舞弊不移交刑事案件罪，是指行政执法人员徇私舞弊，对依法应当移交司法机关追究刑事责任的案件不移交，情节严重的行为。

　　行为主体必须是行政执法人员，即依法具有执行行政法职权的行政机关的工作人员。从司法实践上看，主要是工商行政管理、税务、监察等行政执法人员。客观行为内容为，对应当移交司法机关追究刑事责任的案件不移交。这是指行政执法人员在查处违法案件的过程中，发现行为构成犯罪的应当进行刑事追诉，但不将案件移送司法机关处理。至于行为人是将案件作为一般违法案件处理，还是完全放纵不予处理，不影响罪名的成立。"徇私"是指为了个人的私利考虑而不移交刑事案件。"舞弊"就是指对应当移交司法机关处理的刑事案件而不移交。成立本罪还需要情节严重。根据司法实践，具有下列情形之一的，属于"情节严重"：（1）对依法可能判处 3 年以上有期徒刑、无期徒刑、死刑的犯罪案件不移交的；（2）不移交刑事案件涉及 3 人以上的；（3）司法机关提出意见后，无正当理由仍然不予移交的；（4）以罚代刑，放纵犯罪嫌疑人，致使犯罪嫌疑人继续进行违法犯罪活动的；（5）行政执法部门主管领导阻止移交的；（6）隐瞒、毁灭证据，伪造材料，改变刑事案件性质的；（7）直接负责的主管人员和其他直接责任人员为牟取本单位私利而不移交刑事案件，情节严重的。①

2. 徇私枉法罪

　　徇私枉法罪，是指司法工作人员徇私枉法、徇情枉法，对明知是无罪的人而使其受追诉，对明知是有罪的人而故意包庇不使其受追诉，或者在刑事审判活动中故意违背事实和法律做枉法裁判的行为。本罪的构成要件内容可归纳为一种主体、三种行为：

---

　　① 参见张明楷. 刑法学（第五版）[M]. 北京：法律出版社，2016：1263.

（1）一种主体：司法工作人员。根据《刑法》第九十四条规定，司法工作人员，是指有侦查、检察、审判、监管职责的工作人员。根据司法实践，司法机关专业技术人员也可以成为本罪的行为主体。但是只有负有刑事追诉职责的司法工作人员，才能成为本罪的正犯。司法机关为了谋取某种利益，集体研究共同犯罪的，应当对直接负责的主管人员和其他直接责任人员以本罪论处。

（2）三种行为：一是对明知是无罪的人而使其受追诉。追诉，是指以追究刑事责任为目的进行的立案、侦查、起诉、审判活动。追诉不要求法律形式上属于追诉，只要实质上是追诉即可；不要求程序上合法，只要事实上追诉即可；不要求追诉的全部过程，只要进入追诉即可；不要求采取法定的强制措施，只要属于通常的追诉行为即可。对于明知是无罪的人，采取不立案、不报捕但予以关押的手段，待被害人"交代"后再立案、采取强制措施的，以本罪定案；明知他人无罪，而将其作为"逃犯"在网上通缉的，成立本罪。二是明知是有罪的人而故意包庇不使其受追诉。这里的"追诉"包括法定的全部追诉过程或者追诉结果。换言之，对有罪的人不立案、不侦查、不起诉、不审判或者判无罪的，都属于"不使他受追诉"。对于明知是有罪的人，而故意不搜集有罪证据，导致有罪证据消失，因"证据不足"不能认定有罪的，应当认定为本罪。至于"有罪的人"，显然不是指已经经过法院审判而做出有罪判决的人，而是指证据证明实施了犯罪行为的人，至于"有罪的人"是否已经实际归案不影响本罪的成立。三是在刑事审判活动中故意违背事实和法律，做出枉法判决、裁定。枉法判决、裁定内容包括无罪判有罪、有罪判无罪、重罪轻判和轻罪重判。①

（二）徇私舞弊不移交刑事案件罪与徇私枉法罪的异同

1. 两罪的共同点

主观上都是为徇私情私利；客观上都可能对明知是有罪的人而故意包庇不使其受刑事追诉。

2. 两罪的区别

（1）犯罪主体不同。徇私舞弊不移交刑事案件罪的主体是行政执法人员，即没有对犯罪行为直接行使侦查、检察、审判等司法权力的行政机关的执法人员；而徇私枉法罪的主体是司法工作人员，即对犯罪行为有侦查、检察、审判等职责的人员；

（2）犯罪客观方面不同。徇私舞弊不移交刑事案件罪的客观方面仅指行为人为徇私情私利，故意把应当移交司法机关追究刑事责任的案件不移交；而徇私枉法罪的客观方面则包括三个方面，即对明知是无罪的人使其受追诉，对明知是有罪的人故意包庇不使其受追诉，或者故意违背事实和法律做枉法裁判。其中，"对明知是有罪的人故意包庇不使其受追诉"和徇私舞弊不移交刑事案件罪中的"对依法应当移交司法机关追究刑事责任的不移交"相比，前者发生在司法工作人员履行侦查、检察、审判职责的过程中，后者则发生在行政执法过程中。

（3）徇私舞弊不移交刑事案件罪要求情节严重的才构成犯罪，而徇私枉法罪中的行为构成犯罪则没有"情节严重"的要求。②

---

① 参见张明楷. 刑法学（第五版）[M]. 北京：法律出版社，2016：1256.
② 王作富，刘志远. 论徇私舞弊不移交刑事案件罪的司法适用[J]. 中国刑事法杂志，2000（3）：27-32.

（三）徇私舞弊不移交刑事案件与徇私枉法罪中行为主体的界定

从以上对两罪的对比分析中我们可以看出，两罪最明显的区别在于：行为主体的不同。那么对这两个罪名中行政执法人员与司法工作人员的概念与范围具体如何界定，下面分别予以阐述：

1. 行政执法人员的概念与范围

简单地说，行政执法人员就是从事行政执法的工作人员。那么何谓行政执法？对此，行政法学界存在不同看法：

一种观点认为，所谓行政执法，是指行政主体执行、适用法律及从属于法律的法规、规章的活动，是行政主体处理涉及特定行政相对方特定事项的具体行政行为。行政执法行为的主体包括行政机关和法律、法规授权的组织。根据这种观点，所谓行政执法人员，既包括行政执法机关中从事执法的人员，也包括法律、法规授权的组织中从事执法的人员，同时还包括行政机关委托的组织中从事执法的人员，以及直接受行政机关委托从事执法的人员。

另一种观点认为，行政执法是国家行政机关依据行政管理法规，针对特定的对象所采取的具体的、单方面的、能直接产生行政法上法律效果的行政行为。根据这种观点，所谓行政执法人员仅指行政机关中从事执法的人员，而不包括非行政机关工作人员。

笔者认为，第一种观点符合我国的行政执法现状，是可取的。根据有关行政法律规定，在我国从事行政执法的，不仅有国家机关，还包括由法律法规授权的组织以及由国家机关所委托的组织和个人。这种组织分为公务组织和社会组织两类。公务组织，是国家依法设立的专门从事某项管理公共事务职能的组织，如中国纺织协会、中国轻工协会等。这些公务组织通过法律、法规授权享有一定的管理公共事务的职权并履行职责，对自己行为后果独立承担法律责任，成为行政法上的主体。所谓社会组织，主要是指某些事业单位、企业单位、社会团体等，它们经过法律、法规特别授权，也可取得某项或某方面职权而成为行政主体。[①]

那么在理论界，对于徇私舞弊不移交刑事案件罪的主体争议较大的是公安机关执法人员与纪检、监察人员，公安机关执法人员我们将在后文阐述，先对纪检、监察人员予以阐述。

对于纪检、监察人员能否成为徇私舞弊不移交刑事案件罪的犯罪主体，肯定说认为，纪检、监察人员在查处党政干部违法、违纪行为构成犯罪而徇私舞弊不移交司法机关追究刑事责任，可以成为徇私舞弊不移交刑事案件罪的主体。否定说认为，纪检、监察人员是执行党和政府纪律的人员，不属于《刑法》第四百零二条规定的行政执法人员。徇私舞弊不移交刑事案件罪的主体只能是代表国家行政机关依法行政并具有行政处罚权的行政执法人员。折中说认为，监察人员是属于行政执法人员，而纪检人员属于党的机关工作人员，不属于行政执法人员。因此监察人员和具有纪检、监察双重身份的人员应当是徇私舞弊不移交刑事案件罪的主体。而单纯纪检人员属于党的纪律检查系统，不具有行政执法人员的身份，不能成为徇私舞弊移交刑事案件罪的主体。中国共产党是我国的执政党，在我国的实际工作中，许多党员违法、违纪的行为都是由纪检人员先行调查后，再移交司法机关处理的，更多的是由纪检、监察等组成的联合调查组共同查处的。纪检人员在我国虽然不直接享有行政执法权，但他们在查处党员违法、违纪行为的工作中的权力和所起的实际作用要大于一般的行政机关，甚至对案件最终处理起着决定作用。因此，纪检人员和监察人员一样应当属于徇私舞弊不移交刑事

---

① 参见王作富，刘志远. 论徇私舞弊不移交刑事案件罪的司法适用[J]. 中国刑事法杂志，2000（3）27-32.

事案件罪主体。①

2. 司法工作人员的概念与范围

1997 年《刑法》将徇私枉法罪主体限定在司法工作人员，根据现行《刑法》第九十四条规定，司法工作人员是指有侦查、检察、审判、监管职责的工作人员，通常情况对具有侦查、检察、审判职责的工作人员的认识较为一致，即指公安机关中具有对刑事犯罪活动侦查职责的工作人员，检察机关中直接受理案件的侦查人员、担负依法进行刑事诉讼活动职责的检察人员，审判机关中从事刑事审判活动的工作人员。在理论和实践存在较大争议的，是监管工作人员以及书记员、内勤人员和司法技术人员能否成为徇私枉法罪的主体。

（1）监管工作人员

监管工作人员主要是指在看守所、拘留所、监狱及其他劳动改造场所承担监督改造和管理犯罪嫌疑人、被告人、罪犯职责的工作人员。监管工作人员包括的范围很广，笔者认为探讨监管工作人员能否成为徇私枉法罪主体不能以身份论，而应以职责论。

第一，在监管场所中，一些监管工作人员不仅具有监督管理的职责，还承担查禁监管对象犯罪活动的职责，包括对监管对象入监前和入监后犯罪行为的侦查，在这种情况下监管人员如果徇私、徇情，包庇、放纵犯罪分子，应以徇私枉法罪追究其刑事责任。

第二，有监管职责的工作人员无侦查职责，但在监管活动中发现监管对象尚有未予追究的刑事犯罪或者又犯新罪，徇私枉法、徇情枉法，毁灭、伪造证据或者隐瞒事实、故意包庇使其不受追究，在这种情形中，该工作人员实施的行为虽然客观上包庇、放纵了犯罪活动，也具有徇私的动机，身份上也是司法工作人员，但由于其不负有追诉犯罪活动的职责，不应以徇私枉法罪论处。

（2）司法专业技术人员

司法专业技术人员是指在公安、检察、审判机关中承担专门性司法检验鉴定工作的人员。最高人民检察院 1996 年 6 月 4 日发布的《关于办理徇私舞弊案件适用法律若干问题的解释》中规定，司法机关专业技术人员在办案中故意提供虚假材料和意见，或者故意作虚假鉴定，严重影响刑事追诉活动的行为，依照《刑法》第一百八十八条即徇私舞弊罪追究刑事责任，1997 年《刑法》修订后，一些学者认为司法专业技术人员也可构成徇私枉法罪的主体。笔者认为，对司法专业技术人员是否符合徇私枉法罪的主体资格问题不能一概而论，司法专业技术人员具有与其他司法工作人员，尤其是直接承担刑事案件侦查、起诉、审判职责的司法工作人员不同的职业特点，其工作性质主要是提供专门性技术检验鉴定结论，以作为案件定罪量刑的证据使用，因此根据司法专业技术人员的行为特征，如果在案件中故意提供虚假材料和意见，或者故意做虚假鉴定的，一般以伪证罪处罚更为合适。

（3）司法机关其他工作人员

第一，书记员。根据检察官法和法官法的规定：只有符合条件被任命为检察官和法官的司法工作人员，才能在检察机关和审判机关中履行侦查、起诉、审判职责，书记员则是承担记录、保管法律文书材料等辅助性工作的人员，因此，严格说，书记员不属于司法工作人员之列。在刑事案件的侦查、起诉、审判过程的工作中，书记员对行为的追诉与否不能起决定作用，因而一般不成为徇私枉法罪的主体。但是在司法实践中，由于人员有限，书记员也时常代行法官、检察官职责，在这种情况下实际上书记员履行的就是法官、检察官的职责，那

---

① 参见竹怀军，张春和. 徇私舞弊不移交刑事案件罪构成特征的若干问题[J]. 韶关学院学报（社会科学版），2002（7）：86.

么如果书记员在代职过程中为徇私情，实施了对明知无罪的人予以追诉、对明知有罪的人故意包庇不予追诉的行为，也应当以徇私枉法罪追究刑事责任。除此种情形之外，对于书记员在办案过程中毁灭、伪造证据，做虚假记载，或隐瞒事实的，应以伪证罪追究其刑事责任。

第二，内勤。内勤人员的构成较为复杂，有的内勤人员是聘用的，有的是书记员，但也有一部分是具有一定法律资格的人员，如检察官、法官担任内勤。对内勤人员有徇私枉法的行为表现应当如何处理，笔者认为，如果当事人履行的仅仅是内务管理职责，不能成为徇私枉法罪主体；如果其除内勤工作外，被任命负责刑事案件的侦诉、审判，则其行为完全可以徇私枉法罪追究刑事责任。

（四）行政执法人员与司法工作人员的区别

行政执法人员与司法工作人员比较相似。二者都是代表有关主体执行、适用法律，处理涉及特定相对方的特定事项，而不是制定法律、法规，都属于广义的执法人员的范围。两者的区别在于：

1. 代表的主体不同

行政执法人员代表的是国家行政执法机关和法律、法规授权的组织，而司法工作人员代表的是国家司法机关。在我国，司法机关包括法院、人民检察院以及其他具有侦查、检察、审判、监管职责的机关和部门。如公安机关、国家安全机关既是行政执法机关，同时也是国家司法机关。

2. 执法的内容不同

行政执法人员是代表行政主体执行、适用法律处理国家内政、外交事务，对社会、经济、文化等各种事项及个人、组织实施行政管理，即从事行政执法行为。行政执法行为的种类多种多样，根据行为本身的内容、性质及标准，可将其分为行政处理、行政监督、行政强制及行政制裁。所谓行政处理，是指行政主体依职权或依行政相对方申请实施某种行为，处理涉及相对方权利、义务的某种事项，以使相应法律、法规、规章确定的行政管理目标得以实现。行政处理是一种内容最为多样化的行政执法行为，其具体种类主要包括行政命令、禁令、行政许可、免除、行政征收、征用、行政批准、登记、行政授予、撤销等。行政监督是指行政主体为了保障相应的法律、法规、规章在其所管辖的地区、部门、领域的执行，实现行政管理的目标和任务，依法对行政相对方守法和履行法定义务的情况进行监督的执法行为。行政监督的主要形式包括行政检查、审查、调查、行政统计、发布信息、情报以及财政、财务审计等。行政强制是指行政主体对不自动履行法定义务的行政相对方依法采取强制措施，迫使其履行法定义务的行政执法行为。行政强制包括预防性强制、制止性强制和执行性强制。行政制裁是指行政主体对实施了某种违法行为的行政相对方依法科处行政处罚或采取其他制裁措施。而司法工作人员是代表国家司法机关执行、适用法律处理刑事、民事、经济、行政等各种争议案件，即履行侦查、检察、审判、监管职责。

3. 工作程序不同

行政执法工作人员在行政执法时遵循的是迅速、简便，以效率为优先特征的行政程序，而司法工作人员在从事司法活动时遵循的是公开、正式，以公正为优先特征的司法程序。①

---

① 参见王作富，刘志远. 论徇私舞弊不移交刑事案件罪的司法适用[J]. 中国刑事法杂志，2000（3）：27-32.

（五）公安机关工作人员身份性质的认定

以上理论上总结了行政执法人员与司法工作人员的区别，而实际上在我国存在着公安机关工作人员既是行政执法人员又是司法工作人员的情形。正是由于公安机关工作人员身份的双重性质，实践中对公安人员在行政执法过程中发现刑事案件后，徇私情、私利，不移交刑事案件，擅自收取罚款后放纵犯罪案件的定性问题，经常出现分歧。在实践中，经常发生把公安机关工作人员的这类行为以两种不同的罪名追究其责任。之所以出现这种现象，归根究底还是一个实践中对我国公安机关工作人员的法律地位的认定问题。

在实践中，不以徇私舞弊不移交刑事案件罪追究公安机关人员刑事责任的，明显是把公安机关工作人员定位于司法工作人员，把公安人员排除在行政执法人员的范围之外。他们认为：第一，随着公安体制的改革，公安机关内部行政执法部门与刑事司法部门并不是截然分开的，要准确划分公安人员哪些属于行政执法人员、哪些属于刑事司法人员将非常困难。公安人员无论是属于行政执法人员还是属于刑事司法人员，其徇私舞弊不移交刑事案件行为实际上就是枉法不追诉行为，因而对其徇私舞弊不移交刑事案件行为应依徇私枉法罪追究。第二，行政执法人员不包括公安机关工作人员有法律法规依据。国务院《关于行政执法机关向公安机关及时移送涉嫌犯罪案件的规定》第一条规定："为了保证行政执法机关向公安机关及时移送嫌犯罪案件，依法惩罚破坏社会主义市场经济秩序罪、妨害社会管理秩序罪以及其他罪，保障社会主义建设事业顺利进行，制定本规定。"在这个条款中，是将公安机关作为接受行政执法机关所移送的刑事案件的机关加以规定的，明确地将公安机关排除在行政执法机关之外。

把公安人员徇私舞弊不移交刑事案件不以徇私舞弊不移交刑事案件罪论处的两点理由，笔者认为是站不住脚的。第一，认为准确划分公安人员哪些是属于行政执法人员、哪些是属于刑事司法人员非常困难只是一个堂而皇之的借口，不能用这个借口来否认公安机关内部的部分公安人员行使行政执法权这个事实。在实践当中，负责治安工作的公安人员有查禁赌博、卖淫嫖娼的职权，进行社会治安防范、户籍管理的职权，有对违反治安管理的行为予以警告、罚款、拘留的职权，等等。公安人员在行使上述职权时发生徇私舞弊不移交刑事案件的行为不以徇私舞弊不移交刑事案件罪追究其刑事责任，这显得有点牵强附会。第二，从行政执法机关向公安机关及时移送涉嫌犯罪案件，推导出公安机关属于行政机关之的结论并不科学。在我国，大部分刑事案件都属于公诉案件，除人民检察院直接侦查的案件外，其余刑事案件都由公安机关和国家安全机关来侦查，而侦查又是刑事诉讼活动的首要环节，行政执法机关发现的部分刑事案件当然首先是向公安机关移送，这也确实体现了公安机关的刑事司法职能。但我们在肯定公安人员的刑事执法职能的同时，却不能对公安人员的行政执法职能加以否定。对于最高人民检察院制定的立案标准试行规定中把公安人员排除在行政执法人员的范围之外，对公安人员徇私舞弊不移交刑事案件的行为以徇私枉法罪论处的做法，笔者认为不合理。毕竟，徇私舞弊不移交刑事案件罪与徇私枉法罪还是有区别的，这主要表现在徇私舞弊不移交刑事案件罪是在履行行政处罚权的行政处理程序中发生的，而徇私枉法罪则是行为人在刑事诉讼程序中发生的；徇私舞弊不移交刑事案件罪在客观上要求行为情节严重才构成，而徇私枉法罪却没有情节严重构成犯罪的要求。第三，相关的法律、法规也赋予了公安人员具有行政处罚权，如《中华人民共和国警察法》第七条规定：公安机关的人民警察对违反治安管理及其他公安行政管理法律法规的个人或组织，依法可以实施行政强制措施、行政处罚。1996

年颁布实施的《行政处罚法》第十六条规定:"国务院或者经国务院授权的省、自治区、直辖市人民政府可以决定一个行政机关行使有关行政机关的行政处罚权,但限制人身自由的行政处罚权只能由公安机关行使。"《治安管理处罚条例》对公安人员具有行政处罚权也做了规定。①

综上所述,公安机关既具有刑事侦查权,又具有行政执法权,这在我国已是一个不争的事实。如果他们是对犯罪负有侦查职责的人,则是司法工作人员;如果他们是负责行政法实施的人,则是行政执法人员。例如,公安人员在执行《治安管理处罚法》的过程中,明知其行为已经构成犯罪,应当移交公安机关的刑事侦查部门进行立案侦查,但徇私舞弊不移交的,仅给予治安处罚的,则构成徇私舞弊不移交刑事案件罪。反之,公安机关刑事侦查部门的工作人员在刑事侦查过程中,因犯罪嫌疑人是自己亲友而故意包庇不使其受到刑事追诉,则构成徇私枉法罪。总之,行政机关中具有刑事侦查权限的人,在负责承办刑事案件中,对明知是犯罪的案件作为行政违法处理的,应认定为徇私枉法罪。对于负有行政执法与刑事侦查双重职权的人员,应根据其具体工作中履行何种性质的职责而犯罪来确定其相应的罪名。

(六)本案罪名的具体认定与分析

对于本案的争议意见,笔者支持第一种意见,王某的行为构成徇私舞弊不移交刑事案件罪,论证如下:

1. 本案中公安交警的职务行为属于行政执法性质,其相应身份性质定位于行政执法人员

在上文论述中,已经强调以其履行职责时的具体性质来确定公安机关工作人员的身份性质。公安机关具有维护社会治安秩序、维护社会稳定的职能,是国家行政保卫机关,具有行政处罚权,同时又是打击刑事犯罪的主要部门,具有刑事司法权,所以说公安机关具有行政机关和司法机关的双重职能。公安机关工作人员是司法工作人员和行政执法人员的交叉重合部分,同时符合徇私枉法罪和徇私舞弊不移交刑事案件罪的主体。

根据司法解释规定,徇私舞弊不移交刑事案件罪的犯罪主体是指工商行政管理、税务、监察等行政执法人员。司法解释没有将公安机关工作人员罗列进去,并不意味着进行行政执法工作的公安机关工作人员就自然被排除。刑法规定的上述"等"字在理论上可以包括等内和等外,属于等内还是等外应当根据语义的判断和立法实际的判断得出结论。刑法规定的本罪主体就是"行政执法人员",并没有其他限制。我们认为,所谓的行政执法人员,就是指具有行政处罚权和行政监察权等行政执法权的行政机关中从事公务的人员,范围十分广泛。所以,我们认为,上述司法解释中的"等"应该理解为等外,应包括执行行政执法工作的公安机关工作人员。

要正确界定公安机关工作人员的主体身份,必须注意区分刑法意义上的"司法工作人员"与一般意义上的"司法工作人员"。一般意义上的司法工作人员是指在司法机关从事法律工作的人员,即在法院、检察院从事法律工作的人员。而刑法意义上的司法工作人员是指具有侦查、监察、审判、监管职责的工作人员。在公安机关中,只有在刑事案件中从事侦查、监管职责的工作人员才是刑法意义上的司法工作人员,才能成为徇私枉法罪的犯罪主体,而其他工作人员只能从事行政执法工作,其身份性质是行政执法人员。

公安交警在处理交通违章事故时,就属于行政执法人员;在处理交通肇事罪时,则是司法工作人员。本案中公安交警王某是处理酒后驾车的违章事故,也就是在履行行政执法的职

① 参见徐立,朱正余. 徇私舞弊不移交刑事案件罪主体的认定[J]. 河北法学, 2004 (5): 76-79.

责，应属于行政执法人员，可以成为徇私舞弊不移交刑事案件罪的犯罪主体。

2. 原案是否属于应当移交的刑事案件，应以行政执法人员执法当时有证据证明为准

（1）从理论上讲，不存在原案的阶段问题，只要行政执法人员发现某行为可能成为刑事案件即可。从司法实践的角度看，出于标准的确定性要求，我们认为应当以立案为节点，但无论如何不能以起诉或审判作为标准，也就是只要证据足以达到立案对证据的要求即可。因为本罪属于渎职犯罪，追究刑事责任的理由是行政执法人员对于职责的违反，而不是以实质侵害结果为依据。如果以审判结果为依据则会导致本罪的定罪处罚依据失去确定性，行政执法人员是否最终构成徇私舞弊不移交刑事案件罪要视最终审判结果，这是不合理的。处理此渎职行为的依据是"不移交"的问题，而不是以实质上是否犯罪为前提。刑事案件与法院认定犯罪与否不是一个问题，不能说法院不予认定为犯罪，就不是刑事案件。也就是说，只要行政执法人员执法时发现的证据足以认定原案可能涉嫌构成刑事犯罪即可。当然如果是行政执法人员由于对法律的认识错误而误以为执法对象涉嫌刑事犯罪而不予移交刑事侦查部门，而实际上被执法的行为根本不构成刑事案件的程度，此时虽然行政执法人员主观上有犯罪故意，但是客观上完全不具有犯罪的可能，根据结果无价值的观点，不宜将此渎职行为认定为犯罪。综上，判断冤案是否属于应当移交追究刑事责任的案件，不能以法院最终判决有罪作为评判标准，关键是看行为人在履行行政执法职责时，是否有证据材料足以证明犯罪嫌疑人有犯罪事实。在刑事诉讼过程中，当案件事实没有查清楚之前，证据均有可变性，证据的证明力也有相对性。因此，只能以本罪立案时确定的"诉讼当时的事实和证据"来认定。

（2）只要行政执法主体在履行职责时，有充分理由相信犯罪嫌疑人有犯罪事实存在，就应当向侦查机关或部门移交。从本案中王某的职能角度看，他应当能预测到本案是刑事犯罪，而且盗抢车辆是一种严重的刑事犯罪案件。王某虽然是交警，但是他完全有可能认识到此案不仅仅可能涉嫌购买赃车，还有可能是盗抢轿车的严重的刑事犯罪。所以说，王某作为行政执法人员，发现刑事案件时负有内部移交刑事侦查部门的义务，应移交而未移交，构成徇私舞弊不移交刑事案件。

3. 徇私舞弊不移交刑事案件罪中"原案 3 年以上有期徒刑"是指原案可能被判处的刑期

从规定的内涵看，"3 年以上有期徒刑"只是基准法定刑，而不是指最终实际的宣告刑。当然，实际判处的宣告刑必须依据法定的基准刑，但实际判处的宣告刑往往是附加了诸多量刑情节的结果。而此处规定的"依法可能判处 3 年以上有期徒刑"应该指的是 3 年的基准刑，不考虑其他量刑情节。

如果该犯罪嫌疑人所涉嫌的犯罪应当使用的量刑档次在有期徒刑 3 年以上，但因其自首、立功等情况减轻处罚导致最终实际判处 3 年以下的有期徒刑，不应该影响徇私舞弊不移交刑事案件罪的认定。本罪对于原案要求的仅仅是实体上的预断，即是否涉嫌构成犯罪，是否可能判处 3 年以上有期徒刑，也就是是否可能是较严重的刑事犯罪。本案中的原案涉嫌构成盗抢轿车，不管是盗抢轿车或者是抢劫罪都是严重的犯罪，如果罪名成立所判处的刑罚必然是 3 年以上的有期徒刑，因此作为行政执法人员的王某，明知所执法的案件可能是会被判处 3 年以上有期徒刑的严重犯罪而不予移交，应当成立徇私舞弊不移交刑事案件罪。

五、结语

综上所述，笔者认为，从本案中王某的职能角度看，其身份性质是行政执法人员。当他

在履行执法职责时，在预见到本案是刑事犯罪，而且盗抢轿车是一种可能判处 3 年以上有期徒刑的严重刑事犯罪案件的情况下，应当移交有关刑事侦查部门而不移交，其行为构成徇私舞弊不移交刑事案件罪。

（撰稿人：周红节）